这样读左传

龙镇 著

3

河南文艺出版社

· 郑州 ·

图书在版编目（CIP）数据

这样读《左传》.3/龙镇著. —郑州:河南文艺出版社,2024.7

ISBN 978-7-5559-1622-2

Ⅰ.①这 … Ⅱ.①龙… Ⅲ.①《左传》-通俗读物 Ⅳ.①K225.04-49

中国国家版本馆 CIP 数据核字(2024)第 094267 号

策划编辑　杨彦玲　梁素娟
责任编辑　梁素娟
责任校对　殷现堂
书籍设计　ⅿ　书籍/设计/工坊　刘运来工作室
责任印制　陈少强

出版发行　河南文艺出版社
本社地址　郑州市郑东新区祥盛街 27 号 C 座 5 楼
邮政编码　450018
承印单位　郑州印之星印务有限公司
经销单位　新华书店
纸张规格　700 毫米×1000 毫米　1/16
印　　张　23.25
字　　数　323 000
版　　次　2024 年 7 月第 1 版
印　　次　2024 年 7 月第 1 次印刷
定　　价　68.00 元

印厂地址　郑州市高新区冬青西街 101 号
邮政编码　450000　　电话　0371-63330696

序

今日痛饮庆功酒，

壮志未酬誓不休。

来日方长显身手，

甘洒热血写春秋。

这是现代京剧《智取威虎山》中的著名唱段，上了年纪的人应该能哼上一两句。杨子荣来到土匪窝，获得了座山雕的信任，荣升老九，土匪参谋长下令拿酒庆贺，杨子荣袍子一撩，眉角一挑，就来了这么一段。

这里有个问题：为什么是写春秋呢？

字面上解释，春秋是季节。春华秋实，春花秋月，春种秋收，中国人给这两个季节赋予了很多美好的意愿。

引申的含义，春秋是历史。

写春秋，即是写历史。

穿林海，跨雪原，智取威虎山，为党为人民立奇功，正是杨子荣甘洒热血去谱写的历史。

于是又有问题来了：为什么写春秋即是写历史？

其一，春秋是古代史书的通名。

这里的古代，是指秦始皇统一中国之前。据唐朝史学家刘知幾推论，夏、商、周三代，官方的史书都叫作《春秋》——当然，也有些诸侯国的史书另有其名。比如在周朝，晋国的史书为《乘》，楚国的史书为《梼杌》，但是笼统地称为《春秋》，是不至于错的。

由于长达数百年的战乱，夏、商、周三代各国的"春秋"，基本上都失传了。流传于世的,唯有周朝鲁国的《春秋》。

而这本《春秋》也不完整,仅仅是记载了自鲁隐公至鲁哀公年间发生的事情,历经十二代君主,时间跨度约为二百四十年。

后人所说的"春秋时期",即因此而得名。

其二,(据说)孔子是《春秋》的修订者。

后人看到的《春秋》,并不是原版,而是孔子修订过的。

关于孔子修订《春秋》这件事的真实性,史上争论颇多。正方反方的论述,皆有可取之处,在此不作讨论。

姑且站在正方的立场上来理解这件事——

首先,《春秋》经手的史官众多,文风不一。孔子作为鲁国的文化达人,对《春秋》进行修订,使之一气贯通,不足为奇。

其次,孔子曾以《春秋》为教材,讲授他的政治哲学。在授课的过程中,他可能觉得原始的记载并不完全符合他的政治理念,于是加以修正。

既然有至圣先师加持,《春秋》便不是一本简单的史书,而成为儒家的经典著作了。它被列入五经之中,供奉在太学和国子监里,成为后世读书人考取功名的必读书目。

孔子本人对《春秋》极其重视,甚至说:"知我者,其惟《春秋》乎! 罪我者,其惟《春秋》乎!"

意思是,只要《春秋》传世,我便得偿所愿。理解我也罢,不理解我也罢,都无所谓了!

大有将一生学说都寄托于《春秋》之意。

其三,《春秋》是有态度的历史。

没有所谓客观的历史。

孔子生活的年代,正值春秋乱世,礼崩乐坏,战乱频仍。他强烈地希望改造社会,恢复秩序,并由此而建立了一整套理论体系。

修订《春秋》,便是将自己的政治立场移植于历史事件中,借事说理,惩恶扬善。

由此而形成的"春秋笔法",即每一句话,甚至每一个字,都有其特定的价值判断。

貌似客观的陈述,其实包含了深刻的道理。

然而,一万六千多字的《春秋》,竟然记载了约二百四十年的历史。平均算来,每年不到七十个字,可谓言简意赅。"微言大义"之说,由此产生。

以如此之少的文字,承载如此之重的道理,对读者的理解能力提出了极高的要求。事实上,如果没有专人传授,读者基本上不可能明白《春秋》究竟说了些啥。

于是,为了诠释《春秋》这本难懂的"经",又出现了所谓的"传",也就是《春秋》的解读本。

其中流传于世的有三本:《左传》《公羊传》和《穀梁传》,合称"春秋三传"。

其四,《左传》是解读《春秋》的权威版本。

《左传》的作者,一般认为是春秋晚期鲁国的史官左丘明。关于这件事,后世史学界众说纷纭,很多人认为老左不可能是《左传》的作者,在此不作讨论。

不可否认的是,二十余万字的《左传》,史料翔实,文字优美,逻辑通顺,立场鲜明,既有史学价值,又有文学价值,也有政治价值。

后人学习《春秋》,首选《左传》。

据《三国志》注引《江表传》:"(关)羽好左氏传,讽诵略皆上口。"连一介武夫都爱读《左传》,可见《左传》在汉朝有多流行。

相比之下,成书于西汉的《公羊传》《穀梁传》,当然也有其价值,但是缺少《左传》的鲜活和厚重。

东汉儒学大师郑玄总结："左氏善于礼,公羊善于谶,穀梁善于经。"

先秦儒家,强调以礼治天下,礼即各种规范的总和。在《左传》中,随处可以看到"礼也"或者"非礼也"的评论。合不合"礼",是《左传》评判历史最重要的标准。

自秦始皇统一天下,建立皇权,儒家便逐渐蜕变为专制统治的官方学说。"礼"的精神被淡化了,取而代之的是对皇权的极度维护和对思想的严格控制。如谭嗣同所言:"二千年来之政,秦政也,皆大盗也;二千年来之学,荀学也,皆乡愿也。"内法而外儒,既是中国传统政治的特色,也是自秦以后中国传统儒学的嬗变与宿命。在这种大环境下对《春秋》进行解读的《公羊传》和《穀梁传》,自然与《左传》是完全不同的味道。

在后世某些学者看来,《左传》的观点已经不合时宜,甚至是有问题的。朱熹便曾经说过:"左氏之病,是以成败论是非,而不本于义理之正。"言下之意,《左传》不讲皇权政治!

然而,正因为《左传》不讲皇权政治,少了许多迎合统治者的虚与委蛇,它才原汁原味地保留了儒家最初的思想和本来面目,称之为"儒家的初心",也未尝不可。

其五,《左传》也在不断地被解释。

你站在桥上看风景,看风景的人在楼上看你。

左丘明解读《春秋》,自成一家;后人研读《左传》,又读出许多心得。千百年来,注解《左传》的专著层出不穷,汗牛充栋。

西晋杜预的《春秋左传集解》、唐朝孔颖达的《春秋左传正义》、清朝高士奇的《左传纪事本末》、现代杨伯峻的《春秋左传注》、日本竹添光鸿的《左氏会笺》等,为世人阅读《左传》,提供了很好的指引与帮助。

一千位读者便有一千个哈姆雷特。注解多了,很难区分这些作品究竟是"我注左传",还是"左传注我",抑或兼而有之。

但这并不重要。

重要的是，阅读即浇灌。《春秋》的原义和《左传》的思想，在注解与碰撞中，被延续与深化了。一粒精神的种子，历经千百年来的培育，逐渐成长为参天大树。

它甚至成为中国人精神气质中不可磨灭的印记，就算是外族入侵、大神震怒、基因重组，也不能将它化为无形。

即便在那个史无前例的年代，人们横扫一切牛鬼蛇神，孔子被戴上"头号大混蛋"的帽子，连塑像都被拉出来游街批斗。可是您看，样板戏开演了，革命演员一开腔，还是"甘洒热血写春秋"。一不留神，又回到孔子那里去了。

是为序。

目　录

第十章

鲁襄公（下）

鲁襄公十四年

公元前559年，鲁襄公十四年。

十四年春，吴告败于晋。会于向，为吴谋楚故也。范宣子数吴之不德也，以退吴人。

执莒公子务娄，以其通楚使也。

十四年春，吴国将打了败仗的消息告知晋国。晋国组织诸侯的卿大夫在向地相会，商量如何为吴国讨伐楚国。也许是因为吴国人的无礼惹怒了大伙，也许是因为大伙都不想再打仗，会议的主题跑偏了。士匄作为晋国的代表，同时也是会议召集人，责备吴国乘着楚共王去世而入侵楚国是不道德的行为，拒绝了吴国攻打楚国的要求。

但是会议也不能白开，逮捕了莒国的代表公子务娄，理由是他的使者与楚国有来往。客观地说，莒国这些年来屡次入侵鲁国，破坏晋国领导下的国际合作，也是该收拾一下了。

将执戎子驹支，范宣子亲数诸朝，曰："来！姜戎氏！昔秦人迫逐乃祖吾离于瓜州，乃祖吾离被苫盖、蒙荆棘以来归我先君，我先君惠公有不腆之田，与女剖分而食之。今诸侯之事我寡君不如昔者，盖言语漏泄，则职女之由。诘朝之事，尔无与焉。与，将执女。"对曰："昔秦人负恃其众，贪于土地,逐我诸戎。惠公蠲其大德,谓我诸戎,是四岳之裔胄也,毋是翦弃。赐我南鄙之田,狐狸所居,豺狼所嗥。我诸戎除翦其荆棘,驱其狐狸豺狼,以为先君不侵不叛之臣,至于今不贰。昔文公与秦伐郑,秦人窃与郑盟,而舍戍焉,于是乎有殽之师。晋御其上,戎亢其下,秦师不复,我诸戎实然。譬如捕鹿,晋人角之,诸戎掎之,与晋踣之。戎何以不免?自是以来,晋之百役,与我诸戎相继于时,以从执政,犹殽志也,岂敢离逖?今官之师旅无乃实有所阙,以携诸侯,而罪我诸戎!我诸戎饮食衣服不与华同,贽币不通,言语不达,何恶之能为?不与于会,亦无瞢焉。"赋《青蝇》而退。宣子辞焉,使即事于会,成恺悌也。

士匄抓人抓上了瘾,抓了莒国的代表公子务娄,又要逮捕戎子驹支。

戎子即戎人的首领,姜戎氏,名驹支,带领戎人部队在晋军中服役。

士匄亲自在朝会的时候数落驹支:"过来!姜戎氏!当年秦国人在瓜州逼迫你的祖先吾离。你的祖先吾离披着蓑衣、戴着草帽来归顺我们的先君。先君惠公只有并不丰厚的土地,还与你们分享。而今诸侯侍奉寡君不如从前,这是语言泄露机密,应该是因为你们而造成的。明天早上的事情,你就不用参加了。参加的话,就逮捕你。"

驹支回答:"当年秦国人依仗人多势众,贪求土地,驱逐诸部戎人。惠公深明大义,说我们这些戎人是四岳的后裔,不能抛弃我们。赏赐给我们南部边境的土地,与狐狸同居,听豺狼嗥叫。我们这些戎人披荆斩棘,驱逐野兽,认为先君不侵害不叛乱的臣子,至今对晋国忠心不二。当年文公与秦国人联合讨伐郑国,秦国人偷偷与郑国结盟,而且在郑国设置守卫,所以有了殽之战。晋军在上面抵挡秦军,戎人在下面对抗秦军。秦军有来无回,是我们这些戎人使他们这样。拿捕鹿打比方,晋国人抓住鹿角,戎人拖住鹿腿,与晋国人一道扳倒它,戎人为何不能免于罪责呢?自殽之战以来,晋国的每一次战争,我们这些戎人都一一按时参加,以追随你们这些执政大臣，还是和当年在殽山一样忠心，岂敢背弃？今天各部门的官员恐怕实在是有过失，因而使诸侯产生二心，而归罪于我们这些戎人！我们戎人的饮食服装不与华夏相同，与诸侯们不相往来，语言不通，如何能够使坏？不让我参加会议，我也没什么愧疚的。"言毕，赋了《诗经·小雅》中的《青蝇》一诗。

"营营青蝇，止于樊，岂弟君子，无信谗言。营营青蝇，止于棘，谗人罔极，交乱四国。营营青蝇，止于榛，谗人罔极，构我二人。"

苍蝇嗡嗡，飞来飞去，有如谗言，挥之不去。平易近人的君子啊，千万不要听信谗言。士匄听懂了，于是向驹支道歉，让他参加会议，表现了心无芥蒂、平易近人的一面。

于是子叔齐子为季武子介以会，自是晋人轻鲁币而益敬其使。

当时子叔齐子作为季孙宿的副手参加会议，自这个时候开始，晋国人减轻了鲁国进贡的负担而更加尊重它的使者。

吴子诸樊既除丧，将立季札。季札辞曰："曹宣公之卒也，诸侯与曹人不义曹君，将立子臧。子臧去之，遂弗为也，以成曹君。君子曰'能守节'。君，义嗣也，谁敢奸君？有国，非吾节也。札虽不才，愿附于子臧，以无失节。"固立之。弃其室而耕，乃舍之。

接下来要说说吴国的事情。

前面已经说到，吴国姬姓，是吴太伯的后代。周朝承认吴国的诸侯地位，但是吴国所在的江浙一带，是比楚国还偏僻的蛮荒之地，时间一久，吴国与中原也就基本断绝了联系。鲁成公年间，晋国为了牵制楚国，派申公巫臣出访吴国，教会吴国人如何使用战车，吴国才恢复与中原的交流。也正是从那个时候开始，吴国开始强大，不满足于周朝赐予的子爵封号，自称为王。

据《史记》记载，吴王寿梦有四个儿子：长子诸樊、次子馀祭、三子馀昧、幼子季札。季札德才兼备，深得寿梦喜爱。寿梦想将王位传给季札，但是季札坚决不肯接受。鲁襄公十二年，寿梦去世，诸樊即位。在诸樊看来，王位本来就是季札的，他只不过是过渡一下，替老头子守了三年之丧，已经完成任务，于是脱掉丧服之后，就要立季札为王。

季札还是不肯干这份人人羡慕的工作，推辞说："曹宣公死的时候，诸侯和曹国人都觉得继承人曹成公无情无义，打算立子臧（子臧即公子欣时，事见鲁成公十三年的记载）为君。子臧离开了曹国，这件事也就不了了之，成全了曹成公。君子称子臧'能够保持节操'。您是先王的合法继承人，谁敢冒犯您？占有国家，不是我的节操。我虽然没有才能，愿意追随子臧，以不失节操。"言下之意：曹成公来路不正，都能当稳国君；你正大光明，安心坐在王位上就是了。至于我，压根对那份累死人的工作没兴趣。

诸樊坚持要立他，季札干脆抛弃了家产去种田。诸樊见他态度这么坚决，只好放弃。

夏，诸侯之大夫从晋侯伐秦，以报栎之役也。晋侯待于竟，使六卿帅诸侯之师以进。及泾，不济。叔向见叔孙穆子，穆子赋《匏有苦叶》，叔向退而具舟。鲁人、莒人先济。郑子蟜见卫北宫懿子曰："与人而不固，取恶莫甚焉，若社稷何？"懿子说。二子见诸侯之师而劝之济。济泾而次。秦人毒泾上流，师人多死。郑司马子蟜帅郑师以进，师皆从之，至于棫林，不获成焉。荀偃令曰："鸡鸣而驾，塞井夷灶，唯余马首是瞻。"栾黡曰："晋国之命，未是有也。余马首欲东。"乃归。下军从之。左史谓魏庄子曰："不待中行伯乎？"庄子曰："夫子命从帅，栾伯，吾帅也，吾将从之。从帅，所以待夫子也。"伯游曰："吾令实过，悔之何及，多遗秦禽。"乃命大还。晋人谓之"迁延之役"。

　　鲁襄公十一年,秦军入侵晋国,在栎地打败晋军。这一年夏天,晋国为了洗刷耻辱,发动诸侯出兵讨伐秦国。晋悼公本人在秦晋边境坐镇指挥,由晋国六卿带领诸侯联军继续前进。

　　联军到了泾水,不肯再往前进。再往前就深入秦国腹地了,谁又真的愿意为了晋国跑到遥远的大西北去打仗呢? 晋国的羊舌肸跑去见鲁国的叔孙豹,两个人具体谈了些什么不得而知,十有八九是想要叔孙豹帮忙想想办法。叔孙豹没有正面回答,而是赋了《诗经·邶风》中的《匏有苦叶》。匏是葫芦,古人拿它作为渡河的浮具。羊舌肸心领神会,回去之后就下令准备船只。

　　果然,鲁国人、莒国人率先渡过了泾水。郑国的公孙虿对卫国的北宫括说:"依附别人而摇摆不定,没有比这更让人讨厌的了,这样的话,让国家怎么办?"北宫括以为然。两个人跑到其他诸侯的部队里,一个劲儿地劝大伙渡河。一件事情,只要有人带头、有人鼓动就好办,于是联军全体渡过了泾水。但是没想到,更大的困难在等着他们。秦国人在泾水的上游投毒,联军将士在下游喝了河水,死者甚众。在这种情况下,继续前进就需要更大的勇气了。时任郑国司马的公孙虿再度发挥作用,率领郑军义无反顾地出发。诸侯部队受到鼓舞,都跟随着郑军前进。

　　联军抵达棫林,秦国人仍然不肯屈服。中军元帅荀偃下令:"鸡鸣时分驾好战车,堵塞水井,夷平军灶,大家看我的马头行动。"这便是要决战了。下军元帅栾黡却说:"晋国从来没有过这样的军令,我的马头可是要向东呢!"于是率领下军东归。军中左史(官吏名)问下军副帅魏绛:"咱们不等待中行伯(指荀偃)了吗?"魏绛说:"他老人家命令我们跟从主将,栾黡就是我们的主将,我打算跟随他。跟从主将,就是对待他老人家之道啊!"

　　晋国的下军还兼管新军。栾黡和魏绛来这一手,荀偃始料不及,说:"我的命令确实有误,后悔又哪里来得及? 留下来只能被秦国俘虏。"于是下令全军撤退。

晋国人称这次战役为"迁延之役",意思是:一场拖拖拉拉的战争。

栾鍼曰:"此役也,报栎之败也。役又无功,晋之耻也。吾有二位于戎路,敢不耻乎?"与士鞅驰秦师,死焉。士鞅反。栾黡谓士匄曰:"余弟不欲住,而子召之。余弟死,而子来,是而子杀余之弟也。弗逐,余亦将杀之。"士鞅奔秦。

不管荀偃的命令正确与否,栾黡不听从指挥,擅自脱离战斗,都是不光彩的行为。栾黡的弟弟栾鍼此时担任荀偃的戎右,说:"这一战是为了报复在栎地的战败。发动战争却又无功而回,是晋国的耻辱。我在戎车上居于第二位(次于御戎),岂能不感到耻辱?"年轻人热血一上头,什么都不顾,栾鍼于是和士鞅(士匄之子)发动自杀性攻击,冲到秦军阵中。结果栾鍼战死,士鞅却逃了回来。

栾黡死了兄弟,迁怒于士鞅,对士匄说:"我的兄弟本来不想去,是你儿子叫他去的。我的兄弟战死,你的儿子回来,这是你的儿子杀了我的兄弟。如果不赶走他,我就杀死他。"看到栾黡那副恶狠狠的样子,士匄不敢和他讲理,安排儿子逃到了秦国。

于是,齐崔杼、宋华阅、仲江会伐秦,不书,惰也。向之会亦如之。卫北宫括不书于向,书于伐秦,摄也。

当时,齐国的崔杼、宋国的华阅、仲江参加了讨伐秦国的战争。《春秋》不书写他们的名字,仅写作"齐人""宋人",是因为他们作战不力。年初的向地之会,也是同样笔法。卫国的北宫括没有留名于向地之会,而写到了讨伐秦国的行动中,是因为他起到了辅助的作用。

秦伯问于士鞅曰："晋大夫其谁先亡?"对曰："其栾氏乎!"秦伯曰："以其汰乎?"对曰："然。栾黡汰虐已甚,犹可以免。其在盈乎!"秦伯曰："何故?"对曰："武子之德在民,如周人之思召公焉,爱其甘棠,况其子乎?栾黡死,盈之善未能及人,武子所施没矣,而黡之怨实章,将于是乎在。"秦伯以为知言,为之请于晋而复之。

士鞅逃到了秦国,秦景公问他："晋国的卿大夫,谁将先灭亡?"士鞅回答:"应该是栾氏吧!"秦景公说:"是因为他太专横吗?"士鞅说:"是的。"但是又说,栾黡专横残暴已经很过分了,却还可以免于祸难;真正倒霉,恐怕是在他的儿子栾盈这一代。秦景公觉得奇怪,问他为什么,士鞅回答:"栾武子(即栾黡的父亲栾书)的恩德留在百姓中。有如周朝人思念召公奭而爱护他的甘棠树,何况是他的儿子呢? 栾黡死了,栾盈的好处没有让人享受到,栾武子所施的恩惠也就逐渐沉没了。而栾黡招惹的怨恨实在太明显,所以栾氏的灭亡也就在这里了。"

秦景公以为士鞅很有见识,为他向晋国请求,让他又回到了晋国。这是后话。

卫献公戒孙文子、宁惠子食,皆服而朝,日旰不召,而射鸿于囿。二子从之,不释皮冠而与之言。二子怒。孙文子如戚,孙蒯入使。公饮之酒,使大师歌《巧言》之卒章。大师辞。师曹请为之。初,公有嬖妾,使师曹诲之琴,师曹鞭之。公怒,鞭师曹三百。故师曹欲歌之,以怒孙子,以报公。公使歌之,遂诵之。蒯惧,告文子。文子曰:"君忌我矣,弗先,必死。"并帑于戚而入,见蘧伯玉,曰:"君之暴虐,子所知也。大惧社稷之倾覆,将若之何?"对曰:"君制其国,臣敢奸之? 虽奸之,庸知愈乎?"遂行,从近关出。

卫献公约孙林父、宁殖一起吃饭。两个人不敢怠慢，都穿上朝服，早早来到朝堂上待命。一直等到太阳快下山了，卫献公还不宣召他们上桌，反而在园子里面射大雁。两个人跟着他来到园子里，卫献公不脱皮帽就和他们说话。

按理说，国君与臣下说话，应该戴正式的礼帽。如果戴的是其他帽子，则必须摘下来，以示尊重。尤其是在当时这种情况下，孙林父和宁殖两位卿家都穿着整整齐齐的朝服，卫献公却戴着一顶打猎专用的皮帽和他们说话，显然不是太粗心，而是有意侮辱他们。

两个人敢怒而不敢言。这事之后，孙林父便回了自家的封地戚地。这是闹情绪，表达不满，但是卫献公没有任何表示。过了一段日子，孙林父自己沉不住气了，派儿子孙蒯进宫朝见卫献公。卫献公倒是很客气，请孙蒯喝酒，不用他久等，而且还安排了乐师在现场演唱。唱什么呢？《诗经·小雅》中《巧言》的最后一章。

"彼何人斯？居河之麋。无拳无勇，职为乱阶。既微且尰，尔勇伊何？为犹将多，尔居徒几何？"

诗的大意：究竟是何人居住在小河边？无力也无勇，是祸乱的根源。腿伤脚已肿，勇气在哪里？诡计实在多，党羽有几何？

这不是请人喝酒，这是故意羞辱人！

卫献公一开始是安排宫中的大师（乐官之长）来演唱，大师知道这不是闹着玩的，找个借口拒绝了。大师手下有位师曹（姓曹的乐师），却主动请求献唱。

当初，卫献公极其宠爱一名贱妾，命师曹教她弹琴。师曹显然没有意识到这个女人对于卫献公来说有多重要，以为只是一个普通的宫女，教她的时候，拿鞭子打了她。卫献公大怒，下令打了师曹三百鞭子。师曹要报复卫献公，现在正是时候。他知道，在招待孙蒯的宴会上唱《巧言》，必然会惹怒孙林父，由此而造成的后果，很难预料。而且，他还担心孙蒯听不清楚，当卫献公示意他演唱的时候，他干脆将这段诗歌口齿清晰地朗诵出来。

孙蒯每一个字都听明白了,越听越怕,回去告诉孙林父。孙林父说:"国君已经很恨我了,不先下手的话,必死无疑。"

孙林父说干就干,将自己的家臣奴仆集中在戚地,然后带着他们攻入卫国的首都帝丘。在路上,孙林父遇到一个年轻人,和他交谈了两句。

孙林父说:"国君的暴虐,您是知道的。我很害怕国家颠覆,你准备怎么办?"

年轻人说:"国君掌控他的国家,臣下谁敢干涉他?就算把他给换了,谁敢肯定新的就比他强?"说完就赶紧走了,而且从最近的关卡迅速离开了卫国。

这个年轻人叫蘧瑗,字伯玉,后来他交了一个很有名的朋友,人称孔子。《论语》里记载了蘧瑗和孔子交往的一些故事。比如,有一天蘧瑗派人来拜望孔子,孔子向来人询问蘧瑗的近况,回答是:"他正设法减少自己的缺点,却苦于做不到。"来人走后,孔子就对弟子说:"使乎,使乎!"意思是这个人很了解蘧瑗。当然,蘧瑗本人并不认为自己已经完美无缺,即便到了五十岁,他还是能够深刻地反省前一年所犯下的错误,即所谓的"年五十,知四十九年之非"。

公使子蟜、子伯、子皮与孙子盟于丘宫,孙子皆杀之。四月己未,子展奔齐。公如鄄,使子行请于孙子,孙子又杀之。公出奔齐,孙氏追之,败公徒于河泽。鄄人执之。

孙林父兵临城下,卫献公才着了慌,派子蟜、子伯、子皮出去,在丘宫和孙林父谈判结盟。孙林父将他们都杀了。四月二十六日,卫献公的弟弟子展逃往齐国。随后,卫献公逃到鄄地,派子行向孙林父求和,孙林父又杀了子行。卫献公计无可出,只能逃往齐国。孙家的人追上去,在河泽打败卫献公的步兵。鄄地人将卫献公的残兵败将都抓了起来。

初，尹公佗学射于庾公差，庾公差学射于公孙丁。二子追公，公孙丁御公。子鱼曰："射为背师，不射为戮，射为礼乎。"射两鞘而还。尹公佗曰："子为师，我则远矣。"乃反之。公孙丁授公辔而射之，贯臂。

卫献公一路狂奔，为他驾车的是公孙丁。孙林父则派了两名杀手去追杀他。这两名杀手是师徒关系，师父叫庾公差（字子鱼），徒弟叫尹公佗。但是，庾公差又是公孙丁的徒弟，关系就不太好处理了。

庾公差拿着弓箭说："射吧，背叛了老师；不射吧，将被主人诛戮……射是合于礼的。"果然射了两箭，射中了卫献公车上的两鞘（一车四马，叉住中间两匹马脖子的曲木叫作鞘），然后就回去了。这是典型的两全之策，公私兼顾，不负如来不负卿。但是尹公佗很不以为然，说："您当他是老师，我和他的关系就远了。"于是又返回去。公孙丁看到尹公佗追上来了，将马缰交给卫献公，张弓搭箭，一下子就射穿了尹公佗的臂膀。

祖师爷不发威，你还真把他当病猫？

子鲜从公。及竟，公使祝宗告亡，且告无罪。定姜曰："无神，何告？若有，不可诬也。有罪，若何告无？舍大臣而与小臣谋，一罪也。先君有冢卿以为师保，而蔑之，二罪也。余以巾栉事先君，而暴妾使余，三罪也。告亡而已，无告无罪。"

卫献公的胞弟公子鱄（即子鲜）跟随着他。到了边境，卫献公命祝宗向祖宗报告自己逃亡的事，同时报告说自己并无罪过。与他一同逃亡的定姜说："如果没有神明，又何必报告？如果有神明，那就不可以谎报。你有罪，为什么报告说没有？抛弃大臣而与小臣谋事，这是第一桩罪。先君留下了正卿作为你的师保，你却蔑视他们，这是第二桩罪。我拿着毛巾梳子侍奉先君,而你像对待贱妾一般残暴地对我,这是第三桩罪。你就报告逃亡的事,不可报告无罪!"

顺便说一下,定姜作为卫定公的夫人,只是卫献公名义上的母亲(卫献公的生母为敬姒),所以卫献公对她并不尊重。这显然是不对的。先君夫人就是先君夫人,尊重她就是尊重先君,这个道理卫献公不懂,很多事情他都不懂。

公使厚成叔吊于卫,曰:"寡君使瘠,闻君不抚社稷,而越在他竟,若之何不吊?以同盟之故,使瘠敢私于执事,曰:'有君不吊,有臣不敏,君不赦宥,臣亦不帅职,增淫发泄,其若之何?'"卫人使大叔仪对,曰:"群臣不佞,得罪于寡君。寡君不以即刑,而悼弃之,以为君忧。君不忘先君之好,辱吊群臣,又重恤之。敢拜君命之辱,重拜大贶。"厚孙归,复命,语臧武仲曰:"卫君其必归乎!有大叔仪以守,有母弟鱄以出,或抚其内,或营其外,能无归乎!"

鲁襄公派厚成叔(厚氏,即郈氏,名瘠)到卫国慰问,说:"寡君命我前来,听说君侯不安抚社稷,而流亡在别的国家境内,怎么能够不来慰问?因为是同盟之国,所以命我斗胆私下对诸位说:'国君不善,臣下不敏,国君不宽恕,臣下也不尽职,积怨很久而发泄,这可怎么办啊?'"

卫国人派太叔仪应对:"群臣无德无能,得罪了寡君。寡君没有拿我们治罪,而是远远地抛弃了我们,让君侯担心了!君侯没有忘记先君的友好,派您屈尊来安抚我们,又加以哀怜。谨此拜谢君王的命令,再拜谢对下臣们的哀怜。"

厚成叔回国复命,对臧孙纥说:"卫侯必定能够回国。有太叔仪留守,有胞弟公子鱄跟随着他出国。有人安抚国内,有人经营国外,能够不回吗?"

这话该怎么说呢,人渣命好?

齐人以郏寄卫侯。及其复也，以郏粮归。

右宰谷从而逃归，卫人将杀之。辞曰："余不说初矣。余狐裘而羔袖。"乃赦之。

卫人立公孙剽，孙林父、宁殖相之，以听命于诸侯。

卫侯在郏，臧纥如齐唁卫侯。卫侯与之言，虐。退而告其人曰："卫侯其不得入矣。其言粪土也。亡而不变，何以复国？"子展、子鲜闻之，见臧纥，与之言，道。臧孙说，谓其人曰："卫君必入。夫二子者，或挽之，或推之，欲无入，得乎？"

人渣确实命好，可是命再好也还是人渣。

齐国人将郏地让给卫献公寄居。后来，等到卫献公回国的时候，竟然将那里的粮食也带回去了。

右宰（官名）谷先是跟着卫献公逃亡，后来又逃回了卫国。卫国人要杀他，他辩解说："对于过去的事情我是不乐意的。我是穿了狐皮大衣，袖子却是羊皮的。"狐贵重，以喻善，羊以喻恶。言下之意，狐毛为装，小羊毛为袖。一身尽善，唯有少恶。我人是好的，只有一点小毛病，看人要看主流嘛！这么一说，居然被赦免了。

国不可一日无君。卫献公不在，卫国人又立了公孙剽为君。孙林父和宁殖辅佐他，以待诸侯发布命令。说白了，就是等着晋国点头。

卫献公住在郏地，鲁国派臧孙纥访问齐国，对卫献公表示慰问。卫献公和他说话，态度很恶劣。臧孙纥退出来后就对人说："卫侯怕是回不去了。说起话来有如粪土，臭不可闻。逃亡在外而不知悔改，怎么能够复国？"子展、子鲜听到了，跑去见臧孙纥，和他交谈，通情达理。臧孙纥很满意，对手下说："卫侯一定能够回国，这两个人，或者拉他，或者推他，想不回国都难。"

为什么？为什么一定要把一个人渣推上国君的宝座？

师归自伐秦，晋侯舍新军，礼也。成国不过半天子之军。周为六军，诸侯之大者，三军可也。

于是知朔生盈而死，盈生六年而武子卒，彘裘亦幼，皆未可立也。新军无帅，故舍之。

自从讨伐秦国回来，晋悼公便开始改革部队，裁减了新军。这是合于礼的。大国的军队不超过天子的一半。王室定编六军，诸侯中强大的，定三军也就可以了。

前面已经说过，晋国的新军无帅，晋悼公也一直没有任命，主要是考虑到众卿的势力过于庞大，不想有太多的卿。现在干脆撤掉新军，也是顺理成章的事。当然，晋悼公还是找了一个借口——原本晋国四军八卿，分别为中行氏、知氏、范氏、彘氏、韩氏、赵氏、魏氏、栾氏。其中，知氏荀罃的儿子荀朔生了荀盈就死了，荀盈六岁的时候荀罃也死了，那么知氏目前也就没有人能够当卿了；彘氏的士鲂已经去世，其子士裘还小，彘氏也就可以暂时不考虑了。新军本来就没有统帅，所以撤掉。

晋悼公不愧是明主，对外对内都有两把刷子。尤其是处理国内事务，敢碰硬，不硬碰，有条不紊，水到渠成，远胜前面几位国君。

师旷侍于晋侯。晋侯曰："卫人出其君，不亦甚乎？"对曰："或者其君实甚。良君将赏善而刑淫，养民如子，盖之如天，容之如地；民奉其君，爱之如父母，仰之如日月，敬之如神明，畏之如雷霆，其可出乎？夫君，神之主而民之望也。若困民之主，匮神乏祀，百姓绝望，社稷无主，将安用之？弗去何为？天生民而立之君，使司牧之，勿使失性。有君而为之贰，使师保之，勿使过度。是故天子有公，诸侯有卿，卿置侧室，大夫有贰宗，士有朋友，庶人、工、商、皂、隶、牧、圉皆有亲昵，以相辅佐也。善则赏之，过则匡之，患则救之，失则革之。自王以下，各有父兄子弟以补察其政。史为书，瞽为诗，工诵箴谏，大夫规诲，士传言，庶人谤，商旅于市，百工献艺。故《夏书》曰：'遒人以木铎徇于路，官师相规，工执艺事以谏。'正月孟春，于是乎有之，谏失常也。天之爱民甚矣，岂其使一人肆于民上，以从其淫，而弃天地之性？必不然矣。"

师旷，是晋国的大乐官，名旷，字子野。

有一天，师旷在晋悼公身边侍候。晋悼公突然说："卫国人将他们的国君赶走了，这不是很过分吗？"

《左传》的行文，要前后对照来看。前面写到晋悼公裁撤新军，触动众卿的利益；后面就写到他对卫国人赶走国君的担忧。二者之间有没有某种心理上的联系？显然是有的。晋悼公是明君，卫献公是昏君，这不用说。可是，当国君与臣下产生矛盾的时候，不管国君有没有理，臣下能够赶走国君，这件事让晋悼公感到很不爽。明君和昏君都是君，他们之间有"类感情"，或者说，有阶级感情。

师旷给晋悼公上了一堂课——

也许是他们的国君实在太过分了。好的国君应该奖善罚恶，爱民如子，像天一样覆盖百姓，像地一样包容百姓。国民侍奉他们的国君，爱他就像爱父母，仰望他如同仰望日月，尊敬他有如尊敬神明，害怕他像是害怕雷霆，怎么可能赶走他呢？国君，就是祭祀神明的主持、国民心中的高山。如果让百姓的生计困难，神明不得祭祀，百姓绝望，社稷无主，还要他干什么？不赶走他还有什么用？上天生养百姓而为他们立君主，让他统治他们，不让他们迷失本性。有了国君又为他设置辅佐，让他们教育他保护他，不让他做事过度。所以天子有三公，诸侯有众卿，卿有旁支，大夫有小宗，士有亲友同门，庶人、工匠、商贾、皂隶、牧圉都有亲近的人，互为辅佐。做了好事就表扬，做了错事就纠正，有了忧患就求助，有了过失就改正。自天子以下，各有父兄子弟来弥补过失，察其得失。太史著书，乐师作诗，乐工朗诵箴言规谏，士人将意见传达给上级，庶人在路上发发牢骚，商人旅客在市场上议论纷纷，百工献技艺。所以《夏书》上说，"传令官举着木铎巡视道路，官吏互相规劝，百工呈献技艺来劝谏。"正月孟春之际发生这样的事，这是因为劝谏失去了常规。上天甚为爱护百姓，岂能让一个人在百姓头上胡作非为，以放纵他的邪恶而失去天地的本性？一定不会这样的！

老左没有记载晋悼公接下来说了什么。也许对话就这样结束了，而晋悼公心里很不是滋味吧。

秋，楚子为庸浦之役故，子囊师于棠，以伐吴。吴不出而还。子囊殿，以吴为不能而弗儆。吴人自皋舟之隘要而击之。楚人不能相救，吴人败之，获楚公子宜谷。

去年，楚共王去世，吴国人趁火打劫，在庸浦被楚军打败。楚共王的儿子楚康王即位后，为了报复吴国，命令尹公子贞从棠地出兵讨伐吴国。吴国人不出战，楚军就回去了。公子贞亲自殿后，认为吴国已经不行了，所以不加戒备。吴国人利用皋舟的险要地形，从中截击楚军。楚国人前后不能相救，被打得大败。吴军俘虏了楚将公子宜谷。

王使刘定公赐齐侯命，曰："昔伯舅大公右我先王，股肱周室，师保万民。世胙大师，以表东海。王室之不坏，繄伯舅是赖。今余命女环，兹率舅氏之典，纂乃祖考，无忝乃旧。敬之哉，无废朕命！"

周灵王派卿士刘定公赐命齐灵公，说："从前伯舅姜太公辅佐我先王，为王室股肱，教育保护万民。王室世代酬谢太公的功劳，作为东海诸国的表率。王室能够长久不衰败,有赖于伯舅的努力。现在我命令你姜环(齐灵公名环),孜孜不倦地遵循舅氏的常法,继承你的祖先,不要辱没你的先人。要诚敬啊! 不要废弃朕的命令!"

周灵王这时候来这么一出,没有别的原因,也没有特别的意思,就是要和齐国结亲了,套个近乎。

晋侯问卫故于中行献子,对曰:"不如因而定之。卫有君矣,伐之,未可以得志,而勤诸侯。史佚有言曰:'因重而抚之。'仲虺有言曰:'亡者侮之,乱者取之。推亡、固存,国之道也。'君其定卫以待时乎!"

冬,会于戚,谋定卫也。

晋悼公向荀偃咨询卫国的事情,实际上也就是问卫国人赶走了卫献公,要不要讨伐卫国。荀偃回答:"不如按照现状来安定它。卫国已经有新君(公孙剽)了。如果讨伐它的话,不一定能够达到目的而又让诸侯们辛劳。史佚说:'因为已经安定而加以抚慰。'仲虺说:'流亡的可以欺侮,动乱的可以攻取,推翻流亡的而巩固续存的,这就是定国之道。'您还是保持卫国稳定,以等待时机吧!"

冬天,晋、宋、鲁、卫、郑等国的卿大夫在戚地相会,商量安定卫国的事。

范宣子假羽毛于齐而弗归,齐人始贰。

戚地之会的时候,晋国的士匄向齐国借来饰有羽毛的仪仗而不归还,齐国人开始对晋国有了二心。

楚子囊还自伐吴,卒。将死,遗言谓子庚:"必城郢!"君子谓:"子囊忠。君薨,不忘增其名,将死不忘卫社稷,可不谓忠乎? 忠,民之望也。

《诗》曰'行归于周,万民所望',忠也。"

楚国令尹公子贞讨伐吴国回来就去世了。临死的时候,给继任的公子午(字子庚)留下遗言:"一定要加固郢都的城防。"

君子认为公子贞忠心,楚共王死的时候,给楚共王上了"共"的谥号;自己死的时候,还不忘保卫国家,能不认为他忠吗?忠诚,是百姓仰望的美德。《诗》上说,"行为归结到周全,万民共同仰望",说的就是忠。

鲁襄公十五年

公元前 558 年,鲁襄公十五年。

十五年春,宋向戌来聘,且寻盟。见孟献子,尤其室,曰:"子有令闻而美其室,非所望也。"对曰:"我在晋,吾兄为之。毁之重劳,且不敢间。"

十五年春,宋国向戌来到鲁国访问,并且重温过去的盟誓。向戌见到仲孙蔑,责备他将房子修得太豪华,说:"您有美名在外,而把房子装修得太漂亮,这不是别人所希望的。"仲孙蔑回答:"这是我在晋国的时候,我兄长干的。毁掉它的话太浪费,而且我也不敢对兄长的做法表示反对。"

官师从单靖公逆王后于齐。卿不行，非礼也。

官师即一个部门的长官，地位不高。

王室和齐国结亲，派相关官员跟随单靖公到齐国迎接新王后。王室的卿没有去，这是非礼的。

楚公子午为令尹，公子罢戎为右尹，蒍子冯为大司马，公子橐师为右司马，公子成为左司马，屈到为莫敖，公子追舒为箴尹，屈荡为连尹，养由基为宫厩尹，以靖国人。

君子谓："楚于是乎能官人。官人，国之急也。能官人，则民无觊心。《诗》云'嗟我怀人，置彼周行'，能官人也。王及公、侯、伯、子、男、甸、采、卫、大夫，各居其列，所谓周行也。"

楚康王任命公子午为令尹，公子罢戎为右尹，蒍子冯为大司马，公子橐师为右司马，公子成为左司马，屈到为莫敖，公子追舒为箴尹，屈荡为连尹，养由基为宫厩尹，以安定国人。

君子以为楚国这个时候能够安排合适的人当合适的官。选人任官，是国家的当务之急。能够合理地任命官员，则百姓没有非分之想。从上述任命的官员来看，九人之中，五人为公子，屈属楚国大姓，蒍亦是名门望族。说白了，所谓"能官人"，就是选拔王室贵胄与世家子弟中的优秀分子占据高位，不让一般士人心存幻想。

君子还引用了《诗经·周南·卷耳》中一句诗："嗟我怀人，置彼周行。"诗句的本意，是女子思念远方的丈夫，无心采摘卷耳之菜，于是将筐放在大路上。君子揣着明白心装糊涂，将"周行"解释为"适当的行列"，诗意也就变成了：嗟叹我所怀念的贤人，要将他们都放在合适的官位上。这当然是"能官人"了。君子还煞有介事地解释：天子和公、侯、伯、子、男五等诸侯，以及甸服、采服、卫服的各级大夫，都处于各自的行列中，这就叫"周行"。

说句题外话，后世妇人将丈夫叫作官人，会不会与《左传》的这段记载有关？（纯属脑洞大开，请勿当真）

郑尉氏、司氏之乱，其余盗在宋。郑人以子西、伯有、子产之故，纳赂于宋，以马四十乘，与师茷、师慧。三月，公孙黑为质焉。司城子罕以堵女父、尉翩、司齐与之。良司臣而逸之，托诸季武子，武子置诸卞。郑人醢之三人也。

师慧过宋朝，将私焉。其相曰："朝也。"慧曰："无人焉。"相曰："朝也，何故无人？"慧曰："必无人焉。若犹有人，岂其以千乘之相易淫乐之矇？必无人焉故也。"子罕闻之，固请而归之。

五年前郑国的尉氏、司氏等五族发动叛乱，事败后侯晋逃往晋国，堵女父、司臣、尉翩、司齐逃往宋国。郑国因公孙夏、良霄、子产的缘故（三人的父亲均被尉氏、司氏所杀），向宋国行贿，将一百六十匹马和师茷、师慧送给宋国。三月，公孙黑（公子骈之子，字子皙）到宋国为质。宋国司城乐喜将堵女父、尉翩、司齐三人交给郑国，认为司臣有才能而放走了他，并委托鲁国的季孙宿保护他。季孙宿将司臣安置在卞地。郑国人将堵女父等三人剁成了肉酱。

师茷和师慧都是乐师，《左传》中的"师某"一般都是乐师，而乐师一般都是盲人。有一天，师慧经过宋国的朝堂，撩起衣裳，掏出"作案工具"就想嘘嘘，助手赶紧制止他："这可是朝堂啊！"师慧说："没关系，没有人的。"助手说："这是朝堂，怎么会没人？"师慧说："肯定没有人。如果有人，怎么会拿千乘之国的执政与一个唱淫词艳曲的盲人交换？肯定是因为没有人啦！"

师慧这句话，拐的弯有点大。所谓"千乘之相"，是指子产等郑国的众卿。堵女父等人是他们的仇人。按理说，宋国应该主动送回堵女父等人才对,却一直等到郑国送了马匹和乐师才这么做,吃相太难看啦!

乐喜听说这件事,坚决向宋平公请求,将师慧送回了郑国。这是对的,不送回去的话,这盲人恐怕天天在朝堂上嘘嘘了。

夏,齐侯围成,贰于晋故也。于是乎城成郛。

秋,邾人伐我南鄙,使告于晋。晋将为会以讨邾、莒,晋侯有疾,乃止。冬,晋悼公卒,遂不克会。

夏天,齐灵公带兵围攻鲁国的成城,这是因为齐国已经对晋国有了二心。鲁国于是修筑成城的外城,以加强防御。

秋天,邾国人入侵鲁国南部边境。鲁国派使者向晋国报告,晋国准备会合诸侯来讨伐邾国、莒国。因为晋悼公生病了,事情就耽搁了。

冬天,晋悼公去世了。计划中的诸侯聚会,于是不了了之。

郑公孙夏如晋奔丧,子蟜送葬。

郑国的公孙夏前往晋国奔丧,公孙虿为晋悼公送葬。

宋人或得玉,献诸子罕。子罕弗受。献玉者曰:"以示玉人,玉人以为宝也,故敢献之。"子罕曰:"我以不贪为宝,尔以玉为宝,若以与我,皆丧宝也,不若人有其宝。"稽首而告曰:"小人怀璧,不可以越乡,纳此以请死也。"子罕置诸其里,使玉人为之攻之,富而后使复其所。

宋国有一个人得到了一块玉,献给司城乐喜。乐喜不接受。献玉的人说:"拿它给玉人(治玉的工匠)看,玉人认为这是块宝玉,所以才敢进献它。"乐喜说:"我以不贪婪为宝,你以玉为宝。假如把玉给了我,我俩都丧失了自己的宝贝。不如各人珍藏各人的宝贝。"献玉的人叩首禀告:"小人身怀宝玉,不可以穿越乡里,将它献给您也是为了免死。"

所谓"庶人无罪,怀璧有罪",如果没有足够的权势,而享有太多的财富,很快就会麻烦缠身。乐喜听他这么说,就将这块宝玉放在自己居住的乡里,派玉人雕琢它,卖了一个好价钱,让献玉的人富起来,然后送他回乡安居。

"我以不贪为宝,尔以玉为宝。若以与我,皆丧宝也,不若人有其宝。"乐喜的这句话,值得我们今人深思。

十二月,郑人夺堵狗之妻,而归诸范氏。

十二月,郑国人夺走堵狗的老婆,将她还给晋国的范氏。

杜预解释:堵狗是堵女父的亲属,其妻娶自晋国的名门范氏,也就是士匄家族。郑国人诛杀堵女父之后,担心堵狗依靠范氏而作乱,所以将他老婆强行夺走,送回晋国。

日本汉学家竹添光鸿则猜想:斩草除根,这一看就是子产的主意!

我只想说:政治,真不是一般人玩得起的。

鲁襄公十六年

公元前557年,鲁襄公十六年。

十六年春,葬晋悼公。平公即位,羊舌肸为傅,张君臣为中军司马,祁奚、韩襄、栾盈、士鞅为公族大夫,虞丘书为乘马御。改服,修官,烝于曲沃。警守而下,会于溴梁。命归侵田。以我故,执邾宣公、莒犁比公,且曰:"通齐、楚之使。"

十六年春,晋国为晋悼公举行葬礼。太子彪即位,是为晋平公。任命羊舌肸为太傅,张君臣(张老之子)为中军司马,祁奚、韩襄(韩无忌之子)、栾盈、士鞅为公族大夫,虞丘书为乘马御。改换吉服,选贤任官,在曲沃举行烝祭。加强绛都的警备,然后沿河而下,与诸侯在溴梁相会。

据《春秋》记载,参加这次会见的有宋平公、鲁襄公、卫殇公(即公子剽)、郑简公、曹成公以及莒、邾、薛、杞、小邾等诸侯。晋平公命令诸侯们互相归还侵占的土地。因鲁国被侵的缘故,逮捕了邾宣公与莒犁比公,而且说他们"与楚国、齐国有使者来往"。

晋侯与诸侯宴于温,使诸大夫舞,曰:"歌诗必类。"齐高厚之诗不类。荀偃怒,且曰:"诸侯有异志矣。"使诸大夫盟高厚,高厚逃归。于是叔孙豹、晋荀偃、宋向戌、卫宁殖、郑公孙虿、小邾之大夫盟,曰:"同讨不庭。"

晋平公和诸侯在温地举行宴会,命各国卿大夫起舞,说:"赋诗一定要和舞蹈相配。"

齐灵公没有参加会议,但是派来了上卿高厚。高厚的诗与舞蹈不配,荀偃大怒,而且说:"诸侯有二心了。"让诸侯的卿大夫与高厚盟誓,高厚却逃走了。于是,鲁国叔孙豹、晋国荀偃、宋国向戌、卫国宁殖、郑国公孙虿以及小邾国的大夫结盟,说:"共同讨伐不尊敬盟主的人。"

许男请迁于晋。诸侯遂迁许，许大夫不可，晋人归诸侯。

郑子蟜闻将伐许，遂相郑伯以从诸侯之师。穆叔从公。齐子帅师会晋荀偃。书曰"会郑伯"，为夷故也。

夏六月，次于棫林。庚寅，伐许，次于函氏。

晋荀偃、栾黡帅师伐楚，以报宋扬梁之役。楚公子格帅师，及晋师战于湛阪。楚师败绩。晋师遂侵方城之外，复伐许而还。

鲁成公十五年，许国为了躲避郑国的侵略，请求将国家迁到楚国的叶县。现在，许灵公又向晋国提出，想将国家迁到晋国。对于晋国来说，这当然是好事，于是诸侯们展开了迁移许国的行动。不料，迁国只是许灵公一厢情愿，许国的大夫们都不同意，迁国变成了打仗。晋国人让诸侯都回国去，只留下卿大夫参加战争。

郑国的公孙虿听说晋国将要讨伐许国，便辅佐郑简公参加讨伐部队。鲁国则由叔孙豹陪同鲁襄公回国，子叔齐子(字叔老)带兵与晋国的荀偃会师。《春秋》记载："叔老会郑伯、晋荀偃、卫宁殖、宋人伐许。"是为了摆平次序——《春秋》为鲁国史书，自己人当然写在前面；郑简公是诸侯，当然要写在荀偃前面。

六月，联军进驻棫林。初九日，入侵许国，驻扎在函氏。

许国在楚国境内。入侵许国，其实就是入侵楚国了。晋国的荀偃、栾黡带领军队讨伐楚国，以报四年前楚国入侵宋国扬梁之仇。楚国派公子格带兵与晋军在湛阪交战，楚军战败。晋军于是入侵楚国在方城之外的土地，再度讨伐许国，然后回去。

秋，齐侯围成，孟孺子速徼之。齐侯曰："是好勇，去之以为之名。"速遂塞海陉而还。

孟孺子是仲孙蔑的儿子、孟孙氏的继承人，名速，谥庄，又称为孟庄子。在鲁国，"孙"是贵族的尊称，能够缀以"孙"字的世族，只有季、孟、叔、郈、臧五家。而且，这五家也不是每一个人都能称为"孙"，只有成为宗主才可以。所以，这个时候的孟孺子，还是称为孟速比较合适。

秋天，齐灵公又带兵来围攻成城。孟速拦截齐军。齐灵公说："此人喜欢勇敢，我们离开这里以使他成名。"这叫嘴硬，分明是害怕初生牛犊的勇气。孟速于是堵塞海陉（地名）的险道然后回去。

冬，穆叔如晋聘，且言齐故。晋人曰："以寡君之未禘祀，与民之未息，不然，不敢忘。"穆叔曰："以齐人之朝夕释憾于敝邑之地，是以大请。敝邑之急，朝不及夕，引领西望曰：'庶几乎！'比执事之间，恐无及也。"见中行献子，赋《圻父》。献子曰："偃知罪矣！敢不从执事以同恤社稷，而使鲁及此！"见范宣子，赋《鸿雁》之卒章。宣子曰："匄在此，敢使鲁无鸠乎！"

冬天，叔孙豹访问晋国，同时说到齐国的事情。晋国人说："主要是还没有为先君悼公举行禘祭，再加上老百姓也还没有休息好，不然的话，不敢忘记贵国的事。"叔孙豹说："因为齐国早晚在敝国的土地上发泄不满，所以才来郑重地请求。敝国面临的危急，早上等不到晚上，伸长了脖子望着西边说：'救兵快来了吧！'等到贵国的办事人员得空，恐怕来不及了。"又去见荀偃，赋了《诗经·小雅·圻父》一诗。

"圻父，予王之爪牙。胡转予于恤，靡所止居？圻父，予王之爪士。胡转予于恤，靡所厎止？圻父，亶不聪。胡转予于恤？有母之尸饔。"

诗中之意，谴责圻父身为天子的武官却不称职，导致百姓受苦。荀偃听了，惭愧地说："我知罪了！岂敢不跟随您一起为国家忧虑，而让鲁国陷入这样的境地？"

叔孙豹又去见士匄，赋了《鸿雁》的最后一章："鸿雁于飞，哀鸣嗷嗷。

维此哲人,谓我劬劳。维彼愚人,谓我宣骄。"这是以鸿雁的流离失所比喻鲁国目前的困境。士匄说:"我在这里,岂敢让鲁国不安?"

话虽如此,相比春天晋平公刚即位在溴梁大会诸侯时那种雷厉风行的气势,冬天的晋国已经露出对诸侯事务有心无力的疲态。

鲁襄公十七年

公元前556年,鲁襄公十七年。

十七年春,宋庄朝伐陈,获司徒卬,卑宋也。

十七年春,宋国大夫庄朝讨伐陈国,俘虏陈国大夫司徒卬,这是因为陈国看不起宋国。

卫孙蒯田于曹隧,饮马于重丘,毁其瓶。重丘人闭门而诟之,曰:"亲逐而君,尔父为厉。是之不忧,而何以田为?"
夏,卫石买、孙蒯伐曹,取重丘。曹人诉于晋。

卫国的孙蒯打猎打到了曹国的曹隧,在重丘让马喝水,毁掉了打水的瓶子。重丘人关起城门骂他:"亲自驱逐你们的国君,你的父亲做出这样的坏事,你不为之担忧,还跑来打猎?"

夏天,卫国的石买、孙蒯讨伐曹国,攻取重丘。曹国人向晋国告状。

齐人以其未得志于我故，秋，齐侯伐我北鄙，围桃。高厚围臧纥于防。师自阳关逆臧孙，至于旅松。郰叔纥、臧畴、臧贾帅甲三百，宵犯齐师，送之而复。齐师去之。

齐人获臧坚。齐侯使夙沙卫唁之，且曰"无死"。坚稽首曰："拜命之辱。抑君赐不终，姑又使其刑臣礼于士。"以杙抉其伤而死。

冬，邾人伐我南鄙，为齐故也。

　　秋天，因为在鲁国没有满足他们的愿望，齐国兵分两路讨伐鲁国：齐灵公率军入侵鲁国北部边境，包围桃城；高厚在防城包围了臧孙纥（防地是臧孙纥的封地）。为了避免臧孙纥被齐军俘虏，鲁国派兵从阳关出发迎接臧孙纥，抵达旅松。郰叔纥（即孔子的父亲叔梁纥）、臧畴、臧贾带领甲士三百人，夜袭齐军，将臧孙纥送到旅松然后返回防城。齐军于是撤围而去。

　　齐军俘虏了臧坚。齐灵公派夙沙卫慰问他，而且说："请不要死。"臧坚叩首说："谨此拜谢君侯的命令。但是，君侯赐我不死，又故意派他的宦官来对一个士表示敬意。"言毕，拿起一根小木桩戳自己的伤口而死。真是一个狠人！

　　冬天，邾国人入侵鲁国南部边境，这是因为齐国指使。

　　从卫国入侵曹国、齐国和邾国入侵鲁国这一系列事情来看，只能说明一件事：晋国的影响力下降了。

宋华阅卒。华臣弱皋比之室，使贼杀其宰华吴，贼六人以铍杀诸卢门合左师之后。左师惧，曰："老夫无罪。"贼曰："皋比私有讨于吴。"遂幽其妻，曰："畀余而大璧！"宋公闻之，曰："臣也不唯其宗室是暴，大乱宋国之政，必逐之。"左师曰："臣也，亦卿也。大臣不顺，国之耻也。不如盖之。"乃舍之。左师为己短策，苟过华臣之门，必骋。

十一月甲午,国人逐瘈狗,瘈狗入于华臣氏,国人从之。华臣惧,遂奔陈。

宋国的右师华阅去世,他的弟弟司徒华臣认为皋比(华阅之子)软弱可欺,派人刺杀了皋比的家宰华吴。刺客有六人,在卢门合左师向戌的屋后,用铍(一种武器,锋刃类似于短剑,手柄类似于长矛)将华吴杀死。

卢门是宋国的城门。合左师即向戌,合是他的封地,左师是他的官职。宋国六卿中,右师最尊,左师次之。左师可以说是群臣中的"二把手",但是向戌显然没有"二把手"的威严,目睹华吴被杀,竟然吓得向凶手们辩解,说:"老夫没有罪啊!"谁说你有罪了,不关你的事!凶手们说:"这是皋比私自讨伐华吴。"将幕后主使说成了皋比,而后又去绑架了华吴的妻子,说:"把你们家的大玉璧给我们。"

这简直是翻天了!宋平公听说这件事,说:"华臣不只是残暴地对待他的宗室,而且使宋国的政事大乱,一定要赶走他。"向戌说:"华臣也是卿啊。大臣不和顺,这是国家的耻辱,不如将这事掩盖掉算了。"

家丑不外扬,国丑不自揭,这种调调很熟悉吧?宋平公听向戌这么一说,竟然也就不管这事了。更有意思的是,在这之后,向戌做了一根短鞭,只要经过华臣的家门口,就偷偷拿出来,帮助车夫打马快跑,将车赶得跟一阵风似的快速经过。是讨厌华臣,还是害怕华臣?也许二者兼而有之吧。

宋平公和向戌采取鸵鸟政策,对华臣的罪行视而不见,华臣本人倒是不安起来。十一月的一天,宋国人追打一只疯狗,疯狗跑到了华臣家里,大伙儿跟着进去。华臣做贼心虚,以为是冲自己来的(爱搞阴谋的人,认为处处是阴谋),就逃奔陈国。

宋皇国父为大宰,为平公筑台,妨于农收。子罕请俟农功之毕,公弗许。筑者讴曰："泽门之皙，实兴我役。邑中之黔，实慰我心。"子罕闻之，亲执扑，以行筑者，而抶其不勉者，曰："吾侪小人皆有阖庐以辟燥湿寒暑。今君为一台，而不速成，何以为役？"讴者乃止。或问其故。子罕曰："宋国区区，而有讴有祝，祸之本也。"

宋国的皇国父当了太宰，张罗着为宋平公修筑亭台楼阁。修台不是不可以，但是要看时间。当时正值收割季节，将老百姓从农田里拉出来搞基建，显然是非礼的。司城乐喜请求等到收割完成后再动工，宋平公不同意。参加筑台的农民唱着歌谣："泽门里那个白白净净的人（指皇父），将我们抓来服劳役；城里那个皮肤黝黑的人（指乐喜），体贴我们的心意。"乐喜听了，亲自拿着竹鞭，到工地上去检查工作，看到不卖力的人就打，说："我们这些小人都有房子躲避干湿冷热，今天国君要修一座台子，而不快快完成，还怎么做事？"唱歌的人就都不唱了。

有人不理解，问乐喜这是为什么，乐喜说："小小的一个宋国，而有诅咒有歌颂，这是祸乱的根本。"

乐喜真是考虑宋国的安危吗？也许。但是更多的是考虑自己。对于乐喜而言，宋平公不顾农收而修台，老百姓有怨言是正常的。抱怨皇国父就是抱怨宋平公，这也没问题。问题是表扬了乐喜，这就很危险了。宋平公听到了会怎么想？还不整死乐喜？所以乐喜很紧张，一定要亲自出面平息这波舆情，坚决表明自己的态度，否则后果不堪设想。这是古代中国式的官场智慧。

齐晏桓子卒，晏婴粗缞斩，苴绖、带、杖，菅屦，食鬻，居倚庐，寝苫，枕草。其老曰："非大夫之礼也。"曰："唯卿为大夫。"

齐国的晏弱去世了。他的儿子晏婴穿着粗布丧服，头缠麻布，腰缠麻绳，手持竹杖，脚穿草鞋，喝粥，住草棚，睡草垫子，用草作为枕头。他的家老(首席家臣)说:"这不是大夫之礼哦!"晏婴说:"只有卿才算是大夫。"

　　春秋时期,大夫是个宽泛的概念,卿和大夫都能笼统地称为大夫,这就好比把公、侯、伯、子、男五等爵位统称为诸"侯"一样。晏婴在这里偷换了一个概念,主要是为了谦虚,不必深究。

鲁襄公十八年

公元前 555 年,鲁襄公十八年。

十八年春,白狄始来。

　　十八年春,白狄人第一次访问鲁国。

夏,晋人执卫行人石买于长子,执孙蒯于纯留,为曹故也。

　　晋国终于行动。

　　夏天,晋国人在长子逮捕了卫国的行人石买,在纯留逮捕了孙蒯,这是因为他们侵略了曹国。

秋,齐侯伐我北鄙。中行献子将伐齐,梦与厉公讼,弗胜。公以戈击之,首队于前,跪而戴之,奉之以走,见梗阳之巫皋。他日,见诸道,与之言,同。巫曰:"今兹主必死,若有事于东方,则可以逞。"献子许诺。

秋天,齐灵公入侵鲁国北部边境。晋国的荀偃打算讨伐齐国,梦见自己与晋厉公在天神面前打官司(二十年前,栾书、荀偃派程滑杀死晋厉公),荀偃败诉。晋厉公挥戈攻击荀偃,将他的脑袋斩落在身前。荀偃跪下来将脑袋捡起,"戴"在脖子上,双手扶着跑开,路上看到梗阳的巫皋。

这真是一个奇怪的梦!更奇的是,过了几天,荀偃真在路上遇到了巫皋,和他说了几句话,原来巫皋也做了同样的梦!巫皋说:"今年您一定会死。如果在东方有战事,那是可以如愿的。"荀偃答应了。也就是说,在听了巫皋的话之后,荀偃便下定了决心要讨伐齐国。

晋侯伐齐,将济河。献子以朱丝系玉二縠,而祷曰:"齐环怙恃其险,负其众庶,弃好背盟,陵虐神主。曾臣彪将率诸侯以讨焉,其官臣偃实先后之。苟捷有功,无作神羞,官臣偃无敢复济。唯尔有神裁之。"沉玉而济。

晋平公动身讨伐齐国,将要渡过黄河的时候,荀偃用红绳绑着两对玉璧,向河神祷告:"齐环(齐灵公名环)靠着地形险要,仗着人口众多,抛弃友好,背叛盟约,欺凌百姓。曾臣彪(晋平公名彪)将率领诸侯去讨伐他,彪的官臣荀偃在前后效力,如果能够获胜有功,不让神明蒙羞,官臣荀偃不敢再次渡河,任凭神明制裁。"将玉沉入黄河然后渡河。

所谓曾臣,就是陪臣。前面说过,诸侯在天子面前称臣,诸侯的卿大夫在天子面前称为陪臣。同样道理,天子在神面前称臣,诸侯在神面前就只能称为陪臣了。至于官臣,也就是诸侯的臣下。荀偃发这样的誓,是在向神明表示自己不奢望活着回来了,但是祈求神明保佑晋国能够在战争中获胜。

冬十月，会于鲁济，寻溴梁之言，同伐齐。齐侯御诸平阴，堑防门而守之，广里。夙沙卫曰："不能战，莫如守险。"弗听。诸侯之士门焉，齐人多死。范宣子告析文子，曰："吾知子，敢匿情乎？鲁人、莒人皆请以车千乘自其乡入，既许之矣。若入，君必失国。子盍图之！"子家以告公。公恐。晏婴闻之，曰："君固无勇，而又闻是，弗能久矣。"

齐侯登巫山以望晋师。晋人使司马斥山泽之险，虽所不至，必旆而疏陈之。使乘车者左实右伪，以旆先，舆曳柴而从之。齐侯见之，畏其众也，乃脱归。丙寅晦，齐师夜遁。师旷告晋侯曰："鸟乌之声乐，齐师其遁。"邢伯告中行伯曰："有班马之声，齐师其遁。"叔向告晋侯曰："城上有乌，齐师其遁。"

十月，诸侯在鲁国的济水之滨相会，重温在溴梁之会上的盟誓，共同讨伐齐国。齐灵公在平阴抵御，在防门外开挖壕沟，加起来有一里之宽。夙沙卫建议："如果不能作战，不如固守险要。"也就是想依靠泰山之险来对抗联军。齐灵公不听。诸侯部队进攻防门，齐军大多战死。士匄派人给齐国大夫析文子（即子家）传话："我了解您，难道敢隐瞒情况吗？鲁国、莒国都请求带一千乘战车从他们那里打过来，我们已经答应了。如果是那样，你们的国君必定会失去国家，您何不认真考虑一下？"析文子将这话转告齐灵公。齐灵公害怕了。晏婴听到了，说："国君本来就没有勇气，而又听到这些，不会在这里坚持太久了。"

齐灵公登上巫山眺望晋军。晋国人派司马在山林湖泽中开辟道路，虽然有不能到的地方，一定要竖起大旗，稀疏地布置军阵。战车的左边是真人而右边摆上假人，以大旗为前导，车后拖着木柴跟上去，造成千军万马奔驰的气势。齐灵公看到了，以为晋军人马多到不可胜数，吓得脱离部队，逃了回去。十月二十九日，齐军连夜遁逃。师旷向晋平公报告："乌鸦的声音很欢快，齐军肯定逃跑了。"晋国大夫邢伯对荀偃说："有车马的声音，齐军恐怕是逃走了。"羊舌肸也跑来向晋平公报告："城头上有乌鸦，齐军应该是逃走了。"

十一月丁卯朔，入平阴，遂从齐师。夙沙卫连大车以塞隧而殿。殖绰、郭最曰："子殿国师，齐之辱也。子姑先乎！"乃代之殿。卫杀马于隘以塞道。晋州绰及之，射殖绰，中肩，两矢夹脰，曰："止，将为三军获；不止，将取其衷。"顾曰："为私誓。"州绰曰："有如日！"乃弛弓而自后缚之。其右具丙亦舍兵而缚郭最，皆衿甲面缚，坐于中军之鼓下。

> 十一月初一，联军进入平阴，于是追击齐军。夙沙卫将大车连接起来堵塞山谷，自己殿后。殖绰、郭最说："您来为大军殿后，是齐国的耻辱，您姑且先走。"于是代替夙沙卫殿后。夙沙卫又在狭小的路口杀了马匹来堵塞道路。晋国的州绰追上来，用箭射中殖绰的两边肩膀，两支箭一左一右夹住殖绰的脖子。州绰命令殖绰："停下来，也就是成为三军的俘虏；不停，下一箭就直取你的心脏。"殖绰果然不跑了，回头说："你发誓！"州绰说："请太阳做证！"于是解下弓弦，将殖绰反绑起来。州绰的车右具丙也放下武器来捆绑郭最，都不解除他们的盔甲，直接从后面捆绑，让他们坐在中军的大鼓之下。

晋人欲逐归者，鲁、卫请攻险。己卯，荀偃、士匄以中军克京兹。乙酉，魏绛、栾盈以下军克邿；赵武、韩起以上军围卢，弗克。十二月戊戌，及秦周，伐雍门之萩。范鞅门于雍门，其御追喜以戈杀犬于门中；孟庄子斩其橁以为公琴。己亥，焚雍门及西郭、南郭。刘难、士弱率诸侯之师焚申池之竹木。壬寅，焚东郭、北郭，范鞅门于扬门。州绰门于东闾，左骖迫，还于门中，以枚数阖。

齐侯驾，将走邮棠。大子与郭荣扣马，曰："师速而疾，略也。将退矣,君何惧焉? 且社稷之主不可以轻,轻则失众。君必待之!"将犯之,大子抽剑断鞅,乃止。甲辰,东侵及潍,南及沂。

晋国人想要追击逃跑的齐军,鲁国、卫国请求进攻险要的地方。十三日,荀偃、士匄带领中军攻克京兹。十九日,魏绛、栾盈带领下军攻克邿地。赵武、韩起带领上军围攻卢地,没有攻下。十二月初二,诸侯大军抵达临淄附近的秦周,砍伐临淄雍门外的萩树制作攻城器具。士鞅进攻雍门,他的御者追喜跑到城门里,用戈杀死了一条狗。孟速砍下门上的楣木,拿回去为鲁襄公制作了一张琴。初三,联军放火焚烧雍门及临淄的西郭、南郭。刘难、士弱带领诸侯部队焚烧了申池的竹木。初六日,焚烧东郭、北郭,士鞅进攻扬门。州绰进攻东闾,左边的骖马被挡住,战车在门中盘旋,将城门上有多少颗大钉都数清了。

齐灵公的对策是驾上车,准备逃到邮棠。太子光与大夫郭荣牵住马,说:"敌军行动迅速而攻击猛烈,这是为了夺取物资,准备撤退了,您害怕什么呢? 而且您作为社稷之主,不可以轻举妄动,否则会失去众人的支持。您一定要待在这里!"齐灵公哪里肯听,打马去撞他们。太子光抽出剑,斩断马鞅,车停了下来。初八,联军东侵,抵达潍水;南侵,抵达沂水。

郑子孔欲去诸大夫,将叛晋而起楚师以去之。使告子庚,子庚弗许。楚子闻之,使杨豚尹宜告子庚曰:"国人谓不穀主社稷而不出师,死不从礼。不穀即位,于今五年,师徒不出,人其以不穀为自逸而忘先君之业矣。大夫图之,其若之何?"子庚叹曰:"君王其谓午怀安乎! 吾以利社稷也。"见使者,稽首而对曰:"诸侯方睦于晋,臣请尝之。若可,君而继之。不可,收师而退,可以无害,君亦无辱。"

子庚帅师治兵于汾。于是子蟜、伯有、子张从郑伯伐齐,子孔、子展、子西守。二子知子孔之谋，完守入保。子孔不敢会楚师。

楚师伐郑，次于鱼陵。右师城上棘，遂涉颍，次于旃然。芬子冯、公子格率锐师侵费滑、胥靡、献于、雍梁，右回梅山，侵郑东北，至于虫牢而反。子庚门于纯门，信于城下而还，涉于鱼齿之下。甚雨及之，楚师多冻，役徒几尽。

郑国的公子嘉想要消灭诸卿，独揽大权，准备叛变晋国而借助楚国的军队来干掉他们。公子嘉派人向楚国令尹公子午报告，公子午不同意出兵。楚康王听到这个消息，派豚尹（官名）杨宜告诉公子午："国人都说不穀主持社稷而不出兵，死后不能依礼安葬。不穀即位已经有五年，军队没有出过国，人们还以为不穀自求安逸，而忘记了先君的大业。您好好想想，该怎么办？"公子午叹息道："大王这是说我贪图安逸呢！我这样做是为了有利于国家啊！"接见使者，叩首说："诸侯正和晋国打得火热，下臣请求尝试一下吧。如果可以，大王就跟着来。不可以，收兵退回来，可以不受损害，大王也不会受辱。"

公子午的意思很明白，包括郑国在内，诸侯们现在都团结在晋国周围。仅凭公子嘉一人之言就出兵郑国，实在是不靠谱。但是楚康王既然这样说了，他也只能出兵，于是在汾地整顿部队。当时，郑国的公孙虿、良霄、公孙黑肱（字子张）跟随郑简公讨伐齐国，公子嘉、公孙舍之、公孙夏留守国内。公孙舍之和公子夏知道公子嘉的阴谋，加强戒备，入城坚守。公子嘉不敢轻举妄动来与楚军会合。

预想中的里应外合变成了强行介入。楚军攻打郑国，驻扎在鱼陵。右翼在上棘筑城，于是渡过颍水，驻扎在旃然。芬子冯、公子格率领精锐部队入侵费滑、胥靡、献于、雍梁，向右绕过梅山，入侵郑国东北，抵达虫牢之后返回。公子午进攻新郑的纯门，在城下驻扎两晚后返回，渡过鱼齿山下的河流，遇到大雨，楚军又冷又湿，军中杂役几乎全部死去。

事实证明，公子午的判断是正确的。

晋人闻有楚师，师旷曰："不害。吾骤歌北风，又歌南风，南风不竞，多死声。楚必无功。"董叔曰："天道多在西北。南师不时，必无功。"叔向曰："在其君之德也。"

晋国方面也收到了楚军出动的消息。师旷说："不碍事。我多次唱北方的曲子，又唱南方的曲子。南方的曲子不强，死气沉沉，楚军必定无功而返。"董叔也说："天道在西北，南方的军队不合天时，必定无功。"

所谓天道，就是岁星运行的轨道。前面说过，古人以木星为岁星，十二年周转一次，经过十二个星次。鲁襄公十八年，岁在陬訾，于地支中为亥，对应的方位是西北，是以董叔有此一说。倒是羊舌肸说得明白："楚军有无战功，在于他们国君的德行。"楚康王没搞清楚情况，贸然逼迫公子午出兵，岂能不败？

鲁襄公十九年

公元前554年，鲁襄公十九年。

十九年春，诸侯还自沂上，盟于督扬，曰："大毋侵小。"

执邾悼公，以其伐我故。遂次于泗上，疆我田。取邾田，自漷水归之于我。

晋侯先归。公享晋六卿于蒲圃，赐之三命之服；军尉、司马、司空、舆尉、候奄,皆受一命之服;贿荀偃束锦、加璧、乘马,先吴寿梦之鼎。

晋平公讨伐齐国的这一场战争,打得轰轰烈烈,打出了霸主的威风。十九年春,诸侯从沂水边上回来,在督扬结盟,誓词为:"大国不要侵犯小国。"这也是这次军事行动的主题,惩罚以大欺小的齐国。

大国不能侵犯小国,小国也不能侵犯大国。督扬会盟上,邾悼公遭到逮捕,理由是他曾经入侵过鲁国。诸侯们就驻扎在泗水之上,划定鲁国的边界。没收邾国的土地,自漷水以西都给了鲁国。

鲁襄公这个感动啊!晋平公先回国去了,鲁襄公在蒲圃设宴招待晋国六卿,赏赐给他们三命的车服。晋国的军尉、司马、司空、舆尉、候奄,全部授予一命的车服。另外加赠荀偃五匹锦,外加玉璧和四匹马,再送给他吴王寿梦的大鼎,可谓掏心掏肺的感谢。

然而,这一切对荀偃来说,已经没太大意义了。

荀偃瘅疽,生疡于头。济河,及著雍,病,目出。大夫先归者皆反。士匄请见,弗内。请后,曰:"郑甥可。"二月甲寅,卒,而视,不可含。宣子盥而抚之,曰:"事吴敢不如事主!"犹视。栾怀子曰:"其为未卒事于齐故也乎?"乃复抚之曰:"主苟终,所不嗣事于齐者,有如河!"乃瞑,受含。宣子出,曰:"吾浅之为丈夫也。"

荀偃头上生了恶疮。回国途中,渡过黄河,到了著雍,病情加重,眼珠子都突出来了。卿大夫们先期回国的都返回来。士匄请求见面,荀偃不答应。请示谁能当他的继承人,荀偃回答:"郑甥可以。"

郑甥不是郑国的外甥,而是荀偃的儿子荀吴,其母为郑国人,按当时的习惯称为郑甥。

二月十九日,荀偃去世,死不瞑目,口张开,不能放置含珠。士匄盥洗干净,然后抚着尸体说:"侍奉荀吴,岂敢不如侍奉您?"荀偃仍然不瞑目。

栾黡说："可能是为了没有完成齐国的事情吧?"于是又抚着尸体说:"您就放心去吧,如果不能完成齐国的事情,请河神惩罚!"荀偃这才闭上眼睛,含上珠子。士匄出来之后说:"作为大丈夫我未免太浅薄了。"

荀偃至死只想着国家大事,也可以说是"鞠躬尽瘁,死而后已"了。

晋栾鲂帅师从卫孙文子伐齐。季武子如晋拜师,晋侯享之。范宣子为政,赋《黍苗》。季武子兴,再拜稽首,曰:"小国之仰大国也,如百谷之仰膏雨焉。若常膏之,其天下辑睦,岂唯敝邑?"赋《六月》。

根据荀偃的遗愿,晋国派大夫栾鲂跟随卫国的孙林父讨伐齐国。季孙宿到晋国拜谢出兵,晋平公设宴招待他。这时候,士匄继任中军元帅,在席上赋《诗经·小雅·黍苗》,其中有"芃芃黍苗,阴雨膏之"之句。季孙宿站起来,再拜叩首说:"小国仰望大国,有如各种作物仰望滋润的雨水。如果经常滋润,天下将会和睦,难道只是敝国?"赋了《诗经·小雅》中的《六月》,这是描写周宣王年间卿士尹吉甫辅佐天子出征的诗,也就是将晋平公比作尹吉甫了。

季武子以所得于齐之兵作林钟而铭鲁功焉。臧武仲谓季孙曰:"非礼也。夫铭,天子令德,诸侯言时计功,大夫称伐。今称伐,则下等也,计功,则借人也,言时,则妨民多矣,何以为铭? 且夫大伐小,取其所得,以作彝器,铭其功烈,以示子孙,昭明德而惩无礼也。今将借人之力以救其死,若之何铭之? 小国幸于大国,而昭所获焉以怒之,亡之道也。"

季孙宿将战争中获得的齐国兵器集中起来铸造了一座林钟(古人将音乐分为十二律,钟亦依律而铸,从黄钟、大吕到无射、应钟,林钟为其中之一),并在钟上铭刻文字,纪念鲁国的战功。臧孙纥对季孙宿说:"这是非礼的。铭文记载的是天子的德行、诸侯的举动合乎时令且有功勋、卿大夫参与征伐的行动。现在用来记载征伐，那就是降了一等了；记载功勋，那是借助了晋国的力量；记载因时而动，那么对百姓的妨碍又很多，拿什么来铭记呢？而且，大国讨伐小国，拿得到的东西制作礼器，铭刻功勋，以向子孙展示，是为了昭显明德而惩戒无礼。现在是借助了别人的力量来挽救自己的灭亡，怎么能够记载这个呢？小国侥幸战胜大国，而炫耀斩获来激怒大国，这是灭亡之道。"

臧孙纥说得对，鲁国借助晋国的力量报复了一下齐国，并没有解除齐国对鲁国的威胁，这个时候不应该沾沾自喜，而是要想办法增强国力，强壮自身的肌肉。

齐侯娶于鲁，曰颜懿姬，无子。其侄鬷声姬，生光，以为大子。诸子仲子、戎子，戎子嬖。仲子生牙，属诸戎子。戎子请以为大子，许之。仲子曰："不可。废常，不祥；间诸侯，难。光之立也，列于诸侯矣。今无故而废之，是专黜诸侯，而以难犯不祥也。君必悔之。"公曰："在我而已。"遂东大子光。使高厚傅牙，以为大子，夙沙卫为少傅。

齐侯疾，崔杼微逆光。疾病而立之。光杀戎子，尸诸朝，非礼也。妇人无刑。虽有刑，不在朝市。

夏五月壬辰晦，齐灵公卒。庄公即位。执公子牙于句渎之丘。以夙沙卫易己，卫奔高唐以叛。

齐灵公的夫人娶自鲁国，称为颜懿姬，没有生儿子。颜懿姬的侄女鬷声姬，应该是以媵妾的身份嫁过来的，生了公子光，也就是太子光。齐国后宫诸子（不是诸子百家，而是后宫各种身份的小妾）中，有仲子、戎子，戎子受到宠爱。仲子生了公子牙，将他托付给戎子。戎子恃宠放肆，请求立公子牙为太子，齐灵公竟然随口答应了。反倒是仲子认为这件事情不可行,说:"废弃常理,不祥;触犯诸侯,难以成事。光作为太子,已经代表齐国多次与诸侯同列相会。而今没有大罪而废掉他,那就是专横而轻视诸侯,以难成之事去触犯不祥之忌。您一定会后悔的。"齐灵公满不在乎:"这事由我决定,与诸侯无关。"于是将太子光迁到齐国东部海边,命高厚辅佐公子牙当太子,夙沙卫为其少傅。

后来齐灵公病重,崔杼偷偷地将太子光接回来。等到齐灵公病危,就让太子光复位。太子光也是个狠人,杀了戎子,并将她的尸体摆在朝堂上示众。这是非礼的! 妇人没有专用的刑罚。即使加以刑罚,也不能把尸体陈列在朝堂之上。

五月二十九日,齐灵公去世。太子光即位,是为齐庄公。派人在句渎之丘(地名)抓住公子牙。齐庄公认为是夙沙卫从中作梗导致自己被废,夙沙卫逃到高唐发动叛乱。

晋士匄侵齐,及谷,闻丧而还,礼也。

晋国的士匄入侵齐国,来到谷地的时候,得知齐灵公去世的消息,就回师了。这是合于礼的。

于四月丁未,郑公孙虿卒,赴于晋大夫。范宣子言于晋侯,以其善于伐秦也。

六月,晋侯请于王,王追赐之大路,使以行,礼也。

四月十三日,郑国的公孙虿去世,讣告发给了晋国的卿大夫。士匄将这个消息告诉了晋平公,这是因为五年前晋国发动诸侯讨伐秦国,公孙虿表现极为突出。

晋国没有亏待公孙虿。六月,晋平公向天子请示,天子追赐公孙虿大路之车,让它跟着送葬的队伍,这也是合于礼的。

合礼是合礼。一个郑国人，为了晋国的事业而获得了天子的褒奖，这事怎么讲都有点硌硬。

秋八月，齐崔杼杀高厚于洒蓝，而兼其室。《书》曰"齐杀其大夫"，从君于昏也。

八月，齐国崔杼在洒蓝杀死高厚，然后兼并了他的家产。《春秋》记载："齐杀其大夫。"是说他执行了国君昏乱的命令。

郑子孔之为政也专，国人患之，乃讨西宫之难与纯门之师。子孔当罪，以其甲及子革、子良氏之甲守。甲辰，子展、子西率国人伐之，杀子孔，而分其室。《书》曰"郑杀其大夫"，专也。

子然、子孔，宋子之子也；士子孔，圭妫之子也。圭妫之班亚宋子，而相亲也；二子孔亦相亲也。僖之四年，子然卒；简之元年，士子孔卒。司徒孔实相子革、子良之室，三室如一，故及于难。子革、子良出奔楚。子革为右尹。郑人使子展当国，子西听政，立子产为卿。

郑国的公子嘉当政专权，国人对此担忧，于是追究"西宫之难"和"纯门之师"的罪责。

西宫之难即鲁襄公十年尉氏等五族作乱，在西宫杀死公子騑、公子发等大臣。公子嘉并没有参与这件事，但是他知道尉止等人的阴谋，所以幸免于难。客观地说，西宫之难追不到公子嘉头上。但是，当一个人成为众矢之的的时候，各种阴谋论便会铺天盖地而来。"他知道有事情要发生，为什么不赶紧通知大家？""他是不是有意不说，就是想看着同僚们去死？"甚至是"他是不是参与了五族的阴谋，鼓动他们发动叛乱，自己从中渔利"？

纯门之师是去年楚国入侵郑国,进攻新郑的纯门。西宫之难或许与公子嘉无关,纯门之师则绝对是公子嘉引狼入室。

公子嘉知道罪责难逃,便以自己家里的甲士和子革、子良的甲士来保护自己。十一日,公孙舍之和公孙夏带领国人讨伐他们,杀死公子嘉,瓜分了他的家产。《春秋》记载:"郑杀其大夫。"是说公子嘉太过专横了。

子然、公子嘉,是郑穆公的侧室宋子的儿子。公子志(即士子孔,非公子嘉),是郑穆公的侧室圭妫的儿子。圭妫的排名次于宋子,两个女人的关系却很好,两个"子孔"也很要好。郑僖公四年,子然去世。郑简公元年,公子志去世。作为司徒的公子嘉关照子革(子然之子)、子良(公子志之子),三家如同一家,所以也就一起倒霉了。公子嘉死后,子革、子良逃奔楚国,子革还当了楚国的右尹。

一场政治清洗后,郑国人让公孙舍之当国,公孙夏听政,子产也当上了卿。顺便说一下,郑国的官制颇有意思,若以公司而论,当国大概相当于董事长,听政或执政相当于总经理吧。

齐庆封围高唐,弗克。冬十一月,齐侯围之。见卫在城上,号之,乃下。问守备焉,以无备告。揖之,乃登。闻师将傅,食高唐人。殖绰、工偻会夜缒纳师,醢卫于军。

齐国庆封围攻叛臣夙沙卫据守的高唐,攻而不克。十一月,齐庄公亲自出马围攻,看到夙沙卫在城头,大声喊他,他就下来了,隔着护城河与齐庄公说话。齐庄公问夙沙卫城里的守备情况,夙沙卫告诉他没有守备。齐庄公向夙沙卫作揖,夙沙卫还礼,然后上城。齐军于是准备贴着城墙进攻,夙沙卫让高唐人饱餐一顿。至于双方交战的情况,老左不着一墨,只是写道:夜里,殖绰、工偻会缒城而下,将齐军放进城。高唐宣告失守,夙沙卫的下场是:在军中被"醢",也就是剁成肉酱。

城西郛，惧齐也。

齐及晋平，盟于大隧。故穆叔会范宣子于柯。穆叔见叔向，赋《载驰》之四章。叔向曰："胖敢不承命！"穆叔归，曰："齐犹未也，不可以不惧。"乃城武城。

鲁国加固城防，在曲阜的西边修建外城，这是因为害怕齐国来进攻。

与此同时，齐国与晋国也媾和了，在大隧结盟。所以顺道叔孙豹和士匄在柯地会见。叔孙豹见到羊舌肸，赋《载驰》的第四章，取"控于大邦，谁因谁极"之意，请求晋国继续关照鲁国，不要让齐国侵犯鲁国。羊舌肸说："岂敢不听从命令？"

事实上，晋国对于齐国也很难把握。毕竟齐国是大国，离晋国又远，只要晋国有所松懈，齐国就不会乖乖听话。叔孙豹对此有清醒的认识，回来后说："齐国还没有停止侵犯，不能不怕。"于是修筑武城，以加强防御。

求人不如求己，这就对了嘛！

卫石共子卒，悼子不哀。孔成子曰："是谓蹶其本，必不有其宗。"

卫国的卫买（谥共）去世，其子石恶（谥悼）不悲哀。孔成子说："这是所谓的拔掉了根本，必定不能保有他的宗族。"

父母逝世，子女悲哀，这是孝道。对儒家来说，孝是一种感情，也是一种政治。不孝之人，必定败亡。

鲁襄公二十年

公元前553年，鲁襄公二十年。

二十年春，及莒平。孟庄子会莒人盟于向，督扬之盟故也。

夏，盟于澶渊，齐成故也。

邾人骤至，以诸侯之事弗能报也。秋，孟庄子伐邾以报之。

二十年春，鲁国和莒国媾和。仲孙速与莒国人相会，在向地结盟，这是因为去年的督扬之盟的缘故。这里要特别说明一下，仲孙蔑已于去年八月去世，孟速继任孟氏宗主，也就可以称之为仲孙速了。

夏天，晋、齐、鲁、宋、卫、郑、曹、莒、邾、滕、薛、杞、小邾等国诸侯在澶渊会盟，这是为了与齐国媾和。

邾人屡次入侵鲁国，鲁国因为参与诸侯之事，无暇理会。当然，这是表面上的原因，真正的原因是这些年来齐国不断侵犯鲁国，邾国、莒国都受齐国指使，或者以齐国为后盾，鲁国不敢报复。现在，既然齐国已经重回晋国领导下的大家庭，鲁国终于松了一口气，可以腾出手来对付邾国了。所以这一年秋天，仲孙速讨伐邾国，报一箭之仇。

蔡公子燮欲以蔡之晋，蔡人杀之。公子履，其母弟也，故出奔楚。

陈庆虎、庆寅畏公子黄之逼，诉诸楚曰："与蔡司马同谋。"楚人以为讨，公子黄出奔楚。

初,蔡文侯欲事晋,曰:"先君与于践土之盟,晋不可弃,且兄弟也。"畏楚,不能行而卒。楚人使蔡无常,公子燮求从先君以利蔡,不能而死。书曰"蔡杀其大夫公子燮",言不与民同欲也;"陈侯之弟黄出奔楚",言非其罪也。公子黄将出奔,呼于国曰:"庆氏无道,求专陈国,暴蔑其君,而去其亲,五年不灭,是无天也。"

蔡国的司马公子燮想带着蔡国投靠晋国,蔡国人杀了他。公子履,也就是公子燮的胞弟,却逃到了楚国。

陈国的庆虎、庆寅害怕公子黄的威逼,到楚国告公子黄的黑状,说:"他与蔡国的司马同谋。"楚国人以此追查,公子黄也逃到了楚国。

回想当初,蔡文侯想要侍奉晋国,说:"先君参与过晋文公的践土之盟,晋国不可抛弃,而且是兄弟之国。"但是又畏惧楚军,愿望没有实现就去世了。楚国人役使蔡国人,没有常规定量,想起一出是一出,公子燮想实现蔡文侯的遗愿以利于蔡国,未成功而死。《春秋》记载:"蔡杀其大夫公子燮。"是说他与百姓的想法不同。百姓还是愿意臣服于楚国的。又记载:"陈侯之弟黄出奔楚。"是说罪不在公子黄。公子黄将要逃亡的时候,在国都高呼:"庆氏无道,想要在陈国专权,轻慢他的国君,而赶走国君的亲人。五年之内,庆氏不灭,那就是没有天理了。"

齐子初聘于齐,礼也。

齐庄公即位后,鲁国的子叔齐子第一次到齐国访问,这是合于礼的。

冬,季武子如宋,报向戌之聘也。褚师段逆之以受享,赋《常棣》之七章以卒。宋人重贿之。归,复命,公享之,赋《鱼丽》之卒章。公赋《南山有台》。武子去所,曰:"臣不堪也。"

冬天,季孙宿前往宋国,回报五年前向戍对鲁国的访问。宋国大夫褚师段迎接季孙宿去参加宋平公举行的宴会,季孙宿赋了《棠棣》的第七章与最后一章。

《棠棣》一诗见于《诗经·小雅》,第七章云:"妻子好合,如鼓瑟琴。兄弟既翕,和乐且湛。"最后一章云:"宜尔家室,乐尔妻帑。是究是图,亶其然乎?"季孙宿的意思是,鲁国和宋国婚姻相连,应该和睦相处。宋国人很高兴,送给他重礼。季孙宿回国向鲁襄公复命,鲁襄公也设宴招待他,他赋了《诗经·小雅》中《鱼丽》的最后一章:"物其有矣,维其时矣。"这是拍鲁襄公的马屁,说他下令与宋国交好正当其时。鲁襄公一高兴,也赋了一首诗。

"南山有台,北山有莱。乐只君子,邦家之基。乐只君子,万寿无期。南山有桑,北山有杨。乐只君子,邦家之光。乐只君子,万寿无疆。南山有杞,北山有李。乐只君子,民之父母。乐只君子,德音不已。南山有栲,北山有杻。乐只君子,遐不眉寿。乐只君子,德音是茂。南山有枸,北山有楰。乐只君子,遐不黄耇。乐只君子,保艾尔后。"

这是《诗经·小雅》中的《南山有台》,鲁襄公以此赞扬季孙宿是"邦家之光"。季孙宿赶紧避席,说:"下臣没有这个资格。"

卫宁惠子疾,召悼子曰:"吾得罪于君,悔而无及也。名藏在诸侯之策,曰'孙林父、宁殖出其君'。君入,则掩之。若能掩之,则吾子也。若不能,犹有鬼神,吾有馁而已,不来食矣。"悼子许诺,惠子遂卒。

卫国的宁殖(惠子)病重,将其子宁喜(悼子)召过来说:"我得罪国君,追悔莫及。我的名字被写在诸侯的简策上,说:'孙林父、宁殖赶走了他们的国君。'国君回来的话,这件事就掩盖掉了。如果能够掩盖,你就是我儿子。如果不能,假如真有鬼神的话,我就算挨饿,也不来享用你的祭祀。"宁喜郑重答应，宁殖就死了。

说句题外话，把责任交给后代，这也算是中国自古以来的传统了。

鲁襄公二十一年

公元前552年，鲁襄公二十一年。

二十一年春，公如晋，拜师及取邾田也。

二十一年春，鲁襄公出访晋国，拜谢三年前晋国出兵主持公道，以及将邾国的土地划给鲁国。

邾庶其以漆、闾丘来奔，季武子以公姑姊妻之，皆有赐于其从者。于是鲁多盗。季孙谓臧武仲曰："子盍诘盗？"武仲曰："不可诘也。纥又不能。"季孙曰："我有四封，而诘其盗，何故不可？子为司寇，将盗是务去，若之何不能？"武仲曰："子召外盗而大礼焉，何以止吾盗？子为正卿，而来外盗；使纥去之，将何以能？庶其窃邑于邾以来，子以姬氏妻之，而与之邑。其从者皆有赐焉。若大盗礼焉以君之姑姊与其大邑，其次皂牧舆马，其小者衣裳剑带，是赏盗也。赏而去之，其或难焉。纥也闻之，在上位者洒濯其心，壹以待人；轨度其信，可明征也，而后可以治人。夫上之所为，民之归也。上所不为，而民或为之，是以加刑罚焉，而莫敢不惩。若上之所为，而民亦为之，乃其所也，又可禁乎？《夏书》曰'念兹在兹，释兹在兹，名言兹在兹，允出兹在兹，惟帝念功'，将谓由己壹也。信由己壹，而后功可念也。"

庶其非卿也，以地来，虽贱，必书，重地也。

　　邾国大夫庶其叛逃鲁国，将漆地、闾丘作为礼物送给鲁国。鲁国人喜出望外，给予庶其重赏。季孙宿主持，将鲁襄公的姑母嫁给庶其为妻，对庶其的随从也都有赏赐。鲁襄公的姑母即鲁成公的姐妹、鲁宣公的女儿。鲁宣公去世已有三十九年。就算这个女儿是遗腹子，至少也三十九岁了。将她嫁给庶其，可谓惠而不费。

　　当时，鲁国治安不太好，盗贼很多。季孙宿责问司寇臧孙纥："您怎么不治一下这些盗贼？"臧孙纥说："治不了，我又没这个本事。"季孙宿说："我国四方有边界，用来禁止盗贼，为什么不可以？您是司寇，应当务求消灭盗贼，怎么能说做不到呢？"臧孙纥说："您将外面的盗贼请进来而大礼相待，怎么能够禁止国内的盗贼？您当正卿，却招来外贼；又要我消灭内贼，我拿什么去消灭？庶其从邾国盗窃城邑来到鲁国，您安排姬氏之女给他当老婆，而且赏给他城邑，他的随从都有赏赐。如果用国君的姑母和大邑对大盗表示尊敬，其次用皂牧车马，再小的用衣裳佩剑带子，这是赏赐盗贼。既然奖赏了又想去掉他，恐怕很难吧？我也听说过，在上位者要洗涤他的心灵，专一待人，使其合于法度，并能让人相信，然后才可以治理百姓。君上的所作所为，是臣下效仿的榜样。如果君上所有不为，而百姓有人为之，就要加以刑罚，没有人敢于不惩戒。如果君上之所为，而百姓也为之，那是理所当然的，又哪里禁止得了？《夏书》上说，'想干的就是这事，想不干的就是这事，号令的就是这事，诚信所在的就是这事，只有天帝才能记下这功劳'。大概说的就是要身体力行，标准一致。诚信由己出而一致，而后可以期盼成功。"

　　臧孙纥说得很有道理，但是季孙宿肯定听不进去。假如臧孙纥晚生两百年,听到庄子说"窃钩者诛,窃国者为诸侯",想必也不会发这番牢骚了。

《春秋》记载:"邾庶其以漆、闾丘来奔。"庶其非卿,但是带着土地来投奔,即使地位低下,也一定要加以记载,这是重视土地。说白了,只要得到土地,管他是送是抢!

齐侯使庆佐为大夫,复讨公子牙之党,执公子买于句渎之丘。公子鉏来奔。叔孙还奔燕。

齐庄公继续进行政治清算,任命庆佐为大夫,再度讨伐公子牙的党羽,在句渎之丘抓住了公子买。公子鉏逃奔鲁国,叔孙还逃奔燕国。

夏,楚子庚卒。楚子使薳子冯为令尹,访于申叔豫。叔豫曰:"国多宠而王弱,国不可为也。"遂以疾辞。方暑,阙地,下冰而床焉。重茧,衣裘,鲜食而寝。楚子使医视之。复曰:"瘠则甚矣,而血气未动。"乃使子南为令尹。

夏天,楚国令尹公子午去世,楚康王任命薳子冯为令尹。薳子冯找申叔豫商量,申叔豫说:"国家宠臣很多,而大王又年轻,令尹这个工作不好干啊!"薳子冯便借口生病,辞谢楚康王。当时天气正热,薳子冯在地上挖了一个洞,洞里装满冰块,将床安放在上面,身上穿着两层棉衣,又穿上皮袍,只吃很少的东西,躺在床上。楚康王派医生去看他,回来报告说:"瘦是瘦到极点了,但是气血没有异常。"于是楚康王就任命公子追舒(字子南)当了令尹。

大热天穿皮袍,是为了装病,但那很容易出汗,搞不好就真病了,所以才在床下置冰,薳子冯这一手,堪称演技爆棚。楚康王的医生也是高人,不看表面,只观气血,判断准确。至于楚康王本人,看破不说破,倒也是体贴。只是苦了公子追舒——很多时候，飞来的官运和飞来的横财一样，不见得是好事。

栾桓子娶于范宣子，生怀子。范鞅以其亡也，怨栾氏，故与栾盈为公族大夫而不相能。桓子卒，栾祁与其老州宾通，几亡室矣。怀子患之。祁惧其讨也，诉诸宣子曰："盈将为乱，以范氏为死桓主而专政矣，曰：'吾父逐鞅也，不怒而以宠报之，又与吾同官而专之。吾父死而益富。死吾父而专于国，有死而已，吾蔑从之矣。'其谋如是，惧害于主，吾不敢不言。"范鞅为之征。怀子好施，士多归之。宣子畏其多士也，信之。怀子为下卿，宣子使城著而遂逐之。秋，栾盈出奔楚。宣子杀箕遗、黄渊、嘉父、司空靖、邴豫、董叔、邴师、申书、羊舌虎、叔罴，囚伯华、叔向、籍偃。

栾黡(桓子)娶了士匄的女儿为妻，生了栾盈(怀子)。鲁襄公十四年晋国伐秦，栾鍼战死，栾黡归咎于士鞅，迫使他一度逃亡秦国。对此，士鞅耿耿于怀，深恨栾氏，所以与栾盈同为公族大夫而不能和睦共处。

栾黡死后，其妻栾祁(即士匄的女儿、栾盈的母亲)与家老州宾私通，家里的财产几乎全部被州宾占有。栾盈对此当然很担忧。栾祁害怕儿子追究责任，竟然到士匄那里告儿子的黑状，说："栾盈将要作乱，认为范氏害死了栾黡而垄断政权，说：'我父亲驱逐士鞅，不对他表示愤怒而以宠信来报答他，又和我担任了同样的官职而专横独断。我父亲死了，范氏更加富有。害死我父亲而在国内专权，我大不了一死，也不会再跟从他了。'他的想法就是这样，我害怕他加害您，不敢不告诉您。"士鞅也为她做证。母亲和舅舅联合起来陷害儿子，无论放在哪个时代都是奇闻。士匄信不信栾祁的话？很难说。但是栾盈好善乐施，士人多依附于他，这一点让士匄很担心，因此也就选择了相信。

当时,栾盈是下军副帅,在六卿之中排名第六,只能算是下卿。士匄派他到著地筑城,借机驱逐他。秋天,栾盈逃奔楚国。士匄大开杀戒,杀了箕遗、黄渊、嘉父、司空靖、邴豫、董叔、邴师、申书、羊舌虎、叔罴十位大夫,都是和栾盈关系密切的。又囚禁了伯华、羊舌肸和籍偃。

人谓叔向曰:"子离于罪,其为不知乎?"叔向曰:"与其死亡若何?《诗》曰'优哉游哉,聊以卒岁',知也。"

乐王鲋见叔向,曰:"吾为子请。"叔向弗应。出,不拜。其人皆咎叔向。叔向曰:"必祁大夫。"室老闻之,曰:"乐王鲋言于君,无不行,求赦吾子,吾子不许。祁大夫所不能也,而曰必由之,何也?"叔向曰:"乐王鲋,从君者也,何能行? 祁大夫外举不弃仇,内举不失亲,其独遗我乎?《诗》曰:'有觉德行,四国顺之。'夫子觉者也。"

晋侯问叔向之罪于乐王鲋。对曰:"不弃其亲,其有焉。"于是祁奚老矣,闻之,乘驲而见宣子,曰:"《诗》曰:'惠我无疆,子孙保之。'《书》曰:'圣有谟勋,明征定保。'夫谋而鲜过、惠训不倦者,叔向有焉,社稷之固也,犹将十世宥之,以劝能者。今壹不免其身,以弃社稷,不亦惑乎? 鲧殛而禹兴。伊尹放大甲而相之,卒无怨色! 管、蔡为戮,周公右王。若之何其以虎也弃社稷? 子为善,谁敢不勉? 多杀何为?"宣子说,与之乘,以言诸公而免之。不见叔向而归,叔向亦不告免焉而朝。

有人对羊舌肸说:"您遭了这个罪,是不是不聪明呢?"言下之意,聪明的话就应该投靠范氏。羊舌肸回答:"比之于死亡如何?《诗》上说,优哉游哉,就这样度过岁月。这正是聪明啊!"意思是,我谁也不靠,悠闲自在,总不至于死亡,这就是聪明。

乐王鲋去见羊舌肸,说:"我为您去求情。"羊舌肸没有反应。乐王鲋出去，羊舌肸也不拜谢。手下都怪他，羊舌肸说："能救我的，只有祁大夫。"祁大夫就是祁奚，早已经退休了。羊舌氏的家老听到，说："乐王鲋对国君说什么，国君没有不听的。他请求赦免您，您却不许。祁大夫是做不到这些的，您却说必须由他去说，这是为什么？"羊舌肸说："乐王鲋是看着国君眼色办事的，哪里能行？祁大夫举荐外人不避仇人，举荐自己人不失亲人，难道会独独留下我吗？诗上说，'有正直的德行，四方国家都来归顺'。他老人家是正直的人啊！"

果如羊舌肸所料，晋平公向乐王鲋询问叔向的罪过，乐王鲋回答："此人不抛弃他的亲人，有可能参与了吧。"被杀的十个人当中，有个羊舌虎，是羊舌肸的兄弟，所以乐王鲋有此一说。当时祁奚在家养老，听到这件事，乘坐传车到绛都来见士匄，说了一番话——

《诗》上说："赐予恩惠没有穷尽，子子孙孙都保有它。"《书》上说："智者有谋略，有教诲，应当相信保护。"谋事而鲜有过错，教诲别人不知疲倦，叔向就是这样的人，他是国家的柱石，即使子孙十代有罪过都要赦免，以鼓励有能力的人。而今一朝自身不免于祸，而抛弃社稷，这不也会让人困惑吗？鲧被杀而禹兴起；伊尹流放太甲后来又辅佐他，太甲终无怨言；管叔、蔡叔被诛戮而周公辅佐成王。为什么叔向要因为羊舌虎而抛弃社稷呢？您做好事，谁敢不努力？多杀人有什么意义？

士匄听了，心悦诚服，让祁奚一起坐车入宫，向晋平公劝说而赦免了羊舌肸。做完这件事，祁奚也没有见羊舌肸就回去了，羊舌肸也没有向祁奚报告得到赦免就去上朝了。所谓君子之交，大概就是他们这种关系吧。

初，叔向之母妒叔虎之母美而不使，其子皆谏其母。其母曰："深山大泽，实生龙蛇。彼美，余惧其生龙蛇以祸女。女，敝族也。国多大宠，不仁人间之，不亦难乎？余何爱焉？"使往视寝，生叔虎，美而有勇力，栾怀子嬖之，故羊舌氏之族及于难。

羊舌肸和羊舌虎是同父异母的兄弟,羊舌肸的母亲是正室。当初,羊舌肸的母亲嫉妒羊舌虎的母亲貌美而不让她给丈夫侍寝,她的儿子们都劝母亲不要这么做。这位老太太说:"深山大泽之中,有龙蛇生长。她那么美,我害怕她生下龙蛇来祸害你们。你们老羊家已经衰败了,国家多的是得宠的大家族,坏人又从中挑拨,这不是很难办吗?我又有什么好爱惜的?"于是听从儿子的话让羊舌虎的母亲去侍寝,后来生了羊舌虎。羊舌虎长得好看,而且有能力,栾黡很宠爱他(怎么宠,尽可脑补),所以羊舌氏被牵扯进祸难。

栾盈过于周,周西鄙掠之。辞于行人曰:"天子陪臣盈得罪于王之守臣,将逃罪。罪重于郊甸,无所伏窜,敢布其死:昔陪臣书能输力于王室,王施惠焉。其子黡不能保任其父之劳。大君若不弃书之力,亡臣犹有所逃。若弃书之力,而思黡之罪,臣,戮余也,将归死于尉氏,不敢还矣。敢布四体,唯大君命焉。"王曰:"尤而效之,其又甚焉。"使司徒禁掠栾氏者,归所取焉。使候出诸轘辕。

栾盈逃奔楚国,途中经过王畿。虎落平阳被犬欺,王畿西部边境的人打劫了栾盈的财物。栾盈向王室主管宾客事务的小行人投诉:"天子的陪臣栾盈,得罪于王室的守土之臣(指晋平公),打算逃避惩罚。又在天子的郊外获罪,没有地方可以逃匿,冒死禀报:从前陪臣栾书能够效力于王室,天子给予了恩惠。其子栾黡,不能保住他父亲的辛劳。天子如果不忘记栾书的努力,逃亡在外的陪臣还有地方可以逃避。如果弃栾书的努力于不顾,而想到栾黡的罪过,那么陪臣本来就是幸免于杀戮,准备回国死在尉氏(刑法官)那里,不敢回来了。谨此伸开手脚,任凭天子发落。"

周灵王说:"本来不对,还去效仿,罪过更大。"意思是,晋国这样对待栾盈是不对的,如果王畿之人也这么对待他的话,那就更加不对了。下令司徒禁止劫掠栾氏,归还抢走的东西,派候人(在道路迎送宾客的官吏)送栾盈一行从轘辕山险道离开王畿。

冬,曹武公来朝,始见也。

冬天,曹武公来朝见鲁襄公,这是他第一次来朝见。

会于商任,锢栾氏也。

齐侯、卫侯不敬。叔向曰:"二君者必不免。会朝,礼之经也;礼,政之舆也;政,身之守也;怠礼失政;失政,不立,是以乱也。"

《春秋》记载,这一年十月,晋、齐、鲁、宋、卫、郑、曹、莒、邾各路诸侯在商任相会。如此兴师动众,竟然是为了禁锢栾盈,也就是断绝栾盈的后路,不让他逃往这些国家。从这个时候开始,晋国的内政和外交,都有点乱套了。

齐庄公和卫殇公在这次会见上表现不恭敬。羊舌肸说:"这两位国君怕是不免于祸了。诸侯会面、朝见,遵从礼仪的规范。礼仪,是政治的载体。政治,是国君身之所安。礼仪上怠慢则政事错失,政事错失则不能立身,因此会发生动乱。"

知起、中行喜、州绰、邢蒯出奔齐,皆栾氏之党也。乐王鲋谓范宣子曰:"盍反州绰、邢蒯? 勇士也。"宣子曰:"彼栾氏之勇也,余何获焉?"王鲋曰:"子为彼栾氏,乃亦子之勇也。"

齐庄公朝,指殖绰、郭最曰:"是寡人之雄也。"州绰曰:"君以为雄,谁敢不雄? 然臣不敏,平阴之役,先二子鸣。"庄公为勇爵,殖绰、郭最欲与焉。州绰曰："东闾之役,臣左骖迫,还于门中,识其枚数,其可以与于此乎?"公曰："子为晋君也。"对曰："臣为隶新。然二子者,譬于禽兽,臣食其肉而寝处其皮矣。"

栾盈一案,牵连甚众。荀起、荀喜、州绰、邢蒯逃亡到齐国,他们都被认为是栾氏的党羽。乐王鲋对士匄说："为什么不让州绰、邢蒯回来,他们都是勇士啊。"士匄小气地说："他们是栾氏的勇士,我能得到什么呢?"乐王鲋说："您如果做他们的栾氏,他们也就是你的勇士啦。"意思是,只要你像栾盈一样对待他们,他们不就是你的人吗?

齐庄公临朝,指着殖绰、郭最说："这是寡人的大公鸡啊!"州绰说:"您说他们是大公鸡,谁敢不认为他们是大公鸡? 不过下臣不才,平阴之战的时候,可是比这两位先打鸣哦。"三年前晋国讨伐齐国,州绰在平阴俘虏了殖绰、郭最,若以勇力而论,州绰确实远胜于这两位,战如斗鸡,胜者先鸣,这么说是没错的。齐庄公将为勇士们授爵,殖绰、郭最都想要,州绰又说:"当年围攻东闾,下臣的左骖马被挡住,回到门中,将城门上的门钉数得清清楚楚,是不是可以在这里也要一份呢?"齐庄公忍不住了,说:"您这是为晋侯啊!"州绰说:"下臣担任您的臣仆不久,然而这两位,如果拿禽兽打比方,下臣已经啄到他们的肉而睡在他们的皮上了。"

古人杀牲,食其肉,睡其皮上。州绰在襄公十八年射中殖绰,所以说了这样一句话。大公鸡,喔喔喔……

鲁襄公二十二年

公元前 551 年,鲁襄公二十二年。

二十二年春,臧武仲如晋。雨,过御叔。御叔在其邑,将饮酒,曰:"焉用圣人? 我将饮酒,而己雨行,何以圣为?"穆叔闻之,曰:"不可使也,而傲使人,国之蠹也。"令倍其赋。

二十二年春,臧孙纥出使晋国,途中遇雨,去看望了一下御叔,也就是御地的大夫。御叔在自己的封邑里,准备喝酒,说:"哪里用得着圣人?(颜国曾说"武仲世称圣人"。)我打算喝喝酒就算了,他却在下雨天还要出行,要那么聪明圣智干什么?"这是典型的小富即安,有点道家的意味:人嘛,过过安乐日子就行了,何必把自己搞得那么辛苦呢? 叔孙豹听到这件事,说:"他自己一无是处还看不起出使奔波的人,这是国家的蛀虫。"下令加倍征收御叔的赋税。

没事偷着乐嘛,谁叫你嘚瑟?

夏,晋人征朝于郑。郑人使少正公孙侨对,曰:"在晋先君悼公九年,我寡君于是即位。即位八月,而我先大夫子驷从寡君以朝于执事,执事不礼于寡君,寡君惧。因是行也,我二年六月朝于楚,晋是以有戏之役。楚人犹竞,而申礼于敝邑。敝邑欲从执事,而惧为大尤,曰晋其谓我不共有礼,是以不敢携贰于楚。我四年三月,先大夫子蟜又从寡君以观衅于楚,晋于是乎有萧鱼之役。谓我敝邑,迩在晋国,譬诸草木,吾臭味也,而何敢差池? 楚亦不竞,寡君尽其土实,重之以宗器,以受齐盟。遂帅群臣随于执事以会岁终。贰于楚者,子侯、石盂,归而讨之。溴梁之明年,子蟜老矣,公孙夏从寡君以朝于君,见于尝酎,与执燔焉。间二年,闻君将靖东夏,四月,又朝以听事期。不朝之间,无岁不聘,无役不从。以大国政令之无常,国家罢病,不虞荐至,无日不惕,岂敢忘职? 大国若安定之,其朝夕在庭,何辱命焉? 若不恤其患,而以为口实,其无乃不堪任命,而翦为仇雠? 敝邑是惧,其敢忘君命? 委诸执事,执事实重图之。"

夏天,晋国下令郑国派人前去朝见。公孙侨,也就是子产,时任少正,排名仅次于当国和听政,受命应答晋国人:

晋国的先君悼公九年,我寡君(郑简公)即位。即位仅八个月,我先大夫公子騑便跟随寡君前往晋国朝见君侯的办事人员(实际上是朝见晋悼公,为了表示尊重,说是朝见晋悼公的办事人员),办事人员却对寡君无礼。寡君因此害怕。因为这次出行,我国第二年六月去朝见了楚王,所以晋国组织了戏地会盟。楚国还很强大,但是对敝国颇为有礼。敝国想要听从晋国的办事人员,但是又害怕酿成大错,说:"晋国恐怕认为我们不尊敬有礼的国家。"因此不敢对楚国有二心。四年三月,先大夫公孙蛊又跟随寡君,前往楚国考察他们的弱点(说白了就是朝见,在晋国人面前说成了考察),晋国于是组织了萧鱼之会。说起来我们这个小国,离晋国近。打个比方,晋国是草木,我国就是草木的气味,哪里敢有差池? 楚国也衰落了,寡君拿出土地上全部出产,加上宗庙的礼器,以接受盟约。于是率领群臣跟随晋国的办事人员,参加年终的会见。私下与楚国有来往的,也就是大夫子侯、石盂,寡君回来就讨伐他们。溴梁之会的第二年,公孙蛊已经告老退休了,公孙夏跟随寡君朝见君侯,喝了祭酒,吃了祭肉。又过了两年,听说君侯将要安定东方,四月,又朝见君侯以听取会盟的安排。在没有朝见的时候,没有一年不派人前来拜访,没有一件事情不参与。由于大国的政令没有标准,国家疲敝,忧患丛生,没有一日不处于紧张的状态,岂敢忘记对晋国的义务?晋国如果安定郑国,我们朝夕在朝堂上听命,何劳派人来命令?如果不体谅郑国的忧患,反而认为那是借口,那恐怕就不能忍受晋国的驱使,而被抛弃,成为仇敌了。敝国为此担心,岂敢忘记君侯的命令?拜托诸位,请认真考虑一下。

秋,栾盈自楚适齐。晏平仲言于齐侯曰:"商任之会,受命于晋。今纳栾氏,将安用之?小所以事大,信也。失信不立。君其图之。"弗听。退告陈文子曰:"君人执信,臣人执共。忠、信、笃、敬,上下同之,天之道也。君自弃也,弗能久矣!"

秋天,栾盈从楚国来到齐国。晏婴(字平仲)对齐庄公说:"商任之会,诸侯接受晋国禁锢栾氏的命令。今天如果接受栾氏,准备怎么用他?小国用来侍奉大国的,就是信用。失去信用则不能自立,请国君考虑清楚。"齐庄公不听。晏婴退下来对陈须尤(谥文)说:"为人君要保守信用,为人臣要保持恭敬。忠诚、守信、诚实、恭敬,上下都一样,这是天道。国君自暴自弃,不能长久了。"

说句题外话,春秋时期这些卿大夫,也真敢说。

九月,郑公孙黑肱有疾,归邑于公,召室老、宗人立段,而使黜官、薄祭。祭以特羊,殷以少牢。足以共祀,尽归其余邑,曰:"吾闻之,生于乱世,贵而能贫,民无求焉,可以后亡。敬共事君与二三子。生在敬戒,不在富也。"己巳,伯张卒。君子曰:"善戒。《诗》曰:'慎尔侯度,用戒不虞',郑子张其有焉。"

九月,郑国的公孙黑肱(字子张)有病,将封邑还给公室,召集家老、宗人(负责家族内务),立其子段为继承人,而后命令段减少家臣数量,降低祭祀规格。一般的祭祀只用一只羊,大祭只用一羊、一猪。留下的土地足够承担这些祭祀就够了,其余全部还给公室。公孙黑肱说:"我听说,生于乱世,地位尊贵而能够清贫,不向百姓索求什么,可以比别人生存得更久。恭敬地侍奉国君与几位执政大臣。生存之道在于时时警醒,不在于富有。"二十三日,公孙黑肱病死。君子以为公孙黑肱善于警醒,做到了《诗》上说的"谨慎地使用公侯的权力,用以戒备意外之事"。

冬,会于沙随,复锢栾氏也。

栾盈犹在齐。晏子曰:"祸将作矣。齐将伐晋,不可以不惧。"

冬天,晋国又在沙随大会诸侯,目的还是为了禁锢栾盈。

如前所述,栾盈是被冤枉的,并非十恶不赦之徒。晋国一再要求诸侯禁锢栾盈,不是出于国家利益考虑,而是众卿之间的内斗使然。想当年,晋悼公小心翼翼地控制卿家势力,已经取得了明显的成效。晋平公一上台,就被众卿当作棋子使唤,比他父亲差远了。

栾盈还在齐国。站在齐国的角度,接受栾盈就是反抗晋国,因此晏婴说:"祸事就要来临了,齐国将要讨伐晋国,不可以不害怕。"

楚观起有宠于令尹子南,未益禄而有马数十乘。楚人患之,王将讨焉。子南之子弃疾为王御士,王每见之,必泣。弃疾曰:"君三泣臣矣,敢问谁之罪也?"王曰:"令尹之不能,尔所知也。国将讨焉,尔其居乎?"对曰:"父戮子居,君焉用之?泄命重刑,臣亦不为。"王遂杀子南于朝,轘观起于四竟。

子南之臣谓弃疾：“请徙子尸于朝。”曰：“君臣有礼，唯二三子。”三日，弃疾请尸。王许之。既葬，其徒曰：“行乎？”曰：“吾与杀吾父，行将焉入？”曰：“然则臣王乎？”曰：“弃父事雠，吾弗忍也。”遂缢而死。

复使薳子冯为令尹，公子齮为司马，屈建为莫敖。有宠于薳子者八人，皆无禄而多马。他日朝，与申叔豫言，弗应而退。从之，入于人中。又从之，遂归。退朝，见之，曰：“子三困我于朝，吾惧，不敢不见。吾过，子姑告我，何疾我也？”对曰：“吾不免是惧，何敢告子？”曰：“何故？”对曰：“昔观起有宠于子南，子南得罪，观起车裂，何故不惧？”自御而归，不能当道。至，谓八人者曰：“吾见申叔，夫子所谓生死而肉骨也。知我者如夫子则可；不然，请止。”辞八人者，而后王安之。

楚国的观起受到令尹公子追舒的宠信，没有“益禄”就有了马匹数十乘（一乘四匹）。所谓益禄，是指为官府工作的庶人增加俸禄，由此可知观起的身份是庶人。以庶人的身份而拥有马匹数十乘，不难想象公子追舒的权势有多盛。树大招风，权大遭忌，楚国人对此意见很大，楚康王于是对公子追舒动了杀心。

公子追舒的儿子弃疾担任楚康王的卫士。楚康王每次看到他都会流下眼泪。弃疾说：“国君三次见臣而泣了，敢问是谁犯了罪呢？”楚康王说：“令尹的种种不善，你也是知道的。国家将要讨伐他，你能留下吗？”言下之意，只想收拾公子追舒，不牵连他的儿子。弃疾回答：“父亲被诛戮，儿子却留下，国君要这样的人何用？泄露君命而加重罪行，这种事情下臣也不会做。”楚康王于是命人在朝堂上杀死公子追舒，车裂观起并将其尸体在国内四方展示。

公子追舒死后，尸体还在朝堂上示众。公子追舒的家臣对弃疾说：“请求让我们将主人的遗体从朝堂上搬出来。”意思是，要去冒死抢尸。弃疾说：“君臣之间，相互有礼，现在就看那几位大夫怎么办了。”过了三天,弃疾请求收尸,楚康王答应了。安葬完毕,他的家臣问:"离开楚国吗?"弃疾说:"我知道了杀父的预谋而不告诉他,就算出走,谁又肯收留我呢?"家臣说:"那还是做大王的臣子吗?"弃疾说:"抛弃父亲而侍奉仇人,我不忍心做这样的事。"于是自缢而死。

楚康王再度下令蒍子冯为令尹,公子齮为司马,屈建为莫敖。蒍子冯这次推不掉了,只得从命。事实上,蒍子冯和公子追舒差不多,受到他宠信的人有八人之多,都是没有禄位的庶人,但是拥有很多马匹。有一天上朝,蒍子冯与申叔豫说话,申叔豫不搭话而退走。蒍子冯跟上去,申叔豫就走入人群中。蒍子冯还是跟着,申叔豫干脆回家了。退朝之后,蒍子冯登门拜访,说:"您在朝堂上三次让我难堪,我很害怕,不敢不见。我有什么做得不对的地方,您姑且告诉我,为什么这样讨厌我呢?"申叔豫回答:"过去观起受到子南宠信,子南获罪,观起被车裂,你为什么不害怕?"蒍子冯这才回过神来,亲自驾车从申叔豫家回来,车子驾得摇摇摆摆,都不能走在车道上。到家,对那八个人说:"我去见了申叔,这个人就是所谓能够起死回生让白骨长肉的人啊!能像他老人家那样了解我的人就留下,不能就绝交吧。"辞退了这八个人,楚康王对蒍子冯也就放心了。

将公子追舒和蒍子冯的事情连起来看,楚康王的领导作风也就跃然纸上了——有事不说,但是记在心上;积累到一定程度,就大开杀戒。

十二月,郑游贩将归晋,未出竟,遭逆妻者,夺之,以馆于邑。丁巳,其夫攻子明,杀之,以其妻行。子展废良而立大叔,曰:"国卿,君之贰也,民之主也,不可以苟。请舍子明之类。"求亡妻者,使复其所。使游氏勿怨,曰:"无昭恶也。"

十二月,郑国的游贩(公子虿之子,字子明)将要去晋国,还没有出国境,遇到有人结婚去接新娘。可能是觉得新娘很漂亮吧,游贩抢走了新娘,而且心安理得地在城里住下。结果新郎不甘受辱,杀了游贩,带着妻子逃走了。

在选择游氏继任宗主的时候,公孙舍之废弃了游贩的儿子游良,而立了游贩的弟弟游吉(即子大叔),说:"国家的卿,就是国君的副手,百姓的主人,不可以随便,请舍弃子·明这一类人。"而且派人找到那位勇敢的新郎,让他回到家乡。让游氏不要怨恨这个人,说:"别把丑事宣扬出去了。"

这倒是个让人觉得舒服的故事。

鲁襄公二十三年

公元前 550 年,鲁襄公二十三年。

二十三年春,杞孝公卒,晋悼夫人丧之。平公不彻乐,非礼也。礼,为邻国阙。

二十三年春,杞孝公去世。晋悼公夫人是杞孝公的妹妹,当然要为之服丧。晋平公却不撤除音乐,宫中歌声依旧,这是非礼的。依礼,应该为邻国的丧事撤除音乐。

需要说明的是,杞国与晋国并不相邻,而且离得很远。老左说这句话的意思是:就算是为了邻国的丧事也应该撤除音乐,何况是为了自己的舅舅呢?

陈侯如楚,公子黄诉二庆于楚,楚人召之。使庆乐往,杀之。庆氏以

陈叛。夏,屈建从陈侯围陈。陈人城,版队而杀人。役人相命,各杀其长,遂杀庆虎、庆寅。楚人纳公子黄。君子谓:"庆氏不义,不可肆也。故《书》曰:'惟命不于常。'"

陈哀公前往楚国朝见。三年前,公子黄被庆寅、庆虎诬陷,出逃楚国。现在,趁着陈哀公访楚的机会,公子黄对二庆提出控告。楚国人下令让二庆到楚国来打官司。二庆不敢前来,派乐乐前往,被楚国人杀掉。二庆于是窃据陈国,背叛楚国。夏天,楚国莫敖屈建跟随陈哀公围攻陈国。陈国人筑城防守。施工过程中,有民工不小心将夯土的夹板掉落城下,被二庆下令处死。民工们互相传话,策动起义,各自杀死他们的工头,顺势杀了庆虎、庆寅。楚国人将公子黄送回了陈国。君子评价庆氏:"不义之心,不可以放纵。所以《书》上说,天命不能常在。"

天命无常,唯德是辅。做人,最重要的是厚道。

晋将嫁女于吴,齐侯使析归父媵之,以藩载栾盈及其士,纳诸曲沃。栾盈夜见胥午而告之。对曰:"不可。天之所废,谁能兴之?子必不免。吾非爱死也,知不集也。"盈曰:"虽然,因子而死,吾无悔矣。我实不天,子无咎焉。"许诺。伏之而觞曲沃人,乐作,午言曰:"今也得栾孺子何如?"对曰:"得主而为之死,犹不死也。"皆叹,有泣者。爵行,又言。皆曰:"得主,何贰之有!"盈出,遍拜之。

春秋史上堪比《哈姆雷特》的一幕出现了。

晋国为了拉拢吴国,要将公主嫁到吴国。齐庄公主动讨好,派析归父送几名宗室女子到晋国去当媵妾。派出的车队中,有几辆大篷车,里面装的是栾盈和他的武士。齐庄公用这种方式,将栾盈送回了曲沃。

有必要说明一下,这里的曲沃不是晋国公室的发祥地曲沃,而是桃林要塞附近的一个地方,曾经是栾氏的封地。栾盈潜回家乡,夜里去见曲沃大夫胥午,将自己的复仇计划告诉了胥午。胥午一听就摇头,说:"那不行。上天所废弃的,谁能让他兴起? 您这样做,必然不免于死。我不是爱惜生命,而是知道事情肯定不会成功。"栾盈说:"虽然如此,依赖您而死去,我不后悔。我是不受上天保佑,不是您的过错。"也许是被栾盈的气概感动了吧,胥午竟然答应帮助他。

胥午将栾盈藏起来,宴请曲沃的士人(这些人都曾经是栾氏的家臣)。音乐开始演奏的时候,胥午说:"现在如果找到了栾氏少主怎么办?"士人们回答:"找到主人而为他死,虽死犹生。"说着,有的人就叹气,有的人哭起来。互相举杯的时候,胥午又问这个问题,士人们都说:"找到主人,就算死也不会有二心!"这个时候,栾盈现身,一一拜谢众人。

一场"孺子复仇记",在群情激奋中悄然上演。

四月,栾盈帅曲沃之甲,因魏献子,以昼入绛。初,栾盈佐魏庄子于下军,献子私焉,故因之。赵氏以原、屏之难怨栾氏,韩、赵方睦。中行氏以伐秦之役怨栾氏,而固与范氏和亲。知悼子少,而听于中行氏。程郑嬖于公。唯魏氏及七舆大夫与之。

四月,栾盈带领曲沃的武士,依靠魏舒(谥献)的帮助,白天进入绛都。魏舒是魏绛(谥庄)的孙子。当初栾盈担任下军副帅,魏绛是下军元帅,魏舒便和栾盈私下里很要好,所以栾盈能够依靠他。但是,栾盈能够依靠的也就是魏氏了。晋国众卿中的其他几家,都与栾氏处于敌对状态。

鲁成公八年,栾书等人陷害赵同、赵括兄弟,致使赵氏惨遭灭门之祸,只剩下赵武一支独苗,赵氏因此怨恨栾氏。

韩氏和赵氏从来关系密切,现在也是和睦相处,因此在对待栾氏的立场上和赵氏一致。

鲁襄公十四年，荀偃以中军元帅的身份带领大军入侵秦国，栾黡擅自撤退，导致全军撤退，中行氏因此而怨恨栾氏。而且，荀偃与士匄做拍档多年，合作愉快，两家人关系密切。

荀罃去世后，知氏宗主由其子荀盈（悼子）接任。荀盈年少，凡事听从中行氏的宗主荀吴。毕竟，知氏和中行氏本来就同出一门，一家人不说两家话。知氏因此也和栾氏是敌对关系。

范氏就更不用说，是栾氏的死对头，也是栾盈这次回来复仇的对象。

另外还有程郑。程郑是晋悼公的老臣。鲁成公十八年，晋悼公刚刚即位的时候，任命程郑为乘马御。此时，程郑正受到晋平公的宠信。

至于支持栾盈的，除了魏舒，就只有七舆大夫了。所谓七舆大夫，是下军的七位"舆帅"，大概是战车队长之类的军官吧。

乐王鲋侍坐于范宣子。或告曰："栾氏至矣。"宣子惧。桓子曰："奉君以走固宫，必无害也。且栾氏多怨，子为政，栾氏自外，子在位，其利多矣。既有利权，又执民柄，将何惧焉？栾氏所得，其唯魏氏乎！而可强取也。夫克乱在权，子无懈矣！"

公有姻丧，王鲋使宣子墨缞冒绖，二妇人辇以如公，奉公以如固宫。范鞅逆魏舒，则成列既乘，将逆栾氏矣。趋进，曰："栾氏帅贼以入，鞅之父与二三子在君所矣，使鞅逆吾子。鞅请骖乘。"持带，遂超乘。右抚剑，左援带，命驱之出。仆请，鞅曰："之公。"宣子逆诸阶，执其手，赂之以曲沃。

前面，老左特别强调栾盈"以昼入绛"，是有深意的。这也是栾盈这次复仇行动最终失败的关键——大白天入城，不易制造混乱，给了对手防守反击的机会。

当时，乐王鲋（谥桓）正陪士匄坐着闲聊，有人进来报告说："栾盈进城了。"士匄的第一反应是害怕。乐王鲋倒是很镇定,说:"保护国君逃到固宫(晋侯的别宫),就不会有什么危险了。而且栾氏树敌众多,您是中军元帅,栾氏自外而入,您在掌权的位置上,形势对您十分有利。既有利有权,又掌握了百姓,有什么好怕的?栾氏所能依靠的,不就只有魏氏吗?那是可以强行争取过来的。结束动乱要靠权力,您可不要懈怠了!"

前面说到,乐王鲋从品德上讲,是个小人。但是,从他在这件事情上的表现来看,则是小人中的能人。正好晋平公有亲戚去世(也就是杞孝公),乐王鲋要士匄穿上女人穿的黑色丧服,和两位妇人一同坐车进宫,秘密进见晋平公,保护晋平公前往固宫。乐王鲋这一手做得相当漂亮。政变要成功,一定要控制国君。谁能把国君控制在自己手里,谁就掌握了主动权。

与此同时,士鞅去迎接魏舒。魏舒的部队已经排好行列,登上战车,准备去迎接栾盈了。士鞅也是胆大,快步走进来,说:"栾盈带着叛贼进城了,家父与诸位大臣已经在国君那里,派我来迎接您,请让我与您一同乘车。"也不管魏舒同不同意,扯着车上的带子,跳上了战车,右手按着剑,左手拉着带子,下令战车出列。御者请示去哪里,士鞅说:"去国君那里。"就这样把魏舒劫走了。到了固宫,士匄到台阶下迎接魏舒,拉着他的手,许诺要将曲沃送给魏舒。就这样,栾盈最强有力的同盟被收买了。

初,斐豹,隶也,著于丹书。栾氏之力臣曰督戎,国人惧之。斐豹谓宣子曰:"苟焚丹书,我杀督戎。"宣子喜,曰:"而杀之,所不请于君焚丹书者,有如日!"乃出豹而闭之,督戎从之。逾隐而待之,督戎逾入,豹自后击而杀之。

范氏之徒在台后,栾氏乘公门。宣子谓鞅曰:"矢及君屋,死之!"鞅用剑以帅卒,栾氏退,摄车从之,遇栾氏,曰:"乐免之。死,将讼女于天。"乐射之,不中;又注,则乘槐本而覆。或以戟钩之,断肘而死。栾鲂伤。

栾盈奔曲沃，晋人围之。

晋平公被士匄牢牢抓在手里，魏舒又临阵反水，栾盈的命运可想而知。不过，栾盈手里还有一张王牌，那就是大力士督戎。此人勇猛无敌，晋国人都害怕他，无人敢与之对敌。宫中有个叫斐豹的奴隶，名字被写在官府丹书（奴隶名册）上，这个时候跳出来对士匄说："如果焚毁我的丹书，我就杀掉督戎。"士匄喜出望外，说："你杀了他，我如果不请求国君焚毁丹书，就请太阳神惩罚！"于是让斐豹出去，然后赶紧关上宫门。

斐豹其实根本不是督戎的对手，被督戎追着到处跑。但是斐豹身形灵活，跳过一段短墙，然后躲藏起来。督戎不知是计，也越墙过来。斐豹从背后发动袭击，将其杀死。

督戎虽死，栾盈的进攻仍然猛烈。范氏的族兵躲在固宫的高台后面，栾盈的人已经登上了宫门。士匄对士鞅说："箭如果射到国君的屋子，你就可以死了。"士鞅拔剑，带领步兵发动反击。栾盈毕竟人少，终于撤退。士鞅跳上战车去追击，遇到栾盈的族人栾乐，士鞅喊道："栾乐别打了，我死了会向上天起诉你。"（这种说法倒是很新奇）栾乐用箭射他，射空了，又搭箭上弦，车轮碰到老槐树的树根，翻了车。有人用戟钩他，割断了他的手臂，流血不止而死。栾鲂受伤，栾盈逃奔曲沃。

晋国人包围了曲沃。

秋，齐侯伐卫。先驱，谷荣御王孙挥，召扬为右；申驱，成秩御莒恒，申鲜虞之傅挚为右。曹开御戎，晏父戎为右。贰广，上之登御邢公，卢蒲癸为右。启，牢成御襄罢师，狼蘧疏为右；胠，商子车御侯朝，桓跳为右。大殿，商子游御夏之御寇，崔如为右；烛庸之越驷乘。自卫将遂伐晋。

晏平仲曰："君恃勇力，以伐盟主。若不济，国之福也。不德而有功，忧必及君。"崔杼谏曰："不可。臣闻之：'小国间大国之败而毁焉，必受其咎。'君其图之。"弗听。陈文子见崔武子，曰："将如君何?"武子曰："吾言于君，君弗听也。以为盟主，而利其难。群臣若急，君于何有? 子姑止之。"文子退，告其人曰："崔子将死乎! 谓君甚而又过之，不得其死。过君以义，犹自抑也，况以恶乎?"

齐侯遂伐晋，取朝歌。为二队，入孟门，登大行。张武军于荧庭，成郫邵，封少水，以报平阴之役，乃还。赵胜帅东阳之师以追之，获晏氂。八月，叔孙豹帅师救晋，次于雍榆，礼也。

秋天，齐庄公发动了对晋国的战争，剑锋直指晋国的铁杆盟友卫国（从齐国到晋国，必须经过卫国）。前锋部队（先驱）由王孙挥率领，谷荣御戎，召扬为戎右；次前锋部队（申驱）由莒恒率领，成秩御戎，申鲜虞的儿子傅挚为戎右；齐庄公亲率中军，曹开御戎，晏父戎为戎右；齐庄公的侍从长（贰广）由邢公担任，上之登御戎，卢蒲癸为戎右；左翼部队（启）由襄罢师率领，牟成御戎，狼蘧为戎右；右翼部队（胠）由侯朝率领，商子车御戎，桓跳为戎右；后军部队（大殿）由夏之御寇率领，商子游御戎，崔如为戎右，加上烛庸之越，四人共乘一车。大军浩浩荡荡，将从卫国讨伐晋国。

但是，齐国的群臣对这次军事行动并不看好。晏婴说："国君凭借勇力来讨伐盟主。如果不成功，那是国家的福气。没有品德而有战功，忧患必然降临国君头上。"崔杼（谥武）也劝谏说："不可以。下臣听说，小国趁大国之危而发动进攻，必受惩罚。请您还是考虑一下。"齐庄公一概不听。陈须无看到崔杼，说："该拿国君怎么办?"崔杼说："我对他说了，他不听。将晋国当作盟主，而以它的危难为利。群臣如果着了急，哪里还有什么国君? 您姑且别说了。"陈须无退下，对手下人说："崔杼快死了吧? 说国君过分而自己又比国君还过分，真是不知道死字怎么写的。以道义指责国君之过，还需要控制情绪，何况是用邪恶?"从这个时候开始，陈须无就知道崔杼没把齐庄公放在眼里。顺便说一下，陈须无就是齐桓公年间从陈国逃到齐国的陈完的后人,这一家人的智商和情商在齐国都是首屈一指的。

齐庄公不听任何劝阻,入侵晋国,攻取朝歌。然后兵分两路,一路入孟门隘道,一路翻越太行山,在荧庭筑起炫耀战功的武军,派军队戍守郫邵,在少水收集晋军的尸体掩埋在一个大坑里,以报五年前平阴之战的仇,然后才心满意足地返回齐国。

晋国方面,大概是被栾盈的复仇搞乱了阵脚,没有起兵抵抗。只有赵胜(赵旃之子,谥倾,获封邯郸,又称为赵倾子或邯郸胜)率领东阳的地方部队对齐军展开了追击,俘获齐将晏氂。八月,鲁国的叔孙豹带兵救援晋国,驻扎在雍榆,这是合于礼的。说句题外话,仗都打完了,鲁国的援军才到,而且驻扎在雍榆,根本没有和齐军接触,分明是来打酱油的。老左非要加上"礼也",还真有点欲盖弥彰了。

季武子无適子,公弥长,而爱悼子,欲立之。访于申丰曰:"弥与纥,吾皆爱之,欲择才焉而立之。"申丰趋退,归,尽室将行。他日,又访焉,对曰:"其然,将具敝车而行。"乃止。

访于臧纥。臧纥曰:"饮我酒,吾为子立之。"季氏饮大夫酒,臧纥为客。既献,臧孙命北面重席,新樽絜之。召悼子,降,逆之。大夫皆起。及旅,而召公鉏,使与之齿,季孙失色。

季氏以公鉏为马正,愠而不出。闵子马见之,曰:"子无然。祸福无门,唯人所召。为人子者,患不孝,不患无所。敬共父命,何常之有? 若能孝敬,富倍季氏可也。奸回不轨,祸倍下民可也。"公鉏然之。敬共朝夕,恪居官次。季孙喜,使饮己酒,而以具往,尽舍旃。故公鉏氏富,又出为公左宰。

季孙宿没有嫡子。按照规定,只能从庶子中选择一个立为继承人,呼声最高的是季公弥(又名鉏)和季纥(悼子)。公鉏年长,季纥年幼,但是季孙宿喜欢的是季纥。想立纥吧,又怕公鉏有意见,于是和家臣申丰商量:"弥与纥这两个孩子,我都喜欢,想选择有才的那个立为嗣子,您有什么意见?"

申丰是个聪明人。长幼有序,没有嫡子就立庶长子,这个还用商量吗?之所以要商量,就是想立小儿子呗!这种不合常理的事情,季孙宿自己不明说,想要借别人之口来说,这不是坑人吗?申丰如果顺着他的意思说了,岂不被公鉏恨死?傻瓜才会上当!申丰不回答,快步退下,而且回家就收拾东西,做好逃跑的准备。过了几天,季孙宿又来找申丰商量,申丰两手一摊:"您要再问的话,我就驾上我的破车走人了。"季孙宿只好将这件事暂且放一边。

但是季孙宿并不甘心,继承人的问题始终要解决,于是又找臧孙纥商量。臧孙纥却一点也不为难,说:"请我喝酒,我为您立他。"

于是季孙宿请朝中的大夫们到家里喝酒,以臧孙纥为上宾。向宾客献酒完毕,臧孙纥命令在北面铺上两层的座席,换上新的洗干净的酒樽。

两层座席是大夫以上级别才能用;春秋时期以坐西向东为尊,坐北朝南仅次于主位;再加上新的干净的酒樽,宾客们便知道有大人物要来了。让人意想不到的是,这个大人物就是季纥。臧孙纥派人请季纥前来,并亲自走下台阶去迎接季纥。主宾起身,其他客人也就跟着起身。直到季纥坐下,大伙才落座。不需要任何语言,在场的每一个人都知道,臧孙纥这是将季纥当作季氏的继承人来对待了。

到了互相敬酒的环节,臧孙纥才派人去请公鉏参加,让他和宾客们一起按照年龄排座次。弟弟在上而哥哥在下,谁尊谁卑一目了然。这一手是季孙宿没想到的,他大惊失色,怕公鉏受不了这个刺激当场发作。

幸好,一切如常。事后,为了安抚公鉏,季孙封他做了家族中的马正,也就相当于国家的司马,主管军事。公鉏心里有怨气,不肯接受。闵子马(即马父)去见公鉏,说:"您不要这样。祸福无门,唯人召之。作为儿子,只担心自己不孝,不担心没有地位。尊敬地接受父亲的命令,事情是可以变化的。如果能够孝敬父亲,甚至可以比季氏还加倍富有。奸邪不轨,其祸患也可以比普通百姓加倍。"

季纥既然已经是继承人,闵子马便称之为"季氏"了。公鉏想通了,恭恭敬敬地早晚侍候父亲,认真地履行职责,干好本职工作。季孙宿很高兴,让公鉏请自己喝酒,而带着成套的器物前往,把东西全部留下。公鉏因此而致富,又出任了国家的左宰。

孟孙恶臧孙,季孙爱之。孟氏之御驺丰点好羯也,曰:"从余言,必为孟孙。"再三云,羯从之。孟庄子疾,丰点谓公鉏:"苟立羯,请仇臧氏。"公鉏谓季孙曰:"孺子秩固其所也。若羯立,则季氏信有力于臧氏矣。"弗应。己卯,孟孙卒,公鉏奉羯立于户侧。季孙至,入,哭,而出,曰:"秩焉在?"公鉏曰:"羯在此矣。"季孙曰:"孺子长。"公鉏曰:"何长之有?唯其才也。且夫子之命也。"遂立羯。秩奔邾。

家家都有本难念的经。

孟氏的宗主仲孙速讨厌臧孙纥,季孙宿则喜欢臧孙纥。

孟氏家臣中,有个担任御驺(养马驾车的官)的丰点,和仲孙速的庶子孟羯关系很好。丰点对孟羯说:"听我的话,你一定能够当上孟孙。"

前面说过,"孙"是对季氏、孟氏、叔氏、臧氏、邱氏五族宗主的尊称。所谓当上孟孙,就是当上孟氏的宗主。对于孟羯来说,这显然是一个太过奢侈的愿望,因为仲孙速是有嫡子的,其名为秩,也就是原文中的"孺子秩"。可是丰点再三跟孟羯说,孟羯也就同意了。梦想还是要有的,万一实现了呢?

到了仲孙速病重的时候,丰点跑去找季公鉏,说:"假如想立羯为孟氏继承人,就请他仇恨臧孙纥。"公鉏最恨的人就是臧孙纥,于是对季孙宿说:"孟家的孺子秩本来应当继承家业,可是如果能够让羯当上继承人,那咱们季氏就确实比臧氏有权势了。"

季孙宿不答应。季氏比臧氏有权势,那是不用说的。到了八月十日,仲孙速死了。公鉏陪着孟羯在门边接受宾客的吊唁。季孙宿来了,进门,哭,出来之后就问:"秩在哪儿?"公鉏回答:"羯在这里。"季孙宿说:"孺子秩是长兄。"公鉏说:"长什么呀?有才能才是关键。而且这也是他们家老爷子的命令。"季孙宿便不再吱一声了。为什么?这是他之所以选择小儿子为继承人的理由啊!于是孟羯被立为孟家宗主,也就是仲孙羯。

秩逃奔邾国。

臧孙入哭,甚哀,多涕。出,其御曰:"孟孙之恶子也,而哀如是。季孙若死,其若之何?"臧孙曰:"季孙之爱我,疾疢也。孟孙之恶我,药石也。美疢不如恶石。夫石犹生我,疢之美,其毒滋多。孟孙死,吾亡无日矣。"

孟氏闭门,告于季孙曰:"臧氏将为乱,不使我葬。"季孙不信。臧孙闻之,戒。冬十月,孟氏将辟,藉除于臧氏。臧孙使正夫助之,除于东门,甲从己而视之。孟氏又告季孙。季孙怒,命攻臧氏。乙亥,臧纥斩鹿门之关以出,奔邾。

臧孙纥前来吊唁仲孙速,表情甚为悲哀,哭得稀里哗啦。出来之后,他的御者表示不理解:仲孙速这么恨您,您却如此悲伤。季孙宿死了的话,您可怎么办哦?臧孙纥回答:"季孙氏喜欢我,这是无痛之病;孟孙氏讨厌我,这是治病之药石。无痛之病不如有痛之药。药石可以让我活下去,病虽无痛,它的毒性却更厉害。孟孙去世了,我的灭亡也就指日可待了。"

说白了,良药苦口利于病,讨厌你的人不一定是害你的人,喜欢你的人却有可能是要命的人。让人不理解的是,臧孙纥如此聪明睿智,为什么会参与季氏的继承人纠纷而得罪公鉏呢？也许这就叫聪明反被聪明误吧。

果然，仲孙羯关门闭户，对季孙宿说："臧孙纥想要作乱，不让我完成葬礼。"季孙宿不信。臧孙纥听说这件事，加强了戒备。十月，孟氏将要开挖墓道，向臧孙纥请求借调民工。臧孙纥派正夫（官名）帮忙，在曲阜的东门外动工，自己则带着甲士去视察。这一举动，当然是为了防备仲孙羯对自己动手。仲孙羯却添油加醋地对季孙宿说了这件事。于是在季孙宿看来，臧孙纥真的是要作乱了，否则的话，怎么会带着甲士去视察工地呢？季孙宿一怒之下，下令进攻臧氏。十月初七日，臧孙纥自曲阜的鹿门仓皇出逃邾国。当时的情况想必是相当紧急，因为臧孙纥是砍断鹿门的门闩才出去的。

初，臧宣叔娶于铸，生贾及为而死。继室以其侄，穆姜之姨子也。生纥，长于公宫。姜氏爱之，故立之。臧贾、臧为出在铸。臧武仲自邾使告臧贾，且致大蔡焉，曰："纥不佞，失守宗祧，敢告不吊。纥之罪不及不祀，子以大蔡纳请，其可。"贾曰："是家之祸也，非子之过也。贾闻命矣。"再拜受龟。使为以纳请，遂自为也。臧孙如防，使来告曰："纥非能害也，知不足也。非敢私请。苟守先祀，无废二勋，敢不辟邑！"乃立臧为。臧纥致防而奔齐。其人曰："其盟我乎？"臧孙曰："无辞。"将盟臧氏，季孙召外史掌恶臣而问盟首焉。对曰："盟东门氏也，曰'毋或如东门遂，不听公命，杀适立庶'。盟叔孙氏也，曰'毋或如叔孙侨如欲废国常，荡覆公室'。"季孙曰："臧孙之罪皆不及此。"孟椒曰："盍以其犯门斩关？"季孙用之，乃盟臧氏，曰："无或如臧孙纥干国之纪，犯门斩关！"臧孙闻之，曰："国有人焉！谁居？其孟椒乎！"

顺便说说臧孙纥的身世。

当初，臧孙纥的父亲臧孙许在铸国娶妻。妻生了臧贾和臧为，然后去世了。臧孙许又续弦，娶了妻的侄女，也就是鲁宣公夫人穆姜的妹妹的女儿，生了臧孙纥。因为穆姜的关系，臧孙纥从小在公宫中长大，穆姜很喜爱他，所以将他立为臧氏的继承人。臧贾、臧为则被送到铸国的外公家。说白了，臧孙纥是以庶子的身份继承家业，臧家的嫡子反倒是流落在外。

臧孙纥逃到邾国，派使者给臧贾报信，同时送上一只大乌龟，说："我无能，不能奉祀宗庙，谨向您报告我的不善。我个人的罪过，不至于断绝祖先的祭祀，您拿着这只大乌龟去请求立臧氏的后人，应该是可以的。"臧贾说："这是家门之祸，不是您的罪过，我听到命令了。"再拜，接受了大乌龟。臧贾派臧为前往曲阜进献乌龟，请求立臧氏之后。臧为去了，却不是请求立臧贾，而是请求立自己为臧氏宗主。

臧孙纥从邾国回到臧氏封邑防地，派使者向鲁襄公报告："我并不能为害国家，只是因为智谋不足才有今天。我不敢为自己请求什么，如果保存先人的祭祀，不废弃两位先人（臧孙辰、臧孙许）的功勋，我岂敢不让出封地？"这就是和鲁襄公谈条件了：只要肯保留臧氏宗祀，我就让出防地。鲁襄公接受了，于是立臧为为臧氏宗主。臧孙纥如约献出防地，自己投奔了齐国。

春秋时期的规矩，某位卿大夫因为犯罪而出逃，国内的诸位卿大夫应当盟誓，共同声讨其罪恶。换句话说，就是开一场批斗会，给他的问题定个性，让他没有翻案的机会。臧孙纥既然逃到了齐国，手下人便问他："他们会为了您而盟誓吗？"

臧孙纥说："不好定罪。"

确实，臧孙纥并没有犯什么罪。诸位卿大夫准备盟誓，季孙宿召见掌管"恶臣"的外史而询问他誓词该怎么写，外史提供了两个模板：一是当年为公子遂盟誓，写的是"不要像东门遂那样不听君命，杀嫡立庶"。二是当年为叔孙侨如盟誓，写的是"不要像叔孙侨如那样想要废弃国家的伦常，颠覆公室"。季孙宿说："臧孙的罪过都没到这个地步。"这时，有位叫孟椒的年轻人出了个主意,说:"何不拿他冲撞鹿门砍断门闩说事?"季孙宿接受了,于是与诸位卿大夫盟誓,说:"不要像臧孙纥那样触犯国法,闯城门,砍门闩。"不要笑!这就是中国古代的政治智慧:官员犯了错误,却要给他安一个其他的罪名,以淡化政治斗争的痕迹。

臧孙纥在齐国听到这个罪名,感叹道:"鲁国有人才啊!会是谁呢?应该是孟椒吧!"

顺便说一下,这位孟椒是孟氏族人。其父孟它,是仲孙蔑的儿子。孟氏这一支以"子服"为氏,孟它即子服它;孟椒即子服椒,因其谥,又写作子服惠伯。

晋人克栾盈于曲沃,尽杀栾氏之族党。栾鲂出奔宋。书曰"晋人杀栾盈",不言大夫,言自外也。

晋国人在曲沃打败栾盈,杀尽栾氏的族人与党羽。栾鲂出奔宋国。《春秋》记载"晋国人杀了栾盈"。不写"大夫",是因为他是自外而入内,已经不是晋国的卿大夫了。

齐侯还自晋,不入,遂袭莒。门于且于,伤股而退。明日,将复战,期于寿舒。杞殖、华还载甲夜入且于之隧,宿于莒郊。明日,先遇莒子于蒲侯氏。莒子重赂之,使无死,曰:"请有盟。"华周对曰:"贪货弃命,亦君所恶也。昏而受命,日未中而弃之,何以事君?"莒子亲鼓之,从而伐之,获杞梁。莒人行成。

齐侯归,遇杞梁之妻于郊,使吊之。辞曰:"殖之有罪,何辱命焉?若免于罪,犹有先人之敝庐在,下妾不得与郊吊。"齐侯吊诸其室。

齐庄公讨伐晋国,沉浸在战胜的喜悦中,意犹未尽,不想回国。于是顺手牵羊，袭击莒国，正面进攻且于城，被莒国人伤了大腿，只好撤退。但是又不甘心，还要再战，与诸将相约在寿舒会合。杞殖（字梁）、华还用战车载上甲士，趁夜进入且于隧道，露宿在莒国城郊，准备第二天一早按计划发动突袭。没想到莒国人早有准备，第二天他们在蒲侯氏遇到了莒子亲自率领的部队。偷袭部队人数不多，双方实力相差悬殊。莒子赠给杞殖和华还重礼，要求他们不要战死，说："请和你们结盟。"华还回答："贪恋财货而丢弃君命，这也是您讨厌的吧。昨天晚上接受命令，今天不到中午就丢弃，我们拿什么去侍奉君主？"这就没办法了。莒子亲自击鼓，追击齐军，杀死了杞殖。

这样一来，齐庄公再战也占不到便宜，接受了莒国人的请求，双方媾和。

齐庄公回国，在临淄城郊遇到杞殖的妻子，派人吊唁。女人不接受，说："如果杞殖有罪，哪里敢让国君派人吊唁？如果没有罪，还有先人的破屋子在那里，妾身不接受在郊外的吊唁。"言下之意，杞殖好歹是个大夫，要吊唁就到家里来吊唁，不能像个庶人一样在郊外随随便便接受吊唁。齐庄公知道错了，亲自到杞殖家里去吊唁。

齐侯将为臧纥田。臧孙闻之，见齐侯，与之言伐晋，对曰："多则多矣，抑君似鼠。夫鼠，昼伏夜动，不穴于寝庙，畏人故也。今君闻晋之乱而后作焉，宁将事之，非鼠如何？"乃弗与田。

仲尼曰："知之难也。有臧武仲之知，而不容于鲁国，抑有由也，作不顺而施不恕也。《夏书》曰'念兹在兹'，顺事、恕施也。"

齐庄公准备赏给臧孙纥一些土地。臧孙纥听到消息，跑去求见齐庄公。齐庄公说起讨伐晋国的事情，臧孙纥说："战功确实是很多了。可是您却像是老鼠。老鼠啊，白天潜伏，夜晚行动，不在宗庙打洞，是因为害怕人的缘故。现今您听说晋国有乱而后起兵，还不如去侍奉它，这不是老鼠是什么?"齐庄公的反应可想而知,赏赐土地的事也就不了了之了。

臧孙纥疯了吗? 没有。他是看到齐庄公已经很危险了,不想接受其封赏,以免惹祸上身,所以才故意激怒齐庄公。这么明智的一个人,竟然被迫离国出走,所以连孔子都感慨:"聪明难啊! 有了臧武仲的智慧,而不能为鲁国所容纳,这是有原因的,是因为行事不顺于事理而所为不考虑他人的感受。《夏书》上说,'想着这个,念着这个'。就是要顺于事理而考虑他人。"

原文中所谓"作不顺",是指臧孙纥帮助季孙宿废长立幼,瞎掺和。"施不恕",是指臧孙纥没有考虑季公鉏的感受,蛮横地剥夺了他的继承人资格。儒家所谓的"恕道",也就是"己所不欲,勿施于人"。凡事多想想人家的感受,就不会卖弄聪明,自取其祸了。

鲁襄公二十四年

公元前549年,鲁襄公二十四年。

二十四年春,穆叔如晋,范宣子逆之,问焉,曰:"古人有言曰,'死而不朽',何谓也?"穆叔未对。宣子曰:"昔匄之祖,自虞以上为陶唐氏,在夏为御龙氏,在商为豕韦氏,在周为唐杜氏,晋主夏盟为范氏,其是之谓乎!"穆叔曰:"以豹所闻,此之谓世禄,非不朽也。鲁有先大夫曰臧文仲,既没,其言立,其是之谓乎! 豹闻之:'大上有立德,其次有立功,其次有立言。'虽久不废,此之谓不朽。若夫保姓受氏,以守宗祊,世不绝祀,无国无之。禄之大者,不可谓不朽。"

二十四年春，叔孙豹前往晋国访问。晋国中军元帅士匄亲自到郊外迎接，以表慰问之意。交谈过程中，士匄发出一句灵魂之问："古人说的死而不朽，是指什么？"叔孙豹不说话，士匄便自己回答了："从前我的祖先，在虞舜之前为陶唐氏，在夏朝为御龙氏，在商朝为豕韦氏，在周朝为唐杜氏，在晋国主持华夏诸国会盟的时候为范氏，可以说是不朽了吧？"

士匄将自己的家世显摆了一番，期待叔孙豹点赞，没想到叔孙豹很直接地说："以我所知，这叫作世禄，并非不朽。鲁国有位先大夫臧文仲（即臧孙辰），人已经去世了，他的话却一直让世人牢记，可以说是不朽了吧！我听说，做人的最高层次是树立德行，其次是树立功业，再次是树立言论，人虽然死了也不会被废弃，这叫作三不朽。像这样保存姓氏来守护宗庙，世世代代不绝祭祀，哪个国家都有这样的家族。这只是做官做得大罢了，不能说是不朽。"

中国人崇拜祖先，以子孙兴旺为幸福的标准，连骂人都以"断子绝孙"为最狠。可是仔细想想，人只要活在这个世界上，前面都经历过了不知道多少世的祖先，谁家里不是"世不绝祀"呢？又有谁的祖上不曾阔过呢？如果以世代相传为不朽的话，只要存活下来的家族都是不朽的。大家都不朽，也就没什么值得炫耀的了。

范宣子为政，诸侯之币重，郑人病之。二月，郑伯如晋，子产寓书于子西，以告宣子，曰："子为晋国，四邻诸侯不闻令德，而闻重币，侨也惑之。侨闻君子长国家者，非无贿之患，而无令名之难。夫诸侯之贿聚于公室，则诸侯贰。若吾子赖之，则晋国贰。诸侯贰，则晋国坏；晋国贰，则子之家坏。何没没也！将焉用贿？夫令名，德之舆也。德，国家之基也。有基无坏，无亦是务乎！有德则乐，乐则能久。《诗》云'乐只君子，邦家之基'，有令德也夫！'上帝临女，无贰尔心'，有令名也夫！恕思以明德，则令名载而行之，是以远至迩安。毋宁使人谓子'子实生我'，而谓'子浚我以生'乎？象有齿以焚其身，贿也。"宣子说，乃轻币。

是行也，郑伯朝晋，为重币故，且请伐陈也。郑伯稽首，宣子辞。子西相，曰："以陈国之介恃大国而陵虐于敝邑，寡君是以请请罪焉，敢不稽首？"

士匄夸耀家世，或许与他当时受到批评有关——一个人受到批评，本能反应是防卫。士匄为什么受到批评？他执掌晋国政权，要求诸侯交纳很重的贡赋，给世人留下了一个老饕的恶名。

郑国人受不了士匄的压榨。这一年二月，公孙夏陪同郑简公前往晋国朝见，子产托公子夏带了一封信给士匄，说：

"您治理晋国，四方诸侯没有感受到您的美好品德，却感受到了越来越重的负担，我难免感到迷惑。我听说，君子治理国家，不担心没有财礼，而是害怕没有好名声。如果诸侯的财货聚集于晋的公室，则诸侯会产生二心；如果您也从中获利，则晋国内部也会产生二心。诸侯三心二意，则晋国受害；晋国内部三心二意，则您的家族受害，要那么多财货有什么用呢？

"美好的名声，是承载德行的车辇；德行，是一个国家的根基。有根基就不会受损，您不也应该致力于这些吗？有了德行就能快乐，快乐能长久。《诗》上说，'快乐的君子，是国家的基础'。这就是有美德吧。'天帝在上关照你，不要三心二意'，这就是有好名声吧。多思考恕道，体谅别人，以此发扬德行，那么就可以承载好的名声前行，所以远方的来归顺，近处的很安心。您是想让人说'是您养活了我'，还是'您剥削我来养活自己'呢？象有长长的牙齿而毁了自身，就是因为象牙值钱啊！"

士匄被子产说动了，于是减轻诸侯的贡赋。

郑简公此番前往晋国，除了因为贡赋太重，同时也是请求攻打陈国。郑简公叩首，士匄不敢接受如此大礼。公孙夏为郑简公相礼，说："因为陈国倚仗大国而欺凌敝国，寡君因此请求向陈国问罪，岂敢不叩首？"

孟孝伯侵齐，晋故也。

孟孝伯即仲孙羯。

仲孙羯率军入侵齐国，这是为了晋国。

夏，楚子为舟师以伐吴，不为军政，无功而还。

夏天，楚康王组织水军来讨伐吴国，但是又不治理军政，这样的部队打不了胜仗，所以无功而返。

齐侯既伐晋而惧，将欲见楚子。楚子使薳启强如齐聘，且请期。齐社，蒐军实，使客观之。陈文子曰："齐将有寇。吾闻之，兵不戢，必取其族。"

秋，齐侯闻将有晋师，使陈无宇从薳启强如楚，辞，且乞师。崔杼帅师送之，遂伐莒，侵介根。

会于夷仪，将以伐齐。水，不克。

齐庄公讨伐晋国回来，难免害怕晋国报复，想要去见楚康王，加强两国的联系。楚康王当然不会拒绝，派薳启强访问齐国，同时请求约定会见的日期。齐国人在军中祭祀神明，检阅部队，请薳启强参观。陈须无对此不以为然，说："齐国将有敌寇入侵了。我听说，不收好武器，必然伤到自己。"

秋天，齐庄公听说晋国将要入侵，派陈无宇（陈须无之子，谥桓）跟随薳启强回楚国，说明齐国将有战事，暂时不能与楚康王相见，同时请求楚国出兵相助。崔杼带兵护送陈无宇，顺势讨伐莒国，入侵介根。

晋国方面，确实是做好了讨伐齐国的准备。八月，晋、宋、鲁、卫、郑、曹、莒、邾、滕、薛、杞、小邾各路诸侯在夷仪相会，将要入侵齐国。因为发大水，所以放弃了军事行动。

冬，楚子伐郑以救齐，门于东门，次于棘泽。诸侯还救郑。晋侯使张骼、辅跞致楚师，求御于郑。郑人卜宛射犬，吉。子大叔戒之曰："大国之人不可与也。"对曰："无有众寡，其上一也。"大叔曰："不然。部娄无松柏。"二子在幄，坐射犬于外；既食，而后食之。使御广车而行，已皆乘乘车。将及楚师，而后从之乘，皆踞转而鼓琴。近，不告而驰之。皆取胄于橐而胄，入垒，皆下，搏人以投，收禽挟囚。弗待而出。皆超乘，抽弓而射。既免，复踞转而鼓琴，曰："公孙！同乘，兄弟也，胡再不谋？"对曰："曩者志入而已，今则怵也。"皆笑，曰："公孙之亟也！"

冬天，楚康王为了救援齐国而入侵郑国，攻打新郑的东门，驻扎在棘泽。诸侯们既然不能进攻齐国，便回过头来救援郑国。晋平公派张骼、辅跞到楚营"致师"，也就是单车挑战，打压敌军的锐气。可能是因为路不熟吧，于是向郑国要求派一名御者。郑国打算派公孙射犬（受封于宛，所以又叫宛射犬），并为此占卜，得了个吉。

游吉告诫公孙射犬："大国的人是不能与之分庭抗礼的。"意思是，你要对晋国人表现得谦卑一点。公孙射犬不以为然："不论兵多兵少，御者的地位都在车左车右之上。"游吉说："话不是这样说，小土山上生不了松柏。"

游吉的担心是有道理的。张骼、辅跞大大咧咧坐在帐篷里，公孙射犬来了，也不让他进帐，而是要他坐在外面。两个人吃完饭，才让公孙射犬吃。公孙射犬好歹是个公孙啊，在晋国人面前竟然是这种待遇，这和狗有什么区别？不如把"公孙射"三个字去掉，直接叫"犬"好了。

饱餐之后，张骼、辅跞要公孙射犬驾着冲锋陷阵的广车先行，两个人则乘着各自的战车，晃晃悠悠地跟在后面。将要接触到楚军了，两个人才舍弃自己的战车，乘上公孙射犬的广车。上了车也不好好准备打仗，而是蹲在车后边的横木上弹琴，一副游山玩水的样子。公孙射犬恨得直咬牙，邻近楚军大营，也不说一声，突然加速，冲了进去。两个晋国人这才从背囊中掏出头盔戴上，进入楚军营垒，都跳下车去和楚兵搏斗，抓着楚兵就扔，把俘虏捆绑起来或挟在腋下，简直是神威无敌！公孙射犬也不等他们，驾车冲出楚营，想把两个晋国人丢下。不料他们动作奇快，都跳上广车，抽出弓射击追兵。等到脱离险境，两个晋国人又蹲在那里弹琴，调侃道："公孙！同车就是兄弟，你为何两次不打招呼啊？"公孙射犬撒谎道："刚刚进去的时候是太专心看着楚军了，现在出来是因为害怕楚军太多。"两个人哈哈大笑，说："公孙真是个急性子啊！"

抛开傲慢与偏见不说，晋国人好整以暇的性格，在张骼和辅跞身上倒是表现得淋漓尽致。

楚子自棘泽还，使薳启强帅师送陈无宇。

楚康王从棘泽回来，派薳启强带兵护送陈无宇回齐国。

吴人为楚舟师之役故，召舒鸠人。舒鸠人叛楚。楚子师于荒浦，使沈尹寿与师祁犁让之。舒鸠子敬逆二子，而告无之，且请受盟。二子复命。王欲伐之。薳子曰："不可。彼告不叛，且请受盟，而又伐之，伐无罪也。姑归息民，以待其卒。卒而不贰，吾又何求？若犹叛我，无辞，有庸。"乃还。

几个月前，楚国组建水军讨伐吴国。吴国为了报复，召集舒鸠人。

舒鸠本来是楚国的附庸小国，现在背叛了楚国。楚康王陈兵荒浦，派大夫沈尹寿与师祁犁去责问舒鸠人。舒鸠子恭恭敬敬地迎接两位大夫，而且对他们说自己没有背叛，又请求接受盟约。二人回来复命，楚康王想讨伐舒鸠。令尹蒍子冯以为不可，说："他们报告说没有背叛，而且请求接受盟约，而我们再攻打他们的话，是讨伐无罪之人。我们姑且回去，让百姓休养生息，以等待最终的结果。如果他们最终没有二心，我们又有什么要求？如果他们还是背叛了我们，那他们也没话说，我们讨伐他们也有功劳。"于是收兵回国。

陈人复讨庆氏之党，锧宜咎出奔楚。

陈国人再次清算庆氏的党羽，锧宜咎逃奔楚国。

这些年来，陈国内部纷争不断，外逃的人不管出于什么原因，被安上什么罪名，却都是逃向楚国。从某种意义上讲，陈国已经成为楚国的一部分了。

齐人城郏。穆叔如周聘，且贺城。王嘉其有礼也，赐之大路。

郏是王畿内的一座城。齐庄公派人为王室修筑城池，当然是有原因的——齐国和晋国开战，有必要争取一下王室的支持。鲁国的叔孙豹访问王室，而且祝贺筑城完工。周灵王嘉许其有礼，赏赐给他大路车。

晋侯嬖程郑，使佐下军。郑行人公孙挥如晋聘，程郑问焉，曰："敢问降阶何由？"子羽不能对，归以语然明。然明曰："是将死矣。不然，将亡。贵而知惧，惧而思降，乃得其阶。下人而已，又何问焉？且夫既登而求降阶者，知人也，不在程郑。其有亡衅乎！不然，其有惑疾，将死而忧也。"

栾氏灭亡后,晋国下军副帅出现空缺。晋平公宠爱程郑,便让他接任了这个职务。在豪门云集的绛都,程氏委实是个不起眼的家族,甚至可以说是没有任何存在感的。程郑虽然是晋悼公的老臣,也算有一定的本事,一跃而成为晋国的卿,多少有点底气不足。当郑国的行人公孙挥(字子羽)来到晋国访问,程郑便问了他一个问题:"敢问怎么样才能降级?"言下之意,帽子太大了,有点戴不住,还是换一顶小一点的好。公孙挥回答不了,回来后告诉大夫裨谌(字然明)。裨谌判断:"这个人将要死了,否则就是要逃亡了。地位尊贵而知道害怕,害怕而想到降级,就可以得到适合的官位。现在程郑不过是在别人下面罢了(下军副帅在晋国六卿中排名第六),又有什么好问的? 而且,已经登上高位而要求自降身价者是智者,程郑不是这样的人。他大概有逃亡的迹象了吧。不然的话,也有可能是疑神疑鬼,快要死了而心神不安啊!"

鲁襄公二十五年

公元前 548 年,鲁襄公二十五年。

二十五年春,齐崔杼帅师伐我北鄙,以报孝伯之师也。公患之,使告于晋。孟公绰曰:"崔子将有大志,不在病我,必速归,何患焉? 其来也不寇,使民不严,异于他日。"齐师徒归。

去年鲁国的仲孙羯入侵齐国。作为报复,今年春天齐国的崔杼带兵入侵鲁国的北部边境。鲁襄公对此担忧，派使者向晋国报告。大夫孟公绰认为崔杼在下一盘很大的棋，心思并没有放在进攻鲁国这件事上，必定会很快回去，没有必要担忧。理由是：齐军来到鲁国也不到处劫掠，崔杼使用百姓不严厉，有别于往日。

果如孟公绰所料，齐军无功而返。

齐棠公之妻，东郭偃之姊也。东郭偃臣崔武子。棠公死，偃御武子以吊焉。见棠姜而美之，使偃取之。偃曰："男女辨姓，今君出自丁，臣出自桓，不可。"武子筮之，遇《困》☰☷之《大过》☰☴。史皆曰："吉。"示陈文子，文子曰："夫从风，风陨妻，不可娶也。且其爻曰：'困于石，据于蒺藜。入于其宫，不见其妻，凶。'困于石，往不济也；据于蒺藜，所恃伤也。入于其宫，不见其妻，凶，无所归也。"崔子曰："嫠也，何害？先夫当之矣。"遂取之。

齐国的事情，开始变得有戏剧性了。

齐国棠邑大夫的妻子棠姜，是东郭偃的姐姐。东郭偃是崔杼的家臣。

棠邑大夫去世的时候，东郭偃驾车，载着崔杼去吊唁。崔杼一看到棠姜，眼睛就移不开，腿也动不了。为什么？这个女人实在太漂亮了。

崔杼要东郭偃出面替他求婚，把棠姜娶回来，东郭偃不同意，理由是：男女同姓不婚。崔家出自齐丁公，东郭家出自齐桓公，都是姜姓子孙，如果结婚的话，那不是乱套了嘛！崔杼还是想娶，并为这件事而算卦，得到一个"遇困之大过"。

困卦的上卦是《兑》☱，下卦为《坎》☵。其第三爻由阴变阳，则上卦仍然是《兑》☱，下卦变成了《巽》☴，构成了大过卦。算卦的史官大概是顺着崔杼的意思吧，都说"吉"。拿给陈须无看，陈须无却表示反对，他的分析，加上必要的解读，大致是这样的——

《坎》卦在《周易》里，代表中男，既有排行中间的男子的意思，也有中年男子的意思。《坎》变成了《巽》，《巽》代表风，所以说"夫从风"。但是，《兑》始终在上面。《兑》代表少女，也可以代表新娘，所以说"风陨妻"。风中陨落的女人，是不能娶的。而且，《困》卦的第三爻，其爻辞为："困于石，据于蒺藜。入于其宫，不见其妻，凶。"为石所困，意味着前去不能成功。据守在蒺藜丛中，意味着所依靠的屏障反而会使人受伤。进了房间，不见妻子，这是凶兆，意味着没有归宿。

崔杼不以为然，说："她是个寡妇，有什么妨害？她的前夫已经承受过这些凶兆而死了。"还是娶了这个女人。

庄公通焉，骤如崔氏，以崔子之冠赐人。侍者曰："不可。"公曰："不为崔子，其无冠乎？"崔子因是，又以其间伐晋也，曰："晋必将报。"欲弑公以说于晋，而不获间。公鞭侍人贾举，而又近之，乃为崔子间公。

夏五月，莒为且于之役故，莒子朝于齐。甲戌，飨诸北郭。崔子称疾，不视事。乙亥，公问崔子，遂从姜氏。姜入于室，与崔子自侧户出。公拊楹而歌。侍人贾举止众从者而入，闭门。甲兴，公登台而请，弗许；请盟，弗许；请自刃于庙，勿许。皆曰："君之臣杼疾病，不能听命。近于公宫，陪臣干掫有淫者，不知二命。"公逾墙。又射之，中股，反队，遂弑之。贾举、州绰、邴师、公孙敖、封具、铎父、襄伊、偻堙皆死。祝佗父祭于高唐，至，复命。不说弁而死于崔氏。申蒯，侍渔者，退，谓其宰曰："尔以帑免，我将死。"其宰曰："免，是反子之义也。"与之皆死。崔氏杀鬷蔑于平阴。

这个女人果然不简单，嫁给崔杼之后，居然又和齐庄公好上了。本来这是一件很难的事，国君怎么能够轻易见到大臣的妻子呢？就算偶尔一两次见到，又怎么会有机会通奸呢？但是，如果我们回顾一下历史，这两个人还真是有机会的——鲁襄公十九年，齐灵公病重，太子光在崔杼的帮助下，从东海之滨潜回临淄。等到齐灵公去世，太子光就发动政变，登上了君位，是为齐庄公。齐灵公病重那段时间，太子光住在哪儿？当然是崔杼家里。他和棠姜的私情，大概就是在那个时候产生的吧。

俗话说得好，妻不如妾，妾不如妓，妓不如偷。齐庄公当了国君，还是忘不了棠姜，常常跑到崔杼家和她厮会。通奸这种事情，一次两次还可以说是偷，去得多了就是明火执仗。崔杼肯定是知情的，只不过碍于国君的权威，又不敢发作，只能忍气吞声。更不像话的是，齐庄公居然想拿崔杼的帽子送人。连他的侍者都认为不可以这么侮辱人，齐庄公却说："这帽子崔杼戴得，别人就不能戴吗？"

崔杼因此怀恨——不怀恨才怪！加上齐庄公趁着晋国内乱而攻打晋国，崔杼知道晋国必然要报复，便有了杀齐庄公来取悦晋国的想法，苦于一直找不到合适的机会。但是，齐庄公自己为崔杼提供了一个突破口：有一次，齐庄公鞭打了内侍贾举，后来又亲近贾举。贾举怀恨在心，又有机会接近齐庄公，于是当了崔杼的内应，为崔杼寻找机会刺杀齐庄公。

这一年五月，莒子因为去年的且于之战的缘故，主动前来齐国朝见，向齐庄公赔罪。十六日，齐庄公在北城设宴招待客人，崔杼自称有病，不能参加。十七日，齐庄公亲自到崔杼家里探病，于是又趁机找棠姜求欢。棠姜进了内室，和崔杼一道从侧门出来。齐庄公不知是计，拍着柱子唱歌，好让棠姜知道自己在外面。贾举则将齐庄公的侍卫们都挡在内庭的外面，自己进去，关上大门。早就埋伏好的甲士们一拥而上，将齐庄公团团围住。齐庄公登上高台，请求免死，甲士们不答应；请求结盟，也不答应；请求自到于宗庙，还是不答应。甲士们都说："国君的臣下崔杼病得厉害，不能前来听取命令。这里靠近国君的宫室，陪臣们巡查搜捕淫乱的人，不知道有其他命令。"

齐庄公知道没戏了，想跳墙逃跑，被一箭射中，掉了下来。甲士们一

拥而上，将他杀死。跟着齐庄公去崔家的贾举、州绰、邴师、公孙敖、封
具、铎父、襄伊、偻堙也都送了命。至于为什么贾举也被杀，杜预的解释
是：有两个贾举，同名同姓。但也有人说，这是崔杼有意为之。杀了贾
举，可以减轻罪名。

祝佗父奉命到高唐祭祀，回到临淄复命，没有脱掉祭祀的帽子就在
崔杼家被杀死。申蒯是管理渔政的官员，回家后对家宰说："你带着我的
家人逃跑，我准备一死。"家宰说："如果我逃走，这就是违背了您的道义
了。"于是和申蒯一起战死。崔杼又在平阴杀死了骊蔑。整个齐国，为齐
庄公而死的人物，也就是上述这几位了。那些有权有势的卿大夫，全部
保持了沉默。当然，也不能说是全部，至少还有这么一位——

晏子立于崔氏之门外，其人曰："死乎？"曰："独吾君也乎哉？吾死
也？"曰："行乎？"曰："吾罪也乎哉，吾亡也？""归乎？"曰："君死，安归？
君民者，岂以陵民？社稷是主。臣君者，岂为其口实？社稷是养。故君
为社稷死，则死之；为社稷亡，则亡之。若为己死，而为己亡，非其私昵，
谁敢任之？且人有君而弑之，吾焉得死之，而焉得亡之？将庸何归？"门
启而入，枕尸股而哭。兴，三踊而出。人谓崔子："必杀之！"崔子曰："民
之望也，舍之，得民。"

晏婴听到消息，来到崔家门外，站在那里不动。手下人问："您是想
为国君而死吗？"晏婴说："要我死，难道是我一个人的国君吗？"手下人又
问："那您准备逃跑吗？"晏婴说："要我逃，难道是我的罪过吗？"手下人又
问："那您是打算回家？"晏婴说："国君死了，还能回哪儿？作为百姓的君
主，岂是用来凌驾于百姓之上的？是主持社稷的！作为君主的臣子，岂
是为了那点俸禄？是守护社稷的！所以如果国君为社稷而死，臣子也要
跟着去死；国君为社稷而逃亡，臣子也要跟着去逃亡。如果是为了自己
而死，为自己而逃亡，除非他特别宠爱的人，谁敢陪他去死？而且人家有

晏子
不宛
君雖

国君反而杀死他,我怎么能够为他去死、去逃亡？又能够回到哪里去？"总结起来就一句话:国君是为自己而死的,老子才不会傻乎乎地为他殉死陪葬!

崔家的大门打开,晏婴便走了进去,将头枕在齐庄公尸体的大腿上号啕大哭,然后起来,向上跳了三次,就出去了。有人对崔杼说:"一定要杀了这个人。"崔杼说:"这个人声望很高,不杀他的话,我得民心。"

卢蒲癸奔晋,王何奔莒。

卢蒲癸和王何都是齐庄公的心腹,一个逃到了晋国,一个逃到了莒国。

叔孙宣伯之在齐也,叔孙还纳其女于灵公,嬖,生景公。丁丑,崔杼立而相之,庆封为左相,盟国人于大宫,曰:"所不与崔、庆者——"晏子仰天叹曰:"婴所不唯忠于君、利社稷者是与,有如上帝!"乃歃。辛巳,公与大夫及莒子盟。

鲁成公十六年,叔孙侨如逃奔齐国。齐国大夫叔孙还把叔孙侨如的女儿献给齐灵公,受到宠爱,生了公子杵臼。五月十九日,崔杼立公子杵臼为君,也就是齐景公。崔杼的同党庆封被封为左相,和国人在姜太公的宗庙盟誓,说:"有不亲附崔氏、庆氏的……"话未说完,被晏婴仰天长叹打断。晏婴接着说:"我晏婴如果不亲附忠君利国的,请上帝惩罚!"于是歃血。二十三日,齐景公和卿大夫盟誓。莒子前来朝见未回,所以齐景公也和莒子结了盟。

大史书曰:"崔杼弑其君。"崔子杀之。其弟嗣书,而死者二人。其弟又书,乃舍之。南史氏闻大史尽死,执简以往。闻既书矣,乃还。

在这个非常时期,晏婴两度冒犯崔杼,崔杼都没有把他怎么样,说明除了晏婴确实德高望重,崔杼还是有些肚量的。但是,其他人就没有这么好的运气了。当时齐国的太史在史册上记录:"崔杼弑其君。"崔杼便将太史杀了。太史是世袭的官职,父死子替,兄终弟及。太史死了,他的弟弟就接着写"崔杼弑其君",又被杀了两个。轮到第三个弟弟来写,还是"崔杼弑其君"。崔杼没办法,只好由他去。其实,太史的副手(即南史氏)听说太史一家都死了,拿着写好"崔杼弑其君"的竹简,已经在路上了。得知已经如实记载,这才打道回府。

史官的职责是如实记录历史,为此牺牲性命而在所不惜。崔杼虽然凶残,终归不能让史官低头。当然,这是春秋时期发生的事。后来,让史官低头的办法就多了,而史官的脖子也软多了。这是题外话。

闾丘婴以帷缚其妻而载之,与申鲜虞乘而出,鲜虞推而下之,曰:"君昏不能匡,危不能救,死不能死,而知匿其昵,其谁纳之?"行及弇中,将舍。婴曰:"崔、庆其追我。"鲜虞曰:"一与一,谁能惧我?"遂舍,枕辔而寝,食马而食,驾而行。出弇中,谓婴曰:"速驱之!崔、庆之众,不可当也。"遂来奔。

有英雄就有人渣。齐庄公的近臣闾丘婴用帷帐将妻子包裹起来放在车上,和申鲜虞同乘一车而出逃。申鲜虞将闾丘婴的妻子推下车,义正词严地说:"国君昏乱而不能纠正,有危险而不能救援,他死了而不能跟着去死,只知道把自己的爱人藏起来,这样的人谁会接纳?"走到弇中险道,准备睡一晚,闾丘婴说:"崔氏、庆氏在追杀我们呢。"申鲜虞说:"一对一,我怕过谁?"于是住下,头枕着马辔睡觉。早上起来,先喂饱马,然后自己进食,驾上马车继续赶路。出了弇中,申鲜虞说:"快赶马,崔氏、庆氏的人多,抵挡不住。"于是逃奔鲁国。

从这段记载来看,申鲜虞倒也确实有过人之处。可是,人家带着老婆出逃究竟有什么不对?申鲜虞又有什么资格把闾丘婴的老婆推下去?闾丘婴为什么不反抗?说到底,是没把女人当作人来看待。

崔氏侧庄公于北郭。丁亥,葬诸士孙之里。四翣,不跸,下车七乘,不以兵甲。

崔杼命人将齐庄公的棺材放在北城之外,用土砖围砌。二十九日,下葬于士孙之里(地名)。作为曾经与晋国对抗的一代枭雄,齐庄公的后事可谓惨淡——

其一,依周礼,诸侯五月而葬,齐庄公当月就葬了。

其二,贵族的葬礼要使用"翣",也就是长柄羽扇。天子八翣,诸侯六翣,大夫四翣。齐庄公只用了四翣,相当于大夫的规格。

其三,葬礼的过程中不设警戒,不清场,谁都可以观看。

其四,陪葬用了七乘破车,而且没有武器盔甲,只能算是意思一下。

晋侯济自泮,会于夷仪,伐齐,以报朝歌之役。齐人以庄公说,使隰鉏请成,庆封如师。男女以班。赂晋侯以宗器、乐器。自六正、五吏、三十帅、三军之大夫、百官之正长、师旅及处守者皆有赂。晋侯许之。使叔向告于诸侯。公使子服惠伯对曰:"君舍有罪,以靖小国,君之惠也。寡君闻命矣。"

晋平公渡过泮水,和各路诸侯在夷仪相会,讨伐齐国,以报复两年前的朝歌一战。齐国人向晋国人解释,说他们已经杀了齐庄公,这个仇就没必要报了。于是派隰鉏请求媾和,庆封到联军献上分开排列捆绑的男女奴隶,拿宗庙的礼器、乐器贿赂晋平公。晋军之中,自六位元帅以下,各军的军尉、司马、司空、舆尉、候奄,三十位正副师帅,各部门的主管、属官甚至留守人员都得到了齐国的馈赠。晋平公答应了媾和,派羊舌肸向诸侯通报。鲁襄公派孟椒应对:"君侯赦免有罪之国,以安定小国,这是君侯的恩惠,寡君听到命令了。"

晋侯使魏舒、宛没逆卫侯,将使卫与之夷仪。崔子止其帑,以求五鹿。

鲁襄公十四年,卫献公被驱逐出境,逃到齐国。这一回,晋平公派魏舒、宛没到齐国迎接卫献公,准备要卫国将夷仪让给卫献公居住。崔杼却将卫献公的妻子儿女扣留了下来,想以此获得卫国的五鹿。

初,陈侯会楚子伐郑,当陈隧者,井堙、木刊。郑人怨之。六月,郑子展、子产帅车七百乘伐陈,宵突陈城,遂入之。陈侯扶其大子偃师奔墓,遇司马桓子,曰:"载余!"曰:"将巡城。"遇贾获,载其母妻,下之,而授公车。公曰:"舍而母。"辞曰:"不祥。"与其妻扶其母以奔墓,亦免。

子展命师无入公宫,与子产亲御诸门。陈侯使司马桓子赂以宗器。陈侯免,拥社。使其众男女别而累,以待于朝。子展执絷而见,再拜稽首,承饮而进献。子美入,数俘而出。祝祓社,司徒致民,司马致节,司空致地,乃还。

去年冬天,陈哀公跟随楚康王讨伐郑国。陈军所到之处,堵塞水井,砍伐树木,大肆破坏,郑国人对他们极其怨恨。今年六月,郑国的公孙舍之和子产率领战车七百乘讨伐陈国,夜里发动突然袭击,轻而易举地进了城。陈哀公被世子偃师搀扶着,逃到墓地去避难,遇到司马袁侨(谥桓)驾车经过。父子俩叫道:"载上我们!"袁侨说:"我正要去巡城呢!"扬长而去。又遇到贾获用车载着老母亲和妻子经过,贾获让母亲和妻子下车,将车交给陈哀公父子。陈哀公说:"你母亲就不用下车了。"贾获说:"不祥。"与妻子扶着母亲逃到墓地。结果陈哀公父子逃脱了,贾获一家也逃脱了。

相比陈国人在郑国的胡作非为,郑国人在陈国简直是有礼有节。公孙舍之命令部队不得进入陈国的公宫,与子产亲自把守宫门。陈哀公命司马袁侨拿着宗庙里的礼器赠送给郑国人。陈哀公本人穿上丧服,抱着土地神的神位,让手下的男男女女分开排列,捆绑着在朝堂上待命。公孙舍之拿着绳子进见陈哀公,再拜叩首,捧着酒杯向陈侯献酒。子产进来,清点俘虏的人数然后就出去,没有打算将他们带回郑国。郑国人还向陈国的土地神祝告,消灾去邪。司徒归还百姓,司马归还兵符,司空归还土地——当然都是象征性的,然后就凯旋了。

秋七月己巳,同盟于重丘,齐成故也。

七月十二日,诸侯在重丘会盟,这是因为和齐国媾和的缘故。

赵文子为政,令薄诸侯之币而重其礼。穆叔见之。谓穆叔曰:"自今以往,兵其少弭矣。齐崔、庆新得政,将求善于诸侯。武也知楚令尹。若敬行其礼,道之以文辞,以靖诸侯,兵可以弭。"

重丘之会的时候,晋国的权臣士匄已经去世,继任中军元帅的是当年的"赵氏孤儿"——赵武,也就是赵文子。赵武采取怀柔政策,一方面下令减轻诸侯的贡赋,另一方面加重对诸侯的礼遇。叔孙豹前去拜见,赵武满怀信心地对叔孙豹宣布:"从今而后,战争应该可以稍微减少了!齐国崔杼、庆封新近获得政权,将寻求与诸侯交好。我和楚国令尹关系不错。如果诚敬地依礼行事,以温和的言辞加以引导,以安定诸侯,战争是可以消除的。"

春秋时期著名的"弭兵会盟"，便是在这次会谈中悄然拉开序幕。

楚蔿子冯卒，屈建为令尹。屈荡为莫敖。舒鸠人卒叛楚。令尹子木伐之，及离城，吴人救之。子木遽以右师先，子强、息桓、子捷、子骈、子盂帅左师以退。吴人居其间七日。子强曰："久将垫隘，隘乃禽也。不如速战。请以其私卒诱之，简师，陈以待我。我克则进，奔则亦视之，乃可以免。不然，必为吴禽。"从之。五人以其私卒先击吴师，吴师奔；登山以望，见楚师不继，复逐之，傅诸其军，简师会之。吴师大败。遂围舒鸠，舒鸠溃。八月，楚灭舒鸠。

铁打的营盘流水的兵，晋国换帅的同时，楚国的令尹也悄然更替。蔿子冯去世后，屈建（字子木）接任令尹，屈荡成为莫敖。舒鸠人背叛楚国，令尹屈建率军讨伐他们。楚军到达离城，吴国人出兵救援舒鸠。屈建急忙让楚国右军先出动，楚将子强、息桓、子捷、子骈、子盂则带领左军向后撤退。吴军在楚国左右两军之间驻扎了七天。子强说："部队久不行动，士气将会低落，很容易被敌人擒获。不如速战速决！请让我带着私卒去引诱他们，你们精选部队，摆好阵势来等着我。我如果胜利，你们就跟进；我如果败逃，你们就看着办，这样就可以免遭惨败。不然的话，我们都必然被吴国人俘虏。"大伙都同意，于是五个人带着自己的私卒去进攻吴军。吴军逃跑，登山远望，发现楚军并没有后援，又回过头来追击并逼近楚军。楚军的精锐部队杀出来，与五个人的私卒会合，共同进攻吴军，大获全胜。楚军趁势围攻舒鸠，舒鸠崩溃。八月，楚国消灭了舒鸠。

卫献公入于夷仪。

卫献公从齐国回到阔别多年的卫国，进入夷仪。

郑子产献捷于晋,戎服将事。晋人问陈之罪。对曰:"昔虞阏父为周陶正,以服事我先王。我先王赖其利器用也,与其神明之后也,庸以元女大姬配胡公,而封诸陈,以备三恪。则我周之自出,至于今是赖。桓公之乱,蔡人欲立其出,我先君庄公奉五父而立之,蔡人杀之,我又与蔡人奉戴厉公。至于庄、宣,皆我之自立。夏氏之乱,成公播荡,又我之自入,君所知也。今陈忘周之大德,蔑我大惠,弃我姻亲,介恃楚众,以冯陵我敝邑,不可亿逞,我是以有往年之告。未获成命,则有我东门之役。当陈隧者,井堙、木刊。敝邑大惧不竞而耻大姬,天诱其衷,启敝邑之心。陈知其罪,授手于我。用敢献功。"晋人曰:"何故侵小?"对曰:"先王之命,唯罪所在,各致其辟。且昔天子之地一圻,列国一同,自是以衰。今大国多数圻矣,若无侵小,何以至焉?"晋人曰:"何故戎服?"对曰:"我先君武、庄为平、桓卿士。城濮之役,文公布命,曰:'各复旧职。'命我文公戎服辅王——以授楚捷,不敢废王命故也。"士庄伯不能诘,复于赵文子。文子曰:"其辞顺。犯顺,不祥。"乃受之。

冬十月,子展相郑伯如晋,拜陈之功。子西复伐陈,陈及郑平。

仲尼曰:"《志》有之:'言以足志,文以足言。'不言,谁知其志? 言之无文,行而不远。晋为伯,郑入陈,非文辞不为功。慎辞也!"

郑国派子产前往晋国,进献入侵陈国的斩获。前面说过,这是非礼的。诸侯讨伐四夷有功,才向天子献捷。陈国不是蛮夷,晋国也不是王室,献什么捷呢? 更让人难以理解的是,子产在这个外交场合也没有穿上礼服,而是穿着军服与晋国人应酬。

既然是来献捷,晋平公便派士弱(士渥浊之子,谥庄,又写作士庄伯)问子产,陈国有什么罪? 子产回答:"从前虞阏父作为周朝的陶正(主管制陶的官员)来服侍我们的先王。先王嘉许他善于制作器物,有利于百姓,又是虞舜的后代,就把女儿大姬许配给阏父的儿子胡公,并且将陈国封给他,以完善黄帝、唐尧、虞舜三帝的祭祀。所以陈国出自我周朝,到今天也还仰仗周朝的恩德。陈桓公去世之后,陈国发生内乱,蔡国人想立他们的女儿所生的公子,我先君郑庄公侍奉陈桓公的弟弟公子佗(即五父)而立其为君。后来蔡国人杀了公子佗,我们又与蔡国人拥戴陈厉公。直到陈庄公、陈宣公,都是我们所立。夏氏作乱的时候,陈成公流离失所,又是我们让他回国,这是君侯也知道的。而今陈国忘记周朝的大德,丢掉我们的大恩,抛弃我们这个姻亲,仗着楚国人多势众,来欺凌敝国,这样还不满足。所以我们去年才向君侯报告说要攻打陈国,没有得到首肯,所以有陈国跟随楚军攻打我东门的战役。陈军所到之处,填塞水井,砍伐树木。敝国很害怕国家被削弱而给大姬带来耻辱,幸而上天厌恶他们,启发了我们攻打陈国的念头。陈国知道自己的罪过,自愿接受惩罚。因此,我们才敢来进献战功。"

子产谈古论今,头头是道,士弱无从反驳,只好从另一个角度质问:"那你们为什么侵略小国呢?"

子产回答:"先王命令我们,只要有罪过,就要给予相应的刑罚。从前天子的土地方圆千里,列国的土地方圆百里,自此以降。而今大国的土地多达方圆数千里,如果没有侵占小国,怎么能够有这么大呢?"

士弱赶紧转移话题:"那您为什么要穿军服啊?"

子产说:"我国的先君郑武公、郑庄公为周平王、周桓王的卿士。城濮之战的时候,晋文公发布命令,说:'各复原职。'命我国的先君郑文公身穿军服辅佐天子,以接受楚国的俘虏。我之所以穿军服,是不敢废弃王命啊!"

士弱问不下去了,向赵武报告。赵武说:"他说得有道理啊!违逆道理,不祥。"于是接受了郑国的献捷。

冬季,十月,子展作为郑简公的相礼一起到晋国,拜谢晋国接受他们奉献的陈国战利品。子西再次发兵进攻陈国,陈国同郑国讲和。

孔子评论:"古书上说:'用言语来满足心愿,用文采来完善语言。'不说话,谁知道他的心意? 说话没有文采,怎么也流传不远。晋国为诸侯之长,郑国入侵陈国,不是善于辞令就不能成功。要慎重地使用辞令啊!"简而言之,会做事,还要会表达。同样一件事情,表达得好就有功,表达不好就是罪过。郑国入侵陈国这件事,如果不是子产善于辞令,怕是要挨板子的。

楚蒍掩为司马,子木使庀赋,数甲兵。甲午,蒍掩书土、田:度山林,鸠薮泽,辨京陵,表淳卤,数疆潦,规偃猪,町原防,牧隰皋,井衍沃,量入修赋,赋车籍马,赋车兵、徒兵、甲楯之数。既成,以授子木,礼也。

楚国的蒍掩(蒍子冯之子)当了司马,屈建让他治理军赋,检点武器装备。十月八日,蒍掩记载土地的总体情况,包括:度量山上的林木,汇总湖泽的出产,测量高山丘陵,标记盐碱地,计算水淹地,规划蓄水池,划分小块耕地,在水草丰满的地方放牧,在平坦肥沃的地方开辟井田,计量物产收入而修订赋税,命百姓贡献战车和马匹,征收战车、步兵使用的兵器和盔甲盾牌。将这些工作都做完,上报令尹屈建,这是合于礼的。

十二月,吴子诸樊伐楚,以报舟师之役。门于巢。巢牛臣曰:"吴王勇而轻,若启之,将亲门。我获射之,必毙。是君也死,疆其少安!"从之。吴子门焉,牛臣隐于短墙以射之,卒。

十二月,吴王诸樊入侵楚国,以报复去年夏天楚国组建水军进攻吴国。吴军进攻巢地的城门。巢牛臣请战,说:"吴王勇敢而轻率,如果我们打开城门,他将会亲自带兵攻进来。我乘机射他,一定可以杀掉他。这位老先生死了,边境上可以稍微安定一些。"这个意见被采纳。诸樊果然上当,吴王进入城门,巢牛臣躲在短墙后面开弓,射死了诸樊。

楚子以灭舒鸠赏子木。辞曰："先大夫芳子之功也。"以与芳掩。

> 楚康王因为消灭舒鸠而赏赐屈建。屈建辞谢说："这是先大夫芳子冯的功劳。"楚康王就将赏赐给了芳掩。

晋程郑卒。子产始知然明，问为政焉。对曰："视民如子。见不仁者，诛之，如鹰鹯之逐鸟雀也。"子产喜，以语子大叔，且曰："他日吾见蔑之面而已，今吾见其心矣。"

子大叔问政于子产。子产曰："政如农功，日夜思之，思其始而成其终，朝夕而行之。行无越思，如农之有畔。其过鲜矣。"

> 去年鬷蔑预言晋国的下军副帅程郑"将死"，今年程郑果然就死了。子产由此才知道鬷蔑有见识，于是将他找过来，问为政之道。鬷蔑回答："对待老百姓像是对待自己的儿子。看到不仁的人就诛杀他，如同老鹰追逐小鸟一般。"子产很高兴，把这些话告诉游吉，而且说："以前我只是看到鬷蔑的面貌，现在我看到他的心了。"

> 游吉向子产请教为政之道。子产说："从政就像是干农活，白天夜里都想着它，想它怎么开始而后取得好的收成，早晚都照着这个想法去做。所做的不超过所想的，如同农田有埂，这样的话，过错就少了。"

卫献公自夷仪使与宁喜言，宁喜许之。大叔文子闻之，曰："乌乎！《诗》所谓'我躬不说，遑恤我后'者，宁子可谓不恤其后矣。将可乎哉？殆必不可。君子之行，思其终也，思其复也。《书》曰：'慎始而敬终，终以不困。'《诗》曰：'夙夜匪解，以事一人。'今宁子视君不如弈棋，其何以免乎？弈者举棋不定，不胜其耦，而况置君而弗定乎？必不免矣。九世之卿族，一举而灭之。可哀也哉！"

卫献公从夷仪派使者对宁喜说自己想复位的事,宁喜答应了。大叔仪听说这件事,哀叹了一声,说:"《诗》上所谓'我自己还不容于世,哪里顾得上后人',宁子可以说是不顾后人了。这样难道都可以吗?想必是不可以的。君子行事,要想到最终的结果,考虑到下一次能够照做。《书》上说:'慎重地开始而恭敬地结束,最终就不会陷入困顿。'《诗》说'早晚不懈怠来侍奉一个人'。现在宁子看待国君还不如下棋,他怎么能够免于祸患呢?下棋的人举棋不定,就不能战胜对手,何况是安置国君而不能下定决心呢?他一定逃不了的。九世相传的卿家,一旦被灭亡,可惜啊!"

会于夷仪之岁,齐人城郏。其五月,秦、晋为成。晋韩起如秦莅盟,秦伯车如晋莅盟,成而不结。

夷仪之会的那一年,也就是鲁襄公二十四年,齐国人帮助王室修筑郏城。五月,秦国、晋国媾和,晋国的韩起到秦国结盟,秦国的公子鍼(字伯车)到晋国结盟。两国实现了和平,但是并不牢固。

鲁襄公二十六年

公元前 547 年,鲁襄公二十六年。

二十六年春,秦伯之弟鍼如晋修成,叔向命召行人子员。行人子朱

曰:"朱也当御。"三云,叔向不应。子朱怒,曰:"班爵同,何以黜朱于朝?"抚剑从之。叔向曰:"秦、晋不和久矣!今日之事,幸而集,晋国赖之。不集,三军暴骨。子员道二国之言无私,子常易之。奸以事君者,吾所能御也。"拂衣从之。人救之。平公曰:"晋其庶乎!吾臣之所争者大。"师旷曰:"公室惧卑。臣不心竞而力争,不务德而争善,私欲已侈,能无卑乎?"

二十六年春,秦景公的弟弟公子鍼到晋国重修旧好,羊舌肸下令召唤行人子员。行人子朱说:"我才是当班的行人。"说了三次,羊舌肸都不理睬。子朱发怒,说:"职务和等级都一样,为什么要在朝堂上黜退我?"拿着剑逼向羊舌肸。羊舌肸说:"秦、晋两国不和已经很久了。今天的事情,幸而成功,是晋国的福气。不成功,三军就要在战场上暴骨露尸。子员在两国之间沟通,没有私心杂念,而您经常是反着来的。用邪恶来侍奉国君的人,我是能够抵挡的。"提起衣服,准备与子朱决斗。人们赶紧将他们劝住。

晋平公见两位臣子发生冲突,不怒而乐,得意地说:"晋国差不多要大治了吧!我的臣子们所争执的都是大事。"师旷却说,晋国公室的地位怕是要降低了,因为臣子们不在内心暗暗竞争而拔剑相向,不致力于道德修养而争曲直高下,私欲已经很过分了,公室的地位能不下降吗?

确实,朝堂之上,即使意见有分歧,也只能据理力争。行人抚剑而大夫拂衣,哪里把国君放在眼里了?

卫献公使子鲜为复,辞。敬姒强命之。对曰:"君无信,臣惧不免。"敬姒曰:"虽然,以吾故也。"许诺。初,献公使与宁喜言,宁喜曰:"必子鲜在。不然,必败。"故公使子鲜。子鲜不获命于敬姒,以公命与宁喜言,曰:"苟反,政由宁氏,祭则寡人。"宁喜告蘧伯玉。伯玉曰:"瑗不得闻君之出,敢闻其入?"遂行,从近关出。告右宰谷。右宰谷曰:"不可。获罪于两君,天下谁畜之?"悼子曰:"吾受命于先人,不可以贰。"谷曰:"我请使焉而观之。"遂见公于夷仪。反曰:"君淹恤在外十二年矣,而无忧色,亦无宽言,犹夫人也。若不已,死无日矣。"悼子曰:"子鲜在。"右宰谷曰:"子鲜在,何益? 多而能亡,于我何为?"悼子曰:"虽然,不可以已。"

　　卫献公既然回到卫国,入住夷仪,就要胞弟公子鱄(字子鲜)为他谋划复辟的事。公子鱄不干,他们的母亲敬姒一定要他去。公子鱄说:"国君不讲信用,我害怕不能免于祸难。"敬姒说:"虽然如此,就算是为了我吧!"公子鱄只好答应。

　　卫献公为什么一定要公子鱄来操办呢? 当初他派使者和宁喜(谥悼)谈起这件事,宁喜说过:"一定要子鲜在场,否则必然事败。"所以卫献公派出了公子鱄。而公子鱄从敬姒那里仅仅知道要干这件事,却不知道其他内情,就把卫献公的命令告诉宁喜,说:"如果能够重登君位,国政交给宁氏主持,祭祀则由寡人主持。"意思是,寡人当个精神领袖就可以了,实权交给宁喜把控。

　　宁喜将这件事告诉蘧瑗,想跟他商量一下。蘧瑗说:"我不能听到国君的出走,岂敢听到他的回国?"于是赶紧离开,从最近的关卡迅速离开了卫国。回想起来,鲁襄公十四年,孙林父发动政变赶走卫献公,蘧瑗也是从最近的关卡迅速离开,生怕惹麻烦上身。孔子对他这种明哲保身的态度是极其赞赏的,曾经说:"君子哉蘧伯玉! 邦有道,则仕;邦无道,则可卷而怀之。"意思是,君子当官,要看时候。国家政治清明,当然要出来做官;国家乱成一团,那还是赶紧逃避吧!

　　宁喜又去问大夫右宰谷。右宰谷说:"不可以这样做。你们老宁家原来驱逐前任国君,现在又出卖现任国君,这是得罪了两位国君,天下谁能容你们?"

　　宁喜很为难,说:"我接受了先父的命令,不可以背叛吧?"

　　确实,宁喜的父亲宁殖临终的时候,是交代宁喜要帮助卫献公复国。

按照孝道,宁喜必须执行父亲的遗言。右宰谷对此表示理解,主动提出来:"我请求作为使者去看看情况。"于是前往夷仪,见到了卫献公。

右宰谷回来就说:"国君在外避难逗留了十二年,然而没有忧虑的神色,也没有宽和的语言,还是原来那个人啊!如果您不停止这个计划,咱们就等死吧!"宁喜说:"有子鲜在那里。"意思是,有公子鱄辅佐他,不至于太过分吧?右宰谷说:"子鲜在那里又有什么用?最多不过是他自己逃亡,又能为我们做些什么?"

宁喜说:"尽管是这样,也不能停下来了。"

孙文子在戚,孙嘉聘于齐,孙襄居守。二月庚寅,宁喜、右宰谷伐孙氏,不克。伯国伤。宁子出舍于郊。伯国死,孙氏夜哭。国人召宁子,宁子复攻孙氏,克之。辛卯,杀子叔及大子角。书曰"宁喜弑其君剽",言罪之在宁氏也。孙林父以戚如晋。书曰"入于戚以叛",罪孙氏也。臣之禄,君实有之。义则进,否则奉身而退,专禄以周旋,戮也。

当年赶走卫献公的主谋是孙林父,现在卫献公要复辟,首先要除掉的也是孙林父。关于这一点,孙林父恐怕是心知肚明的,也相应地做了一些准备:孙林父本人镇守封地戚地,其子孙嘉访问齐国,另一个儿子孙襄(字伯国)留守卫国首都帝丘。说白了,也就是不把鸡蛋放在同一个篮子里。

二月初六日,宁喜和右宰谷讨伐孙氏,没有获胜,但是孙襄受伤。宁喜退出帝丘,在郊外驻扎。当天晚上,孙襄去世,孙家人大哭。帝丘的居民大概是看到风向不对,主动和宁喜联系。宁喜再度发动进攻,获胜。初七日,杀了卫殇公(即公孙剽,依其父子叔黑背之名,又称为子叔)和他的世子角。《春秋》记载"宁喜弑其君剽",这是说罪在宁氏。孙林父逃往晋国,将戚地也献给了晋国。《春秋》记载"入于戚以叛",这是归罪于孙氏。臣子的俸禄(包括封地),其实是国君的。合于道义就前进,不合道义就保全性命而引退。把俸禄作为私有财产并与人周旋交易,其罪可以诛戮。

甲午,卫侯入。书曰"复归",国纳之也。大夫逆于竟者,执其手而与之言;道逆者,自车揖之;逆于门者,颔之而已。公至,使让大叔文子曰:"寡人淹恤在外,二三子皆使寡人朝夕闻卫国之言,吾子独不在寡人。古人有言曰:'非所怨,勿怨。'寡人怨矣。"对曰:"臣知罪矣。臣不佞,不能负羁绁以从扞牧圉,臣之罪一也。有出者,有居者。臣不能贰,通外内之言以事君,臣之罪二也。有二罪,敢忘其死?"乃行,从近关出。公使止之。

初十日,卫献公进入帝丘。《春秋》记载"(卫献公)复归于卫",说明是国人让他回来的。大夫在国境上迎接的,卫献公拉着他们的手跟他们说话;在路上迎接的,卫献公站在车上作揖;在城门口迎接的,那就只是点个头而已了。

卫献公进了宫,派人责备太叔仪(谥文):"寡人避难在外,诸位大夫都让寡人随时听到卫国的消息,只有您从来不关心寡人。古人说得好:'不应该怨恨的就不要怨恨。'寡人可是怨恨您了。"太叔仪回答:"下臣知罪了。下臣没有才能,不能背着马笼头,提着马缰绳,跟随国君保护财物,这是下臣的第一宗罪。有人外出,有人居守,下臣不能两边讨好,传递内外消息来侍奉国君,这是下臣的第二宗罪。有这两大罪状,岂敢忘记一死?"于是出走,从最近的关卡出国。卫献公派使者制止了他。

卫人侵戚东鄙,孙氏诉于晋,晋戍茅氏。殖绰伐茅氏,杀晋戍三百人。孙蒯追之,弗敢击。文子曰:"厉之不如。"遂从卫师,败之圉。雍鉏获殖绰。复诉于晋。

卫国人入侵戚地的东部边境。可是戚地已经献给了晋国，可以说是晋国的领土。孙氏向晋国告状，晋国便派兵戍守茅氏，也就是戚地的东部。

殖绰，也就是齐庄公的"大公鸡"。齐庄公被杀之后，殖绰逃到了卫国。现在，卫国派他来讨伐茅氏，杀掉了晋国的戍卒三百人。孙林父的儿子孙蒯带兵追击，但是又害怕，不敢发动进攻。孙林父骂他："你连厉鬼都不如！"孙蒯这才鼓起勇气追赶卫军，在圉地打败他们。孙氏家臣雍鉏俘获殖绰。孙氏再度到晋国提出控诉。

郑伯赏入陈之功，三月甲寅朔，享子展，赐之先路三命之服，先八邑。赐子产次路再命之服，先六邑。子产辞邑，曰："自上以下，降杀以两，礼也。臣之位在四，且子展之功也。臣不敢及赏礼，请辞邑。"公固予之，乃受三邑。公孙挥曰："子产其将知政矣。让不失礼。"

郑简公赏赐攻入陈国有战功的人。三月初一，设宴招待公孙舍之（字子展），赏赐给他先路（车名）和三命车服，然后再赏赐给他八座城邑。赏赐给子产次路（亦为车名）和两命车服，然后再赏赐给他六座城邑。子产不接受城邑，说："自上而下，礼数以二递减，这是规矩。下臣在众卿中排名第四，而且这些都是子展的功劳，下臣不敢受到这样的赏赐和礼遇，请求辞去城邑。"

当时郑国众卿的排名为：公孙舍之、良霄（字伯有）、公孙夏（字子西）、公孙侨（字子产）。子产确实排名第四。可是，入侵陈国是公孙舍之和子产共同带兵完成的，给他这样的赏赐也无可厚非。郑简公坚持要赏，子产不得已，最终接受了三座城邑。

公孙挥评价：子产恐怕是要执政了，谦让而不失礼仪。

晋人为孙氏故,召诸侯,将以讨卫也。夏,中行穆子来聘,召公也。

> 晋国人为了孙氏的事情,召集诸侯,准备讨伐卫国。夏天,荀吴(中行氏,谥穆)前来鲁国访问,请鲁襄公去参加会盟。

楚子、秦人侵吴,及雩娄,闻吴有备而还。遂侵郑。五月,至于城麇。郑皇颉戍之,出,与楚师战,败。穿封戌囚皇颉,公子围与之争之,正于伯州犁。伯州犁曰:"请问于囚。"乃立囚。伯州犁曰:"所争,君子也,其何不知?"上其手,曰:"夫子为王子围,寡君之贵介弟也。"下其手,曰:"此子为穿封戌,方城外之县尹也。谁获子?"囚曰:"颉遇王子,弱焉。"戌怒,抽戈逐王子围,弗及。楚人以皇颉归。

> 楚康王、秦国人入侵吴国,抵达雩娄,听说吴国已经有了防备就回来了。但是又不甘心空手而归,于是入侵郑国。五月,打到了城麇。郑国大夫皇颉戍守城麇,出城与楚军作战,战败。楚将穿封戌俘虏了皇颉,楚康王的弟弟公子围与他争功,两个人争执不下,请伯州犁裁判。
>
> 伯州犁说,那得问问俘虏本人,看是谁俘虏了他。于是让皇颉站在两个人面前,伯州犁说:"他们争执的对象是您。您是君子,有什么不明白的?"高高抬起手,说:"这一位是王子围,寡君尊贵的弟弟。"放下手,说:"这个是穿封戌,方城山外的县尹。现在您说说,是谁俘虏了您?"
>
> 郑国人从来不蠢。皇颉一看这架势,立马明白伯州犁是什么意思,赶紧回答:"我遇到王子,抵挡不住啊!"
>
> 穿封戌大怒,抽戈追赶公子围,没有追上。楚国人带着皇颉回去了。
>
> 后人将"上下其手"作为一句成语,形容背地里搞鬼,互相勾结,暗中作弊,就是出自伯州犁那只贱手。

印堇父与皇颉戍城麇，楚人囚之，以献于秦。郑人取货于印氏以请之，子大叔为令正，以为请。子产曰："不获。受楚之功，而取货于郑，不可谓国，秦不其然。若曰'拜君之勤郑国。微君之惠，楚师其犹在敝邑之城下'，其可。"弗从，遂行。秦人不予。更币，从子产，而后获之。

郑国大夫印堇父和皇颉一同戍守城麇，被楚国人俘虏，而且献给了秦国。郑国人拿了印氏的财货去请求秦国释放印堇父，游吉担任令正（朝廷秘书长），为印氏写请求赎人的信。子产看了信后说："这样写是赎不到人的。接受楚国奉献的俘虏而从郑国获取财货，不能说是国家所为，秦国不会这么做的。如果说：'拜谢君侯勤于郑国之事，如果不是君侯的恩惠，楚军恐怕还在敝国的城下。'也许可以。"游吉不听，使者于是就动身了。秦国果然不放人。郑国人再派使者过去，将礼物更换为一般的财物，按照子产的写法，然后才将印堇父赎回来。

六月，公会晋赵武、宋向戌、郑良霄、曹人于澶渊，以讨卫，疆戚田。取卫西鄙懿氏六十以与孙氏。

赵武不书，尊公也。向戌不书，后也。郑先宋，不失所也。

于是卫侯会之。晋人执宁喜、北宫遗，使女齐以先归。卫侯如晋，晋人执而囚之于士弱氏。

六月，鲁襄公在澶渊会见晋国赵武、宋国向戌、郑国良霄以及曹国人，目的是讨伐卫国，划定戚地的边界，将卫国西部边境原本属于懿氏的六十邑划给孙氏。

《春秋》记载："公会晋人、郑良霄、宋人、曹人于澶渊。"不写赵武的名字，是为了尊重鲁襄公。不记录向戌，是因为他迟到了。把郑国排在宋国前面，是因为郑国的良霄如期到达。

其实，卫献公也参加了这次会见。晋国人当场逮捕了宁喜和北宫遗，派大夫女齐(字叔侯，又写作司马侯)带着他们先回晋国。后来卫献公前往晋国，晋国人又逮捕了卫献公，将他囚禁在士弱家里。

秋七月，齐侯、郑伯为卫侯故如晋，晋侯兼享之。晋侯赋《嘉乐》。国景子相齐侯，赋《蓼萧》。子展相郑伯，赋《缁衣》。叔向命晋侯拜二君，曰：“寡君敢拜齐君之安我先君之宗祧也，敢拜郑君之不贰也。”国子使晏平仲私于叔向，曰：“晋君宣其明德于诸侯，恤其患而补其阙，正其违而治其烦，所以为盟主也。今为臣执君，若之何？”叔向告赵文子，文子以告晋侯。晋侯言卫侯之罪，使叔向告二君。国子赋《辔之柔矣》，子展赋《将仲子兮》，晋侯乃许归卫侯。

叔向曰：“郑七穆，罕氏其后亡者也，子展俭而壹。”

七月，齐景公、郑简公到晋国去为卫献公说情。晋平公设宴同时招待他们。席间，晋平公赋《嘉乐》一诗，其中有“嘉乐君子，显显令德，宜民宜人，受禄于天”之句，用以形容齐、郑两位国君。国弱(谥景)为齐景公相礼，赋《蓼萧》一诗，其中有“既见君子，孔燕岂弟，宜兄宜弟”之句，意思是晋国和卫国都是姬姓的兄弟之国，希望晋平公宽容对待卫献公。公孙舍之为郑简公相礼，赋《缁衣》一诗，其中有“适子之馆兮，还，予授子之粲兮”之句，也是希望晋平公能够看在齐、郑两国的面子上，放过卫献公。

羊舌肸请晋平公向两位国君下拜，说：“寡君谨此拜谢齐侯安定我国先君的宗庙，拜谢郑伯跟随晋国没有二心。”这是揣着明白装糊涂：国弱和公孙舍之的赋诗，都是为卫献公说情，羊舌肸顾左右而言他，只说场面上的客套话，对两国提出的请求压根不予回应。

国弱派晏婴私下找羊舌肸沟通：“晋侯向诸侯宣扬他的明德，关心他们的忧患而补救他们的缺失，纠正他们的错误而治理他们的动乱，因此而成为盟主。而今因为臣下而逮捕国君，可怎么办?"

这种话为什么要私下说? 因为在公开场合说太直接，太不给面子了。中国人说话办事，从来都是迂回曲折，能够用诗歌解决的就用诗歌解决，闻弦歌而知雅意是好的;诗歌不能解决，那就私下聊聊，再把话说清楚，反正只是私聊，可进可退，不让人难堪。羊舌肸将国弱的话告诉了赵武，赵武又报告给晋平公。晋平公一听，这事也没法拐弯抹角了，就把卫献公的罪过罗列出来，一二三四，命羊舌肸告诉齐景公和郑简公。二者的回应还是赋诗。国弱赋了《辔之柔矣》，以"马之刚矣，辔之柔矣"建议晋平公宽以待人。公孙舍之则赋了《将仲子兮》，其中有"岂敢爱之? 畏人之多言。仲可怀也，人之多言，亦可畏也"之句，这便是奉劝晋平公要注意舆论影响，不要一意孤行了。

晋平公终于被说服，释放了卫献公。羊舌肸由此评论:"郑国七穆，罕氏恐怕是最后灭亡的，子展节俭而专一。"

如同鲁国的"三桓"即鲁桓公的后人，郑国的"七穆"即郑穆公的后人。郑简公年代，"七穆"几乎占据了郑国所有重要的官位，分别为:公孙舍之(罕氏)、公孙夏(驷氏)、子产(国氏)、良霄(良氏)、游吉(游氏)、公孙段(丰氏)、印段(印氏)。七氏之名，均得自先人之字。比如子产的国氏，就是得自他的父亲公子发(字子国)。

初，宋芮司徒生女子，赤而毛，弃诸堤下，共姬之妾取以入，名之曰弃。长而美。平公入夕，共姬与之食。公见弃也，而视之，尤。姬纳诸御，嬖，生佐。恶而婉。大子痤美而很，合左师畏而恶之。寺人惠墙伊戾为大子内师而无宠。秋，楚客聘于晋，过宋。大子知之，请野享之，公使往，伊戾请从之。公曰:"夫不恶女乎?"对曰:"小人之事君子也，恶之不敢远，好之不敢近。敬以待命，敢有贰心乎? 纵有共其外，莫共其内，臣请往也。"遣之。至，则欿，用牲，加书，征之，而聘告公，曰:"大子将为乱，既与楚客盟矣。"公曰："为我子，又何求？"对曰："欲速。"公使视之，则信有焉。问诸夫人与左师，则皆曰："固闻之。"公囚大子。大子曰："唯佐也能免我。"召而使请，曰："日中不来，吾知死矣。"左师闻之，聆而与之语。过期，乃缢而死。佐为大子。公徐闻其无罪也，乃亨伊戾。

左师见夫人之步马者，问之。对曰："君夫人氏也。"左师曰："谁为君夫人？余胡弗知？"圉人归，以告夫人。夫人使馈之锦与马，先之以玉，曰："君之妾弃使某献。"左师改命曰"君夫人"。而后再拜稽首受之。

　　当初，宋国的大夫芮司徒生了一个女儿，皮肤是红色的，而且长着毛，被当作怪物，扔到堤下。宋共公的夫人共姬(宋平公的母亲)有个侍女将她捡回来，取名为弃。女大十八变，弃长大之后，竟然成了一位美女。有一天晚上，宋平公来给母亲问安，共姬招待他吃夜宵。宋平公见到弃，惊为天人。共姬见儿子喜欢，就将弃送给宋平公为侍妾。弃受到宠爱，生了公子佐。

　　也许是基因突变吧，公子佐长得很丑，但是性情温和。而宋平公的世子痤长得很英俊，但是心狠手辣。左师向戌既害怕世子痤，也讨厌世子痤。宦官惠墙伊戾担任世子痤的内师(宦官之长)而不受到宠爱，因而心怀怨恨。这一年秋天，楚国的使者出访晋国，经过宋国。世子痤和这位使者相熟，请求在郊外招待他，宋平公就派世子痤去了。惠墙伊戾请求跟随世子痤一起去，宋平公很奇怪："世子不是讨厌你吗？"惠墙伊戾回答："小人侍奉君子，被讨厌也不敢远离，被喜欢也不敢靠近，恭敬地等待命令，岂敢有二心？世子那里，即使有人在外面侍候，也没有人在里边侍候，下臣请求前去。"宋平公就让他去了。

　　惠墙伊戾到了郊外，马不停蹄地挖坑(真是挖坑)，准备好盟誓用的牲口，把自己写的盟书放在牲口上——造成世子痤已经与楚国人盟誓的假象，然后装作查验出来有问题的样子，疾驰回来报告宋平公："世子将要作乱了，已经和楚国来的人结盟了。"宋平公说："他已经是我的继承人了，还谋求什么？"惠墙伊戾说："也许是想快点即位吧。"宋平公半信半疑，派人去查看，果真有这些证据在那里。向夫人弃和左师向戌询问，都说："确实听说世子有这个想法。"宋平公于是囚禁了世子痤。

世子痤遭到陷害，最大得利者当然是公子佐。可是，当世子痤意识到事情的严重性，却说："只有佐能够救我。"可见他也知道公子佐是个厚道人。于是派使者去请公子佐来替他说情，说："中午不来，我就必死无疑了。"向戌听到这件事，故意跑到公子佐那里，絮絮叨叨地说个没完没了。过了中午，世子痤以为公子佐不想来，上吊自杀。

此后，公子佐被立为世子。宋平公也慢慢听说世子痤并没有谋逆，知道自己上了当，就把惠墙伊戾煮了。

向戌这个人，是比较喜欢玩弄权术的。公子佐之所以能够成为世子，当然有他的功劳，而且是很大的功劳。有一天向戌看到为夫人遛马的人，故意问他是谁。那人回答："我是君夫人的手下。"向戌说："谁是君夫人，我为什么不知道？"那个人回去一说，夫人立马明白，向戌这是在抗议自己没有回报他啊！于是派人送给向戌锦段和马匹，以玉璧作为先导（古人送礼，先轻后重），说："国君的侍妾弃派人前来敬献。"向戌马上纠正来人，说："你说错了，是君夫人。"然后就再拜叩首，接受了礼物。

郑伯归自晋，使子西如晋聘，辞曰："寡君来烦执事，惧不免于戾，使夏谢不敏。"君子曰："善事大国。"

郑简公从晋国回来，又派公孙夏前往晋国访问，说："寡君来麻烦执事，害怕不敬而不免有罪，特派我来表示歉意。"君子以为郑国善于侍奉大国。

初，楚伍参与蔡太师子朝友，其子伍举与声子相善也。伍举娶于王

子牟。王子牟为申公而亡，楚人曰："伍举实送之。"伍举奔郑，将遂奔晋。声子将如晋，遇之于郑郊，班荆相与食，而言复故。声子曰："子行也，吾必复子。"

及宋向戌将平晋、楚，声子通使于晋，还如楚。令尹子木与之语，问晋故焉，且曰："晋大夫与楚孰贤？"对曰："晋卿不如楚，其大夫则贤，皆卿材也。如杞梓、皮革，自楚往也。虽楚有材，晋实用之。"子木曰："夫独无族、姻乎？"对曰："虽有，而用楚材实多。归生闻之：善为国者，赏不僭而刑不滥。赏僭，则惧及淫人；刑滥，则惧及善人。若不幸而过，宁僭，无滥。与其失善，宁其利淫。无善人，则国从之。《诗》曰'人之云亡，邦国殄瘁'，无善人之谓也。故《夏书》曰'与其杀不辜，宁失不经'，惧失善也。《商颂》有之曰'不僭不滥，不敢怠皇。命于下国，封建厥福'，此汤所以获天福也。古之治民者，劝赏而畏刑，恤民不倦。赏以春夏，刑以秋冬。是以将赏，为之加膳，加膳则饫赐，此以知其劝赏也。将刑，为之不举，不举则彻乐，此以知其畏刑也。夙兴夜寐，朝夕临政，此以知其恤民也。三者，礼之大节也。有礼，无败。今楚多淫刑，其大夫逃死于四方，而为之谋主，以害楚国，不可救疗，所谓不能也。子仪之乱，析公奔晋，晋人置诸戎车之殿，以为谋主。绕角之役，晋将遁矣，析公曰：'楚师轻窕，易震荡也。若多鼓钧声，以夜军之，楚师必遁。'晋人从之，楚师宵溃。晋遂侵蔡，袭沈，获其君，败申、息之师于桑隧，获申丽而还。郑于是不敢南面。楚失华夏，则析公之为也。雍子之父兄谮雍子，君与大夫不善是也，雍子奔晋，晋人与之鄐，以为谋主。彭城之役，晋、楚遇于靡角之谷。晋将遁矣，雍子发命于军曰：'归老幼，反孤疾，二人役，归一人。简兵蒐乘，秣马蓐食，师陈焚次，明日将战。'行归者，而逸楚囚，楚师宵溃，晋降彭城而归诸宋，以鱼石归。楚失东夷，子辛死之，则雍子之为也。子反与子灵争夏姬,而雍害其事,子灵奔晋。晋人与之邢,以为谋主,扞御北狄,通吴于晋,教吴叛楚,教之乘车、射御、驱侵,使其子孤庸为吴行人焉。吴于是伐巢、取驾、克棘、入州来,楚罢于奔命,至今为患,则子灵之为也。若敖之乱,伯贲之子贲皇奔晋,晋人与之苗,以为谋主。鄢陵之役,楚晨压晋军而陈。晋将遁矣,苗贲皇曰:'楚师之良在其中军王族而已,若塞井夷灶,成陈以当之,栾、范易行以诱之,中行、二郤必克二穆,吾乃四萃于其王族,必大败之。'晋人从之,楚师大败,王夷、师熸,子反死之。郑叛、吴兴,楚失诸侯,则苗贲皇之为也。"子木曰:"是皆然矣。"声子曰:"今又有甚于此。椒举娶于申公子牟,子牟得戾而亡,君大夫谓椒举:'女实遣之。'惧而奔郑,引领南望,曰:'庶几赦余。'亦弗图也。今在晋矣。晋人将与之县,以比叔向。彼若谋害楚国,岂不为患?"子木惧,言诸王,益其禄爵而复之。声子使椒鸣逆之。

当初,楚国的伍参与蔡国的太师公子朝为友,伍参的儿子伍举又与公子朝的儿子公孙归生(即声子)交好。伍举娶了公子牟(即王子牟,曾为申县县公,又称为申公子牟)的女儿。公子牟当申公的时候因罪逃亡,楚国人都认为是伍举护送出境的。于是伍举逃奔郑国,准备再逃到晋国去。恰巧公孙归生将访问晋国,在新郑郊外遇到伍举。两个好朋友意外相见,在地上铺了些草当坐垫,一起吃了顿饭。伍举表达了自己想回到楚国的意愿,公孙归生表示:"您就放心去晋国吧,我一定想办法让您回楚国。"

等到宋国的向戌准备媾和晋、楚两国,公孙归生也参与其中,先去晋国沟通,回来之后又前往楚国。令尹屈建和公孙归生聊天,问他晋国的事情,而且问:"晋国与楚国的卿大夫,哪个国家的更贤能?"公孙归生回答:"晋国的卿不如楚国的卿,他们的大夫则颇贤能,都是能够当卿的人才。这就好比杞木、梓木、皮革,都是从楚国运到晋国去的。虽然楚国有人才，晋国却在使用他们。"

一句话勾起了屈建的好奇心，又问："晋国人难道就没有同族、姻亲吗？"意思是，打虎亲兄弟，上阵父子兵，晋国人为什么不用自己的人，反而要用楚国人呢？

公孙归生回答："当然有，但是他们确实使用了楚国很多人才。我听说，善于治国的人，赏赐和刑罚皆不滥用。滥用赏赐，则害怕坏人受赏；滥用刑罚，则害怕好人受罚。如果不幸而赏罚不当，宁可滥赏，也不要滥罚。与其失去好人，宁可有利于坏人。没有好人，则国家也随之受害。《诗》上说'这个人不在，国家受损害'，说的就是没有好人。所以《夏书》上说'与其滥杀无辜，宁可放过不法之人'，是害怕失去好人。《商颂》也有这样的话，'不过分不滥用，不敢懈怠偷懒，向下国发布命令，大大地建立他的福禄'，这是商汤能够获得上天赐福的原因。古代治理百姓，乐于赏赐而惮于用刑，为百姓操心不知疲倦。在春天、夏天行赏，在秋天、冬天行刑。所以将要赏赐的时候就为他增加膳食，吃剩的食物可以让下面的人饱餐一顿，这是为了让人知道他乐于赏赐。将要行刑的时候，就撤去丰盛的饮食，也不用音乐助兴，这是为了让人知道他惮于刑罚。夙兴夜寐，早晚临朝，这是为了让人知道他体恤下民。这三件事，是礼的大原则。有礼，就不会失败。而今楚国刑罚泛滥，它的大夫逃命于四方而成为各国的谋士，来侵害楚国，不可以救治，这就是刑罚太滥而不能容忍了。"

公孙归生接下来历数楚国人才外流的案例——

鲁文公十四年，也就是楚庄王刚即位的时候，斗克（字子仪）作乱，析公逃奔晋国。晋国人让他跟在国君的戎车后面，作为主要的谋士。鲁成公六年的绕角之战，晋军本来是想逃跑的，析公说："楚军轻佻，容易动摇。如果同时击鼓发出巨大的声音，在夜里发动全军进攻，楚军必然逃跑。"晋国人听从子灵的意见，楚军果然当夜崩溃。晋军于是入侵蔡国，袭击沈国，俘虏他们的国君，在桑隧打败楚国申、息两县部队，俘虏申丽，然后才回去。郑国于是不敢面向南方朝见楚国。楚国失去华夏诸国，那就是析公干的好事。

楚国大夫雍子遭到父亲和兄长的诬陷，国君和大夫们不为他们调解，雍子逃奔晋国，晋国人赏赐给他鄐地，让他当了主要的谋士。鲁成公十八年的彭城之战，晋军和楚军相遇于靡角之谷。晋军又一次想逃跑，是雍子在军中发布命令："年老的、年幼的、孤寡的、生病的都回去，兄弟二人同时服役的，回去一人。精选步兵，检阅战车，喂饱马匹，饱餐一顿，摆开阵势，烧掉帐篷，明日大战一场。"故意放楚国的战俘回去，让楚军知道晋军将要决一死战，楚国连夜遁逃。晋国降伏彭城的叛军而将它归还宋国，带着鱼石等人回去。楚国失去东夷诸国，公子壬夫为此而死，这都是雍子干的好事。

最扯淡的是，公子侧(字子反)与申公巫臣(字子灵)争夺夏姬而破坏子灵的好事。巫臣逃奔晋国，晋国人将邢地封给他，让他当了主要的谋士，抵御北狄入侵，让吴国与晋国建交，教唆吴国人背叛楚国，教会吴国人驾驶战车、射箭、奔驰作战，让他的儿子狐庸做了吴国的行人。吴国于是讨伐巢国，获取驾地，攻克棘地，进入州来。楚国人为此疲于奔命，至今仍然为患，那就是巫臣干的好事。

若敖氏叛乱，斗椒的儿子贲皇逃奔晋国。晋国人将苗地封给他，让他当了主要的谋士。鄢陵之战中，楚军清晨逼近晋军并列阵。晋军想到逃跑，苗贲皇说："楚军的精锐在于其中军的王卒而已，如果填塞水井，夷平军灶，摆开阵势去抵挡他们，栾氏、范氏以族兵引诱楚军，中行氏、两位郤氏必定战胜楚军的二穆(公子婴齐和公子壬夫，皆为楚穆王之子)。然后我们以上、中、下、新四军攻击楚军的王卒，必定大败楚军。"晋国人听从了苗贲皇的建议，楚军大败，楚共王受伤，军队受挫，公子侧因此而死。郑国背叛，吴国兴起，楚国失去诸侯，那就是苗贲皇干的好事。

公孙归生举了这几个例子，屈建说："确实是这样。"公孙归生说："而今又有比这更厉害的。伍举娶了申公子牟的女儿，申公子牟因罪逃亡，国君及大夫们说伍举：'是你放走了他。'伍举因害怕而逃奔郑国，伸长了脖子南望，说：'差不多要赦免我了吧。'楚国对此毫不为意。他现在已经在晋国了。晋国人准备给他一个县,让他的俸禄和叔向齐平。他如果要谋害楚国,岂不是楚国的大患?"屈建一听就怕了,马上去跟楚康王汇报,增加伍举的俸禄,提升他的爵位,将他请了回来。公孙归生让伍举的儿子伍鸣去迎接他。

许灵公如楚,请伐郑,曰:"师不兴,孤不归矣!"八月,卒于楚。楚子曰:"不伐郑,何以求诸侯?"

冬十月,楚子伐郑。郑人将御之。子产曰:"晋、楚将平,诸侯将和,楚王是故昧于一来。不如使逞而归,乃易成也。夫小人之性,衅于勇,啬于祸、以足其性而求名焉者,非国家之利也,若何从之?"子展说,不御寇。十二月乙酉,入南里,堕其城。涉于乐氏,门于师之梁。县门发,获九人焉。涉于氾而归,而后葬许灵公。

前面说过,自打郑庄公年代开始,郑国和许国便结下了梁子,世代为仇。郑强许弱,郑国一直欺负许国,甚至逼迫许国迁到楚国境内。许国人咽不下这口气,所以许灵公来到郢都,请求讨伐郑国,说:"如果大王不出兵,孤就不回去了。"这一年八月,许灵公在郢都去世。楚康王为之感动,说:"不讨伐郑国,何以让诸侯臣服?"

十月,楚康王讨伐郑国,郑国人准备抵御。子产说:"晋国和楚国将要媾和,诸侯将要实现和平,楚王在这个时候冒昧地来这一趟,不如让他得志而归,那样就容易媾和了。小人的性格,一有机会就表现血性之勇,唯恐天下不乱,以满足他的本性而追求虚名,对国家没有任何好处,为什么要听从他们呢?"公孙舍之觉得他说得对,于是不抵抗。十二月初五,楚军攻入南里,拆毁城池。从乐氏渡河,进攻新郑的师之梁(城门名)。郑国人紧闭城门,坚决不出战。楚军最终只俘虏了九个人,从氾地渡河而归,然后安葬许灵公,算是给了他一个交代。

卫人归卫姬于晋,乃释卫侯。君子是以知平公之失政也。

早在几个月前,因为齐景公和郑简公求情,晋平公答应释放卫献公。但是,直到卫国人将卫姬(卫国公主)送给晋平公当小妾,卫献公才获释。君子由此知道晋平公已经失去治国之道了——一则言而无信,得到好处才兑现诺言;二则娶同姓女子为妾,违反了"同姓不婚"的规定。

晋韩宣子聘于周,王使请事。对曰:"晋士起将归时事于宰旅,无他事矣。"王闻之,曰:"韩氏其昌阜于晋乎! 辞不失旧。"

晋国派韩起访问王室。周灵王派人"请事",也就是询问来意。韩起回答:"晋国的士人韩起前来向宰旅进献时令的贡品,没有其他事情。"

所谓"宰旅",就是王室卿士家里的士人。韩起自称晋国的士人,不敢与天子对话,也不敢与王室的大臣平起平坐,只说是与宰旅打交道,真是谦虚得可以。周灵王听到后便说:"韩氏在晋国恐怕要昌盛了吧! 仍然保持着旧时的辞令。"

齐人城郏之岁,其夏,齐乌余以廪丘奔晋,袭卫羊角,取之;遂袭我高鱼。有大雨,自其窦入,介于其库,以登其城,克而取之。又取邑于宋。于是范宣子卒,诸侯弗能治也。及赵文子为政,乃卒治之。文子言于晋侯曰:"晋为盟主,诸侯或相侵也,则讨而使归其地。今乌余之邑,皆讨类也,而贪之,是无以为盟主也。请归之!"公曰:"诺。孰可使也?"对曰:"胥梁带能无用师。"晋侯使往。

齐国为王室修筑郏城那年,也就是鲁襄公二十四年,夏天,齐国大夫乌余带着廪丘投奔晋国,袭击卫国的羊角,占领了它;顺势袭击鲁国的高鱼。下着大雨,乌余带人从城墙的泄水口进入,占领了高鱼的军械库,取出甲胄装备了士兵,然后登上城墙,攻取了高鱼。乌余还在宋国攻占了城邑。

当时正值士匄去世,诸侯也拿乌余没办法。等到赵武当政,才终于将他给治了。赵武对晋平公说:"晋国作为盟主,诸侯有互相侵害的,则讨伐它,命它归还侵占的土地。而今乌余的土地,都在讨伐之列。我们贪图他的土地,那就没有理由再当盟主了。请求归还。"晋平公说:"好,谁能去办这件事?"赵武说:"胥梁带能够不用武力就解决这个问题。"晋平公于是派胥梁带前往。

鲁襄公二十七年

公元前546年,鲁襄公二十七年。

二十七年春,胥梁带使诸丧邑者具车徒以受地,必周。使乌余车徒以受封,乌余以众出,使诸侯伪效乌余之封者,而遂执之,尽获之。皆取其邑,而归诸侯。诸侯是以睦于晋。

二十七年春,晋国胥梁带奉命解决乌余问题,让那些丧失了城邑的诸侯集结部队来接受土地,行动必须保密。又让乌余带着部队来接受封赏。乌余不虞有诈,领着他的一伙人出来。胥梁带让诸侯假装把土地送给乌余,乘机抓住了他,全部俘虏了他的那伙人,将乌余占领的城邑全部还给诸侯。这当然是皆大欢喜的好事,诸侯因此而亲附晋国。

齐庆封来聘，其车美。孟孙谓叔孙曰："庆季之车，不亦美乎！"叔孙曰："豹闻之：'服美不称，必以恶终。'美车何为？"叔孙与庆封食，不敬。为赋《相鼠》，亦不知也。

　　齐国庆封前来鲁国访问，乘坐的车辆十分漂亮。仲孙羯对叔孙豹说："庆季（庆封排行最后）的车，不是很美吗？"叔孙豹说："我听说，车服之美与人品不相称，下场一定不好。要那么美的车有什么用？"叔孙豹招待庆封吃饭，庆封表现不敬。叔孙豹为他赋《诗经·鄘风》中《相鼠》一诗：

　　"相鼠有皮，人而无仪；人而无仪，不死何为？相鼠有齿，人而无止；人而无止，不死何俟？相鼠有体，人而无礼；人而无礼，胡不遄死？"

　　这简直是当面羞辱了，但是对庆封来说没一点关系，因为他压根听不懂。

卫宁喜专，公患之，公孙免余请杀之。公曰："微宁子，不及此。吾与之言矣。事未可知，只成恶名，止也。"对曰："臣杀之，君勿与知。"乃与公孙无地、公孙臣谋，使攻宁氏，弗克，皆死。公曰："臣也无罪，父子死余矣！"夏，免余复攻宁氏，杀宁喜及右宰谷，尸诸朝。石恶将会宋之盟，受命而出，衣其尸，枕之股而哭之。欲敛以亡，惧不免，且曰："受命矣。"乃行。

子鲜曰："逐我者出，纳我者死。赏罚无章，何以沮劝？君失其信，而国无刑。不亦难乎？且鱄实使之。"遂出奔晋。公使止之，不可。及河，又使止之，止使者而盟于河。托于木门，不乡卫国而坐。木门大夫劝之仕，不可，曰："仕而废其事，罪也。从之，昭吾所以出也。将准诉乎？吾不可以立于人之朝矣。"终身不仕。公丧之如税服终身。

公与免余邑六十,辞曰:"唯卿备百邑,臣六十矣。下有上禄,乱也,臣弗敢闻。且宁子唯多邑,故死,臣惧死之速及也。"公固与之,受其半。以为少师。公使为卿,辞曰:"大叔仪不贰,能赞大事,君其命之!"乃使文子为卿。

卫国宁喜专行独断,不把卫献公放在眼里。他为什么这么霸道?因为他是帮助卫献公复辟的关键人物,没有他就没有卫献公的今天。卫献公害怕宁喜。大夫公孙免余请求杀了宁喜,卫献公又不同意,说:"不是因为他,我不会到这个位置上。朝中大事的安排,我已经跟他说过了。而且杀他未必成功,只会落下恶名,不要再提。"

卫献公所谓朝中大事的安排,是指他复辟之前和宁喜有约定:"政由宁氏,祭则寡人。"将政事交给宁喜去料理,自己只当个甩手掌柜,主持一下祭祀即可。不过,此一时彼一时,流亡在外的卫献公和坐在台上的卫献公,想法显然是不一样的。公孙免余提出:"下臣去杀他,国君不要知道这件事就行了。"卫献公果然就不知道了。公孙免余于是和公孙无地、公孙臣谋划,要他们去进攻宁氏,结果不成功,公孙无地和公孙臣都死在这件事上。卫献公伤心地说:"公孙臣是无罪的,父子都为寡人而死。"到了夏天,公孙免余再度进攻宁氏,这次成功了,杀了宁喜和右宰谷,并在朝堂上陈尸示众。

当时,由宋国向戌发动的弭兵运动正在紧锣密鼓地进行,晋、楚双方准备在宋国大会诸侯,卫国的石恶将要前往宋国参加会议,接受了国君的命令出来,给宁喜和右宰谷的尸体穿上衣服,头枕在尸体的大腿上为他们哭泣。想要收殓了两具尸体然后逃亡,又害怕不能免于罪责,只能说:"有使命在身。"就出发了。

事情闹到这个地步,最后悔的是公子鱄。卫献公复辟,虽得宁喜之功,但是真正的操刀者是公子鱄。而且,卫国人之所以还会支持卫献公,也是因为有公子鱄背书。公子鱄说:"驱逐我们的人(指孙林父)出逃了,接纳我们的人（指宁喜）死了。赏罚没有章法，用什么来禁止作恶和劝人为善？国君失去了信用，而国家又没有正常的刑罚，不也是很难吗？而且，是我让宁喜接纳了国君。"于是出奔晋国。卫献公派人阻止他，不听。到了黄河，卫献公又派人来劝阻，公子鱄不让使者前进而向黄河发誓。公子鱄最终也没去晋国，而是寄居在木门（卫国地名），连坐时都从来不面向帝丘，以示终生不再与卫献公打交道。木门大夫劝他回去做官，他不同意，说："做官而放弃自己的职守，这是罪过。如果不放弃职守，那就是向世人公开了我逃亡的原因。我将要向谁诉说呢？我是不能再给人当臣子了。"

公子鱄至死都不出来做官。他死后，卫献公为他服丧一直到死。单从这件事上看，卫献公虽然是个人渣，但还没渣到底。

为了感谢公孙免余，卫献公赏赐给他六十座城邑。公孙免余辞谢道："只有卿才能够拥有一百座城邑，下臣已经有六十座了。下位者享受上位的俸禄，那就乱了。下臣不敢听到这样的命令。而且宁喜正是因为有太多城邑，所以死了，下臣害怕死期不远啊！"卫献公一定要给他，最终接受了一半。卫献公又任命他为少师，并且想封他为卿。公孙免余辞谢道："太叔仪忠心不二，能够佐助大事，国君还是封他吧。"卫献公于是封太叔仪为卿。

宋向戌善于赵文子，又善于令尹子木，欲弭诸侯之兵以为名。如晋，告赵孟。赵孟谋于诸大夫。韩宣子曰："兵，民之残也，财用之蠹，小国之大灾也。将或弭之，虽曰不可，必将许之。弗许，楚将许之，以召诸侯，则我失为盟主矣。"晋人许之。如楚，楚亦许之。如齐，齐人难之。陈文子曰："晋、楚许之，我焉得已？且人曰'弭兵'，而我弗许，则固携吾民矣，将焉用之？"齐人许之。告于秦，秦亦许之。皆告于小国，为会于宋。

宋国的向戌与晋国的中军元帅赵武交好，又与楚国的令尹屈建交好,想要消除诸侯之间的战争以博取好名声——关于老左的这一描述,有必要说明一下:弭兵运动最早出自赵武,酝酿已久。赵武与屈建的关系也不错,他俩是推动弭兵运动的关键人物,也只有他俩有这个能力。但是,这些年,包括向戌在内的各国有识之士为之穿针引线,东奔西走,委实功不可没。至于向戌做这些事的目的是什么,当然不排除他有爱慕虚荣的想法,向戌的为人确实说不上高尚,甚至有些卑劣。但是更应该看到,晋、楚之间旷日持久的争霸战已经给中原各国带来严重的影响,无论是谁,只要他在客观上推动了和平,都应该给予肯定。历史的经验告诉我们,很多事情,只有爱慕虚荣的人去做才做得成。光荣和梦想,从来都是分不开的。

向戌为了弭兵而奔波,先到晋国找赵武。赵武与诸卿大夫商量。韩起以为,战争残害人民,耗费财物,对小国来说是大灾难,有人想要消除它,虽然未必做得到,也一定要答应他。晋国不答应,楚国就会答应,以此号召诸侯,则晋国将失去盟主的地位。晋国于是答应了向戌。

向戌又来到楚国,楚国也答应了。再来到齐国,齐国人却不想答应。陈须无说:"晋国和楚国已经答应了,我们岂能不跟着干?而且人家说'弭兵',而我们不答应,那就会使我们的百姓离心离德,将如何役使他们?"齐国于是也答应了。向戌又到秦国相告,秦国也答应了。四个大国都通告各小国,要在宋国举行会盟。

五月甲辰,晋赵武至于宋。丙午,郑良霄至。六月丁未朔,宋人享赵文子,叔向为介。司马置折俎,礼也。仲尼使举是礼也,以为多文辞。戊申,叔孙豹,齐庆封、陈须无,卫石恶至。甲寅,晋荀盈从赵武至。丙辰,邾悼公至。壬戌,楚公子黑肱先至,成言于晋。丁卯,宋向戌如陈,从子木成言于楚。戊辰,滕成公至。子木谓向戌,请晋、楚之从交相见也。庚午,向戌复于赵孟。赵孟曰:"晋、楚、齐、秦,匹也。晋之不能于齐,犹楚之不能于秦也。楚君若能使秦君辱于敝邑,寡君敢不固请于齐?"壬申,左师复言于子木。子木使驲谒诸王，王曰："释齐、秦，他国请相见也。"秋七月戊寅，左师至。是夜也，赵孟及子晳盟，以齐言。庚辰，子木至自陈。陈孔奂、蔡公孙归生至。曹、许之大夫皆至。以藩为军。晋、楚各处其偏。

　　五月二十七日，晋国赵武抵达宋国。二十九日，郑国良霄到达。六月初一日，宋国人设宴招待赵武，羊舌肸为副宾。司马将煮熟的牲口拆开，放在俎上，这是合于礼的。后来孔子看到这次宴会留下来的记录，认为修饰的辞藻太多了。据杜预推测，应该是向戌操办了这件大事，自我感觉很好，在宴会上讲了很多冠冕堂皇的话。

　　紧接着，六月初二，鲁国叔孙豹、齐国庆封、陈须无，卫国石恶到达。初八日，晋国荀盈（字伯夙）追随赵武而至。十日，邾悼公到达。十六日，楚国的公子黑肱（字子晳）先行抵达，与晋国人约定了有关事项。二十一日，宋国的向戌前往陈国，和楚国令尹屈建商定有关条款。二十二日，滕成公到达。屈建对向戌提出，请晋国和楚国的盟国交相朝见，也就是晋国的盟国朝见楚国，楚国的盟国朝见晋国。二十四日，向戌向赵武复命，赵武以为，交相朝见当然可以，但是有一个问题："晋、楚、齐、秦四大国地位相匹，晋国不能使唤齐国，犹如楚国不能使唤秦国。楚王如果能够让秦伯驾临敝国，寡君岂敢不坚决向齐侯请求，要他前往楚国？"二十六日，向戌将赵武的意见传达给屈建。屈建不敢做主，派使者乘坐传车飞报楚康王。楚康王也明白这个道理，说："那就不管齐国和秦国，请其他国家交相朝见吧。"七月初二，向戌回到宋国。当天晚上，赵武与公子黑肱商定盟誓的言辞。初四，屈建从陈国抵达宋国。陈国的孔奂、蔡国的公孙归生随之抵达。曹国、许国的大夫也到了。春秋时期的会盟，各国都带着一定数量的部队，各自修筑篱笆划定营地。晋国和楚国按照方位，一个驻扎在西头，一个驻扎在南边。

伯夙谓赵孟曰："楚氛甚恶，惧难。"赵孟曰："吾左还，入于宋，若我何？"辛巳，将盟于宋西门之外。楚人衷甲。伯州犁曰："合诸侯之师，以为不信，无乃不可乎？夫诸侯望信于楚，是以来服。若不信，是弃其所以服诸侯也。"固请释甲。子木曰："晋、楚无信久矣，事利而已。苟得志焉，焉用有信？"大宰退，告人曰："令尹将死矣，不及三年。求逞志而弃信，志将逞乎？志以发言，言以出信，信以立志，参以定之。信亡，何以及三？"赵孟患楚衷甲，以告叔向。叔向曰："何害也？匹夫一为不信，犹不可，单毙其死。若合诸侯之卿，以为不信，必不捷矣。食言者不病，非子之患也。夫以信召人，而以僭济之，必莫之与也，安能害我？且吾因宋以守病，则夫能致死。与宋致死，虽倍楚可也，子何惧焉？又不及是。日弭兵以召诸侯，而称兵以害我，吾庸多矣，非所患也。"

　　弭兵就是消除敌意，化干戈为玉帛。但是，晋、楚两国之间毕竟打了那么多年仗，相互之间的戒心很难放下。荀盈便对赵武说："楚营的气氛很不好，恐怕会发难。"赵武说："他们要发难的话，我们就向左转，进入睢阳，能把我们怎么样？"由此可知，当时各国的营地都在宋国的首都睢阳城外。初五，诸侯将在睢阳西门外结盟。楚国人在礼服里面穿上了皮甲。伯州犁劝谏："会合诸侯的军队，而做不信任别人的事，恐怕不可这样。诸侯盼望取信于楚国，所以前来臣服。如果不信任他们，是抛弃了用来使诸侯臣服的东西了。"坚决要求脱掉皮甲。屈建不同意，说："晋国和楚国之间没有信任已经很久了，行事但求有利于自己就行了。假如能够在这里得志，哪里还用得着什么信用？"伯州犁退下就对人说："令尹快要死了，等不到三年。想要得偿心愿而抛弃信用，心愿能够满足吗？有心愿就会形成语言，说过了话就会产生信用，有信用就会进一步巩固心愿。三位一体，然后能定。失去了信用，又怎么能够活到三年？"

　　赵武知道楚国人里面穿了皮甲，也产生了担忧，告诉羊舌肸。羊舌肸说："这有什么问题呢？一介匹夫一旦做出不守信用的事，尚且不可以，全部都要死。如果是会合诸侯的卿做出不守信用的事，那就必然不会成功了。自食其言的人不会给人造成麻烦，不是您的忧患。以信用召集大家，而又假惺惺地行事，必然没有人赞同他，怎么能够加害于我们？而且我们依靠宋国来防守楚国人制造的麻烦，那就能人人舍命，和宋军一起拼死抗敌，即使楚军再增加一倍也不是问题，您有什么好害怕呢？再说事情也不至于到这一步，说是消除战争来召集诸侯，而又举兵来加害我们，这种搞法对我们是有利的，没有必要担心。"

季武子使谓叔孙以公命曰："视邾、滕。"既而齐人请邾，宋人请滕，皆不与盟。叔孙曰："邾、滕，人之私也；我，列国也，何故视之？宋、卫，吾匹也。"乃盟。故不书其族，言违命也。

大国相互猜忌，小国则有自己的算盘。鲁国的季孙宿以鲁襄公的名义派使者对叔孙豹说："结盟的时候把我们和邾国、滕国一样对待。"所谓结盟，不只是喊喊口号表个态那么简单，是要明确各诸侯国对霸主的贡赋的。国家越大，贡赋越重。鲁国明明大于邾国、滕国，却要自降身价，就是想不承担那么多贡赋。不久齐国人请求将邾国作为属国，宋国人请求把滕国作为属国，这两个国家也就不需要参加盟誓了。叔孙豹说："邾国、滕国是别人的属国，我国是堂堂正正的列侯之国，为什么要视同它们？宋国、卫国才和我们匹配。"于是结盟。《春秋》记载这件事："豹及诸侯之大夫……"不写明是叔孙氏，是说他违抗了命令。

试问：不违抗命令，难道真的在天下诸侯面前自降身价，不参加这次结盟吗？

晋、楚争先。晋人曰："晋固为诸侯盟主，未有先晋者也。"楚人曰："子言晋、楚匹也，若晋常先，是楚弱也。且晋、楚狎主诸侯之盟也久矣，岂专在晋?"叔向谓赵孟曰:"诸侯归晋之德只,非归其尸盟也。子务德,无争先。且诸侯盟,小国固必有尸盟者。楚为晋细,不亦可乎?"乃先楚人。书先晋,晋有信也。

到了盟誓的时候,晋国和楚国又闹矛盾了。明誓必须歃血,歃血必有先后,究竟应该谁先谁后?

晋国人说:"晋国历来就是诸侯盟主,没有先于晋国的。"

楚国人说:"您说晋国和楚国平等,如果晋国经常在先,那就是说楚国弱啰?而且晋国、楚国交替主持诸侯会盟也有很久了,难道是专门由晋国主持?"

羊舌肸对赵武说:"诸侯归服于晋国的德行,不是归服于它主持结盟。您致力于德行,不要争先后。而且诸侯结盟,小国本来就必须承担一定的具体事务,让楚国来为晋国做这些小事,不也是可以的吗?"

很多时候,解决问题要的就是一个说法。赵武点头同意。于是先让楚国人歃血。酝酿已久的弭兵运动,终于有惊无险地达到了高潮。《春秋》记载此事,还是将晋国写在前面,这是说晋国守信用。

壬午,宋公兼享晋、楚之大夫,赵孟为客,子木与之言,弗能对;使叔向侍言焉,子木亦不能对也。

乙酉,宋公及诸侯之大夫盟于蒙门之外。子木问于赵孟曰:"范武子之德何如?"对曰:"夫人之家事治,言于晋国无隐情,其祝史陈信于鬼神,无愧辞。"子木归以语王。王曰:"尚矣哉!能歆神人,宜其光辅五君以为盟主也。"子木又语王曰:"宜晋之伯也,有叔向以佐其卿,楚无以当之,不可与争。"

接下来算是这次会盟的花絮了。

初六日，宋平公同时宴请晋国和楚国的卿大夫，赵武为主宾，坐首席。屈建和赵武说话，赵武不能回答；让羊舌肸在一旁帮着对答，屈建也不能回答。

初九日，宋平公又在北门外与诸侯的卿大夫结盟。屈建问赵武："范武子的德行如何？"

范武子就是士会，是晋国的名臣。赵武回答："他老人家的家事井井有条，对国家来说没有什么秘密可言，他的祝史向鬼神表示诚信，没有任何愧疚。"屈建回来告诉楚康王。楚康王说："真是高尚啊！能够让神和人都感到欣喜，该他辅佐五代君主成为盟主。"屈建又对楚康王说："也该晋国称霸，有叔向来辅佐他们的卿，楚国还没有那样的人才，不可与之争锋。"

晋荀盈遂如楚莅盟。

晋国的荀盈到楚国参加结盟，这便是例行公事了。

郑伯享赵孟于垂陇，子展、伯有、子西、子产、子大叔、二子石从。赵孟曰："七子从君，以宠武也。请皆赋，以卒君贶，武亦以观七子之志。"子展赋《草虫》，赵孟曰："善哉，民之主也！抑武也，不足以当之。"伯有赋《鹑之贲贲》，赵孟曰："床第之言不逾阈，况在野乎？非使人之所得闻也。"子西赋《黍苗》之四章，赵孟曰："寡君在，武何能焉？"子产赋《隰桑》，赵孟曰："武请受其卒章。"子大叔赋《野有蔓草》，赵孟曰："吾子之惠也。"印段赋《蟋蟀》。赵孟曰："善哉，保家之主也！吾有望矣。"公孙段赋《桑扈》，赵孟曰："'匪交匪敖'，福将焉往？若保是言也，欲辞福禄，得乎？"卒享，文子告叔向曰："伯有将为戮矣。诗以言志，志诬其上而公怨之，以为宾荣，其能久乎？幸而后亡。"叔向曰："然。已侈，所谓不及五稔者,夫子之谓矣。"文子曰:"其余皆数世之主也。子展其后亡者也,在上不忘降。印氏其次也,乐而不荒。乐以安民,不淫以使之,后亡,不亦可乎?"

弭兵会盟后,郑简公在垂陇设宴招待赵武,公孙舍之、良霄、公孙夏、子产、游吉、印段和公孙段(后二人皆字子石)七人作陪。郑国的权贵可谓倾巢而出了,赵武很感动,对他们说:"七位大夫陪同君侯招待赵武,这是赵武的荣幸。为了完成君侯的赏赐,请你们都赋诗,我也想听听你们七位的心志。"

文以载道,诗以言志,赋诗就是为了表达心志。于是公孙舍之带头,赋了一首《草虫》:

"喓喓草虫,趯趯阜螽。未见君子,忧心忡忡。亦既见止,亦既觏止,我心则降。陟彼南山,言采其蕨。未见君子,忧心惙惙。亦既见止,亦既觏止,我心则说。陟彼南山,言采其薇。未见君子,我心伤悲。亦既见止,亦既觏止,我心则夷。"

这是《诗经·召南》中的一首爱情诗,大概意思是:草虫唧唧,扰乱我心;见不到心上人,忧心忡忡;只有见到他,两情相悦,我的心才能平静。公孙舍之以此表达郑国对晋国的信赖,也是表达他本人对赵武的尊重。赵武表示:"好啊,您真是百姓的主人!只不过赵武愧不敢当。"

良霄吟了《诗经·鄘风》中的《鹑之奔奔》,这首诗比较短:

"鹑之奔奔,鹊之彊彊。人之无良,我以为兄。鹊之彊彊,鹑之奔奔。人之无良,我以为君。"

鸟儿成双成对,互相追逐,国君如果品行不良,又怎么能够当国君呢?这是当年卫国人讽刺宣姜与公子顽通奸而写的一首诗,在这个场合吟诵,显然有点不太合适。回想起来,鲁襄公十一年,郑简公曾派良霄出使楚国,要他办与楚国绝交的差使,结果楚国人将良霄扣押起来,两年后才释放回国。因为这件事,良霄一直对郑简公有意见,所以才借题发挥吧。赵武当然听得明白，但是又装傻说："床笫之言不出门，何况是在这野外？不是我这个使臣应该听到的。"

公孙夏赋了《诗经·小雅》中《黍苗》的第四章："肃肃谢功，召伯营之。烈烈征师，召伯成之。"这是将赵武比喻为周朝初年的政治家召伯。赵武谦虚道："这都是寡君的功劳，我有什么能耐？"

子产赋了《诗经·小雅》中的《隰桑》：

"隰桑有阿，其叶有难。既见君子，其乐如何！隰桑有阿，其叶有沃。既见君子，云何不乐！隰桑有阿，其叶有幽。既见君子，德音孔胶。心乎爱矣，遐不谓矣？中心藏之，何日忘之？"

赵武说："我请求接受最后一章。"最后一章的意思是：心中爱慕这个人，却又欲说还休；心中对这个人有深深的爱意，如何能够忘记！子产作为郑国的政治家，声名在外。赵武这是委婉地告诉子产，我倒是更想听听您的教诲。

游吉赋了《诗经·郑风》中的《野有蔓草》：

"野有蔓草，零露漙兮。有美一人，清扬婉兮。邂逅相遇，适我愿兮。野有蔓草，零露瀼瀼。有美一人，婉如清扬。邂逅相遇，与子偕臧。"

这是一首青涩的爱情诗，写的是清晨在山野里偶遇美人那种一见钟情的欢欣。游吉第一次见到赵武，是以有此一比。赵武感谢道："您太客气了。"

印段赋了《诗经·唐风》中的《蟋蟀》，其中有"无已大康，职思其居。好乐无荒，良士瞿瞿"之句。赵武说："说得好啊，这是保护家族的大夫，我有希望了！"

公孙段赋了《桑扈》：

"交交桑扈，有莺其羽。君子乐胥，受天之祜。交交桑扈，有莺其领。君子乐胥，万邦之屏。之屏之翰，百辟为宪。不戢不难，受福不那。兕觥其觩，旨酒思柔。彼交匪敖，万福来求。"

这首诗见于《诗经·小雅》，寓意君子知书达礼，受到上天的护佑。赵武将诗的最后一句稍加改动，说："匪交匪敖，福将焉往？（不骄不傲，福气往哪跑)如果按照这些话去做,就算想推辞福禄,能行吗?"

宴会结束之后,赵武和羊舌肸谈论郑国的几位大臣,说:"良霄恐怕要有灾难了。诗以言志,他的心愿在于指责国君而且公开表达怨恨,以此作为宾客的光荣,这样能够长久吗? 就算侥幸,将来也一定会逃亡。"羊舌肸说:"是啊,这个人太过狂妄,所谓不到五年,说的就是他。"赵武又说:"其他几位都是可以保持几世家业的主,公孙舍之应该最后灭亡的,因为他处于上位而不忘谦虚自抑。印段是倒数第二家灭亡的,因为他欢乐而有节制。欢乐是用来安定百姓的,乐而不淫,灭亡在后,不也是可以的吗?"

宋左师请赏,曰:"请免死之邑。"公与之邑六十,以示子罕。子罕曰:"凡诸侯小国,晋、楚所以兵威之,畏而后上下慈和,慈和而后能安靖其国家,以事大国,所以存也。无威则骄,骄则乱生,乱生必灭,所以亡也。天生五材,民并用之,废一不可,谁能去兵? 兵之设久矣,所以威不轨而昭文德也。圣人以兴,乱人以废。废兴、存亡、昏明之术,皆兵之由也,而子求去之,不亦诬乎! 以诬道蔽诸侯,罪莫大焉。纵无大讨,而又求赏,无厌之甚也。"削而投之。左师辞邑。

向氏欲攻司城。左师曰:"我将亡,夫子存我,德莫大焉。又可攻乎?"君子曰:"'彼己之子,邦之司直',乐喜之谓乎! '何以恤我,我其收之',向戌之谓乎!"

宋国的左师向戌请求赏赐,说:"请求给我免死的城邑。""免死之邑"是什么? 后人分歧较大。杜预认为,这是向戌的自谦之言,请求国君赏给他聊以为生的土地。竹添光鸿认为,弭兵会盟事体甚大,直到歃血的前一刻还有诸多变数,万一事破,向戌难逃一死,因此向戌是将脑袋挂在裤腰带上来办这件事,现在事情办成了,特来要求"免死之邑"。也有人认为"免死之邑"类似于后世的丹书铁券,如果有犯死罪的行为,向戌本人"身免三死",其子孙则可以"免一死"。

不管怎么样,宋平公准备赏赐给向戌六十座城邑,先拿着相关文件给司城乐喜看。乐喜说:"但凡诸侯小国,晋、楚两国总是用武力来威胁他们,使得他们害怕,然后他们才上下慈爱和睦,安定他们的国家,以侍奉大国,这就是他们得以生存的原因。如果没有威胁,他们就难免骄傲,骄傲则祸乱发生,祸乱发生则必然灭亡。上天生长了金、木、水、火、土五种元素,百姓全部都用上了,废掉其中任何一种都不行。谁能够真正丢掉兵器?兵器的存在已经很久了,它是用来威慑不轨之徒而宣扬文德教化的。圣人依靠武力而兴起,作乱的人因为武力而受到惩罚。兴衰存亡之道,昏庸圣明之术,都因武力而存在。而您谋求去掉武力,这不也是欺骗吗?以欺骗之道蒙蔽诸侯,没有比这更大的罪过了。没有被严厉地追究责任就算了,而又来取赏赐,可以说是相当贪得无厌了。"乐喜说完,拿起小刀将竹简上的字刮掉,又将竹简扔在地上。

乐喜的话说得有没有道理?应该说有一定的道理。有人类就有战争,弭兵作为一种良好的愿望,在很多时候是通过军事的平衡而不是失衡来达到的。也就是说,只有敌对的各方都对别人的武力心存畏惧的时候,弭兵才成为一种可能。以晋国和楚国为主导的弭兵运动,也正是因为两个国家近百年来的相持不下才被提上议事日程。握手言欢的背面,是蠢蠢欲动的刀兵相见。只要这种军事平衡在某一处被打破,战争必定重新开始。无论是对谁而言,如果认为从此可以刀枪入库、马放南山,那就大错特错了。尤其是对小国而言,外部压力的消失往往是内部矛盾激化的先兆。乐喜正是看到了这一点,才对向戌提出了严肃的批评,大有"生于忧患,死于安乐"之意。但是从另外一个角度来讲,战争既然永远不可能消失,短暂的和平对于活在当下的人来说,无论如何都不能说是一件坏事。这就好比人终有一死,总不能因此而放弃在世的温情、乐趣以及为之而奋斗的努力吧!事实上,自弭兵会盟后,大概有四十年时间,中国大地处于相对和平的状态。老百姓能过四十年较为安稳的日子,在中国历史上已经算是盛世了。向戌功不可没！但是，既然乐喜说了这样的话，向戌也就不再坚持，而是辞掉了赏赐给他的城邑。

向戌想得通，他的族人却想不通，准备进攻乐喜。向戌说："我将要灭亡，是他老人家救了我，大恩大德莫过于此，难道可以进攻他吗？"从权术上讲，乐喜确实挽救了向戌。历史上功高盖主的人，有几个有好下场？向戌不接受那六十座城邑是对的。

君子由此评价："'那位人物，是国家主持正义的人'，说的就是乐喜吧！'用什么赏赐我，我都将接受它'，说的就是向戌吧！"

齐崔杼生成及强而寡。娶东郭姜，生明。东郭姜以孤入，曰棠无咎，与东郭偃相崔氏。崔成有疾而废之，而立明。成请老于崔，崔子许之，偃与无咎弗予，曰："崔，宗邑也，必在宗主。"成与强怒，将杀之。告庆封曰："夫子之身亦子所知也，唯无咎与偃是从，父兄莫得进矣。大恐害夫子，敢以告。"庆封曰："子姑退。吾图之。"告卢蒲嫳。卢蒲嫳曰："彼，君之仇也。天或者将弃彼矣。彼实家乱，子何病焉？崔之薄，庆之厚也。"他日又告。庆封曰："苟利夫子，必去之！难，吾助女。"

九月庚辰，崔成、崔强杀东郭偃、棠无咎于崔氏之朝。崔子怒而出，其众皆逃，求人使驾，不得。使圉人驾，寺人御而出，且曰："崔氏有福，止余犹可。"

遂见庆封。庆封曰："崔、庆一也。是何敢然？请为子讨之。"使卢蒲嫳帅甲以攻崔氏。崔氏堞其宫而守之。弗克，使国人助之，遂灭崔氏，杀成与强，而尽俘其家。其妻缢。嫳复命于崔子，且御而归之。至，则无归矣，乃缢。崔明夜辟诸大墓。辛巳，崔明来奔，庆封当国。

接下来八卦一下齐国的权臣，也可以说是实际控制人崔杼的家事。

当年,崔杼生了崔成和崔强两个儿子,妻子就去世了。后来他娶了东郭家的姜氏,生了崔明。前面说过,这位姜氏是东郭偃的姐姐,曾经是棠邑大夫的妻子,所以又称为棠姜。姜氏和前夫生了一个儿子,叫作棠无咎。嫁给崔杼的时候,便将这个儿子也带到崔家来了。崔杼对这个继子还不错,让他和舅舅东郭偃一道辅佐家事,掌握了崔家的大权。

崔杼的大儿子崔成有病,所以被废除,而立了崔明为继承人。崔成请求在崔地养老,崔杼答应了,但是东郭偃与棠无咎不同意,说:"崔地是宗庙所在,一定要归宗主所有。"这事就黄了。崔成和崔强为此而发怒,想要杀掉这一对外来户。但是,单靠他们的力量肯定是做不到的。兄弟俩于是去找庆封,说:"他老人家的为人,您也是知道的,只听棠无咎与东郭偃的话,父子兄弟的话都听不进。我们很害怕他们会加害于他老人家,谨此向您报告。"

庆封是崔杼的亲信,也是个连诗歌都听不懂的大老粗。他拿不定主意,便说:"你们姑且退下,我好好想想。"然后去问自己的亲信卢蒲嫳。卢蒲嫳一听,有机可乘啊!对庆封说:"那个人,是杀害国君的仇人,老天或许是要抛弃他了吧?他家里发生了动乱,您操什么心呢?崔家被削弱,等于庆氏被加强。"庆封如梦初醒。过了几天,崔成、崔强又来找庆封,庆封便回答:"既然有利于他老人家,那就必须消灭他们。如果有什么困难,我来帮助你们。"

崔氏兄弟得到了庆封虚假的承诺,立即行动起来。九月初五日,崔成、崔强在崔氏的议事大厅杀死东郭偃和棠无咎。崔杼完全没有料到两个儿子会有这么一手,急火攻心又不知所措。他走出大厅,只见外面乱哄哄,平时跟着自己的人都已经逃散,想找人来驾车都找不到人,只好要养马的圉人套好车,由贴身的宦官驾车出来。

这个时候,崔杼已经意识到大事不妙了,祈祷说:"假如崔氏有福,祸事停留在我身上就可以了。"意思是,祸事不要累及崔氏全家,让他一个人承担好了。于是去找庆封,也就是他认为最能依靠的人。庆封的反应很积极,说:"崔氏和庆氏就是一家人,这些人怎么敢这样?请让我为您讨伐他们。"

　　庆封命卢蒲嫳带领甲士去进攻崔氏。崔氏加筑宫墙据守。卢蒲嫳攻而不克，又驱使临淄的居民相助，于是灭了崔氏，杀死崔成和崔强，而且将崔杼的家人全部俘虏，财产也搜刮一空。齐庄公的情妇、崔杼的夫人姜氏上吊自杀。

　　卢蒲嫳回来向崔杼复命，而且亲自驾车将他送回去。崔杼到家，才发现家已经不在了。崔杼知道自己被人算计了，自缢身亡。崔明趁夜躲到家族的墓地中，躲过一死。初六，崔明逃奔鲁国。庆封掌握了齐国的大政。

　　回想起来，当年崔杼要娶姜氏，找人算卦，得到一个"遇困之大过"，爻辞为："困于石，据于蒺藜。入于其宫，不见其妻，凶。"他和姜氏最终的结果，还真是"入于其宫，不见其妻"，被说中了。

　　楚薳罢如晋莅盟，晋侯享之。将出，赋《既醉》。叔向曰："薳氏之有后于楚国也，宜哉！承君命，不忘敏。子荡将知政矣。敏以事君，必能养民。政其焉往？"

　　宋之盟后，晋国荀盈到楚国结盟，楚国则派薳罢（字子荡）到晋国结盟。晋平公设宴招待他。将要退席的时候，薳罢赋了《诗经·小雅》的《既醉》一诗，其首句即云："既醉以酒，既饱以德。君子万年，介尔景福。"大大地赞美了晋平公。羊舌肸以为："薳氏的后人在楚国长久传承是应该的。接受了国君的命令，不忘记敏捷应对，子荡将要执政了。敏于侍奉国君，一定能够保养民众，政权还能去到哪里呢？"

　　崔氏之乱，申鲜虞来奔，仆赁于野，以丧庄公。冬，楚人召之，遂如楚，为右尹。

鲁襄公二十五年，崔杼作乱，弑齐庄公，申鲜虞前来投奔鲁国，在郊外雇用了仆人，为齐庄公服丧。这一年冬天，楚国派人来召他做官，他就去了楚国当右尹。

十一月乙亥朔，日有食之。辰在申，司历过也，再失闰矣。

十一月初一，发生日食。北斗星的斗柄指在"申"的位置上（建申之月，周历为九月），这是因为主持历法的官员的过失，两次应该设置闰月而没有设置。

鲁襄公二十八年

公元前545年，鲁襄公二十八年。

二十八年春，无冰。梓慎曰："今兹宋、郑其饥乎！岁在星纪，而淫于玄枵，以有时灾，阴不堪阳。蛇乘龙，龙，宋、郑之星也。宋、郑必饥。玄枵，虚中也。枵，耗名也。土虚而民耗，不饥何为？"

二十八年春，没有结冰。春天没有结冰，不是很正常吗？据后人查证，这一年的正月还未立春，实际上是冬季，应该有冰而没有结冰，所以就记录在册了。

鲁国大夫梓慎判断：今年宋国和郑国也许会闹饥荒。岁星当在星纪，却又超过了玄枵，就会发生天时不正的灾害，阴抵挡不住阳。玄枵为蛇,岁星为龙,蛇在上而龙在下。岁星在宋国、郑国的分野之上,所以宋国、郑国必然饥荒。玄枵有女、虚、危三宿,虚宿居于其中。枵,是消耗的名称。土地虚空而百姓消耗,不发生饥荒还能怎样呢?

夏,齐侯、陈侯、蔡侯、北燕伯、杞伯、胡子、沈子、白狄朝于晋,宋之盟故也。齐侯将行,庆封曰:"我不与盟,何为于晋?"陈文子曰:"先事后贿,礼也。小事大,未获事焉,从之如志,礼也。虽不与盟,敢叛晋乎?重丘之盟,未可忘也。子其劝行!"

> 夏天,齐、陈、蔡、北燕、杞、胡、沈、白狄等国君或部落首领到晋国朝见,这是因为宋之盟,也就是弭兵会盟的缘故。齐景公将要出发,庆封表示不解:"我们又没有参加会盟,为什么要朝见晋侯?"陈须无说:"先考虑侍奉大国的事,再考虑朝见要用的财货,这是合于礼的。小国侍奉大国,如果没有得到出力的机会,就要顺从大国的意志,这也是合于礼的。虽然没有参加会盟,我们敢背叛晋国吗?三年前重丘之盟的誓词,还不可以忘记。您应该劝国君去,而不是反对!"

卫人讨宁氏之党,故石恶出奔晋。卫人立其从子圃,以守石氏之祀,礼也。

> 卫国人清算宁氏的党羽,所以石恶出奔晋国。鲁隐公年代,石氏的先祖石碏大义灭亲,平定州吁之乱,挽救卫国于危亡之中,卫国人对此念念不忘。而今石恶虽然有罪,罪不至于绝祀,于是卫国人立石恶的侄子石圃为宗主,以保存石氏的祭祀,这是合于礼的。

郏悼公来朝,时事也。

郯悼公来到鲁国朝见,这是按照时令的例行朝见。

秋八月,大雩,旱也。

八月,鲁国举行大型雩祭,是因为久旱不雨。

蔡侯归自晋,入于郑。郑伯享之,不敬。子产曰:“蔡侯其不免乎!日其过此也,君使子展廷劳于东门之外,而傲。吾曰犹将更之。今还,受享而惰,乃其心也。君小国事大国,而惰傲以为己心,将得死乎? 若不免,必由其子。其为君也,淫而不父。侨闻之,如是者,恒有子祸。”

蔡景公从晋国回国,经过郑国,郑简公设宴招待他,蔡景公表现不恭敬。子产认为:“蔡侯恐怕是将不免于祸了吧? 此前他经过这里前往晋国,国君派子展到东门外慰劳他,而他表现得很骄傲。我认为他还是会有所改变的。今天回来,接受享礼而怠慢,这就是他的本性如此了。身为小国之君,侍奉大国,而以怠慢骄傲作为本性,将来能得好死吗? 如果不免于祸,一定是因为他的儿子。他作为国君,淫乱而没有做父亲的样子。我听说,像这样的人,经常会遇到儿子发动的祸乱。”

孟孝伯如晋,告将为宋之盟故如楚也。

弭兵会盟约定,晋、楚两国的盟国要交相朝见。鲁襄公准备前往楚国朝见,事先派仲孙羯前往晋国报告这件事。

蔡侯之如晋也,郑伯使游吉如楚。及汉,楚人还之,曰:“宋之盟,君实亲辱。今吾子来,寡君谓吾子姑还,吾将使驲奔问诸晋而以告。”子大叔曰:"宋之盟,君命将利小国,而亦使安定其社稷,镇抚其民人,以礼承天之休,此君之宪令,而小国之望也。寡君是故使吉奉其皮币,以岁之不易,聘于下执事。今执事有命曰:女何与政令之有? 必使而君弃而封守,跋涉山川,蒙犯霜露,以逞君心。小国将君是望,敢不唯命是听? 无乃非盟载之言,以阙君德,而执事有不利焉,小国是惧。不然,其何劳之敢惮?"

子大叔归,复命。告子展曰:"楚子将死矣。不修其政德,而贪昧于诸侯,以逞其愿,欲久,得乎?《周易》有之,在《复》䷗之《颐》䷚,曰'迷复,凶',其楚子之谓乎! 欲复其愿,而弃其本,复归无所,是谓迷复,能无凶乎? 君其往也,送葬而归,以快楚心。楚不几十年,未能恤诸侯也,吾乃休吾民矣。"裨灶曰:"今兹周王及楚子皆将死。岁弃其次,而旅于明年之次,以害鸟、帑,周、楚恶之。"

蔡景公前往晋国朝见的时候,郑简公派游吉前往楚国,到了汉水,楚国人要游吉回去,说:"在宋国结盟的时候,是你们的国君亲自参加,今天您来,寡君说请您姑且回去,我们将派使者乘坐传车前往晋国问问,然后再通知您。"当然不是真要去晋国询问,而是警告郑国人:按照宋之盟的约定,晋、楚两国的盟国要交相朝见。既然是朝见,那就应该国君亲自来,派个卿来应付是不行的。

游吉回应:"在宋国结盟的时候,君王下令说将要有利于小国,也使小国安定它的社稷,抚慰它的百姓,以礼仪来承受上天赐予的福气,这是君王的法令,也是我们这些小国的愿望。今年敝国的收成不好,寡君因此派我奉上财礼,向贵国的办事人员表示敬意。现在您却对我说:你有什么资格参与郑国的大事? 一定要寡君抛弃守卫疆土的职责,跋山涉水,冒着霜露,来满足君王的心愿。小国还希望君王赐予恩惠,岂敢不唯命是从? 但这不是盟书所记载的誓言,损害了君王的德行,对于您本人也不利，我们怕的就是这个啊！不然的话，寡君哪里敢害怕劳苦，不亲自前来呢？"

游吉回国复命，对公孙舍之说："楚王快死了，不致力于修明德政，反而在诸侯那里索取无度，以满足他的心愿，想活得久一点，行吗？"又以《周易》里的"遇复之颐"来比照楚康王的行为。

《周易》的复卦，上卦为《坤》☷，下卦为《震》☳。颐卦的上卦为《艮》☶，下卦为《震》☳。所谓"遇复之颐"，是复卦的第六爻由阴变阳，其爻辞为："迷复，凶。"

复的意思是回来，也可以是实现、实践。游吉以为，楚康王想实现他的愿望，而抛弃了修德这一根本，想回来却又找不到方向，这就叫作"迷复"，能够不凶吗？他建议郑襄公："您就去一趟楚国吧，给他送葬再回来，让他如愿以偿。楚国没有十年的时间，不能争霸诸侯，我们可以让百姓好好休养一下了。"

大夫裨灶也认为：今年周天子和楚王都将死，因为岁星不在其位，而是运行得过了头，已经到明年的位置（即玄枵），这就危害到了鸟和鸟尾，也就是鹑火和鹑尾（分别包含柳、星、张三宿和翼、轸两宿，按照分野理论，则对应地上的王畿和楚地），王室和楚国受其影响，将有灾难。

九月，郑游吉如晋，告将朝于楚以从宋之盟。子产相郑伯以如楚。舍不为坛。外仆言曰："昔先大夫相先君适四国，未尝不为坛。自是至今亦皆循之。今子草舍，无乃不可乎？"子产曰："大适小，则为坛；小适大，苟舍而已，焉用坛？侨闻之：大适小有五美：宥其罪戾，赦其过失，救其灾患，赏其德刑，教其不及。小国不困，怀服如归，是故作坛以昭其功，宣告后人，无怠于德。小适大有五恶：说其罪戾，请其不足，行其政事，共其职贡，从其时命。不然，则重其币帛，以贺其福而吊其凶，皆小国之祸也，焉用作坛以昭其祸？所以告子孙，无昭祸焉可也。"

九月，郑国的游吉前往晋国，将郑简公要按照弭兵会盟的约定前往楚国朝见一事报告晋国。子产则侍奉郑简公前往楚国。

按照当时的习俗，诸侯到他国访问，未入对方国都之前，要接受对方的"郊劳"，也就是出城慰问。为此，必须寻找一块空地，拔除野草，清洁土地，然后堆土为坛，并用帷幕围蔽四周，以接待对方人员。郑简公却是"舍不为坛"，仅仅搭建了一些休息用的帐篷，没有搭建土坛。负责搭坛的外仆对子产说："从前先大夫陪同先君到各国访问，从来没有不筑坛的，这一规矩至今仍在遵循。现在您不除草就搭起了帐篷，这样恐怕不可以吧？"

子产回答："大国诸侯去到小国，就筑坛；小国诸侯去到大国，将就着搭个帐篷就行了，哪里用得着筑坛？我听说，大国诸侯去到小国，有五种美好的愿望——赦免小国的罪过，原谅它的错误，救助它的灾难，表扬它德法兼治，教导它做得不到位的地方。小国没有困惑，依赖和服从大国有如回家一般，所以筑坛以宣扬功德，告诉后人不要懈怠。而小国诸侯去到大国，有五种坏的目的——听大国掩饰自己的罪过，要求得到所缺乏的物资，听命于大国，向大国贡献物品，服从大国不合时令的指示。如果不这样做，大国就加重小国的负担，无论喜事丧事都要求小国出钱出力。这些都是小国的祸患，还用得着筑坛来宣扬这些祸患，而且告诉后人吗？不要宣扬祸患就可以啦！"

说白了，小国被大国欺负，本来就是一种灾难，没有必要把丧事当成喜事办，到处丢人现眼还自鸣得意。

齐庄封好田而耆酒，与庆舍政，则以其内实迁于卢蒲嫳氏，易内而饮酒。数日，国迁朝焉。使诸亡人得贼者，以告而反之，故反卢蒲癸。癸臣子之，有宠，妻之。庆舍之士谓卢蒲癸曰："男女辨姓，子不辟宗，何也？"曰："宗不余辟，余独焉辟之？赋诗断章，余取所求焉，恶识宗？"癸言王何而反之，二人皆嬖，使执寝戈而先后之。

齐国的崔杼死后，庆封大权独揽。此人爱好打猎和饮酒，沉溺其中，不能自拔。他将国政交给儿子庆舍（字子之）打理，自己带着妻妾和财宝移居卢蒲嫳家里，互相交换妻妾饮酒作乐。数日之后，大臣们便开始到卢蒲嫳家里奏事了。庆封下令，那些逃亡在外的人如果得知崔氏余党的消息，只要前来报告就可以将功赎罪。齐庄公被弑的时候，其亲信卢蒲癸逃奔晋国，这个时候也回来了。

卢蒲癸和卢蒲嫳是什么关系？老左没有介绍，从姓名上看，应该是同族吧。卢蒲癸回到齐国，投靠于庆舍门下，受到宠信。庆舍甚至将女儿嫁给了他。庆舍的家臣们对这个新来的暴发户颇为不屑，有人故意问他："男女结婚要区别是否同姓，你却不避同宗，为什么？"

庆氏是姜姓，卢蒲氏也是姜姓，按照同姓不婚的原则，本来是不可以结亲的。卢蒲癸回答："同宗不避我，我为什么要避同宗呢？这就好比赋诗可以断章取义，我按自己的需求去理解就是了，管他同宗不同宗。"

确实，春秋时期外交常以赋诗言志，赋者、听者各取所求，不顾本义，往往是断章取义，甚至是牵强附会，强加自己的理解。按照卢蒲癸的逻辑，既然诗可以曲解，同姓不婚的原则也是可以随意更改的。他还将与自己同时逃亡的王何也推荐给庆舍，将其召回齐国，两个人都受到庆舍的宠信。庆舍命他们拿着寝戈（一种近身防卫的武器）在前后侍候。

公膳日双鸡，饔人窃更之以鹜。御者知之，则去其肉，而以其洎馈。子雅、子尾怒。庆封告卢蒲嫳。卢蒲嫳曰："譬之如禽兽，吾寝处之矣。"使析归父告晏平仲。平仲曰："婴之众不足用也，知无能谋也。言弗敢出，有盟可也。"子家曰："子之言云，又焉用盟？"告北郭子车。子车曰："人各有以事君，非佐之所能也。"陈文子谓桓子曰："祸将作矣，吾其何得？"对曰："得庆氏之木百车于庄。"文子曰："可慎守也已！"

齐国朝堂上的伙食标准,前来上朝的卿大夫每日吃两只鸡。主管食堂的饔人偷偷地用鸭子替换。传菜的人知道了,干脆将鸭肉都私吞,只上汤汁。大夫公孙虿(字子尾)、公孙灶(字子雅)为此而发怒,认为是执政者管理不善,矛头直指庆封。庆封将这件事告诉了卢蒲嫳。卢蒲嫳说:"把他们比作禽兽的话,我睡在他们的皮上了。"

古人猎杀虎、熊等大型野兽,吃它们的肉,将它们的皮做成褥子,垫着睡觉。卢蒲嫳这样说的意思,是要对公孙虿和公孙灶动武,而且可以轻而易举地搞掂他们。庆封派析归父将这件事告诉晏婴,想获得晏婴的支持。晏婴说:"我的人不足为用,我的智商不足与谋,就不要考虑我了。但是您既然跟我说了这事,我也不敢泄露机密。不放心的话,可以盟誓。"意思是我谁也不帮,明哲保身。析归父说:"您都这样说了,哪里用得着盟誓?"又去找大夫北郭佐(字子车)。北郭佐回答:"每个人都有不同的方式侍奉国君,这不是我能够做的。"也拒绝了。

山雨欲来之际,唯有一家人表现得特别镇定,那就是陈氏。说句题外话,这家人的思维方式是颇为独特的。一般人的思维,大乱将至,首先要考虑的问题是:"该怎么避祸?"而陈须无想的是:"祸乱将要发作了,我们能够得到什么?"他拿这个问题问儿子,陈无宇的回答有如江湖切口:"可以在庄街上得到庆氏的木头一百车。"

庄街是齐国首都临淄的大街,木头是盖房子用的。陈无宇这句话可以理解为:庆氏必败,我们可以趁乱取势,掌握权力。陈须无表示赞同,又说:"可以谨慎地守住这个机会。"意思是机会难得,但是要谨慎行事,不可轻举妄动。

卢蒲癸、王何卜攻庆氏,示子之兆,曰:"或卜攻仇,敢献其兆。"子之曰:"克,见血。"冬十月,庆封田于莱,陈无宇从。丙辰,文子使召之,请曰:"无宇之母疾病,请归。"庆季卜之,示之兆,曰:"死。"奉龟而泣,乃使归。庆嗣闻之,曰:"祸将作矣。谓子家:"速归,祸作必于尝,归犹可及也。"子家弗听,亦无悛志。子息曰:"亡矣! 幸而获在吴、越。"陈无宇济水,而戕舟发梁。

对于庆封来说,危险来自内部,也就是他的儿子庆舍。卢蒲癸、王何为进攻庆氏而占卜,将乌龟的裂纹拿给庆舍看,说:"有人为了攻打仇人而占卜,谨此进献其征兆。"意思是,要庆舍看看事情能不能成。庆舍压根没有想到这个"仇人"就是自家,看过之后说:"可以成功,看到血了。"

十月,陈无宇跟随庆封在莱地狩猎。十七日,陈须无派人召陈无宇回去,说:"无宇的母亲病重,请让他回来。"庆封为此而占卜,将龟甲拿给陈无宇看。陈无宇说:"这是死的预兆。"捧着龟甲大哭。庆封于是让他回去。庆封的族人庆嗣听到这个消息,却意识到有问题,说:"祸难将要发作了。"建议庆封:"赶紧回去,祸难将在尝祭之时发作,现在回去还来得及。"庆封不听,也没表现出有什么担心。庆嗣的儿子子息说:"他要逃亡了,如果能够逃到吴国、越国就算是幸运的了。"

陈无宇奔回临淄,只要渡过河流就凿沉船只,破坏桥梁。这就是陈家人的行事方式,表面上不动声色,背地里推波助澜。

卢蒲姜谓癸曰:"有事而不告我,必不捷矣。"癸告之。姜曰:"夫子愎,莫之止,将不出,我请止之。"癸曰:"诺。"十一月乙亥,尝于大公之庙,庆舍莅事。卢蒲姜告之,且止之,弗听,曰:"谁敢者!"遂如公。麻婴为尸,庆奊为上献。卢蒲癸、王何执寝戈,庆氏以其甲环公宫。陈氏、鲍氏之圉人为优。庆氏之马善惊,士皆释甲、束马,而饮酒,且观优,至于鱼里。栾、高、陈、鲍之徒介庆氏之甲。子尾抽桷,击扉三,卢蒲癸自后刺子之,王何以戈击之,解其左肩。犹援庙桷,动于甍。以俎、壶投,杀人而后死。遂杀庆绳、麻婴。公惧,鲍国曰:"群臣为君故也。"陈须无以公归,税服而如内宫。

被算计的人迷迷糊糊,算计的人也犯了傻。卢蒲癸的老婆卢蒲姜,也就是庆舍的女儿觉察到自己的丈夫正在谋划什么大事,对他说:"如果有事却不告诉我,必定不会成功。"卢蒲癸竟然把计划告诉了她。卢蒲姜说:"他老人家刚愎自用,您想引他出来,假如没有人劝阻他,他就不会出来了,请让我去劝阻他。"意思是,庆舍这个人喜欢和人家对着干,越是有人劝阻的事,他越要干。抓住这个特点,才能引他上当。卢蒲癸说:"好。"

十一月初七,齐国在宗庙中举行尝祭,庆舍将要到场主持。当天早上,卢蒲姜跑回娘家,告诉庆舍有人要刺杀他,请他不要出门。庆舍说:"谁敢刺杀我?"于是不听劝阻,来到宗庙。

自古以来,恐怕没有比这更荒诞的一幕了:女婿要杀岳父,女儿一边帮着老公出谋划策,一边又跑到父亲这里将阴谋告诉他,却又促使父亲更加坚定了出门的意愿。她到底是帮老公还是帮父亲呢?客观上讲,两者她都帮了,因此她既对得住老公也对得住父亲。世人很难评价这究竟是一种智慧、一种无耻,还是一种无奈?

尝祭的仪式,还有些巫术的意味,要以活人代表受祭者附体,叫作"尸"。还要有人担任"上献",也就是上宾。当时担任"尸"的麻婴和担任"上献"的庆奊都是庆舍的人,卢蒲癸和王何手持寝戈护卫在庆舍前后,庆氏的甲士将公宫团团围住。由此可见,庆舍是有备而来的,自认为万无一失,也难怪他不肯听女儿的劝告。

尝祭有类似于游行的歌舞演出,陈氏、鲍氏的围人担任了演员。庆氏的马可能是不习惯这种热闹的场合,动不动就受惊。于是甲士们都解开甲胄,约束住马匹,同时喝酒,观看表演,不知不觉到了鱼里(临淄城内地名)。乐氏、高氏、陈氏、鲍氏的手下趁机穿上庆氏的盔甲。公孙虿抽出一根椽子,在门上敲了三下,发出进攻的信号。卢蒲癸从后面袭击庆舍,王何也用寝戈扫过去,将庆舍的左肩砍了下来。受到这样的重伤,庆舍仍然神勇无敌,拉着宗庙的椽子,震动屋宇,又拿着肉案和酒壶掷人,砸死好几个人，自己才死去。卢蒲癸等人于是又杀死了麻婴和庆绳。齐景公看到这个场景，当然害怕。鲍国解释道："这是群臣为了国君而为。"意思是，这不是针对您来的，请放心。陈须无保护着齐景公回去，脱掉祭服后进入内宫。

庆封归，遇告乱者。丁亥，伐西门，弗克。还伐北门，克之。入，伐内宫，弗克。反，陈于岳，请战，弗许，遂来奔。献车于季武子，美泽可以鉴。展庄叔见之，曰："车甚泽，人必瘁，宜其亡也。"叔孙穆子食庆封，庆封汜祭。穆子不说，使工为之诵《茅鸱》，亦不知。既而齐人来让，奔吴。吴句余予之朱方，聚其族焉而居之，富于其旧。子服惠伯谓叔孙曰："天殆富淫人，庆封又富矣。"穆子曰："善人富谓之赏，淫人富谓之殃。天其殃之也，其将聚而歼旃？"

庆封终于从莱地返回，有人报告城内有乱。十九日，庆封进攻临淄西门，攻而不克。再进攻北门，攻克了。进入城内，进攻内宫，没有攻克。退出来在岳里（临淄城内地名）列阵，请求决一死战，没有得到回应。处于庆封现在的境地，如果不能速战速决，那就只有失败了，他于是放弃了幻想，逃奔鲁国。

到了鲁国，庆封将一辆马车献给季孙宿，算是拜码头吧。这辆车不仅华丽，而且光泽照人。鲁国大夫展庄叔看到了，说："车子这么光泽，人必定内心憔悴，活该他逃亡。"叔孙豹请庆封吃饭。庆封煞有介事地端起酒杯，向诸神献祭。按照周礼的规定，但有饮食，必先献祭，这倒是没错，可献祭是主人的专利，客人越俎代庖就很不合适了，而且有托大之嫌。叔孙豹心下不悦，让乐工为他朗诵了《茅鸱》一诗。回想去年，叔孙豹招待庆封，因为庆封不敬，赋了《相鼠》来讽刺他，庆封根本不知道是什么意思。现在，庆封同样是一脸蒙。不久，齐国人得知庆封逃到了鲁国，派人来责问，庆封只好又逃到了吴国。吴王馀祭收留了庆封，让他居住在朱方(地名)。

说来奇怪,庆封虽然不懂政治,不通诗书,搞经济却是一把好手。他在朱方聚集族人,很快就积聚了大笔钱财,比在齐国的时候更为富有。消息传到鲁国,孟椒对叔孙豹说:"老天可能是故意让坏人发财,庆封又富啦!"叔孙豹说:"好人发财叫作奖赏,坏人发财那是灾难,老天是想降灾于他,所以将他们聚集在一起好一网打尽。"

癸巳,天王崩。未来赴,亦未书,礼也。

十一月二十五日,周灵王驾崩,太子贵即位,是为周景王。因王室没有发来讣告,《春秋》也没有记载,这是合于礼的。

崔氏之乱,丧群公子。故鉏在鲁,叔孙还在燕,贾在句渎之丘。及庆氏亡,皆召之,具其器用,而反其邑焉。与晏子邶殿其鄙六十,弗受。子尾曰:"富,人之所欲也。何独弗欲?"对曰:"庆氏之邑足欲,故亡。吾邑不足欲也,益之以邶殿,乃足欲。足欲,亡无日矣。在外,不得宰吾一邑。不受邶殿,非恶富也,恐失富也。且夫富,如布帛之有幅焉。为之制度,使无迁也。夫民,生厚而用利,于是乎正德以幅之,使无黜嫚,谓之幅利。利过则为败。吾不敢贪多,所谓幅也。"与北郭佐邑六十,受之。与子雅邑,辞多受少。与子尾邑,受而稍致之。公以为忠,故有宠。释卢蒲嫳于北竟。

求崔杼之尸,将戮之,不得。叔孙穆子曰:"必得之。武王有乱臣十人,崔杼其有乎? 不十人,不足以葬。"既,崔氏之臣曰:"与我其拱璧,吾献其柩。"于是得之。十二月乙亥朔,齐人迁庄公,殡于大寝。以其棺尸崔杼于市。国人犹知之,皆曰"崔子也"。

鲁襄公二十一年，齐庄公依靠崔杼登上君位，杀公子牙并讨伐他的余党，所以公子钼逃到鲁国，叔孙还逃到燕国，公子贾被囚禁在句渎之丘。等到庆氏灭亡，齐景公将他们都召回来，给他们准备了器物，而且返还他们的封地。赏赐给晏婴邶殿（地名）郊外的城邑六十座，晏婴不接受。公孙虿说："富有，是人的愿望，为何唯独您不想要呢？"晏婴说："庆氏的城邑足可以满足欲望，所以他逃亡了。我的城邑不足以满足欲望，将邶殿的增加给我，这样就满足欲望了。满足了欲望，离逃亡也就不远了。如果逃亡在外，我连主宰一座城邑都不可能。不接受邶殿，不是讨厌富有，而是害怕失去富有。而且所谓富有，就像布帛一样有一定的幅度。给它确定宽度，使之不能增减。百姓，总是想生活条件丰厚一点，器物财用富饶一点，所以要端正他们的道德来限制欲望，使之不要不够也不要过度，叫作'幅利'。利益超过一定的限度就会败坏。我不敢贪多，这就是所谓的'幅'了。"

又赏赐给北郭佐六十座城邑，北郭佐接受了。赏给公孙灶城邑，公孙灶推辞大部分，只接受小部分。赏给公孙虿城邑，公孙虿接受了，但是又全部还给公室。齐景公认为公孙虿忠诚，所以宠信他。至于庆封的同党卢蒲嫳，被放逐到齐国北部边境。

为了给齐庄公报仇，同时也是为了惩戒乱臣贼子，齐景公下令寻找崔杼的尸体，想要拿来示众，却怎么也找不到。叔孙豹说："一定找得到。当年周武王有治理天下的臣子十人，崔杼有吗？没有十人，不足以安葬。"不安葬，就找得到尸体。果然，不久之后，崔杼的家臣说："将崔杼的大玉璧给我，我就交出他的灵柩。"于是就得到了崔杼的尸体。十二月初一，齐国人改葬齐庄公，停棺在正寝。同时将崔杼的尸体装在他的棺材里，放在街市上示众。国人还认得出那是谁，都说："这是崔子。"

为宋之盟故，公及宋公、陈侯、郑伯、许男如楚。公过郑，郑伯不在，伯有迂劳于黄崖，不敬。穆叔曰："伯有无戾于郑，郑必有大咎。敬，民之主也，而弃之，何以承守？郑人不讨，必受其辜。济泽之阿，行潦之蘋藻，置诸宗室，季兰尸之，敬也。敬可弃乎？"

因为宋之盟的缘故，鲁襄公和宋平公、陈哀公、郑简公、许悼公前往楚国朝见楚康王。鲁襄公经过郑国，郑简公已经出发了，不在新郑。良霄前往黄崖慰劳，态度却不恭敬。叔孙豹说："良霄如果不获罪于郑国，郑国必定反受其害。诚敬，是百姓的主宰，却抛弃它，拿什么去承接先祖的福气、守卫他的家族？郑国人不讨伐他，必受其祸。水边的薄土，道路旁边的水沟里的水草，可以用作祭品，季兰可以作为'尸'，这是因为诚敬。难道可以抛弃诚敬吗？"

叔孙豹这段话，借用了《诗经·召南》中《采蘋》的诗意：

"于以采蘋？南涧之滨。于以采藻？于彼行潦。于以盛之？维筐及筥。于以湘之？维锜及釜。于以奠之？宗室牖下。谁其尸之？有齐季女。"

前面说过，尝祭要以活人代表受祭者附体，叫作"尸"。谁能够在祭祀中担任"尸"呢？美好而恭敬的"季女"，也就是少女。叔孙豹稍加转换，改成了"季兰"，是以有"季兰尸之"一说。

及汉，楚康王卒。公欲反，叔仲昭伯曰："我楚国之为，岂为一人？行也！"子服惠伯曰："君子有远虑，小人从迩。饥寒之不恤，谁遑其后？不如姑归也。"叔孙穆子曰："叔仲子专之矣，子服子，始学者也。"荣成伯曰："远图者，忠也。"公遂行。宋向戌曰："我一人之为，非为楚也。饥寒之不恤，谁能恤楚？姑归而息民，待其立君而为之备。"宋公遂反。

诸侯们到了汉水，却听到了楚康王去世的消息。鲁襄公想要回去，叔仲带说："我们来这里是为了楚国，岂是为了他一个人？还是继续走吧！"孟椒说："君子有深谋远虑，小人就考虑眼前。饥寒都顾不上，谁顾得上以后的事？不如姑且回去。"叔孙豹说："叔仲带可以委以专用了，孟椒才刚刚开始学习。"大夫荣成伯说："考虑长远，是忠于职守。"鲁襄公于是继续前进。

作为宋之盟的"秘书长"，宋国的向戍却持相反的态度："我们是为一个人而来的，不是为了楚国。饥寒都顾不上，谁能顾得上楚国？姑且回去让百姓休养生息，等待他们立了新君再戒备他们。"宋平公于是回去了。

楚屈建卒，赵文子丧之如同盟，礼也。

楚国流年不利，楚康王去世不久，令尹屈建也去世了。赵武为之服丧有如同盟，这是合于礼的。

王人来告丧，问崩日，以甲寅告，故书之，以征过也。

王室派人来报告周灵王的丧事。问他周灵王是什么时候去世的，说是十六日（前面记载是二十五日），所以《春秋》记录在册，以惩戒过失。

鲁襄公二十九年

公元前544年，鲁襄公二十九年。

二十九年春王正月，公在楚，释不朝正于庙也。

楚人使公亲襚,公患之。穆叔曰:"被殡而襚,则布币也。"乃使巫以桃、苆先被殡。楚人弗禁,既而悔之。

二十九年春,《春秋》记载:"公在楚。"这是解释鲁襄公为什么不按规定在宗庙听政。

鲁襄公不但在楚国,而且正在经历一场"尊严危机"。楚康王刚刚去世,楚国人要鲁襄公亲自为楚康王"致襚",也就是为死者穿衣。当然,死者的衣服早就由亲人给他穿好了,致襚也就简化成为向死者赠送衣服,并置于灵柩的东面。问题是,这种事情是由前来吊唁的使臣做的,没有让一国之君来做的先例啊。鲁襄公深为忧虑,叔孙豹却很轻松地说:"先扫除棺材上的不祥之气,然后再致襚,这就好比朝见时陈列钱币。"

于是到了致襚那天,叔孙豹先安排了一个巫师,手里拿着桃木棒和笤帚,先在灵柩上做了几个打扫的动作。楚国人搞不清楚是怎么回事,所以也没有禁止,不久之后就后悔了。为什么后悔? 原来周礼有规定,国君参加臣下的丧礼,要先派巫师以桃木棒和笤帚在灵柩上扫除不祥。鲁襄公这是占了楚康王的便宜啊!

二月癸卯,齐人葬庄公于北郭。

二月初六日,齐国人将齐庄公安葬在临淄外城北部,也就是说,没有埋葬在公室的墓地里,这是因为齐庄公死于刀兵,不能葬于墓地。

夏四月,葬楚康王。公及陈侯、郑伯、许男送葬,至于西门之外,诸侯之大夫皆至于墓。楚郏敖即位,王子围为令尹。郑行人子羽曰:"是谓不宜,必代之昌。松柏之下,其草不殖。"

四月,楚康王也下葬了。鲁襄公、陈哀公、郑简公和许悼公送葬到郢都的西门之外,诸侯的卿大夫们则都送到墓地。楚康王的太子麇即位为君,楚国人称之为郏敖。屈建死后,公子围继任令尹。郑国的行人公孙挥大概是看到了郏敖的懦弱与公子围的嚣张,说:"这就是所谓的不宜了,公子围必定会取代他而昌盛。松柏树下,小草很难生长。"

公还,及方城。季武子取卞,使公冶问,玺书追而与之,曰:"闻守卞者将叛,臣帅徒以讨之,既得之矣。敢告。"公冶致使而退,及舍,而后闻取卞。公曰:"欲之而言叛,只见疏也。"

公谓公冶曰:"吾可以入乎?"对曰:"君实有国,谁敢违君?"公与公冶冕服。固辞,强之而后受。公欲无入,荣成伯赋《式微》,乃归。五月,公至自楚。

公冶致其邑于季氏,而终不入焉。曰:"欺其君,何必使余?"季孙见之,则言季氏如他日;不见,则终不言季氏。及疾,聚其臣,曰:"我死,必以在冕服敛,非德赏也。且无使季氏葬我。"

去年年底,鲁襄公前往楚国,等到安葬完楚康王再启程回国,到达方城山,已经是今年四月了。此时,鲁国发生了一件大事,季孙宿夺取了原本属于公室的卞地。"三桓"专鲁,已经是不争的事实,但是明目张胆地夺取公室的土地,这还是第一次。当时,季氏家臣公冶正奉命前去给鲁襄公问安,季孙宿写了一封信,用泥封好,加盖印鉴于泥上,派人追上去交给公冶。信上说:"听说镇守卞地的官员反叛,下臣带人去讨伐他,已经取得该地,谨此报告。"公冶不知底细,见到鲁襄公,致以问候,将季孙宿的信交给鲁襄公,就退下了。回到住宿的地方,才听说季氏攻取了卞地。

鲁襄公打开封泥,读完季孙宿的信,当然恼怒,但是又不敢发作,只是说:"想要得到那地方就说人家叛乱,也就是对我表示疏远罢了。"言下之意,你想要就要,我又不是不给,何必拐弯抹角,徒显疏远。鲁襄公拿不准季孙宿还会不会有进一步的动作,又问公冶:"我还可以回国吗?"公冶回答:"鲁国是您的啊,谁敢不让您回去?"鲁襄公赏给他卿服玄冕,以示褒扬。公冶坚持不受,鲁襄公一定要给,不得已才接受。鲁襄公还是不敢回国。大夫荣成伯便赋了《诗经·邶风》中的《式微》:

"式微,式微,胡不归?微君之故,胡为乎中露?式微,式微,胡不归?微君之躬,胡为乎泥中?"

诗中之意:天黑了啊,为什么不回去呢?如果不是为了国君,谁愿意在露水和泥浆中劳碌呢?鲁襄公这才归国,于五月抵达曲阜。

公冶因为这件事,对季孙宿极为不满,将季氏封给他的土地全部退还,这就意味着他不再是季氏家臣了。终其一生,公冶再没有进过季氏的家门,说:"欺骗国君,这种事情何必叫我去做呢?"但他也不得罪季孙宿。季孙宿主动见他,他就像往常一样和季孙宿说话。季孙宿不见他,他就始终不谈及季氏。等到他病重的时候,将他的手下都聚集起来,说:"我去世之后,一定不能用国君赏赐的冕服入殓,这不是因为德行优秀而赏赐的,而且不要让季氏来安葬我。"

至死都清清白白,真是个讲究人。

葬灵王,郑上卿有事。子展使印段往。伯有曰:"弱,不可。"子展曰:"与其莫往,弱,不犹愈乎?《诗》云:'王事靡盬,不遑启处。'东西南北,谁敢宁处?坚事晋、楚,以蕃王室也。王事无旷,何常之有?"遂使印段如周。

王室为周灵王举行葬礼,郑简公还在楚国,上卿公孙舍之有要事在身,于是派印段前去参加。良霄以为印段年轻,还是不去为好。子产则以为:印段尽管年轻,总比不派人去强。《诗》说:"尽忠王事无不细致,无暇闲坐安居。"普天之下,东西南北,谁敢安闲地居住?都在坚定地侍奉晋国、楚国,以护卫王室。王事不能缺席,哪里有什么常规不常规? 于是派印段前往。

吴人伐越,获俘焉,以为阍,使守舟。吴子馀祭观舟,阍以刀弑之。

吴国人讨伐越国,抓到了俘虏,让他当了守门人,派他去看守战船。吴王馀祭去看战船,那个俘虏突然发难,用刀杀了馀祭。

前面说过,老吴王寿梦有四个儿子:长子诸樊、次子馀祭、三子馀眛、幼子季札。季札德才兼备,深得寿梦喜爱。寿梦想将王位传给季札,但是季札坚决不肯接受。寿梦去世后,诸樊即位。诸樊当了三年国君,就要让给季札,季札坚决不干。鲁襄公二十六年,也就是三年前,诸樊战死,馀祭即位。据《史记》记载,诸樊临死的时候,给馀祭下了一道密令,要馀祭将王位依次传给兄弟,直到让季札顺理成章地当上国君,以满足寿梦的心愿。这道命令意味着什么呢? 意味着馀祭和馀眛都必须死得早,否则的话,等到馀眛去世,季札恐怕也差不多行将就木,甚至可能已经不在人世了。

所以,馀祭当了三年国君就被人刺杀,表面上看是偶然,细想起来却颇多蹊跷:抓了越国的战俘,为什么让他当守门人呢? 当了守门人,为什么要他去看守战船呢? 馀祭是在江南水乡长大的,船对他来说如同北方的马车,稀松平常得很,为什么要专程跑去看船呢? 合理的解释是:他想快点死,好传位给老三馀眛,让老四季札获得当国君的机会。

郑子展卒,子皮即位。于是郑饥,而未及麦,民病。子皮以子展之命饩国人粟,户一钟,是以得郑国之民,故罕氏常掌国政,以为上卿。宋司城子罕闻之,曰:“邻于善,民之望也。”宋亦饥,请于平公,出公粟以贷;使大夫皆贷。司城氏贷而不书,为大夫之无者贷。宋无饥人。叔向闻之,曰:“郑之罕,宋之乐,其后亡者也,二者其皆得国乎! 民之归也。施而不德,乐氏加焉,其以宋升降乎!"

郑国的公孙舍之去世,其子罕虎(字子皮)继任当国。前面说过,诸侯之子叫公子,诸侯之孙叫公孙,到了公孙的儿子这一代,就不能叫"公曾孙"了,要另立门户,并以公子的字为氏。罕虎的这个罕氏,就是得自其祖父公子喜(字子罕)。

当时,郑国发生饥荒,新麦又没有成熟,老百姓饥饿困顿。罕虎奉公孙舍之的遗命,将家里的粮食分给国人,每户一钟,一百多斤吧。所以罕氏得到郑国人的拥护,经常掌握国政,担任郑国的上卿。

宋国也有个子罕,即司城乐喜(春秋时期名喜的人,一般字子罕,谁也猜不透是为什么)。乐喜听到郑国的事,说:"接近善,是老百姓仰望的对象。"宋国也遇到饥荒,乐喜向宋平公请求,拿出公家的粮食借给百姓,又要卿大夫们也都借粮。乐喜家则借出粮食而不打借条,而且为那些拿不出粮食的大夫代为借支。宋国因此没有挨饿的人。

晋国的羊舌肸听到了,说:"郑国的罕氏,宋国的乐氏,大概都是最后灭亡的,二者都能执掌国政吧! 这是因为民望所归。施舍而不表现自己的美德,乐氏的境界就更高了,他家应该会随着宋国的国运而兴衰吧!"

晋平公,杞出也,故治杞。六月,知悼子合诸侯之大夫以城杞,孟孝伯会之,郑子大叔与伯石往。子大叔见大叔文子,与之语。文子曰:"甚乎其城杞也!"子大叔曰:"若之何哉! 晋国不恤周宗之阙,而夏肆是屏,其弃诸姬,亦可知也已。诸姬是弃,其谁归之? 吉也闻之,弃同、即异,是谓离德。《诗》曰:'协比其邻,昏姻孔云。'晋不邻矣,其谁云之?"

晋平公的母亲是杞国公主,所以对杞国关照有加。六月,荀盈会合诸侯的大夫来为杞国修筑城池,鲁国派仲孙羯参加,郑国的游吉和伯石前往。游吉见到卫国的太叔仪,两个人聊天,太叔仪说:"太过分了吧,居然要为杞国修城！"游吉说："那有什么办法呢？晋国不担心周室的衰微，反而只顾保护夏朝的遗民（杞国为夏朝之后），它会抛弃姬姓诸侯，也是可想而知的了。抛弃了姬姓诸侯，谁又会归顺它？我听说，抛弃同姓，亲近异姓，这叫作离德。《诗》上说：'亲附近亲的人，姻亲也会与他亲近友好。'晋国已经不亲近咱们这些近亲了，谁又会与它亲近友好？"

齐高子容与宋司徒见知伯，女齐相礼。宾出，司马侯言于知伯曰："二子皆将不免。子容专，司徒侈，皆亡家之主也。"知伯曰："何如？"对曰："专则速及，侈将以其力毙，专则人实毙之，将及矣。"

齐国的高止（字子容）与宋国的司徒华定来见荀盈，晋国大夫女齐为荀盈相礼。宾客走了之后，女齐对荀盈说："这两个人都将不免于祸。高止专横，华定奢侈，都是败亡家族的主。"荀盈说："这话怎么说呢？"女齐说："专横就会迅速惹祸上身，奢侈将会因为力量强大而致死。专横则别人会弄死他，高止已经快了。"

范献子来聘，拜城杞也。公享之，展庄叔执币。射者三耦。公臣不足，取于家臣。家臣，展瑕、展玉父为一耦。公臣，公巫召伯、仲颜庄叔为一耦，鄟鼓父、党叔为一耦。

晋国士鞅来鲁国访问，拜谢鲁国为杞国修城。鲁襄公招待士鞅，展庄叔"执币"，也就是拿着准备赠送给客人的布帛。席间射箭为乐，二人为耦。按照周朝的礼仪，诸侯与卿大夫射箭，三耦先各射四箭，然后主人与主宾出场献技。这个射箭不是一般的射，除了善操弓矢，能射中靶心，还要熟知礼仪，同时动作要优美，神态要端庄。当时鲁国的公室衰微，才艺之士不足，要找出六个合格的人来很难，所以"公臣不足，取于家臣"，只好向卿家借用家臣。家臣，展瑕和展玉父为一耦。公臣，巫召伯、仲颜庄叔为一耦;郮鼓父、党叔为一耦。

晋侯使司马女叔侯来治杞田,弗尽归也。晋悼夫人愠曰:"齐也取货。先君若有知也,不尚取之。"公告叔侯。叔侯曰:"虞、虢、焦、滑、霍、扬、韩、魏,皆姬姓也,晋是以大。若非侵小,将何所取? 武、献以下,兼国多矣,谁得治之? 杞,夏余也,而即东夷。鲁,周公之后也,而睦于晋。以杞封鲁犹可,而何有焉? 鲁之于晋也,职贡不乏,玩好时至,公卿大夫相继于朝,史不绝书,府无虚月。如是可矣,何必瘠鲁以肥杞? 且先君而有知也,毋宁夫人,而焉用老臣?"

杞文公来盟,书曰"子",贱之也。

晋平公派女齐来鲁国,督促鲁国归还从前所占领的杞国土地,但是没有全部归还。晋悼公夫人,也就是晋平公的母亲不高兴了,说:"女齐肯定是受了贿赂。先君泉下有知,不会赞同他这样办事的。"晋平公告诉女齐,女齐说:"虞、虢、焦、滑、霍、扬、韩、魏这些国家都是姬姓,晋国消灭了它们,所以今天才这么强大。如果不是侵略小国,将从哪里取得土地? 晋武公、晋献公以降,兼并的国家多了,谁能够要求归还? 杞国,是夏朝的残余,而亲近东夷。鲁国,是周公的后人,而亲近晋国。把杞国封给鲁国都可以,还有什么好抱怨的? 鲁国对于晋,贡品不少,玩物珍品按时送到,国君和卿大夫相继来朝见,史官从来没有中断记载,府库没有一个月不接收鲁国的贡品。这样已经很不错了,何必损害鲁国来养肥杞国? 而且,先君如果死而有知,就宁可让夫人去办外交,哪里用得着我这个老家伙?"最后一句话的意思是,我想先君也不会搭理这件事吧。

不管怎么样,鲁国毕竟还是归还了杞国一些土地,而且此前还为杞国修了城,所以杞文公前来结盟。《春秋》记载:"杞子来盟。"称其为"子",是表示对他的不屑。

吴公子札来聘，见叔孙穆子，说之。谓穆子曰："子其不得死乎！好善而不能择人。吾闻君子务在择人。吾子为鲁宗卿，而任其大政，不慎举，何以堪之？祸必及子！"

　　且说吴王馀祭去世后，轮到老三馀眛即位。馀眛一上台，就给老四季札派了一趟差使，让他去中原各国访问，表达通好之意。谁都没有料到，季札的这次出访，引起了中原各国的轰动，而且成就了中国文化史上的一段佳话。

　　季札出访的第一站是鲁国，见到了叔孙豹，二人相谈甚欢。不过，季札给叔孙豹下了一个不怎么好的判断："您恐怕难以寿终！您心地善良，却不善于识人。我听说，君子必须善于择人，您以鲁国宗卿的身份担任国政，不慎重选拔人才，怎么能够尽到自己的职责呢？祸事必定会降临到您头上。"

　　请观于周乐。使工为之歌《周南》《召南》，曰："美哉！始基之矣，犹未也。然勤而不怨矣。"为之歌《邶》《鄘》《卫》，曰："美哉，渊乎！忧而不困者也。吾闻卫康叔、武公之德如是，是其《卫风》乎！"为之歌《王》，曰："美哉！思而不惧，其周之东乎！"为之歌《郑》，曰："美哉！其细已甚，民弗堪也。是其先亡乎！"为之歌《齐》，曰："美哉，泱泱乎！大风也哉！表东海者，其大公乎！国未可量也。"为之歌《豳》，曰："美哉，荡乎！乐而不淫，其周公之东乎？"为之歌《秦》，曰："此之谓夏声。夫能夏则大，大之至也，其周之旧乎！"为之歌《魏》，曰："美哉，沨沨乎！大而婉，险而易行，以德辅此，则明主也。"为之歌《唐》，曰："思深哉！其有陶唐氏之遗民乎！不然，何忧之远也？非令德之后，谁能若是？"为之歌《陈》，曰："国无主，其能久乎！"自《郐》以下无讥焉。为之歌《小雅》，曰："美哉！思而不贰，怨而不言,其周德之衰乎? 犹有先王之遗民焉。"为之歌《大雅》,曰:"广哉! 熙熙乎! 曲而有直体,其文王之德乎!"为之歌《颂》,曰:"至矣哉! 直而不倨,曲而不屈,迩而不逼,远而不携,迁而不淫,复而不厌,哀而不愁,乐而不荒,用而不匮,广而不宣,施而不费,取而不贪,处而不底,行而不流。五声和,八风平,节有度,守有序,盛德之所同也。"

见舞《象箾》《南籥》者,曰:"美哉! 犹有憾。"见舞《大武》者,曰:"美哉! 周之盛也,其若此乎!"见舞《韶濩》者,曰:"圣人之弘也,而犹有惭德,圣人之难也。"见舞《大夏》者,曰:"美哉! 勤而不德,非禹,其谁能修之?"见舞《韶箾》者,曰:"德至矣哉,大矣! 如天之无不帱也,如地之无不载也。虽甚盛德,其蔑以加于此矣,观止矣。若有他乐,吾不敢请已!"

季札在鲁国访问,向鲁国人提出一个要求:想观赏一下周乐。这个要求提得很对路。鲁国是春秋时期的文化大国,号称周礼保存最完整的国度。论及礼乐典籍,鲁国人连王室都不放在眼里。到鲁国观赏周乐,就好比去朝鲜看《阿里郎》,保准主人高兴,客人满意。尤其是对来自蛮夷地方的吴国人,鲁国人更是想好好地露一手,所以为他举行了一场堪称豪华的演出。

乐工开始演唱的是《诗经》中的《周南》和《召南》两篇,这也是《诗经》的开场白,自古以来被列于《诗经》之首。从篇名上看,《周南》和《召南》是赞美周朝初年周公旦、召公奭的文治武功,说他们将周朝文化自北向南广泛传播,从泾渭流域到江汉平原,都建立起了牢固的统治。季札评价:"太美了! 开始奠定了基础,虽然还有不完善的地方,但是臣民们都心甘情愿地勤劳奉公,没有怨言。"

接着演唱《邶风》《鄘风》和《卫风》。邶、鄘、卫都是周朝初年在原来商朝王畿建立的姬姓国家,被称为"三监",用于监视商朝的旧贵族。后来邶、鄘两国背叛,周公旦平定叛乱后,将两国领土并入卫国,所以《邶风》和《鄘风》，在某种意义上可以视为《卫风》的一部分。季札点评："美而渊深啊！虽有忧虑，但是并不困窘，我听说卫康叔、卫武公的品德就是这样，这恐怕就是卫风吧！"卫康叔是卫国的始封君，卫武公则在平定犬戎之乱和周平王东迁的过程中立有大功，受到王室褒奖。

接下来演唱了《王风》，这是周平王东迁之后王城雒邑地区的乐曲。季札评论："太美了！虽然有些忧思，但是无所畏惧。这恐怕是王室东迁之后的音乐吧！"

又听了《郑风》，季札说："太美了！但是琐碎得过分了，老百姓恐怕受不了，这个国家怕是要先灭亡！"

再听《齐风》，季札赞赏道："美好而宏大，这是泱泱大国的音乐啊！能够作为东海各国表率的，是姜太公吧！这个国家的前途不可限量！"

接着听《豳风》。豳是周民族早期建立的国家。据《史记》记载，夏朝的时候，周人的先祖公刘逃到戎狄部落，在那里聚族而居，大力发展农业生产，受到百姓的拥戴，建立了豳国。《豳风》是周朝建立之后，后人怀念公刘的功德所作的乐曲。季札感叹道："美好啊！博大啊！乐而不淫，这应该是周公东征时候的作品吧！"

接下来是《秦风》。季札说："这就是所谓的夏声了。夏就是大，而且大到极致了，这恐怕是我周朝的旧乐。"古人以西方为夏。比如郑国的公孙夏，字子西，可为一证；东晋的时候，赫连勃勃占据今天的内蒙古及陕西等地，国号为大夏；宋朝的时候，元昊在今天的宁夏一带建立大夏国，史称西夏，亦可为证。而在春秋时期，河南、陕西一带的语言中，"夏"与"大"同义。秦国在西方，当时占有的土地是周朝建立之前的周人旧地，所以季札有此一说。

听到《魏风》，季札评论："美好啊！抑扬浮动，粗犷而不失温婉，再艰难的事情也可以迎刃而解，如果再辅以美好的品德，就是明主了。"

听到《唐风》，季札评论："思虑深沉啊！这大概是陶唐氏的遗民吧。不然的话，为什么有这样遥远的忧思呢？如果不是祖上有美好的品德，谁又能像这样？"

听到《陈风》，季札说："国家无主，难道能够长久吗？"

从《郐风》以下，季札就不发表评论了，也许是觉得不值一评。

后来又演唱了《小雅》，季札说："太美了，忧虑而没有三心二意，哀愁而不表露于语言，恐怕是周朝的德行衰落的时候吧。还是有人记得自己是先王的遗民啊！"

接下来是《大雅》，季札说："真是宽广而和美的音乐啊！听起来抑扬顿挫，然而又不失刚健，这是我们周文王的品德！"

听到《颂》，季札说："至善至美了！正直而不倨傲，委婉而不低贱，亲近而不侵夺，远离而无二心，即使被流放也不邪乱，往来而不厌倦，哀伤而不忧愁，快乐而不放纵。这美好的品德，施行起来没有匮乏，宽大而不自矜，施惠于百姓而无损耗，收获而不贪婪，静谧而不停滞，行动而不流荡。五音协调，八风和谐，节奏有度，排列有序，这都是盛大的品德所共同体现的！"

演唱结束，又表演舞蹈。开始是《象箾》和《南籥》，是手持乐器和羽毛边奏边跳的舞蹈，用来歌颂周文王的功德。季札说："确实是美！然而有所缺憾。"周文王为周朝的建立奠定了基础，自己却没能活到那一天，所以有所缺憾。

接着表演了《大武》，这是歌颂周武王的舞蹈。季札评论："太好了，周朝兴盛的时候，大概就是这个样子吧！"

接下来是《韶濩》，乃是纪念商汤的舞蹈。季札说："以圣人的宏大，尚且有所欠缺，可见当圣人也不容易啊！"

看到赞颂大禹的《大夏》时，季札说："太美好了，勤劳而不自以为功，还有谁能做到呢？"

接下来是歌颂舜的《韶箾》，季札说："功德已经到达顶点了，太伟大了！有如上天覆盖无边，又如大地无所不载。就算再有什么盛大美好的品德，也不可能超过它，就到此为止吧！如果还有其他音乐，我也不再请求观赏了！"

所谓"观止"，就是到此为止，满足了，再无他求！

其出聘也，通嗣君也。故遂聘于齐，说晏平仲，谓之曰："子速纳邑与政。无邑无政，乃免于难。齐国之政将有所归，未获所归，难未歇也。"故晏子因陈桓子以纳政与邑，是以免于栾、高之难。

聘于郑，见子产，如旧相识，与之缟带，子产献纻衣焉。谓子产曰："郑之执政侈，难将至矣，政必及子。子为政，慎之以礼。不然，郑国将败。"

适卫，说蘧瑗、史狗、史鳅、公子荆、公叔发、公子朝，曰："卫多君子，未有患也。"

自卫如晋，将宿于戚，闻钟声焉，曰："异哉！吾闻之也，辩而不德，必加于戮。夫子获罪于君以在此，惧犹不足，而又何乐？夫子之在此也，犹燕之巢于幕上。君又在殡，而可以乐乎？"遂去之。文子闻之，终身不听琴瑟。

适晋，说赵文子、韩宣子、魏献子，曰："晋国其萃于三族乎！"说叔向。将行，谓叔向曰："吾子勉之！君侈而多良，大夫皆富，政将在家。吾子好直，必思自免于难。"

　　季札此次出访，是为刚刚即位的吴王馀昧通好各国，所以离开鲁国之后，又到齐国，和晏婴聊得很开心，对他说："您赶快将封地和权力都交还给国君，无地无权，就不会有什么灾难了。齐国的政权将有所归依，在没有所归之前，动乱不会停歇。"确实，自齐庄公被杀以来，齐国的动荡不安，一直没有停止。晏婴算是聪明人了，坚持底线，处乱不惊，不贪不谄，明哲保身。但是季札对他提出更为稳妥的建议，他立马就接受了，于是通过陈无宇将封地和权力交还给公室。后来，齐国发生"栾、高之乱"，晏婴因为无权无地，得以置身事外，幸免于难。关于这件事情，以后还会讲到。

结束了对齐国的访问，季札又来到郑国，与子产一见如故。作为见面礼，季札送给子产一条绢带，子产回赠他一件麻布衣服，都不是什么贵重的物品。当时郑国的众卿，罕虎当国，排名第一；良霄执政，排名第二；子产位居第三。季札对子产说："良霄为人奢侈，祸难将至，政权必将移交到您手里。您如果当政，一定要慎之又慎，依礼行事，否则郑国就要败亡了。"

接着季札到了卫国，喜欢蘧瑗、史狗、史鳅、公子荆、公叔发、公子朝等人，说："卫国多君子，没有忧患。"

季札此行的最后一站是晋国，途经戚地的时候，打算住宿一晚，听到了钟声。季札说："奇怪了！我听说，叛乱而又没有德行，必然受到诛戮。那位老先生就是在这里得罪了国君，害怕还来不及，又有什么可乐的呢？老先生住在这里，犹如燕雀安家在帷幕上。而且国君去世还未下葬，难道可以作乐吗？"季札说的"夫子"，就是孙林父。鲁襄公二十六年，卫献公复辟，孙林父将戚地献给晋国，成为卫国的罪人。今年六月，卫献公去世，尚未下葬。是以季札有此一说。而孙林父听到这番话，到死也不敢再听音乐。

抵达晋国之后，季札对赵武、韩起、魏舒三人特别有好感，说："晋国的政权恐怕将要落到这三家手里了！"事实也确是如此，后来瓜分晋国的正是赵、魏、韩三家。季札还很欣赏羊舌肸，临走的时候对他说："您努力吧！你们的国君奢侈，而有很多优秀的臣子，大夫们都很富有，政权将落入卿家。您喜欢直言不讳，要想想怎么免于灾难。"

秋九月，齐公孙虿、公孙灶放其大夫高止于北燕。乙未，出。《书》曰"出奔"，罪高止也。高止好以事自为功，且专，故难及之。

九月，齐国的公孙虿、公孙灶将高止流放到北燕。九月初二，高止出境。《春秋》记载："齐高止出奔北燕。"是归罪于高止。此人好大喜功，而且专权，所以惹祸上身。

冬，孟孝伯如晋，报范叔也。

冬天，仲孙羯前往晋国，回报士鞅的来访。

为高氏之难故，高竖以卢叛。十月庚寅，闾丘婴帅师围卢。高竖曰："苟使高氏有后，请致邑。"齐人立敬仲之曾孙酀，良敬仲也。十一月乙卯，高竖致卢而出奔晋，晋人城绵而置旃。

因为高止被驱逐出境，其子高竖据守卢地（高氏封地），发动叛乱。十月二十七日，闾丘婴带兵围攻卢地。高竖说："假如让高氏在齐国有后，请求将城邑还给国君。"齐国人就立高傒（敬仲）的后代高酀（又名高偃）为高氏宗主，这是认为高傒贤良（高傒是齐桓公时代的名臣）。十一月二十三日，高竖归还卢地而出奔晋国，晋国人在绵地筑城而将他安置在那里。

郑伯有使公孙黑如楚，辞曰："楚、郑方恶，而使余往，是杀余也。"伯有曰："世行也。"子晳曰："可则往，难则已，何世之有？"伯有将强使之。子晳怒，将伐伯有氏，大夫和之。十二月己巳，郑大夫盟于伯有氏。裨谌曰："是盟也，其与几何？《诗》曰'君子屡盟，乱是用长'，今是长乱之道也。祸未歇也，必三年而后能纾。"然明曰："政将焉往？"裨谌曰："善之代不善，天命也，其焉辟子产？举不逾等，则位班也。择善而举，则世隆也。天又除之，夺伯有魄，子西即世，将焉辟之？天祸郑久矣，其必使子产息之，乃犹可以戾。不然，将亡矣。"

郑国的良霄命公孙黑出使楚国。公孙黑推辞说:“楚国和郑国正互相憎恶,却派我出访楚国,这是要杀我。”良霄说:“世代都是行人。”意思是,你们家世代都是行人,凭什么不去?这句话说得有点过分。行人是办外交的官员,地位并不高。而公孙黑是公子骓的儿子,公子骓曾经为郑国的当国,怎么能说是“世行”呢?公孙黑反驳:“可以去就去,有危险就不去,哪里来的世代为行人?”良霄坚持要求公孙黑去。公孙黑一怒之下,想要讨伐良霄。内战一触即发,卿大夫们出面调和。十二月初七日,权贵们在良霄家里举行了盟誓。

然而,表面上的言和不能真正消除矛盾。大夫裨谌对鬷蔑说:“这次结盟,能管多长时间呢?《诗》上说,‘君子动不动就结盟,祸乱因此而滋生’,现在也是滋生动乱的做法啊!祸乱并未结束,必须三年后才能缓解。”鬷蔑顺着他的话说:“国家的政权将落到谁手上呢?”裨谌说:“好人取代坏人,这是天命所归,除了子产还有谁?如果不是越级提拔,按排名也轮到子产;如果是选择善人来提拔,则子产已为世人所重。上天又为他扫除了障碍,夺去了良霄的魂魄,而公孙夏又死了,就算子产想推辞,又怎么推辞得了?老天降祸于郑国很久了,这次一定要让子产平息它,国家还有希望。否则的话,郑国就将灭亡啦!”

鲁襄公三十年

公元前543年,鲁襄公三十年。

三十年春王正月,楚子使薳罢来聘,通嗣君也。穆叔问王子围之为

政何如。对曰："吾侪小人食而听事，犹惧不给命而不免于戾，焉与知政？"固问焉，不告。穆叔告大夫曰："楚令尹将有大事，子荡将与焉助之，匿其情矣。"

> 三十年春，楚王郏敖派蘧罢（字子荡）来鲁国访问，目的是为新君即位而通好。叔孙豹问及令尹公子围执政的情况如何，蘧罢回答："我辈小人，食人俸禄而听命于人，犹且害怕不能完成使命而不免于责难，哪里能够参与政事？"叔孙豹坚持要问，蘧罢坚持不答。叔孙豹对同僚们说："楚国令尹将要发动叛乱，蘧罢将参与行动，因为他帮助令尹隐匿实情了。"

子产相郑伯以如晋，叔向问郑国之政焉。对曰："吾得见与否，在此岁也。驷、良方争，未知所成。若有所成，吾得见，乃可知也。"叔向曰："不既和矣乎？"对曰："伯有侈而愎，子皙好在人上，莫能相下也。虽其和也，犹相积恶也，恶至无日矣。"

> 子产陪同郑简公前往晋国，羊舌肸问郑国的政局如何，子产如实相告："我能不能看到，就在今年了。驷氏（指公孙黑，其父公子骈字子驷）和良氏正在争斗，不知道能不能够调停。如果能够调解成功，我得以看见，就可以知道了。"羊舌肸说："不是已经和好了吗？"子产说："伯有（良霄）奢侈而又固执，子皙（公孙黑）好居人上，两人互不相让。虽然说是和好了，仍然怀恨在心，积怨已久，不久就会爆发了。"

二月癸未，晋悼夫人食舆人之城杞者，绛县人或年长矣，无子而往，与于食。有与疑年，使之年。曰："臣小人也，不知纪年。臣生之岁，正月甲子朔，四百有四十五甲子矣，其季于今三之一也。"吏走问诸朝，师旷曰："鲁叔仲惠伯会郤成子于承匡之岁也。是岁也，狄伐鲁，叔孙庄叔于是乎败狄于咸,获长狄侨如及虺也、豹也,而皆以名其子。七十三年矣。"
史赵曰:"亥有二首六身,下二如身,是其日数也。"士文伯曰:"然则二万六千六百有六旬也。"赵孟问其县大夫,则其属也。召之而谢过焉,曰:"武不才,任君之大事,以晋国之多虞,不能由吾子,使吾子辱在泥涂久矣,武之罪也。敢谢不才。"遂仕之,使助为政。辞以老。与之田,使为君复陶,以为绛县师,而废其舆尉。于是,鲁使者在晋,归以语诸大夫。季武子曰:"晋未可媮也。有赵孟以为大夫,有伯瑕以为佐,有史赵、师旷而咨度焉,有叔向、女齐以师保其君。其朝多君子,其庸可媮乎!勉事之而后可。"

这是一条奇闻:

二月二十二日,晋悼公夫人犒劳为杞国筑城的役夫们。有一个绛县人年纪已经很大了,因为没有儿子可以代劳,所以只能自己去杞国。按周朝的制度,城市居民年过六十,农村居民年过六十五,就不用再承担徭役。这个老头看起来实在是太老了,有人怀疑他已经是超龄服役,便问他的年龄。老头回答:"我是小人,不知道怎么记录年龄。只记得我出生的时候,是正月初一甲子日,到现在已经过了四百四十五个甲子日了,最后一个甲子日到今天正好三分之一甲子。"

古人用干支记年、月、日,六十为一周期。四百四十五甲子也就是四百四十五个六十日,三分之一甲子则为二十日。现场的官吏当然算不出来,只好跑到朝中请教。

师旷说:"这是鲁国的叔仲惠伯在承匡会见我国的郤缺的那一年(即鲁文公十一年)。这一年,狄人攻打鲁国,叔孙得臣在咸地大败鄋瞒军,俘虏并杀死了狄人部落的酋长侨如,并且用侨如来给自己的儿子命名。这样算来,老人家已经有七十三岁了。"

史赵说:"亥字有二头六身,把'二'拿下来当作身体,这就是他的日子数。"这句话甚难理解,主要是因为对亥字当时的写法把握不准,所以后人很难说得清。大概是:古文亥字篆体部首是两笔,字身是六笔。至于老头的年龄跟亥字有什么关系,又如何得出他已经活过的日子数,完全是一头雾水,可以说是《左传》的未解之谜了。更让人一头雾水的是,大夫士匄(士弱之子,名字与士鞅的父亲士匄相同,字伯瑕,谥文)根据史赵的话,推算出:"那就是二万六千六百六十日了。"

赵武问起老头县里的大夫是谁,原来就是赵武的下属。他命人把老头请过来,向老头道歉说:"赵武不才,担任了国家的重要职务,由于晋国多有忧患,没有尽早发现您,让您屈尊干这泥水活太久了。谨此因为不才而向您道歉。"于是请老头做官,让他帮助自己处理政事。老头以自己太老为由辞谢。赵武便赠给他田地,让他办理为国君传命之事,做了绛地的"县师",同时撤销了征发老头去服徭役的舆尉的职务。

当时鲁国的使者在新田听说了这件事,回国便告诉了诸位卿大夫。季孙宿感叹:"晋国未可轻视。有赵武主持国政,有士匄担任辅佐,有史赵、师旷可以咨询,有羊舌肸、女齐做国君的顾问。他们朝中的能人和君子有不少,哪里能够轻视,还是尽心尽力侍奉他们吧!"

夏四月己亥,郑伯及其大夫盟。君子是以知郑难之不已也。

四月,郑简公和卿大夫们盟誓,以平息驷、良之争。君子以此知道郑国的灾难还没有结束:去年卿大夫们盟誓,没有解决问题;今年国君出面,同样解决不了问题。

蔡景侯为大子般娶于楚,通焉。大子弑景侯。

蔡景公为世子般从楚国娶妻,却又和儿媳妇通奸,真是不知道羞耻。世子般弑蔡景公而自立,是为蔡灵公。

初，王儋季卒，其子括将见王，而叹。单公子愆期为灵王御士，过诸廷，闻其叹，而言曰："乌乎！必有此夫！"入以告王，且曰："必杀之！不慼而愿大，视躁而足高，心在他矣。不杀，必害。"王曰："童子何知！"及灵王崩，儋括欲立王子佞夫，佞夫弗知。戊子，儋括围芳，逐成愆。成愆奔平畤。五月癸巳，尹言多、刘毅、单蔑、甘过、巩成杀佞夫。括、瑕、廖奔晋。书曰"天王杀其弟佞夫"，罪在王也。

当初，王室的大夫儋季去世，其子儋括将朝见周灵王，进入朝堂却又叹息。单公之子衍期担任周灵王的御士（近卫之士），经过朝堂，听到儋括的叹息便说："哎呀，一定是想着要掌控这里吧！"进去告诉周灵王，而且说："一定要杀了这个人，父亲去世了，不悲伤而心愿大，目光飘忽而举止轻浮，心里想的是不该想的事。不杀他，必定为害。"周灵王说："你个小屁孩知道啥！"等到周灵王去世，儋括想立王子佞夫（周景王的弟弟）为王，佞夫本人不知道。二十八日，儋括带兵围攻芳地，驱逐芳地大夫成愆。成愆逃到平畤。五月初四日，王室大夫尹言多、刘毅、单蔑、甘过、巩成杀死王子佞夫。儋括、王子瑕、廖逃奔晋国。《春秋》记载："天王杀其弟佞夫。"是说佞夫不知情，所以无罪，罪在周王。

或叫于宋大庙，曰："嘻嘻，出出。"鸟鸣于亳社，如曰"嘻嘻"。甲午，宋大灾。宋伯姬卒，待姆也。君子谓"宋共姬：女而不妇。女待人，妇义事也"。

有人在宋国的太庙里大呼："嘻嘻！出出！"又有鸟在亳社上头鸣叫，好像也是在说"嘻嘻"。五月初五日，宋国发生大火灾，先君宋共公的夫人伯姬（又称为共姬）在火灾中丧生。这位尊贵的老太太是怎么死的呢？她本来完全有机会逃生，却为了等待自己的保姆而被火烧死了。

所谓保姆，不是洗衣做饭的仆人，而是帮助贵族妇女"正其行，卫其身"的嬷嬷。关于这件事，《穀梁传》《公羊传》和《左传》的说法大同小异——伯姬的房间失火，左右都劝她赶快逃生，伯姬说："妇人的规矩，保姆不在，晚上不得外出！"命人传保姆过来。保姆还没到，大火烧垮了房屋，伯姬死于非命。

君子评论这件事，又好气又好笑："伯姬奉行的女道而不是妇人的守则。未嫁之女，女道应该等待保姆，妇人完全可以根据实际情况便宜行事嘛！"

然而《穀梁传》《公羊传》以及《列女传》对伯姬的评价甚高，将她当成了舍生取义的代表，大有"烧死事小，失节事大"之意。

退一万步说，大火烧过来了还不逃跑，那不是有病吗？是，春秋时"病人"还不少。

六月，郑子产如陈莅盟，归，复命。告大夫曰："陈，亡国也，不可与也。聚禾粟，缮城郭，恃此二者，而不抚其民。其君弱植，公子侈，大子卑，大夫敖，政多门，以介于大国，能无亡乎？不过十年矣。"

六月，郑国的子产前往陈国参加结盟。回来复命，告诉同僚们："陈国，是要灭亡的国家，不可以和它结好。他们积聚粮食，修缮城郭，靠了这两样而不安抚他们的百姓。他们的国君根基不牢，公子奢侈，世子卑微，大夫们狂傲，政事各行其是，以这种状态处于大国之间，能够不灭亡吗？存活不超过十年了。"

秋七月，叔弓如宋，葬共姬也。

七月，鲁国派叔弓前往宋国，安葬宋共公夫人伯姬。

郑伯有耆酒,为窟室,而夜饮酒击钟焉。朝至,未已。朝者曰:"公焉在?"其人曰:"吾公在壑谷。"皆自朝布路而罢。既而朝,则又将使子晳如楚,归而饮酒。庚子,子晳以驷氏之甲伐而焚之。伯有奔雍梁,醒而后知之。遂奔许。

大夫聚谋。子皮曰:"《仲虺之志》云:'乱者取之,亡者侮之。推亡、固存,国之利也。'罕、驷、丰同生,伯有汰侈,故不免。"人谓子产就直助强。子产曰:"岂为我徒? 国之祸难,谁知所敝? 或主强直,难乃不生。姑成吾所。"辛丑,子产敛伯有氏之死者而殡之,不及谋而遂行。印段从之。子皮止之。众曰:"人不我顺,何止焉?"子皮曰:"夫子礼于死者,况生者乎?"遂自止之。壬寅,子产入。癸卯,子石入。皆受盟于子晳氏。乙巳,郑伯及其大夫盟于大宫,盟国人于师之梁之外。

郑国的良霄嗜酒,从白天喝到晚上。周礼有规定,天黑之后是不能饮酒的。当年齐桓公跑到陈完家里喝酒,到了晚上陈完就不敢供应酒了,可以作为例证。良霄为了掩人耳目,在家里建造了一个地下室,晚上跑到那里喝酒,奏乐,通宵达旦。早上,诸位大夫到他家里朝见,他还在喝酒。大伙问他的家臣:"主人在哪里啊?"家臣回答得很有艺术:"我家主人在山谷里呢!"朝见他的人只好散伙回去。不久之后朝见郑简公,良霄又要派公孙黑去楚国,二人搞得很不愉快,回来之后又喝酒。七月十一日,公孙黑带着驷氏的甲士讨伐良霄,而且放火烧了他的家。良霄被家臣保护着逃往雍梁,到了那里才醒来搞清楚发生了什么事。但是清醒也无济于事,只能逃到许国。

郑国的卿大夫们聚在一起商量怎么收拾残局。罕虎说:"仲虺(商汤的大臣)说过这样的话:动乱就攻取它,灭亡就欺侮它。已经灭亡的事物,干脆清扫干净;仍然存在的事物,我们就来巩固它。这是为了国家利益。罕氏、驷氏、丰氏的祖先为同母兄弟,良霄骄傲放纵,所以不免于祸。"意思很明白：罕氏和丰氏是支持驷氏的，而且良霄的逃亡，因为他咎由自取，就由他去吧！

有人建议子产"就直助强"。意思是公孙黑性子直，罕、驷、丰三家势力强，不妨亲近和帮助他们，结成政治同盟。子产说："我难道跟他们是一伙的吗？国家的祸乱，谁知道怎么去平息它？如果主持国政的人正直而强有力，祸乱也就不会发生了。我还是按照自己的原则来行事吧。"十二日，子产收殓了良氏死难者的遗体，没有和卿大夫们商量就出走了。印氏家族的印段为子产的气节所感动，也跟着他一起出走。

罕虎得到这个消息，马上派人去劝阻子产。大伙感到不理解：这人不顺从我们，为什么不让他走？罕虎说："他老人家尊重死者，何况是对活人呢？"于是亲自驾着马车去追子产。十三日，子产回到新郑。十四日，印段也回来了。两个人都来到公孙黑家里，与卿大夫们举行盟誓。十六日，郑简公在宗庙与卿大夫盟誓，后来又在新郑的师之梁门外与国人盟誓。驷、良之争以驷氏的胜利而告一段落。

伯有闻郑人之盟已也，怒；闻子皮之甲不与攻己也，喜，曰："子皮与我矣。"癸丑，晨，自墓门之渎入，因马师颉介于襄库，以伐旧北门。驷带率国人以伐之。皆召子产。子产曰："兄弟而及此，吾从天所与。"伯有死于羊肆，子产襚之，枕之股而哭之，敛而殡诸伯有之臣在市侧者。既而葬诸斗城。子驷氏欲攻子产。子皮怒之，曰："礼，国之干也。杀有礼，祸莫大焉。"乃止。

于是游吉如晋还，闻难，不入。复命于介。八月甲子，奔晋。驷带追之，及酸枣。与子上盟，用两珪质于河。使公孙肹入盟大夫。己巳，复归。书曰"郑人杀良霄"，不称大夫，言自外入也。

良霄听说郑国人已经结盟来对付自己，大怒。听说罕虎的甲士没有参与攻击自己，又高兴起来，一厢情愿地认为罕虎是站在他这边的，于是策划反攻。他的计划倒是很大胆，也很有创意——二十四日，良霄带人从新郑的墓门（卿以下人士出殡之门）的排水沟潜入新郑，在马师（官名）羽颉的帮助下打开了当年郑襄公的武库，取出兵器盔甲将自己武装起来，进而攻打旧北门。驷带（驷氏宗主，公孙夏之子）发动国人讨伐良霄。两边都派人去拉拢子产。子产说："兄弟之间闹到这个地步，我听从老天的安排。"也就是说，兄弟相争，我谁也不帮。

良霄战败，死在卖羊的市场上。子产跑到现场，给良霄的尸体穿上入殓的礼服，将头枕在良霄的大腿上哭，收尸并将棺材停放在街市旁边良霄部下的家里，后来又埋葬在斗城。驷氏对此不满，想要攻打子产。罕虎大怒，训斥他们说："礼，就是一个国家的支柱。杀死有礼之人，没有比这更大的祸事了！"他们就停止了。

当时游吉访问晋国回来，听到国内又发生祸难，不进入新郑，而让副手回去复命。八月初六日，游吉逃奔晋国。驷带去追他，在酸枣追上。游吉和驷带盟誓，把两块玉圭沉入黄河以示诚信。游吉派公孙肸进城与郑国大夫们结盟。十一日，游吉回国。

《春秋》记载："郑人杀良霄。"不称他为大夫，是说良霄从外面进来，已经没有官位了。

于子蟜之卒也，将葬，公孙挥与裨灶晨会事焉。过伯有氏，其门上生莠。子羽曰："其莠犹在乎？"于是岁在降娄，降娄中而旦。裨灶指之，曰："犹可以终岁，岁不及此次也已。"及其亡也，岁在娵訾之口，其明年乃及降娄。

回想起来，鲁襄公十九年，郑国的公孙虿去世。将要举行葬礼的时候，大夫公孙挥与裨灶清早起来商量丧事，路过了良霄家门口，看见他的门上长了狗尾草。公孙挥开玩笑地问裨灶："你算算，伯有死的那天，这狗尾草还在吗?"当时岁星在降娄的位置,降娄还在天空的中部,天就已经亮了。裨灶指着降娄说:"还可以等岁星再绕一周,不过活不到岁星再到这个位置了。"等到良霄被杀,果然岁星正在娵訾的位置,还要到下一年才能抵达降娄。

仆展从伯有,与之皆死。羽颉出奔晋,为任大夫。

鸡泽之会,郑乐成奔楚,遂适晋。羽颉因之,与之比而事赵文子,言伐郑之说焉。以宋之盟故,不可。子皮以公孙鉏为马师。

> 大夫仆展跟随良霄,与他一起战死。羽颉逃奔晋国,当了任地的大夫。
>
> 鲁襄公三年的鸡泽之会,郑国的乐成逃奔楚国,后来又去了晋国。羽颉通过乐成的关系,和他一起侍奉赵武,提出了攻打郑国的建议。赵武以有宋之盟的约定为由,拒绝了。罕虎任命公子喜的儿子公孙鉏当了马师。

楚公子围杀大司马䓕掩而取其室。申无宇曰:"王子必不免。善人,国之主也。王子相楚国,将善是封殖,而虐之,是祸国也。且司马,令尹之偏,而王之四体也。绝民之主,去身之偏,艾王之体,以祸其国,无不祥大焉。何以得免?"

> 楚国令尹公子围露出了贪婪残暴的本性,杀死大司马䓕掩而夺取了他的家财。大夫申无宇以为:公子围必定不免于祸。善人,是国家的支柱。公子围辅佐楚国的政事,本来应该培养善人,却虐待善人,这是祸害国家。而且司马是令尹的副手,相当于楚王的手足。断绝百姓的支柱,去除自己的副手,斩除国君的手足,以祸害国家,没有什么不祥比这更大了,怎么能够免于祸难?

为宋灾故,诸侯之大夫会,以谋归宋财。冬十月,叔孙豹会晋赵武、齐公孙虿、宋向戍、卫北宫佗、郑罕虎及小邾之大夫,会于澶渊。既而无归于宋,故不书其人。

君子曰:"信其不可不慎乎! 澶渊之会,卿不书,不信也。夫诸侯之上卿,会而不信,宠、名皆弃,不信之不可也如是。《诗》曰'文王陟降,在帝左右',信之谓也。又曰'淑慎尔止,无载尔伪',不信之谓也。"

书曰"某人某人会于澶渊,宋灾故",尤之也。不书鲁大夫,讳之也。

宋国的火灾引起了国际社会的关注,在晋国的发动下,诸侯派出卿大夫会盟,商量怎么赠送财货以援助宋国。十月,晋国赵武、齐国公孙虿、鲁国叔孙豹、宋国向戍、卫国北宫佗、郑国罕虎以及小邾国大夫在澶渊开会。开完会之后,却没有任何实际行动,没有给宋国输送任何物资,所以《春秋》不记载他们的名字。

君子评论:"对待信用恐怕不能不慎重吧! 澶渊之会,各国的卿都不记录在册,就是因为不守信用。诸侯的上卿参加会议而不守信用,全都失去了他们尊贵的姓名,不可不守信用就是这样啊。《诗》说,'周文王或升或降,都在天帝的左右',这就是说要守信用。又说,'好好地端正自己的行为,不要表现出你的虚伪',这就是说不守信用。"

《春秋》记载说"某国人某国人在澶渊相会,是为了宋国的火灾",是为了责备他们。其中不写"鲁人",是为了避讳。

郑子皮授子产政。辞曰:"国小而逼,族大、宠多,不可为也。"子皮曰:"虎帅以听,谁敢犯子? 子善相之,国无小,小能事大,国乃宽。"

子产为政,有事伯石,赂与之邑。子大叔曰:"国皆其国也。奚独赂焉?"子产曰:"无欲实难。皆得其欲,以从其事,而要其成。非我有成,其在人乎？何爱于邑？邑将焉往？”子大叔曰：“若四国何？”子产曰：“非相违也，而相从也，四国何尤焉？《郑书》有之曰：‘安定国家，必大焉先。’姑先安大，以待其所归。”既伯石惧而归邑，卒与之。伯有既死，使大史命伯石为卿，辞。大史退，则请命焉。复命之，又辞。如是三，乃受策入拜。子产是以恶其为人也，使次己位。

子产使都鄙有章，上下有服；田有封洫，庐井有伍。大人之忠俭者，从而与之；泰侈者，因而毙之。

丰卷将祭，请田焉。弗许，曰：“唯君用鲜，众给而已。”子张怒，退而征役。子产奔晋，子皮止之而逐丰卷。丰卷奔晋。子产请其田、里，三年而复之，反其田、里及其入焉。

从政一年，舆人诵之，曰：“取我衣冠而褚之，取我田畴而伍之。孰杀子产，吾其与之。”及三年，又诵之，曰：“我有子弟，子产诲之；我有田畴，子产殖之。子产而死，谁其嗣之？”

罕虎以当国的身份，将执政大权交给了子产。前面说过，这是郑国政治的特殊之处，若以公司而论，当国相当于董事长，听政或执政相当于总经理。董事会决定了大政方针，交给总经理去执行。子产当然要推辞，说：“国家弱小，又接近大国，各大家族势力庞大，受到国君宠爱者甚众，这事很难办。”这是丑话说在前头，也是在讲条件，罕虎听明白了，说：“我带着大伙听您的命令，谁敢冒犯您？请您好好辅佐国君。国家不在于大小，小国能够侍奉大国，国事就可以缓和了。”

子产执政，有事情要丰氏家族的公孙段去办，为此而赠送给他城邑。前面说过，郑国“七穆”之中，罕氏、驷氏和丰氏为一母所生，荣辱与共。子产这样做，有讨好三大家族的嫌疑。游吉便批评道：“国家是大家的国家，为什么唯独要送东西给他？”子产回答：“想让人没有欲望是很难的。让他们都满足欲望，好好地去办事，从而取得成功。这不是我这个执政的成功,难道还会是别人的成功吗?城邑有什么好爱惜的,城邑能跑到其他地方去吗?"

子产这段话很短,信息量却很大——

首先,承认人是有私欲的。想要人没有私欲,是很难的事。执政的根本,是正确认识人性,因势利导,水到渠成。

其次,身为一国执政,国家的成功就是他的成功,谁都抢不走。反过来说,国家的失败就是他的失败,他也逃不了。

再次,城邑是国家的城邑,无论赏赐给谁,都是肉烂在锅里,没有必要太在意。

游吉说:"那邻国有议论怎么办?"

子产说:"这样做不是为了让群臣分裂,而是让他们团结,邻国又能怎么责备我们?郑国的史书上说,安定国家,一定要优先照顾好大家族。姑且先关照大家族,再看看他们的态度和表现。"

结果,公孙段自己害怕了,要求归还赠送给他的城邑,但是子产还是坚持给了他。

良霄既然已经死了,要有人补充卿的位置,子产命太史去任命公孙段为卿。公孙段推辞不受。等到太史退出去复命,公孙段又请求太史重新发布命令。命令下来了,公孙段又推辞,如此折腾了三次,才接受册封,入朝拜谢。公孙段这样做,当然是在演戏。政客们都爱演戏,只不过公孙段演得太拙劣了。子产通过这件事,对公孙段的为人产生了厌恶,结果却是将公孙段在众卿之中的排名提升到第三,仅次于自己。越是讨厌的人,越要想办法拉拢,这就是子产的政治智慧。

稳定了上层后,子产开始实施自己的新政,也就是"都鄙有章,上下有服,田有封洫,庐井有伍"。在此简单地解释一下——

都鄙有章:都指城市,鄙指农村,就是强调城乡的区别,将农民禁锢在土地上,确保有足够的人力投入农业生产。

上下有服:服即职责,这是强化封建等级制度,使得公卿大夫和贩夫走卒都各安天命,不作非分之想。

田有封洫：封指田地的边界，洫指水沟。在田界上挖水沟，一方面便于灌溉，一方面便于清点和界定田地的权属，多占者没收，不足者补齐，实现耕者有其田。

庐井有伍：庐井是指田间的农舍，伍是指赋税。通过封洫运动，郑国的田界都发生了改变，所以要重新进行人口普查，确定应交的赋税，以免遗漏。

另外，在人事方面，大夫们忠诚简朴的，子产就亲近他，听从他的意见；骄傲奢侈的，就压制他，甚至撤职查办。

新政自然会触动旧有的利益，让一部分人不满意。当时，丰氏家族的另一位后人丰卷（字子张）准备祭祀先人，想打几头猎物来作为祭品。打猎要动用刀兵，为此而请示子产。子产不同意，说："只有国君祭祀才用新猎取的野兽，其他人则看着办，够用就可以了。"丰卷很生气，回家之后就召集人马，想要攻打子产。子产不想内斗，逃往晋国。罕虎忠实地履行了自己当初对子产的诺言，阻止子产出境，而将丰卷驱逐出境。结果是丰卷逃到了晋国。子产大人有大量，请求不要没收丰卷的田产和住宅。三年之后，他又让丰卷回国，将田产、住宅和产出收入都归还给他。

子产执政的第一年，人们在大街上咒骂他："计算我的衣帽而收费，丈量我的田地而课税，谁要杀子产，我就助他一臂之力。"过了两年之后，大家改唱："我有子弟，子产教他做人；我有田地，子产为其增加产量。如果子产死了，谁来接替他？"

鲁襄公三十一年

公元前 542 年,鲁襄公三十一年。

三十一年春王正月,穆叔至自会。见孟孝伯,语之曰:"赵孟将死矣。其语偷,不似民主。且年未盈五十,而谆谆焉如八九十者,弗能久矣。若赵孟死,为政者其韩子乎!吾子盍与季孙言之,可以树善,君子也。晋君将失政矣,若不树焉,使早备鲁,既而政在大夫,韩子懦弱,大夫多贪,求欲无厌,齐、楚未足与也,鲁其惧哉!"孝伯曰:"人生几何?谁能无偷?朝不及夕,将安用树?"穆叔出,而告人曰:"孟孙将死矣。吾语诸赵孟之偷也,而又甚焉。"又与季孙语晋故,季孙不从。及赵文子卒,晋公室卑,政在侈家。韩宣子为政,不能图诸侯。鲁不堪晋求,谗慝弘多,是以有平丘之会。

三十一年正月,叔孙豹从澶渊之会回来,见到仲孙羯,对他说了关于晋国的事情:"赵武恐怕快死了,说话只顾眼前,毫无远虑,不像是百姓的主人。而且他年纪不到五十,但是絮絮叨叨如同八九十岁的人,活不长了。如果赵武死了,掌握政权的十有八九是韩起。您何不对季孙宿说说这件事,可以趁早和韩起搞好关系,他是个君子。晋侯将要失去治国的权力了,如果不抓紧搞好关系,让韩起早点为鲁国做点工作,等到不久之后政权落入众卿手里,韩起为人懦弱,众卿大多贪婪,欲望没有止境,齐国和楚国又不足以依靠,鲁国恐怕就危险了。"

仲孙羯不以为然:"人生能有多长呢?谁又能够没有点得过且过的想法?早上不想晚上的事,哪里用得着去搞什么关系?"叔孙豹出去后就告诉别人:"仲孙羯快要死了。我告诉他赵武得过且过,他比赵武还过分。"又和季孙宿说到晋国的事情,季孙宿也不听他的建议。

接下来是后话了:赵武死后,晋国公室的地位下降,政权落入大家族手里。韩起执掌政权,不能掌控诸侯。鲁国难以负担晋国的索求,奸邪小人大行其道,所以有了后来的平丘之会。

齐子尾害闾丘婴,欲杀之,使帅师以伐阳州。我问师故。夏五月,子尾杀闾丘婴,以说于我师。工偻洒、渻灶、孔虺、贾寅出奔莒。出群公子。

齐国的公孙虿害怕闾丘婴,想要杀掉他,便命他带兵讨伐鲁国的阳州。鲁国莫名其妙挨了打,派人去问齐国为什么要出兵。五月,公孙虿杀了闾丘婴,算是给了鲁国人一个解释。工偻洒、渻灶、孔虺、贾寅逃奔莒国。公孙虿趁机驱逐了群公子。

公作楚宫。穆叔曰:"《大誓》云:'民之所欲,天必从之。'君欲楚也夫,故作其宫。若不复适楚,必死是宫也。"六月辛巳,公薨于楚宫。

鲁襄公可能是在楚国住过一段时间,喜欢上了楚国的建筑,于是在曲阜也建造了一座楚宫。叔孙豹说:"《大誓》说:'老百姓所想的,上天必定听从。'国君想念楚国了,所以建造他们的宫殿。如果不再去楚国,必定死在这座宫里。"

半年之内,叔孙豹先后预言赵武、仲孙羯和鲁襄公将死,真是一只报丧鸟。不幸被他言中,六月二十八日,鲁襄公在楚宫去世了。

叔仲带窃其拱璧，以与御人，纳诸其怀，而从取之，由是得罪。

鲁襄公去世，宫里想必人来人往，叔仲带趁机偷了鲁襄公的一块大玉璧，将它交给车夫，放在车夫怀里带出宫，然后又从他那里拿回来。叔仲带因此而得罪。这也真是让人无语，堂堂大夫，竟然做如此下三烂的事。原文中"得罪"的意思，不仅仅是叔仲带遭人谴责，而且是连带他的子孙后代都遭人轻视。

立胡女敬归之子子野，次于季氏。秋九月癸巳，卒，毁也。

己亥，孟孝伯卒。

立敬归之娣齐归之子公子裯，穆叔不欲，曰："大子死，有母弟，则立之；无，则长立。年钧择贤，义钧则卜，古之道也。非适嗣，何必娣之子？且是人也，居丧而不哀，在戚而有嘉容，是谓不度。不度之人，鲜不为患。若果立之，必为季氏忧。"武子不听，卒立之。比及葬，三易衰，衰衽如故衰。于是昭公十九年矣，犹有童心，君子是以知其不能终也。

鲁襄公去世了，就要考虑立新君的事情。先是立了胡国女人敬归（鲁襄公的侧室）所生的儿子子野。按照为君父守孝的规矩，子野暂且居住在季孙宿家里。可能是因为悲伤过度吧，九月十一日，子野去世了。

又被叔孙豹言中，到了九月十七日，仲孙羯也去世了。

大臣们于是又立敬归的妹妹齐归所生的公子裯为国君，也就是鲁昭公。叔孙豹对此有异议，说："世子去世，有胞弟就立胞弟，没有就立年长的公子。年纪相当就选择有贤能的那一个，贤能相当就占卜，这是古代的常规。死去的子野并非先君的嫡子，何必非要立他母亲的妹妹的儿子？而且公子裯的为人，服丧的时候不悲哀，父亲去世而有喜色，这叫作不孝。不孝之人，鲜有不造成祸患的。如果立了他，必然造成季氏的忧患。"叔孙豹这番话，显然是对季孙宿说的。所谓季氏的忧患，实际就是"三桓"的忧患。季孙宿不听，最终还是立了鲁昭公。等到举行葬礼，鲁昭公三次更换丧服，新的丧服的衣襟和旧的几无差别。这说明什么呢？说明他的衣服太容易脏了。这一年鲁昭公已经十九岁，心智举止却像个孩子，君子以此得知他不能善终。

冬十月，滕成公来会葬，惰而多涕。子服惠伯曰："滕君将死矣。怠于其位，而哀已甚，兆于死所矣，能无从乎？"

十月，滕成公来参加鲁襄公的葬礼，表现怠慢而眼泪很多。孟椒说："这个人快要死了。在他的位置上表现怠慢，而悲哀又太过分，预兆在葬礼上已经出现了，能不跟着去死吗？"

啧啧，这乌鸦嘴……

癸酉，葬襄公。

十月二十一日，安葬鲁襄公。

公薨之月，子产相郑伯以如晋，晋侯以我丧故，未之见也。子产使尽坏其馆之垣而纳车马焉。士文伯让之，曰："敝邑以政刑之不修，寇盗充斥，无若诸侯之属辱在寡君者何？是以令吏人完客所馆，高其闳闳，厚其墙垣，以无忧客使。今吾子坏之，虽从者能戒，其若异客何？以敝邑之为盟主，缮完、葺墙，以待宾客。若皆毁之，其何以共命？寡君使匄请命。"对曰："以敝邑褊小，介于大国，诛求无时，是以不敢宁居，悉索敝赋，以来会时事。逢执事之不闲，而未得见；又不获闻命，未知见时。不敢输币，亦不敢暴露。其输之，则君之府实也，非荐陈之，不敢输也。其暴露之，则恐燥湿之不时而朽蠹，以重敝邑之罪。侨闻文公之为盟主也，宫室卑庳，无观台榭，以崇大诸侯之馆，馆如公寝；库厩缮修，司空以时平易道路，圬人以时塓馆宫室；诸侯宾至，甸设庭燎，仆人巡宫；车马有所，宾从有代，巾车脂辖，隶人、牧圉各瞻其事；百官之属各展其物；公不留宾，而亦无废事；忧乐同之，事则巡之；教其不知，而恤其不足。宾至如归，无宁灾患；不畏寇盗，而亦不患燥湿。今铜鞮之宫数里，而诸侯舍于隶人，门不容车，而不可逾越；盗贼公行，而天厉不戒。宾见无时，命不可知。若又勿坏，是无所藏币以重罪也。敢请执事：将何以命之？虽君之有鲁丧，亦敝邑之忧也。若获荐币，修垣而行，君之惠也，敢惮勤劳！"文伯复命。赵文子曰："信。我实不德，而以隶人之垣以赢诸侯，是吾罪也。"使士文伯谢不敏焉。

晋侯见郑伯，有加礼，厚其宴、好而归之。乃筑诸侯之馆。叔向曰："辞之不可以已也如是夫！子产有辞，诸侯赖之，若之何其释辞也？《诗》曰'辞之辑矣，民之协矣；辞之绎矣，民之莫矣'，其知之矣。"

　　鲁襄公去世那个月，也就是六月，子产陪同郑简公访问晋国。晋平公以鲁国有丧事，没有接见他们——这当然是借口，而且是那种根本懒得费心思去撒谎的借口，还不如直接说不想见好了。子产的反应让所有人大跌眼镜，他下令把宾馆的围墙全部拆掉来安放车马。

　　郑国人跑到晋国来搞拆迁，这真是无法无天了。晋平公派大夫士匄去责备郑国人，说："敝国由于刑政不能修明，所以盗贼横行，无奈诸侯的属官来朝见寡君，因此派官吏修缮宾客居住的馆所，故意将大门修得很高，围墙筑得很厚，就是为了不让贵宾们受到骚扰。现在您拆毁了围墙，虽然您的武士能够防备盗贼，但是让别的国家的宾客怎么办呢？敝国作为盟主，修院茸墙来接待宾客，如果全部毁掉，那么将怎么供给宾客的需要呢？寡君特意派我来请教拆墙的原因！"

子产回答："郑国是个小国，处于大国之间，大国的需求无时不至，因此寡君不敢安居，搜罗了全国的财富，前来朝见。碰上贵国的办事人员不得闲，未能接见我们，又得不到命令，不知道什么时候能够接见。我们既不敢献上财礼，又不敢让它们日晒夜露。如果送过去，那就是君侯府库中的财物，不经过在庭院中陈列的仪式，是不敢送的。如果任由其日晒夜露，又害怕时而干燥时而潮湿导致货物损坏，加重敝国的罪责。我听说，当年晋文公做盟主的时候，宫室又低又小，没有可以眺望远方的高台，但是把接待诸侯的宾馆修建得又高又大，好像现在君侯的寝宫一样。宾馆的库房马厩都被加以修缮，司空按时整修道路，泥瓦匠定期粉刷墙壁。各国的宾客来到，甸人点起火把，仆人巡视宫殿，车马各有安置，宾客的随从有人替代，车辆管理员为车辖辘加油。搞卫生的，喂牲口的，管园子的，各司其职。百官的属吏，各陈其物。晋文公从来不让宾客耽搁等待，也没有听说他为此而荒废政务。他关心宾客的悲喜，时时加以安抚，对宾客不知道的事情就加以教导，缺乏的东西就慷慨周济。宾客来到这里，就好像回到家里一样自在，哪里有什么忧患？不怕抢劫偷盗，也不怕干燥潮湿！可是现在呢，君侯的铜鞮宫绵延数里，而前来朝觐的诸侯住的房子就好像奴隶宿舍，门口进不去车子，又不能翻墙而入。盗贼公然横行，传染病也趁机肆虐。宾客不知道什么时候能够获得接见，君侯接见的命令也不知道在哪里。如果还不拆毁围墙，就没有地方收藏财礼，那罪过就更重了。请问一下，您到这里来有什么指示？听说君侯因为鲁国的丧事而伤心，我们对此也是十分悲痛啊！如果您能够为我们引见一下，献上我们的财礼，我们就修好围墙回去，而且会记得您的恩惠，岂敢害怕辛苦！"

士匄回去复命。赵武说："确实如此，我们实在是德行有亏，把容纳奴隶的围墙去接待诸侯，这是我们的罪过啊！"请士匄回去向郑国君臣表示歉意。

晋平公很快接见了郑简公，礼仪有加，宴会更是隆重，回礼更加丰富,然后让他们回去。同时派人重新修建接待诸侯的宾馆。羊舌肸感慨地说:"辞令不可以废弃就是这样了! 子产善于辞令,诸侯都因他而得利。《诗》说'辞令和睦,百姓团结;辞令动听,百姓安定',子产深谙此道啊!"

郑子皮使印段如楚,以适晋告,礼也。

> 郑国的罕虎派印段前往楚国,通报郑简公访问晋国的事,这是合于礼的。

莒犁比公生去疾及展舆。既立展舆,又废之。犁比公虐,国人患之。十一月,展舆因国人以攻莒子,弑之,乃立。去疾奔齐,齐出也。展舆,吴出也。书曰"莒人弑其君买朱鉏",言罪之在也。

> 犁比,莒子密州的号。莒犁比公生了去疾和展舆两个儿子,已经立了展舆为世子,又废掉。犁比公为人暴虐,国人深为忧虑。十一月,展舆依靠国人进攻犁比公,杀了他,自立为国君。去疾逃奔齐国,因为他的母亲是齐国人。展舆的母亲是吴国人。《春秋》记载说"莒国人弑他们的国君买朱鉏",这是说罪在莒犁比公。买朱鉏即密州,买、密音近,"朱鉏"急读音近于"州","州"绥读音近于"朱鉏"。

吴子使屈狐庸聘于晋,通路也。赵文子问焉,曰:"延州来季子其果立乎? 巢陨诸樊,阍戕戴吴,天似启之,何如?"对曰:"不立。是二王之命也,非启季子也。若天所启,其在今嗣君乎! 甚德而度,德不失民,度不失事。民亲而事有序,其天所启也。有吴国者,必此君之子孙实终之。季子,守节者也。虽有国,不立。"

吴国与中原之间的交流逐渐多起来。吴王馀眛派屈狐庸访问晋国，进一步打通双方往来的道路。赵武问屈狐庸："延州来季子终于被立为国君了吗？攻打巢地的时候诸樊殒命，守门人杀了馀祭，上天似乎为季子开启了当国君的大门，现在怎么样了？"屈狐庸回答："没有。发生那样的事情，是两位先王的命不好，不是为季子开启大门。如果上天开启大门，那也是为了当今的国君。他很有德行而且行事有法度，有德行就不会失去百姓，有法度就不会做错事情，百姓亲附而诸事有序，这是上天所开启的。保有吴国的，一定是这位国君的子孙。季子，是保持节操的人，就算把国家给他，他也不会做国君的。"

屈狐庸，就是申公巫臣的儿子。所谓"延州来季子"即季札，最初的封地为延陵，又称为"延陵季子"。后来又获封州来，所以合称"延州来季子"。

十二月，北宫文子相卫襄公以如楚，宋之盟故也。过郑，印段迋劳于棐林，如聘礼而以劳辞。文子入聘。子羽为行人，冯简子与子大叔逆客。事毕而出，言于卫侯曰："郑有礼，其数世之福也，其无大国之讨乎！《诗》云：'谁能执热，逝不以濯。'礼之于政，如热之有濯也。濯以救热，何患之有？"

子产之从政也，择能而使之；冯简子能断大事；子大叔美秀而文，公孙挥能知四国之为，而辨于其大夫之族姓、班位、贵贱、能否，而又善为辞令。裨谌能谋，谋于野则获，谋于邑则否。郑国将有诸侯之事，子产乃问四国之为于子羽，且使多为辞令。与裨谌乘以适野，使谋可否；而告冯简子使断之。事成，乃授子大叔使行之，以应对宾客，是以鲜有败事。北宫文子所谓有礼也。

根据宋之盟的约定，十二月，北宫佗陪同卫襄公前往楚国朝见。经过郑国的时候，印段到棐林去慰劳他们，按照访问的礼仪而使用慰劳的辞令。作为回报，北宫佗进入新郑访问。郑国由公孙挥担任行人，冯简子与游吉迎接客人。事情完毕之后，北宫佗出来，对卫襄公说："郑国人办事有礼，这是几辈子的福气，恐怕不会被大国讨伐了。《诗》说：'天气热得要命，谁能不去冲凉？'礼仪之于政治，有如天热了就要洗澡，用洗澡来驱除炎热，那就没有灾难啦！"

外交反映内政。子产主管政事，善于选择贤能而注重提拔和使用人才。冯简子能够决断大事；游吉举止优雅而且熟知典章制度；公孙挥了解各国政令，而且对各国卿大夫的姓氏、官爵、地位、才能等了如指掌，又善于辞令。裨谌能出谋划策，但是对环境的要求很高——如果是在旷野之中，没有任何干扰，他脑子转得特别快；如果在城市里，车水马龙，人来人往，他就静不下心来，完全没办法工作。郑国如果有外交事务要处理，子产就向公孙挥咨询诸侯们的政令，并让他草拟几份外交辞令；然后跟裨谌一道坐着马车到野外去商量，让他策划是否可行；回来后再要冯简子分析决断；形成方案后，交给游吉去执行，让他和宾客应对。因此，很少有将事情办砸的时候。这就是北宫文子所说的讲究礼节。

郑人游于乡校，以论执政。然明谓子产曰："毁乡校，何如？"子产曰："何为？夫人朝夕退而游焉，以议执政之善否。其所善者，吾则行之；其所恶者，吾则改之，是吾师也。若之何毁之？我闻忠善以损怨，不闻作威以防怨。岂不遽止，然犹防川。大决所犯，伤人必多，吾不克救也。不如小决使道，不如吾闻而药之也。"然明曰："蔑也今而后知吾子之信可事也。小人实不才，若果行此，其郑国实赖之，岂唯二三臣？"

仲尼闻是语也，曰："以是观之，人谓子产不仁，吾不信也。"

郑国人喜欢在乡校（即学校）游玩聚会，议论政治得失。鬷蔑建议子产:"毁了乡校如何?"子产说:"为什么? 人们把工作做完了,就喜欢到那里游玩,免不了会议论政事的得失。这是好事! 他们认为是好的,我就推行它;他们认为是不好的,我就想办法改正。他们就是我的老师啊! 为什么要毁掉它? 我听说过以行善来减少怨恨,没听说用权威来防止怨恨的。我难道不知道用权威可以很快制止议论? 只不过,这就像是防止洪水一样。洪水如果冲破堤坝,伤人必然很多,连我都不能挽救。不如把水小小地放掉来加以疏导,不如让我听到这些话而当作治病的药石。"

蒉蒉说:"我从此以后知道,您确实是可以侍奉的。小人实在没有才能,如果坚持这样做下去,对郑国大大的有利,岂独有利于朝中几位大臣?"

孔子听到子产的这一席话,也下了一个结论:"仅此一事,如果有人说子产不仁,我不相信。"

子皮欲使尹何为邑。子产曰:"少,未知可否。"子皮曰:"愿,吾爱之,不吾叛也。使夫往而学焉,夫亦愈知治矣。"子产曰:"不可。人之爱人,求利之也。今吾子爱人则以政,犹未能操刀而使割也,其伤实多。子之爱人,伤之而已,其谁敢求爱于子? 子于郑国,栋也。栋折榱崩,侨将厌焉,敢不尽言? 子有美锦,不使人学制焉。大官、大邑,身之所庇也,而使学者制焉,其为美锦,不亦多乎? 侨闻学而后入政,未闻以政学者也。若果行此,必有所害。譬如田猎,射御贯,则能获禽,若未尝登车射御,则败绩厌覆是惧,何暇思获?"子皮曰:"善哉! 虎不敏。吾闻君子务知大者、远者,小人务知小者、近者。我,小人也。衣服附在吾身,我知而慎之。大官、大邑所以庇身也,我远而慢之。微子之言,吾不知也。他日我曰,子为郑国,我为吾家,以庇焉,其可也。今而后知不足。自今请,虽吾家,听子而行。"子产曰:"人心之不同如其面焉,吾岂敢谓子面如吾面乎? 抑心所谓危,亦以告也。"子皮以为忠,故委政焉,子产是以能为郑国。

罕虎想要尹何管理自己的城邑。子产说："尹何太年轻了，我不知道他能不能担此重任。"罕虎说："这个人做事很谨慎，对我也很顺从，我很喜欢他，他是不会背叛我的。让他学习一下，他就更能知道怎么办事了。"子产说："不行。别人喜欢一个人，就要想办法对他有利。现在您喜欢一个人，却把政事交给他，这就好像一个人连刀都不会拿，您却让他去割东西，在多数情况下他会伤到自己的。您喜欢他，不过是伤害他而已，还有谁敢企盼获得您的喜爱。您是郑国的栋梁，栋梁如果折断，椽子就会崩溃，我也会被压在下面，岂敢不把话全部说出来？您有一匹漂亮的彩绸，是不会让别人用它来学习剪裁的。大的官位和大的封邑，是自身的庇护，反而拿给学徒去剪裁，它们比起漂亮的彩绸价值不是高得多吗？我听说过学业有成然后去做官的，没听过把做官当成学习的，如果最终这么办，一定会带来伤害。这就像打猎，弓马娴熟的人可以轻易获得猎物，如果让没驾过车、没射过箭的人来干，他一门心思都在担心人仰马翻，哪里有工夫去考虑猎物的事啊！"后人将"操刀伤锦"作为一个成语，比喻能力太低，不能胜任一件事情，即出于此。

罕虎听了，大为感动，说："您说得太好了！我真是不聪明。我听说，君子力求知道大事和未来的事，小人只求知道小事和眼前的事。我就是小人啊。衣服穿在我身上，我知寒知暖，会慎重地对待它；大的官位和大的封邑是用来庇护自身的，我却随意处置。如果不是您的话，我是不了解的。原来我说过，您治理郑国，我打理好自己的家事就行了。现在我知道这是不够的，从现在我向您请求，即使是我的家族事务，也听凭您去办理。"子产说："人心各不一样，就像人的面孔，我岂敢说您的面孔像我的面孔。不过心里觉得有危险的，就将它告诉您了。"

罕虎认为子产忠诚，所以将政事全部交付给他，子产因此能够把郑国治理好。

卫侯在楚，北宫文子见令尹围之威仪，言于卫侯曰："令尹似君矣，将

有他志。虽获其志，不能终也。《诗》云：'靡不有初，鲜克有终。'终之实难，令尹其将不免。"公曰："子何以知之？"对曰："《诗》云：'敬慎威仪，惟民之则。'令尹无威仪，民无则焉。民所不则，以在民上，不可以终。"公曰："善哉！何谓威仪？"对曰："有威而可畏谓之威，有仪而可象谓之仪。君有君之威仪，其臣畏而爱之，则而象之，故能有其国家，令闻长世。臣有臣之威仪，其下畏而爱之，故能守其官职，保族宜家。顺是以下皆如是，是以上下能相固也。《卫诗》曰'威仪棣棣，不可选也'，言君臣、上下、父子、兄弟、内外、大小皆有威仪也。《周诗》曰'朋友攸摄，摄以威仪'，言朋友之道必相教训以威仪也。《周书》数文王之德，曰'大国畏其力，小国怀其德'，言畏而爱之也。《诗》云'不识不知，顺帝之则'，言则而象之也。纣囚文王七年，诸侯皆从之囚，纣于是乎惧而归之，可谓爱之。文王伐崇，再驾而降为臣，蛮夷帅服，可谓畏之。文王之功，天下诵而歌舞之，可谓则之。文王之行，至今为法，可谓象之。有威仪也。故君子在位可畏，施舍可爱，进退可度，周旋可则，容止可观，作事可法，德行可象，声气可乐；动作有文，言语有章，以临其下，谓之有威仪也。"

卫襄公在楚国，北宫佗看到令尹公子围的威仪，对卫襄公说："令尹像是楚国的国君了，将有别的想法。虽然能够实现心愿，但是不能善终。《诗》说：'任何事物都有开头，很少有好结果。'善终委实不是一件容易的事。令尹恐怕不能免于祸难。"卫襄公说："您是怎么知道的？"北宫佗回答："《诗》说：'不要滥用威仪，因为它是百姓的准则。'令尹没有威仪，百姓就没有准则。百姓不去效法的人，而在百姓之上，就不能善终。"卫襄公点头称善，又问："什么叫威仪？"北宫佗说："有威严而且使人畏惧就叫作威，有仪表而能使人仿效就叫作仪。国君有国君的威仪，他的臣子敬畏他而且爱护他，把他作为准则而仿效他，所以能够保有他的国家，享受好名声,传于子孙后代。臣子有臣子的威仪,他的手下敬畏他而且爱护他,所以能够保住他的官职,保护族人,宜其家人。顺着往下说都是这样,因此上下能够互相巩固。《卫诗》说'威仪安和,不可胜数',这是说君臣、上下、父子、兄弟、内外、大小,都要有威仪。《周诗》说'朋友相互帮助,靠的就是威仪',这是说朋友之间一定要用威仪来互相教导。《周书》列举周文王的种种德行,说'大国害怕他的力量,小国怀念他的恩德',就是说对他敬畏又爱护。《诗》说,'无知无识,顺应天帝的准则',这就是把他作为准则而加以仿效。商纣王囚禁周文王七年,诸侯都跟着周文王去坐牢,商纣王于是害怕而释放了他。周文王攻打崇国,两次出兵,崇国就降服为臣,蛮夷之人相继归顺,可以说是害怕他。周文王的功勋,天下称颂而且载歌载舞,可以说是准则。周文王的措施,到今天仍是规范,可以说是仿效他。这是有威仪的缘故。所以君子在官位上可以让人敬畏,施舍救人的时候可以让人敬爱,进退可以作为法度,周旋可以作为准则,容貌举止可以观看,做事情可以学习,德行可以仿效,声音气度可以让人快乐,举手投足有修养,说话有条理,用这些来对待下面的人,就叫作有威仪。"

该怎么说呢?这位北宫老先生的口水确实有点多了。相较之下,我还是喜欢《论语》里的孔子,说什么事情都言简意赅,让人一听就懂,而且很容易记得住。

第十一章

鲁昭公（上）

鲁昭公名裯(亦作稠),鲁襄公之子,母齐归,即位时已过十九岁。

鲁昭公元年

公元前541年,鲁昭公元年。

元年春,楚公子围聘于郑,且娶于公孙段氏,伍举为介。将入馆,郑人恶之,使行人子羽与之言,乃馆于外。既聘,将以众逆。子产患之,使子羽辞,曰:"以敝邑褊小,不足以容从者,请墠听命!"令尹命大宰伯州犁对曰:"君辱贶寡大夫围,谓围将使丰氏抚有而室。围布几筵,告于庄、共之庙而来。若野赐之,是委君贶于草莽也!是寡大夫不得列于诸卿也!不宁唯是,又使围蒙其先君,将不得为寡君老,其蔑以复矣。唯大夫图之!"子羽曰:"小国无罪,恃实其罪。将恃大国之安靖己,而无乃包藏祸心以图之?小国失恃而惩诸侯,使莫不憾者,距违君命,而有所壅塞不行是惧!不然,敝邑,馆人之属也,其敢爱丰氏之祧?"伍举知其有备也,请垂櫜而入。许之。

元年春,楚国的令尹公子围访问郑国,顺便在公孙段(郑国"七穆"之一,其父公子平,字子丰,是为丰氏)家娶妻,伍举担任楚国使团的副使。

两国友好,两家结亲,本来是一件好事,然而等到楚国使团将要入城住进宾馆的时候,郑国人却突然对这位显赫的女婿产生了戒心,派行人公孙挥(字子羽)和他交涉,让楚国使团住在了城外。等到国事访问完毕，公子围将要迎娶公孙段家的小姐，又提出要带人进入新郑。平心而论，这个要求并不过分，然而子产对此深为忧虑：这么多楚国人全副武装地进入新郑，谁敢担保他们不会趁机发动袭击？反客为主本是楚国人的拿手好戏，楚文王、楚成王都这么干过，眼下这位公子围，更是以胆大妄为而闻名于世，不可不防。子产于是又派公孙挥前去交涉，拒绝楚国的大队人马进城，说："因为敝国地域狭小，不足以容纳您的随从，请让我们筑好坛再听从您的命令。"

春秋时期的贵族婚亲，要到女方的祖庙中迎接新娘，以示尊重。子产不想让楚国人进城，所以提出要在城外筑坛，替代丰氏的祖庙。公子围命大宰伯州犁应对，说："承蒙君侯赐予寡君的大夫围恩惠，对他说要将丰氏的女儿嫁给他为妻。他摆开座席，在楚庄王、楚共王的宗庙中向祖先郑重报告，才来到这里。如果你们在野外将女儿赐给他，这是将君侯的恩赐丢弃在草丛里了，也是让寡君的大夫围没有资格和诸卿同列了。不仅如此，又让他欺骗列位先君，将不能够再做寡君的上卿，恐怕也不能够回去了，请大夫考虑清楚。"

伯州犁这番话说得有水平，中心意思只有一个：公子围在郑国受到了严重的侮辱，你们看着办吧！话说到这个份儿上，公孙挥不能回避，直接回答："小国没有罪过，信赖大国而不设戒备就是罪过。小国打算仰仗大国来安定自己，而大国恐怕是包藏祸心来谋害小国吧？我担心的是，小国失去依靠，大国失去信任，诸侯因此以此为戒，无不对楚国失望，再也不信任楚国，因而违抗君王的命令，使其政令不通。不然的话，敝国就等于是贵国的宾馆，岂敢爱惜丰氏的祖庙？"说白了，我们不信任你们，而且事关国家存亡，我们不敢掉以轻心，否则也不会出此下策。

伍举知道郑国人是有戒备了。这种情况下，强求进城已经不现实，但是不进城又太没面子，于是想出一个折中的办法：请求将弓袋倒挂而入城，以示没有携带兵器。

郑国人答应了。

正月乙未,入,逆而出。遂会于虢,寻宋之盟也。祁午谓赵文子曰:
"宋之盟,楚人得志于晋。今令尹之不信,诸侯之所闻也。子弗戒,惧又
如宋。子木之信称于诸侯,犹诈晋而驾焉,况不信之尤者乎? 楚重得志
于晋,晋之耻也。子相晋国以为盟主,于今七年矣! 再合诸侯,三合大
夫,服齐、狄,宁东夏,平秦乱,城淳于,师徒不顿,国家不罢,民无谤讟,诸
侯无怨,天无大灾,子之力也。有令名矣,而终之以耻,午也是惧。吾子
其不可以不戒!"文子曰:"武受赐矣! 然宋之盟,子木有祸人之心,武有
仁人之心,是楚所以驾于晋也。今武犹是心也,楚又行僭,非所害也。武
将信以为本,循而行之。譬如农夫,是穮是蓘,虽有饥馑,必有丰年。且吾
闻之,能信不为人下。吾未能也。《诗》曰:'不僭不贼,鲜不为则。'信也。
能为人则者,不为人下矣。吾不能是难,楚不为患。"楚令尹围请用牲读
旧书加于牲上而已。晋人许之。

正月十五日,公子围带人进入新郑,迎接了新娘子出来。于是在郑
国的虢地会盟,这是为了重温宋之盟。如果只看《左传》的记载,很容易
误解为只是楚国和郑国结盟。事实上,《春秋》是这样记载的:"叔孙豹会
晋赵武、楚公子围、齐国弱、宋向戌、卫齐恶、陈公子招、蔡公孙归生、郑罕
虎、许人、曹人于虢。"公子围此行,一是访问郑国,二是迎娶新娘,三是到
虢地参加诸侯会盟,可以说是马不停蹄,相当勤快了。

中军尉祁午对赵武说:"在宋国结盟的时候,楚国占了晋国的上风
(歃血为盟的时候,楚国人为先)。而今他们的令尹不讲诚信,这是诸侯
都知道的。您如果不防着点的话,只怕又像在宋国一样。楚国令尹屈建
(字子木)在诸侯中以守信而著称,尚且欺骗我们而凌驾于晋国之上(当
时楚国人在礼服内穿了铠甲),何况是现在这位严重不讲信用的? 楚国
如果再次占了晋国上风,那就是晋国的耻辱了。您辅佐晋国作为盟主,
至今已经有七年多了,两次会合诸侯,三次会合诸侯的卿大夫,收服齐

国、狄人，安定华夏的东境，平息秦国的扰乱，为杞国修筑淳于城，军队不困顿，国家不疲惫，百姓无诽谤，诸侯无怨言，上天不降大灾，这都是您的功劳。我害怕的是，您有了美好的名声，反而以耻辱告终。您可不能够不警惕啊！"

赵武说："我受教了。然而上次在宋国结盟，屈建有祸人之心，我有仁人之心，这就是楚国凌驾于晋国之上的原因。今天我还是一样的心，楚国又不守信用，照样不能伤害我。我将以诚信为本，遵循这个原则行事。这就好比农夫，只要致力于培土除草，虽然难免有饥馑之年，但终归会有丰收的时候。而且我听说，能守诚信就不会居人之下，看来我还是不能做到严守诚信啊！《诗》说：'不欺骗不祸害，鲜有不成为榜样的。'说的就是要讲诚信。能够以身作则，就不会居人之下了。于我而言，难的是做不到这一点，楚国人不足为患。"

赵武坚信诚实人不吃亏，公子围却处心积虑耍小聪明。到了盟誓的时候，公子围请求使用牺牲，仅仅宣读一下当年宋之盟的盟书，并将盟书放在牺牲上面就算了事。为什么如此草率，连歃血这一关键流程都省略？那是因为上次楚国人先歃血，占了上风；这次怕晋国人提出要先歃血，又不好拒绝，所以干脆简化程序，草草了事。

晋国人答应了。

三月甲辰，盟。楚公子围设服、离卫。叔孙穆子曰："楚公子美矣，君哉！"郑子皮曰："二执戈者前矣！"蔡子家曰："蒲宫有前，不亦可乎？"楚伯州犁曰："此行也，辞而假之寡君。"郑行人挥曰："假不反矣！"伯州犁曰："子姑忧子皙之欲背诞也。"子羽曰："当璧犹在，假而不反，子其无忧乎？"齐国子曰："吾代二子愍矣！"陈公子招曰："不忧何成，二子乐矣。"卫齐子曰："苟或知之，虽忧何害？"宋合左师曰："大国令，小国共。吾知共而已。"晋乐王鲋曰："《小旻》之卒章善矣，吾从之。"

退会,子羽谓子皮曰:"叔孙绞而婉,宋左师简而礼,乐王鲋字而敬,子与子家持之,皆保世之主也。齐、卫、陈大夫其不免乎? 国子代人忧,子招乐忧,齐子虽忧弗害。夫弗及而忧,与可忧而乐,与忧而弗害,皆取忧之道也,忧必及之。《大誓》曰:'民之所欲,天必从之。'三大夫兆忧,忧能无至乎? 言以知物,其是之谓矣。"

三月二十五日,举行盟誓。楚国的公子围使用楚王的仪仗,前面有两名卫士替他开路。鲁国的叔孙豹(叔孙穆子)感慨:"楚国的公子可真神气,好像是个国君啊!"郑国的罕虎(子皮)说:"两名执戈武士都站在他前面了。"蔡国的公孙归生(子家)说:"令尹在楚国都已经住进了蒲宫(楚王的离宫),有两名执戈武士在前面开路又有何不可?"

楚国的伯州犁听到了,站出来为公子围辩护:"这些东西是令尹这次出来的时候,向楚王请求而借出来的。"郑国的行人公孙挥说:"只怕借了就不会还了。"伯州犁反唇相讥:"这事不劳操心,您还是担心一下公孙黑是否想犯上作乱吧!"

公孙黑字子皙,当年和良霄(伯有)闹矛盾搞得沸沸扬扬,以桀骜不驯而闻名,是郑国的一颗定时炸弹,是以伯州犁有此一说。公孙挥立马反击:"我也奉劝您一句,当璧还在,借了国君的东西不还,您就不害怕吗?"

所谓当璧,是指公子围的弟弟公子弃疾。话说楚共王在世的时候,没有嫡子,受到宠爱的庶子有五人,不知道该立谁为继承人,于是将一双玉璧埋在宗庙的院子里,祈祷说:"正对着玉璧下拜的,就是神明喜爱的,立他为储君。"然后叫儿子们进来拜祭祖先。结果楚康王两脚跨在了玉璧上,公子围的胳膊放在了玉璧上,公子比和公子黑肱都离得很远。公子弃疾当时还小,被人抱进来,两次下拜都正好压在玉璧上。"当璧"之名,由此而来。楚康王死后,儿子郏敖懦弱无能,公子围飞扬跋扈,篡位之心已经昭然若揭,唯一让他有所顾忌的,就是这位"当璧"公子弃疾了。

听到伯州犁和公孙挥斗嘴，齐国的国弱叹道："我真替这两位操心啊！"意思是为公子围和伯州犁担忧。陈国的公子招说："不操心哪里能够成事？可这两位似乎还很高兴呢！"卫国的齐恶说："如果他们事先知道，就算有危险也能化解吧？"宋国的向戌滴水不漏，说："大国发号施令，小国恭敬服从。我只知道恭敬而已。"等于什么都没说。晋国的乐王鲋则故弄玄虚，说："《小旻》的最后一章甚好，我就听它的吧。"

《小旻》见于《诗经·小雅》，最后一章是："不敢暴虎，不敢冯河。人知其一，莫知其他。战战兢兢，如临深渊，如履薄冰。"大意是：不敢空手去打老虎，不敢徒步涉过大河，人们只知道有一种危险，没有想到世道多艰难。还是战战兢兢地过日子吧，就好像站立在深渊旁边，就好像脚下踩着薄冰。乐王鲋以《诗》喻事，意思是不要只看到别人的危险，自己也要时时警惕，谨言慎行，咱们这些看客就不要公开议论楚国令尹了，免得惹祸上身！

散会之后，公孙挥跟罕虎谈起这件事，点评道："叔孙豹言辞准确而委婉，向戌言简意赅而合于礼仪，乐王鲋洁身自爱而谦恭有礼，您和公孙归生说话得体，都是能够保有世禄的有福之人。齐、卫、陈国那几位则恐怕不能免于祸难：国弱替人瞎操心，公子招有点幸灾乐祸，齐恶虽然有忧虑却不当作祸害。但凡忧患没有到自己身上而替人操心的，人家有难而自己高兴的，明知忧患而无动于衷的，都不可避免招来忧患。这三位大夫有了招来忧患的先兆，忧患必定会到来。《大誓》说：'老百姓所想的，上天必定听从。'忧患岂能不来？通过言语而知道事物的后果，说的就是这个了。"

季武子伐莒，取郓，莒人告于会。楚告于晋曰："寻盟未退，而鲁伐莒，渎齐盟，请戮其使。"

乐桓子相赵文子，欲求货于叔孙，而为之请，使请带焉，弗与。梁其胫曰："货以藩身，子何爱焉？"叔孙曰："诸侯之会，卫社稷也。我以货免，鲁必受师。是祸之也,何卫之为?人之有墙,以蔽恶也。墙之隙坏,谁之咎也?卫而恶之,吾又甚焉。虽怨季孙,鲁国何罪?叔出季处,有自来矣,吾又谁怨?然鲋也贿,弗与,不已。"召使者,裂裳帛而与之,曰:"带其褊矣。"赵孟闻之,曰:"临患不忘国,忠也。思难不越官,信也;图国忘死,贞也;谋主三者,义也。有是四者,又可戮乎?"乃请诸楚曰:"鲁虽有罪,其执事不辟难,畏威而敬命矣。子若免之,以劝左右可也。若子之群吏,处不辟污,出不逃难,其何患之有?患之所生,污而不治,难而不守,所由来也。能是二者,又何患焉?不靖其能,其谁从之?鲁叔孙豹可谓能矣,请免之以靖能者。子会而赦有罪,又赏其贤,诸侯其谁不欣焉望楚而归之,视远如迩?疆埸之邑,一彼一此,何常之有?王、伯之令也,引其封疆,而树之官。举之表旗,而著之制令。过则有刑,犹不可壹。于是乎虞有三苗,夏有观、扈,商有姺、邳,周有徐、奄。自无令王,诸侯逐进,狎主齐盟,其又可壹乎?恤大舍小,足以为盟主,又焉用之?封疆之削,何国蔑有?主齐盟者,谁能辩焉?吴、濮有衅,楚之执事,岂其顾盟?莒之疆事,楚勿与知,诸侯无烦,不亦可乎?莒、鲁争郓,为日久矣。苟无大害于其社稷,可无亢也。去烦宥善,莫不竞劝。子其图之!"固请诸楚,楚人许之,乃免叔孙。

该说的话说了,该喊的口号喊了,正当大伙儿打点行装,准备散会的时候,一件意想不到的事情发生了:三月份,鲁国的季孙宿讨伐莒国,攻取郓地。莒国人跑到虢地来告状。楚国人告诉晋国人:"我们重温上次的盟约,巩固和平友好,这边还没有散会,那边鲁国就入侵了莒国,这是亵渎盟约,请求诛戮鲁国的使者。"

鲁国的使者,就是叔孙豹。

晋国大夫乐王鲋(谥桓)辅佐赵武参加会议,想向叔孙豹索取财物而为他向赵武(文子)说情,但是又不便明说,便派人向叔孙豹索要一条腰带。叔孙豹当然知道乐王鲋是什么意思,但很干脆地拒绝了。叔孙豹的家臣梁其脞表示不解:"钱财不就是用来保全性命的吗?您怎么突然爱惜起钱财来了呢?"叔孙豹回答:"我们参加诸侯会议,是为了保卫社稷。我如果用钱财来逃脱性命,鲁国必定会遭到讨伐,这就是祸害社稷了,哪里是保卫?家院筑墙,是为了防范盗贼之流;墙壁有了裂缝,这又是谁的罪过?我本来是保卫社稷的,结果却害了社稷,我的罪过岂不是更大?虽然我也怨恨季孙宿这个时候讨伐莒国,陷我于险地,但是鲁国又有什么罪过?叔孙出使季孙守国,向来是这样做的,我又去怨恨谁呢?不过话又说回来,乐王鲋贪财好货,如果不给他,那就没完没了啦。"于是召见乐王鲋的使者,从衣裳上撕下一条长帛交给他:"身上的腰带太窄了,只能撕衣裳来另做一条。"

赵武(孟)听说这件事,说:"面临灾难而先想到国家,是忠;意识到危险而不离职守,是信;为了国家的利益而忘记死亡,是贞;思考问题从忠、信、贞出发,这就是义。有这四种美德的人,难道可以杀掉吗?"于是向楚国公子围求情,说了如下一番话:

"鲁国虽然有罪,它的使者却没有逃避祸难,畏惧贵国的威严而恭敬地接受命令。您如果赦免他,以劝勉群臣来为国效力,是可以的。如果您的官吏在国内不怕困难,在国外不逃避责任,国家还有什么忧患呢?忧患之所以产生,是因为有问题而不解决,有祸难就逃离,就是这样来的。能够做到这两点又有什么忧患?不安定贤能之士,谁会跟从他?鲁国的叔孙豹可以说是能臣了,请赦免他来安定贤能者。您组织诸侯会议而赦免有罪的国家,又奖励它的贤者,诸侯还有谁不高兴地望着楚国而归顺你们,把疏远看成亲近呢?再说,边境上的城邑,有时是你的,有时是我的,哪里有什么常主?三王五伯发布命令,划定边疆,设置官员,竖立标志,而且在法令上写明非法越境就要受到惩罚,尚且不可能让边界一成不变。于是虞舜也出征过三苗国,夏启则灭掉了观氏和扈氏,商朝诛杀了姺氏和邳氏,周朝也吞并过徐国和奄国。自从没有英明的天子,诸侯争相扩张,交替主持结盟,难道又有什么是一成不变的吗?关注大的祸乱而不计较小的过失,足以成为盟主了,哪里管得了那么多小事?边境被侵略的事,哪个国家没有经历过?主持结盟的,谁能够治理?假如吴国和百濮部落有机可乘,楚国的办事人员难道会拘泥于盟约,不趁乱而入?莒国边境上的事,楚国就不要过问,诸侯也不要烦恼,不也是可以的吗?莒国和鲁国争夺郓地,旷日持久,只要对莒国的社稷没有造成大的损害,就没有必要去保护它了。免去烦恼,赦免善人,诸侯们就没有不争相努力的。请您认真考虑一下。"

赵武坚持为叔孙豹说情,公子围总算是给面子,听从赵武的建议,放过了叔孙豹。

令尹享赵孟,赋《大明》之首章。赵孟赋《小宛》之二章。事毕,赵孟谓叔向曰:"令尹自以为王矣,何如?"对曰:"王弱,令尹强,其可哉!虽可,不终。"赵孟曰:"何故?"对曰:"强以克弱而安之,强不义也。不义而强,其毙必速。《诗》曰:'赫赫宗周,褒姒灭之。'强不义也。令尹为王,必求诸侯。晋少懦矣,诸侯将往。若获诸侯,其虐滋甚。民弗堪也,将何以终?夫以强取,不义而克,必以为道。道以淫虐,弗可久已矣!"

公子围设宴招待赵武,赋了《诗经·大雅·大明》的第一章:"明明在下,赫赫在上。天难忱斯,不易维王。天位殷適,使不挟四方。"大意是:君王的明德在下,神灵的护佑在上,天意如此难测,领袖着实不好当。这是歌颂周文王的诗句,公子围用以表达自己的心志,可以说是相当狂妄了。赵武以《诗经·小雅·小宛》的第二章回应:"人之齐圣,饮酒温克,彼昏不知,壹醉日富。各敬尔仪,天命不又。"大意是:聪明圣智的人啊,喝起酒来温文尔雅;稀里糊涂的人呢,总要一醉方休。做人还是应当注重礼仪,天命一去,不可复还。这是奉劝公子围要安于天命,谨守本分,休作非分之想。

事后，赵武问羊舌肸："令尹已经把自己当成楚王了，你怎么看？"羊舌肸回答："楚王懦弱，令尹强势，令尹应该能够成事吧！虽然可以坐上王位，但是难有善终。"赵武不解："为什么这样说？"羊舌肸说："以强凌弱而且心安理得，这是强大而无道义。没有道义的强大，很快就会灭亡。《诗》说：'声威赫赫的大周王朝，褒姒灭亡了它！'说的就是强大而无道义。以令尹的性格，如果当上了楚王，必定会谋求领军诸侯。而晋国已经有点衰弱了，诸侯们将服从楚国的领导。如果获得诸侯的拥护，他就会比现在更加残暴，老百姓就会受不了，他又怎么能够得到善终呢？要知道，依靠强力来夺得王位，不合于道义而能取胜，必将以不义作为常道。把荒淫残暴作为常道，是不可能长久的。"

夏四月，赵孟、叔孙豹、曹大夫入于郑，郑伯兼享之。子皮戒赵孟，礼终，赵孟赋《瓠叶》。子皮遂戒穆叔，且告之。穆叔曰："赵孟欲一献，子其从之！"子皮曰："敢乎？"穆叔曰："夫人之所欲也，又何不敢？"及享，具五献之笾豆于幕下。赵孟辞，私于子产曰："武请于冢宰矣。"乃用一献。赵孟为客，礼终乃宴。穆叔赋《鹊巢》。赵孟曰："武不堪也。"又赋《采蘩》，曰："小国为蘩，大国省穑而用之，其何实非命？"子皮赋《野有死麕》之卒章。赵孟赋《常棣》，且曰："吾兄弟比以安，尨也可使无吠。"穆叔、子皮及曹大夫兴，拜，举兕爵，曰："小国赖子，知免于戾矣。"饮酒乐。赵孟出，曰："吾不复此矣。"

四月，赵武、叔孙豹和曹国的大夫进入新郑，郑简公设宴招待他们。宴会举行之前，罕虎向赵武行"戒"礼，也就是告知宴会的时间和地点。礼毕，赵武赋了《诗经·小雅·瓠叶》一诗。瓠是一种葫芦科植物，其果可食，其叶则弃，或者被穷人当作杂粮来吃。赵武的意思是希望酒宴不要办得太丰盛，一切从简即可。罕虎并没有领会赵武的意思，再去知会叔孙豹,顺便将赵武赋《瓠叶》的事告诉了叔孙豹。叔孙豹到底是鲁国人,知书达礼,一听即明白,对罕虎说:"这是希望宴会办得俭朴一点,一献即可,您就听从他吧。"

"献"即主人向宾客敬酒,一献就是敬酒一次。周礼有规定,招待公爵当用九献,招待侯爵和伯爵用七献,子爵和男爵用五献,卿用三献,士大夫用一献。献的次数越多,礼节越隆重,宴会也越丰盛。按照赵武的级别,至少应该享受三献。而在当时,各国为了尊崇晋国,在招待晋国的卿的时候,往往将待遇提升一级,采用五献。听说只对赵武用一献,罕虎不禁有点发虚,说:"不敢这样做吧?"叔孙豹说:"这是他自己的愿望,有什么不敢?"

到了宴会那一天,郑国人出于谨慎,还是准备了五献的器物用品,陈列在帷幕之下。赵武辞谢,私下对子产说:"我已经向冢宰请求过了,只用一献。"冢宰是个笼统的称呼,可以说是一国的执政大臣,也可以说是一家的首席家臣,这里是指郑国的当国罕虎。郑国人这才知道赵武说的是真心话,于是只用一献。

前面说过,"享"是享礼,又假借为"飨",即宴请。重要的招待,一般是先享后宴,先搞仪式,再喝酒吃肉。如果享礼过于隆重,达到七献或九献,主人敬宾客,宾客再回敬主人,费时冗长,往往就没有时间举行宴会了,只能将大快朵颐的事情推到第二天举行。而这一次,因为作为主宾的赵武只接受一献,享礼很快就结束,于是"礼终乃宴",大伙儿也不用饿着肚子假惺惺地做戏,真是善莫大焉!

宴会期间,叔孙豹赋了《诗经·召南·鹊巢》一诗,其中有"维鹊有巢,维鸠居之,之子于归,百两御之"这样的句子。叔孙豹将赵武比作鹊,将自己比作鸠,意思是晋国主持会盟,鲁国得以安宁,自己免于被楚国所杀,全是因为赵武的功劳。赵武说:"我担当不起。"叔孙豹便又赋了《诗经·召南·采蘩》一诗:

"于以采蘩?于沼于沚。于以用之?公侯之事。于以采蘩?于涧之中。于以用之?公侯之宫。被之僮僮,夙夜在公。被之祁祁,薄言还归。"

蘩即白蒿，是一种寻常的植物，古人用于祭祀。叔孙豹解释："小国就是蘩，虽然很平凡，大国却加以爱惜而慎重使用，岂敢不听从大国的号令？"

看到叔孙豹连拍马屁，罕虎也坐不住了，赋了《诗经·召南·野有死麕》的最后一章："舒而脱脱兮，无感我帨兮，无使尨也吠。"这是一首男欢女爱的诗，最后一章借女子之口对男子说："轻点啊慢点啊，不要把我的佩巾弄乱了，不要让狗儿在一旁叫。"罕虎的意思是，赵武以仁义道德安抚诸侯，从来没有做出非礼的事。

赵武报之以《诗经·小雅·常棣》，其中有"常棣之华，鄂不韡韡，凡今之人，莫如兄弟"之句，意思是：当今之世，难道还有比兄弟更可靠的人吗？赵武还开玩笑说："我们兄弟亲密无间，可以让狗别叫了。"

叔孙豹、罕虎以及曹国大夫都站起来，朝着赵武下拜，举起犀牛角做的酒爵敬酒，说："小国有您可以依赖，知道可以免于欺凌了。"于是觥筹交错，宾主尽欢。赵武走出来，对身边的人说："我不会再见到这样开心的场面了。"

好花不常开，好景不常在。作为晋国的上卿、为维护天下和平做出过巨大贡献的赵武，已经感受到生命之火即将燃尽，发出壮士暮年的喟叹了。

天王使刘定公劳赵孟于颍，馆于洛汭。刘子曰："美哉禹功，明德远矣！微禹，吾其鱼乎！吾与子弁、冕端委，以治民、临诸侯，禹之力也。子盍亦远绩禹功，而大庇民乎？"对曰："老夫罪戾是惧，焉能恤远？吾侪偷食，朝不谋夕，何其长也？"刘子归，以语王曰："谚所谓老将知而耄及之者，其赵孟之谓乎！为晋正卿，以主诸侯，而侪于隶人，朝不谋夕，弃神、人矣。神怒、民叛，何以能久？赵孟不复年矣。神怒，不歆其祀；民叛，不即其事。祀、事不从，又何以年？"

周景王派刘定公到郑国的颍地慰劳赵武，住在洛水边上。刘定公观赏着黄河、洛水壮观的景色，不禁有感而发：大禹的功劳真是伟大啊！他的高尚品德影响多么深远。如果没有大禹，我们恐怕已经成为鱼类了吧！我和您戴着礼帽、穿着礼服来治理百姓，号令诸侯，这都是大禹的力量。您何不也延续大禹的功业而大大地庇护百姓呢？

刘定公意气风发，赵武却萎靡不振，说："老夫只害怕犯错误，哪里能够考虑那么长远的事情？我们这些人苟且度日，早上不想晚上的事，说那么长久的事干吗呢？"

刘定公回到京师，把情况告诉周景王，以为谚语所谓"老了会更聪明，然而糊涂却随之而来了"，说的就是赵武这种人。身为晋国的正卿，主持诸侯的大事，反而自降身价等同于下人，早晨不想晚上的事，这是抛弃神灵和百姓了。神灵震怒，百姓背叛，怎么能够长久？赵武怕是过不了今年了。神灵发怒，不享用他的祭祀；百姓背叛，不听从他的号令。祭祀和大事都办不了，又怎么能够过年？

确实，赵武时年不到五十，就说如此丧气的话，与他的年龄、身份不符。刘定公以此断定他将不久于人世，多少是有些道理的。

叔孙归，曾夭御季孙以劳之。旦及日中不出。曾夭谓曾阜曰："旦及日中，吾知罪矣。鲁以相忍为国也，忍其外，不忍其内，焉用之？"阜曰："数月于外，一旦于是，庸何伤？ 贾而欲赢，而恶嚣乎？"阜谓叔孙曰："可以出矣！"叔孙指楹，曰："虽恶是，其可去乎？"乃出见之。

叔孙豹参加诸侯会盟回来，季孙宿令家臣曾夭驾车，前去慰劳他。早上到叔孙府上，一直等到中午，叔孙豹都不出来接见。为什么？因为诸侯在虢地开会的时候，季孙宿率军入侵莒国，攻取郓地，害得叔孙豹差点成为楚国人的刀下鬼。如果不是赵武仗义执言，叔孙豹能不能活着回

子產
逐子南

到鲁国还未可知。叔孙豹不肯见季孙宿，也在情理之中。

曾夭与叔孙豹的家臣曾阜交涉，说："从早上等到中午，我们已经知罪了。鲁国是以忍让来治国的。在国外忍让，在国内不忍让，这又何必呢？"曾阜说："他老人家几个月在外奔波劳累，你们站在这里一早上又有什么关系呢？做生意想要赚钱，难道还讨厌叫卖的喧嚣吗？"

话虽如此，曾阜还是建议叔孙豹出去接见季孙宿。叔孙豹指着堂上的柱子说："虽然讨厌它，难道可以去掉吗？"言下之意，季孙宿是国家的栋梁，虽然得罪了我，总不能就将他打倒吧？于是出门与季孙宿相见。

所谓讲政治、顾大局，说的就是叔孙豹这种人吧。

郑徐吾犯之妹美，公孙楚聘之矣，公孙黑又使强委禽焉。犯惧，告子产。子产曰："是国无政，非子之患也。唯所欲与。"犯请于二子，请使女择焉。皆许之，子晳盛饰入，布币而出。子南戎服入。左右射，超乘而出。女自房观之，曰："子晳信美矣，抑子南，夫也。夫夫妇妇，所谓顺也。"适子南氏。子晳怒，既而囊甲以见子南，欲杀之而取其妻。子南知之，执戈逐之。及冲，击之以戈。子晳伤而归，告大夫曰："我好见之，不知其有异志也，故伤。"

大夫皆谋之。子产曰："直钧，幼贱有罪。罪在楚也。"乃执子南而数之，曰："国之大节有五，女皆奸之。畏君之威，听其政，尊其贵，事其长，养其亲，五者所以为国也。今君在国，女用兵焉，不畏威也。奸国之纪，不听政也。子晳，上大夫，女，嬖大夫，而弗下之，不尊贵也。幼而不忌，不事长也。兵其从兄，不养亲也。君曰：'余不女忍杀，宥女以远。'勉，速行乎，无重而罪！"

五月庚辰，郑放游楚于吴，将行子南，子产咨于大叔。大叔曰："吉不能亢身，焉能亢宗？彼，国政也，非私难也。子图郑国，利则行之，又何疑焉？周公杀管叔而蔡蔡叔，夫岂不爱？王室故也。吉若获戾，子将行之，何有于诸游？"

郑国大夫徐吾犯（徐吾氏，名犯）的妹妹长得很漂亮，人见人爱。公孙楚已经下聘，与徐吾小妹订婚；公孙黑又强行介入，派人到徐吾家"委禽"，也就是送去一只雁，行纳采之礼。

前面已经说过，这里再重复一次。春秋时期的贵族结婚，事先要经过六个环节：一为纳采，男方请媒人向女方提亲，获得同意后，准备礼物去提亲；二为问名，男方询问女方的名字和出生日期；三为纳吉，男方以女方之名及生辰祭告宗庙，占卜凶吉，以获得祖宗的同意；四为纳币，即男方向女方下聘，赠送彩礼；五为请期，双方约定举行婚礼的日期；六为亲迎，女方向男方致送嫁妆之后，男方到女方家里迎亲。进行到第四个环节纳币，又叫作"成昏"，也就是订了婚，双方算是未婚夫妻了。公孙楚和徐吾小妹已经订婚，公孙黑还要横插一杠，派人去纳采，可以说是相当的蛮横。

公孙楚和公孙黑都是郑穆公的孙子。公孙楚字子南，是公子偃（字子游）的儿子、公孙虿的弟弟（公孙虿于鲁襄公十九年去世，其子游吉于鲁襄公二十二年接任游氏宗主）。公孙黑字子皙，是公子骓（字子驷）的儿子、公孙夏的弟弟（公孙夏去世后，其子驷带接任驷氏宗主）。简而言之，公孙楚是游氏宗主游吉的叔叔，公孙黑是驷氏宗主驷带的叔叔。当年的"驷良之争"即因公孙黑而起。良氏被消灭后，驷氏愈加得势，公孙黑更是气壮如牛，不把其他家族放在眼里，做出这样无礼的事情也就不足为奇了。

徐吾犯很害怕。驷氏也罢，游氏也罢，都是他惹不起的世家大族。他只能去找子产诉苦，请子产出面解决。子产说："出现这样的问题，说明国家政治混乱，不是您家里的忧患。她愿意嫁给谁就嫁给谁吧。"这还真是新鲜。徐吾犯爹着胆子，向公孙楚和公孙黑提出请求，说要让妹妹自主择婿。这两位爷倒是痛快，都表示同意。于是，中国历史上第一场《非诚勿扰》，在徐吾家闪亮开场了。当然，没有那些乱七八糟的环节，双方只是简单地亮个相——

公孙黑先上场，只见他穿着华丽的衣服，将名贵的礼物陈列在堂上，就出去了。

公孙楚则穿了一身戎装进来，左右开弓，摆了几个漂亮的姿势，然后一跃登车，绝尘而去。

徐吾小妹在房中看到这一切，很快做出决定："子皙（公孙黑）确实是漂亮，但是子南是个真正的男子汉。丈夫要有丈夫的样子，妻子要有妻子的样子，这就是所谓的顺。"于是嫁给了公孙楚。

事已至此，本来应该画上句号。然而，公孙黑并不服输。他越想越气，就将铠甲穿在衣服里面去见公孙楚，打算杀了公孙楚，抢走他的妻子。公孙楚看出了他的来意，不等他近身，抄起一柄长戈就刺过去。公孙黑显然不是公孙楚的对手，转身逃跑。公孙楚追上去，追到一个十字路口，刺伤了公孙黑。公孙黑受伤而归，恶人先告状，向朝中诸位大夫说："我好心去见他，不知道他有别的想法，所以受了伤。"

事情闹大了，郑国的大夫们也不能袖手旁观，聚在一起商量如何处理这件事。子产说："双方各有道理，那就判决年少且位卑者有罪吧，罪在公孙楚。"于是命人逮捕公孙楚，说："国家的大原则有五条，你都触犯了。敬畏国君的权威、听从他的号令、尊重贵人、服侍长者、奉养长辈亲属，这五条原则就是用来治理国家的。而今国君在朝，你擅用兵器，这是不畏惧君威；行凶伤人，触犯刑律，这是不听政令；子皙是上大夫，你是下大夫，却不甘居其下，这是不尊重贵人；你年纪不大，缺乏恭敬之情，这是不尊重长辈；拿着武器追逐堂兄（指公孙黑），这是不奉养亲人。国君不忍心杀你，赦免了你的死罪，代之以流放之刑。你就赶快逃跑吧，逃得远远的，不要再加重自己的罪过了。"

这个判决明显不公，公孙楚和徐吾小妹已经订婚了，公孙黑非要横插一杠，置公序良俗于何地？《非诚勿扰》结果出来，公孙黑又不肯服输,还想刺杀公孙楚泄愤,置诚信于何地?置国法于何地?本来是非分明的一桩案件,小孩子都知道谁对谁错,子产却以为"直钧",而且判定"幼贱有罪",置公平正义于何地?后人多以为,这是子产执政期间的一大污点。也许子产主要考虑政治上的稳定,不愿意得罪驷氏家族,因此才昧着良心说瞎话吧。

五月初二日,郑国将公孙楚流放到吴国。子产毕竟心虚,在遣送公孙楚之前,向游氏家族的宗主游吉(子大叔)征询意见。游吉回答:"我不能保护自身,哪能保护家族?这件事情属于国政,不是个人的祸难。您既然为郑国打算,有利于郑国就可以了,又有什么疑惑呢?当年周公诛杀管叔和蔡叔,难道不爱他们吗?但是为了巩固王室的地位,这又有什么办法?如果我本人犯了罪,您也要将我绳之以法,何必将游氏诸人放在心上!"

管叔和蔡叔是周公旦的兄弟。周朝初年,周公旦将他们封到商朝故地,要他们监视商朝的遗老遗少,他们却密谋造反,所以被周公旦杀死。游吉这番话,可以说是绵里藏针,相当厉害:一方面是表明胳膊拧不过大腿,你要那么办,我也没办法;另一方面是拐着弯笑话子产,你办事出于公心就可以了,又何必来问我?问,就是心虚了。

秦后子有宠于桓,如二君于景。其母曰:"弗去,惧选。"癸卯,鍼适晋,其车千乘。《书》曰:"秦伯之弟鍼出奔晋。"罪秦伯也。

后子享晋侯,造舟于河,十里舍车,自雍及绛。归取酬币,终事八反。司马侯问焉,曰:"子之车尽于此而已乎?"对曰:"此之谓多矣!若能少此,吾何以得见?"女叔齐以告公,且曰:"秦公子必归。臣闻君子能知其过,必有令图。令图,天所赞也。"

后子见赵孟。赵孟曰:"吾子其曷归?"对曰:"鍼惧选于寡君,是以在此,将待嗣君。"赵孟曰:"秦君何如?"对曰:"无道。"赵孟曰:"亡乎?"对曰："何为？一世无道，国未艾也。国于天地，有与立焉。不数世淫，弗能毙也。"赵孟曰："天乎？"对曰："有焉。"赵孟曰："其几何？"对曰："鍼闻之，国无道而年谷和熟，天赞之也。鲜不五稔。"赵孟视荫，曰："朝夕不相及，谁能待五？"后子出，而告人曰："赵孟将死矣。主民，玩岁而愒日，其与几何？"

后子即秦桓公的儿子、秦景公的胞弟公子鍼。

秦桓公在世的时候，十分宠爱公子鍼。秦景公即位后，公子鍼权势不减，以至于"如二君"，秦国就像有了两位国君。这当然不是好事。对于秦景公来说，公子鍼就是一块心病。他们的母亲对此深表担忧，特别叮嘱公子鍼："不要离开秦国，否则恐怕会被流放。"然而，局势并不是公子鍼自己能够把控的。这一年的五月二十日，公子鍼来到了晋国，带来的马车有一千乘之多。《春秋》记载："秦伯之弟鍼出奔晋。"是对秦景公表示谴责：哥哥管好弟弟，国君管好臣下，领导管好下属，乃是天经地义的事。他不听话，你就教育他；他违法乱纪，你就惩罚他。总不能因为他权势太盛，你就看不惯他，逼迫他离开秦国，这算是什么搞法嘛！

公子鍼也有他的问题，那就是太不懂得收敛了。这位老先生到了晋国，请晋平公吃饭，在黄河上造了一座浮桥，从秦国的首都雍城到晋国的首都绛都，每隔十里就停几辆车。这是干啥？原来周朝的贵族宴饮，先由主人敬酒，称为"献"；宾客回敬，称为"酢"；主人再酌酒自饮，并赠礼物给宾客，劝酒，称为"酬"。一个流程下来，合称一献，最高规格为九献。公子鍼宴请晋平公，用了九献的大礼，而且每"酬"一次，就派人回雍城去取礼物。两地相隔数百里，只能用马车接力运输，如此往返八次，直至礼毕。这简直是天方夜谭，就算马车跑得再快，往返于雍城和绛都恐怕也得一整天，难不成这顿饭吃了八天？也有人解释，所谓"归取酬币"不见得是回雍城，而是到停留在路上的车上取礼物。不管怎么样，公子鍼这顿饭可以说是吃得过于奢侈了。晋国大夫女齐（字叔侯，又作司马侯）不无挪揄地问公子鍼："您的车也就这些了吗?"公子鍼一本正经地回答："这已经算很多了。如果比这些少,我又何至于到这里来见您?"女齐将这件事告诉晋平公,以为公子鍼必定能够回到秦国,"下臣听说君子能够知道自己错在哪,一定有好的打算。好的打算,是上天赞赏的"。

公子鍼在晋国见到了赵武。赵武问："您什么时候回秦国?"公子鍼回答："我害怕遭到国君的流放,所以来到这里,要等到嗣君即位才能回去。"赵武问："秦伯怎么样?"公子鍼很直接地说："无道。"赵武问："那秦国会灭亡吗?"公子鍼说："为什么这样说呢? 一代国君无道,国家还不至于灭亡。一个国家能够存于天地之间,必定有助其立国者。如果不是几代人荒淫无道,是不会灭亡的。"赵武问："那他会夭寿吗?"公子鍼说："会的。"赵武问："还有多少年?"公子鍼说："我听说,国家无道而粮食丰收,那是上天在帮助他。少则不过五年。"话说到这里,赵武看着太阳的影子,若有所思地说了一句："早上不能等到晚上,谁能等五年?"

公子鍼出来,对别人说："赵武快要死了。主持国家大政,既想混日子又贪图安逸,他还能活多久?"

郑为游楚乱故,六月丁巳,郑伯及其大夫盟于公孙段氏,罕虎、公孙侨、公孙段、印段、游吉、驷带私盟于闺门之外,实薰隧。公孙黑强与于盟,使大史书其名,且曰七子。子产弗讨。

回过头来再说郑国的事。

公孙楚被流放之后,按惯例,国君和卿大夫们要举行盟誓,对公孙楚的问题进行定性,统一认识,维护稳定。六月初九日,郑简公和卿大夫们在公孙段家里盟誓。但这还不够,罕虎、公孙侨、公孙段、印段、游吉、驷带又在新郑的闺门(城门名)之外私下盟誓,具体地点在薰隧(道路名),因此也可以称作"薰隧之盟"。参加这次盟誓的都是各大家族的宗主,按理说,公孙黑是没有资格参与的,但是他强行要求加入,而且命令史官把他的名字写进去,与六位宗主并列,称为"七子"。这简直是没王法了!其他家族有没有意见暂且不说,公孙黑虽是驷带的叔叔,但是驷带是驷氏宗主,公孙黑怎么能够和驷带平起平坐呢?

子产对此的态度是睁一只眼闭一只眼,不予理睬。但是,如果认为子产真的不敢管公孙黑,只能任其肆意妄为,那就大错特错了。

晋中行穆子败无终及群狄于大原,崇卒也。将战,魏舒曰:"彼徒我车,所遇又厄,以什共车必克。困诸厄,又克。请皆卒,自我始。"乃毁车以为行,五乘为三伍。荀吴之嬖人不肯即卒,斩以徇。为五陈以相离,两于前,伍于后,专为右角,参为左角,偏为前拒,以诱之。翟人笑之。未陈而薄之,大败之。

晋国的中军元帅荀吴在太原打败无终和各部狄人。晋军获胜的关键在于"崇卒",也就是高度重视步兵的作用。

一直以来,华夏各国的军队都是以战车为主力,步兵只是辅助兵种,计算一个国家的武装力量规模也是以有战车多少乘作为标准。战车的优势在于机动性强,正面突击力强大;劣势在于对地势的要求比较高,只能在宽阔的平原上发挥作用,遇到复杂的地形就难以应付。而且,战车不易掉头,一次冲锋过后,想再集结起来整顿阵形相当困难。而狄人作战以步兵为主,可以避实就虚,穿插于战车之中,将这些笨重而昂贵的作战单位分割包围,往往大占便宜。开战之前,魏舒建议:"对方是步兵,我方是战车,面临的地形又险恶,以十名步兵对付一辆战车,必定获胜;将战车困在险地,又增加了胜算。请全部使用步兵,从我开始。"于是让战士们下车,编为步兵。每乘战车编制三人,五乘战车十五人,改编为三个"伍"。

魏舒此举,在当时来说是革命性的。让尊贵的武士下车作战,与平民和奴隶组成的步兵混在一起,谈何容易?荀吴有一个宠爱的家臣,无论如何不肯编入步兵,被杀了示众。通过这种强硬的手段,改革才得以推行。晋军于是编为五种阵形,相互配合,"两"在前面,"伍"在后面,"专"为右翼,"参"为左翼,"偏"为前锋,引诱狄人来进攻。两、伍、专、参、偏皆为阵形的名字,详情已不可考,后人的理解也各不相同,在此不赘述。狄人看到晋军这个新奇的阵形,都大笑,以为晋军不堪一击。晋军抓住机会,趁狄人还没摆好阵形就逼近进攻,大获全胜。

纵观晋国的历史,自晋献公以来,晋国的军政体制就在不断地变革,包括军队的编制、配套的赋税制度、战术的选择,等等,都在与时俱进。晋国能够与楚国分庭抗礼,长期称霸,与晋国人锐意改革的精神是分不开的。

莒展舆立,而夺群公子秩。公子召去疾于齐。秋,齐公子鉏纳去疾,展舆奔吴。

叔弓帅师疆郓田,因莒乱也。于是莒务娄、瞀胡及公子灭明以大厐与常仪靡奔齐。

君子曰:"莒展之不立,弃人也夫! 人可弃乎?《诗》曰:'无竞维人。'善矣。"

莒国发生内乱。去年,公子展舆杀了父亲莒犁比公,自立为国君,展舆的兄弟去疾逃往齐国避难。展舆上台后,削减群公子的待遇。群公子于是派人到齐国请去疾回来。这一年秋天,齐国的公子鉏护送去疾回国,展舆逃到了吴国。

鲁国趁火打劫,派大夫叔弓率军疆理郓地,也就是将郓地纳入鲁国的版图。这时莒国的大夫务娄、瞀胡、公子灭明(三人皆为展舆的亲信)逃到齐国,将大厐与常仪靡两地献给了齐国。

君子以为:展舆之所以不能在莒国立足,是因为抛弃了众人。众人岂是可以抛弃的?《诗经·周颂·烈文》写道:"无竞维人。"意思是想要强大就必须靠人才,诚哉斯言,善哉斯言!

晋侯有疾,郑伯使公孙侨如晋聘,且问疾。叔向问焉,曰:"寡君之疾病,卜人曰'实沈、台骀为祟',史莫之知,敢问此何神也?"子产曰:"昔高辛氏有二子,伯曰阏伯,季曰实沈,居于旷林,不相能也,日寻干戈,以相征讨。后帝不臧,迁阏伯于商丘,主辰。商人是因,故辰为商星。迁实沈于大夏,主参。唐人是因,以服事夏、商。其季世曰唐叔虞。当武王邑姜方震大叔,梦帝谓己:'余命而子曰虞,将与之唐,属诸参,而蕃育其子孙。'及生,有文在其手曰'虞',遂以命之。及成王灭唐而封大叔焉,故参为晋星。由是观之,则实沈,参神也。昔金天氏有裔子曰昧,为玄冥师,生允格、台骀。台骀能业其官,宣汾、洮,障大泽,以处大原。帝用嘉之,封诸汾川。沈、姒、蓐、黄,实守其祀。今晋主汾而灭之矣。由是观之,则台骀,汾神也。抑此二者,不及君身。山川之神,则水旱疠疫之灾,于是乎禜之。日月星辰之神,则雪霜风雨之不时,于是乎禜之。若君身,则亦出入、饮食、哀乐之事也,山川、星辰之神,又何为焉?"侨闻之,君子有四时:朝以听政,昼以访问,夕以脩令,夜以安身。于是乎节宣其气,勿使有所壅闭湫底,以露其体。兹心不爽,而昏乱百度。今无乃壹之,则生疾矣。侨又闻之,内官不及同姓,其生不殖,美先尽矣,则相生疾,君子是以恶之。故《志》曰:'买妾不知其姓,则卜之。'违此二者,古之所慎也。男女辨姓,礼之大司也。今君内实有四姬焉,其无乃是也乎?若由是二者,弗可为也已。四姬有省犹可,无则必生疾矣。"叔向曰:"善哉!肸未之闻也。此皆然矣。"

叔向出,行人挥送之。叔向问郑故焉,且问子皙。对曰:"其与几何?无礼而好陵人,怙富而卑其上,弗能久矣。"

晋侯闻子产之言,曰:"博物君子也。"重贿之。

晋平公得了病,郑简公派子产访问晋国,并探视晋平公的病情。羊舌肸知道子产博学多才,便问了他一个问题:"寡君得了疾病,命人占卜,说是'实沈、台骀作怪',连太史都不知道他们是谁,请问这是什么神灵?"

这样的问题难不倒子产,他侃侃而谈:

上古时期,高辛氏有两个儿子,大的叫阏伯,小的叫实沈。他们居住在大森林里,然而不能和睦相处,时不时大动干戈,互相攻伐。后来尧认为这样不好,将阏伯迁到了商丘,命他主持辰星(即二十八宿中的心宿)的祭祀。商人沿袭下来,所以辰星又称为商星。又将实沈迁到大夏(地名,即今天的太原市),让他主持参星(即二十八宿中的参宿)的祭祀。唐人沿袭下来,世代侍奉夏、商两朝天子,其末代国君叫作唐叔虞。周武王娶了姜太公的女儿为妻,史称邑姜。邑姜有一次怀孕,梦见天帝对她说:"我为你的儿子命名为虞,准备赐给他唐国,让他祭祀参星,大大地繁衍他的后代。"等到孩子出生,手掌心果然有个虞字,所以就真的命名为"虞",这就是周成王的胞弟叔虞。等到周成王消灭唐国,就封叔虞为唐侯。后来,叔虞的儿子燮父继承君位,改国号为晋。因此,参星也就是晋国之星,而实沈就是参星之神。

至于台骀——黄帝的儿子金天氏有个后人,名叫昧,担任了玄冥师(负责水利),生了允格和台骀。台骀能够继承昧的事业,疏通汾、洮流域,加固堤防,使人民可以在广阔的原野上生活。当时的天子颛顼赏识台骀,将汾水流域封给他。沈、姒、蓐、黄四国就是台骀的后裔。而今晋国已经主宰了汾水,将这些国家都灭掉了。以此看来,台骀是汾水之神。

然而,实沈也罢,台骀也罢,都与晋侯无关。为什么这么说呢?一般而言,山川之神,遇到旱涝瘟疫这类灾害就向他们祭祀祷告;日月之神,遇到风霜雨雪不合时令就向他们祭祀祷告。至于晋侯的身体,主要是因为劳逸结合不好、饮食不健康、情绪不稳定所致,与日月山川之神何干?

子产进一步阐述:"君子相时而动,早晨神清气爽,用于听取政事;白天精力旺盛，用以调查研究；晚上思路清晰，用以修订政令；夜里气定神闲，用以安睡养神。这样有节制地使用气力，别让它有所壅塞而不通畅，以至于身体衰弱，心绪错乱。现在晋侯恐怕是将精、气都用在一件事上，所以就生病了。我又听说，不能娶同姓的女子为妻妾，因为近亲结婚会导致子孙不昌盛，君子因此厌恶这件事。周礼对此也有明确规定——买妾如果不知其姓，就必须先占卜其凶吉。违背相时而动和同姓不婚这两个原则，古代是相当慎重的。男女要辨别姓氏，这是确定礼仪的大原则。而今晋侯的宫中有四位姬姓侍妾，恐怕这就是他生病的主要原因吧！如果真是因为这个，这病就没什么好治的了。将四位姬姓侍妾去掉，或许还有一丝希望，否则就危险了。"

羊舌肸惊叹："说得太好了，这些事情我闻所未闻，您说得都对啊！"

羊舌肸告别子产出来，郑国的行人公孙挥送他。羊舌肸问他郑国的国情，又问到公孙黑的事情。公孙挥说："他还能横行几时？不讲礼节而喜欢欺凌别人，仗着有钱而轻视上级，不会长久的！"

晋平公听到子产的话，也赞叹道："真是位学识渊博的君子。"重重地赏赐了子产。

晋侯求医于秦。秦伯使医和视之，曰："疾不可为也。是谓：'近女室，疾如蛊。非鬼非食，惑以丧志。良臣将死，天命不佑。'"公曰："女不可近乎？"对曰："节之。先王之乐，所以节百事也。故有五节，迟速本末以相及，中声以降，五降之后，不容弹矣。于是有烦手淫声，慆堙心耳，乃忘平和，君子弗德也。物亦如之，至于烦，乃舍也已，无以生疾。君子之近琴瑟，以仪节也，非以慆心也。天有六气，降生五味，发为五色，征为五声，淫生六疾。六气曰阴、阳、风、雨、晦、明也。分为四时，序为五节，过则为灾。阴淫寒疾，阳淫热疾，风淫末疾，雨淫腹疾，晦淫惑疾，明淫心疾。女，阳物而晦时，淫则生内热惑蛊之疾。今君不节不时，能无及此乎？"

出,告赵孟。赵孟曰:"谁当良臣?"对曰:"主是谓矣!主相晋国,于今八年,晋国无乱,诸侯无阙,可谓良矣。和闻之,国之大臣,荣其宠禄,任其宠节,有灾祸兴而无改焉,必受其咎。今君至于淫以生疾,将不能图恤社稷,祸孰大焉!主不能御,吾是以云也。"赵孟曰:"何谓蛊?"对曰:"淫溺惑乱之所生也。于文,皿虫为蛊。谷之飞亦为蛊。在《周易》,女惑男,风落山,谓之《蛊》☰☴。皆同物也。"赵孟曰:"良医也。"厚其礼归之。

治病还得靠良医。想当年晋景公得病,请医于秦国,秦桓公派医缓前来救治;现在晋平公有疾,又是向秦国求援,秦景公派医和来到晋国。和子产的判断一样,看完病后,医和便给晋平公下了一张病危通知书:"病已经没法治了,这叫作亲近女色,其疾如蛊。不是因为鬼神作祟,也不是因为食物有问题,而是因为受到蛊惑,丧失心志。良臣将要死去,上天不能保佑。"

晋平公很惊奇:"难道女色就不能亲近吗?"

医和说:"当然不是,只是要有节制。先王创制音乐,是用来节制百事的,所以有宫、商、角、徵、羽五声的节奏,快慢、本末相互调和而得美妙的音乐,然后降于无声。五声皆降,则不可再弹。强行为之,势必产生繁复的手法和淫乱的声音,让人心荡神摇,就会忘记音乐使人心平气和的本义。这样的音乐,君子是不听的。凡事和音乐一样,一旦过了度,就要赶紧放弃,不要因此而得病。君子亲近女色,有礼有节,不是让内心纷乱。天有阴、阳、风、雨、晦、明六气,派生而成辛、酸、咸、苦、甘五种口味,表现为白、青、黑、赤、黄五种颜色,应验为宫、商、角、徵、羽五种声音。如果过了头就会产生六种疾病。六种气分为春、夏、秋、冬四时,合乎金、木、水、火、土五行之序,过度就是灾难。阴气过盛是寒病,阳气过盛是热病,风无节制是四肢病,雨无节制是腹病,夜里无节制是迷惑病,白天无节制是心病。"

医和说到这里,有一句话让后人殊为难解:"女,阳物而晦时,淫则生内热蛊惑之疾。"按照阴阳理论,女人不应该是属阴吗,何谓"阳物"呢?杜预以为,女为阴性,男为阳性,女性附属于男性,所以称为阳物,也就是"阳之物"。这样来理解"阳物而晦时",即"男人的附属物,晚上使用",如果使用过度,则产生内热蛊惑的疾病。

医和对晋平公说:"您现在亲近女色没有节制,不分昼夜,能不得病吗?"出来之后,将晋平公的病情告诉赵武。赵武关心的是:医和说"良臣将死",谁是良臣? 医和直言不讳:"那就是说您了。您主政晋国已经八年,国家没有动乱,同盟的诸侯没有流失,可以说是良臣了。我听说,身为国家的重臣,享受国君的恩宠,担负国家的大事,有灾祸发生,而无所作为,必然受到惩罚。现在国君因为淫乱而生病,将不能主持社稷,还有比这更大的祸吗? 您不能禁止他,所以我才这样说。"

赵武大概在想,国君夜以继日搞女人,中军元帅哪里管得了? 这工作没法做了。又问:"什么叫作蛊?"

医和回答:"这是沉迷于淫乱而引起的。从字面上看,器皿中有虫是蛊,谷壳中有虫也是蛊。在《周易》中,女人迷惑男人,风落山下也叫作蛊,就是这一类事物。"

《周易》中的蛊卦,上《艮》下《巽》。艮为山,巽为风,因此称为"山风蛊"。按照后天八卦的理论,艮代表少男,巽代表少女,以少男而配少女,当然是受到了蛊惑。赵武感叹:"真是良医啊!"于是赠给他重礼,送他回国。

楚公子围使公子黑肱、伯州犁城犨、栎、郏。郑人惧。子产曰:"不害。令尹将行大事,而先除二子也。祸不及郑,何患焉?"

冬,楚公子围将聘于郑,伍举为介。未出竟,闻王有疾而还。伍举遂聘。十一月己酉,公子围至,入问王疾,缢而弑之。遂杀其二子幕及平夏。右尹子干出奔晋。宫厩尹子晳出奔郑。杀大宰伯州犁于郏。葬王于郏,谓之郏敖。使赴于郑,伍举问应为后之辞焉。对曰:"寡大夫围。"

伍举更之曰:"共王之子围为长。"

楚国令尹公子围派宫厩尹公子黑肱(字子晳)、太宰伯州犁在犨、栎、郏修筑城池。这几个地方原本是郑国的领地,现在已经被楚国占领。楚国人在此筑城,郑国人难免害怕。子产却以为无害,理由是:公子围将"行大事",筑城之举只不过是为了除掉公子黑肱和伯州犁,并非为了威胁郑国,有什么好担心的?

所谓"行大事",是指造反谋逆。这一年冬天,公子围将要访问郑国,伍举担任他的副手。尚未出境,听到楚王郏敖病重的消息,公子围立即返回郢都,由伍举继续前往郑国完成使命。十一月初四日,公子围到达郢都,进宫探视郏敖的病情,用绳子将郏敖勒死,又杀死郏敖的两个儿子公子幕及公子平夏。右尹公子比(字子干)逃奔晋国,宫厩尹公子黑肱逃奔郑国(二人皆为公子围的弟弟),太宰伯州犁在郏地被杀。

郏敖是楚康王的儿子,名麇,因为死后葬于郏地而得"郏敖"之名。所谓敖,有人以为是楚人对部落首领的称谓,楚国兴起于南蛮之地,残留了山大王的遗风,将某些国君称为敖。也有人以为是丘陵之意,国君葬于某地,即称为某敖。孰是孰非,已难判断。回想起来,郏敖已经是楚国历史上第四位"敖"了,此前有若敖、霄敖、堵敖。或许可以这样理解,"敖"是没有谥号的国君,虽曾经坐上王位,但是出于种种原因,不便盖棺论定。

郏敖死后,楚国派使者发讣告到郑国。伍举当时还在郑国访问,问来人要如何称呼继任者,来人说"寡大夫围",这是没把公子围当作国君来看。伍举纠正道:"共王的儿子以公子围为长。"言下之意,公子围是有资格成为国君的。后人以为,公子围弑君作乱,毕竟是楚国内部的事,在郑国人面前还是要维护他的形象。伍举这句话,可以说是相当巧妙地保全了楚国的面子。

子干奔晋，从车五乘。叔向使与秦公子同食，皆百人之饩。赵文子曰："秦公子富。"叔向曰："厎禄以德，德钧以年，年同以尊。公子以国，不闻以富。且夫以千乘去其国，强御已甚。《诗》曰：'不侮鳏寡，不畏强御。'秦、楚，匹也。"使后子与子干齿。辞曰："鍼惧选，楚公子不获，是以皆来，亦唯命。且臣与羁齿，无乃不可乎？史佚有言曰：'非羁何忌？'"

公子比逃到晋国，只带了五辆马车。与前不久逃到晋国的秦国公子鍼相比，实在是太寒碜了。羊舌肸负责招待事务，让公子比与公子鍼享受相同的待遇，给每个人都提供一百位随从的伙食。赵武说："秦国公子富有哦！"意思是公子鍼的随从远远多于公子比，不可一视同仁。羊舌肸回答："俸禄要按照人的品德来确定高低，品行差不多就按年龄，年龄相同就按地位尊卑。给予逃亡者的待遇，如果对象是公子，那就按照他的国家大小来确定，没有听说按他的富裕程度的。而且，公子鍼带着马车千乘逃离秦国，太过强梁了。《诗》上说：'不欺侮鳏寡，不畏惧强梁。'秦国和楚国同为大国，有什么理由区别对待呢？"于是让公子鍼与公子比并列。公子鍼倒是知趣，推辞说："我害怕被流放，楚国公子得不到国君信任，所以都来到晋国，也就唯命是从。而且，让我与羁旅之臣并列，这样恐怕不太好吧？史佚说得好：'不是羁旅之臣，又何必那么尊重？'"言下之意，我比公子比来得早，已经是晋国之臣了；而公子比刚来，只能说是客人。尊重客人是对的，自己人就不要太客气啦！

楚灵王即位，蘦罢为令尹，蘦启强为大宰。郑游吉如楚，葬郑敖，且聘立君。归，谓子产曰："具行器矣！楚王汰侈而自说其事，必合诸侯。吾往无日矣。"子产曰："不数年，未能也。"

公子围杀了郑敖，自立为君，是为楚灵王，封蘦罢为令尹，蘦启强为太宰。郑国派游吉前往楚国会葬郏敖，同时拜会楚国的新君。游吉回国，便对子产说："可以准备行装了！楚王骄纵傲慢，自以为是，定将会合诸侯，过不了多久我们就要去参加会盟了。"子产说："不急，没有几年，他还做不到。"

十二月，晋既烝，赵孟适南阳，将会孟子余。甲辰朔，烝于温。庚戌，卒。

郑伯如晋吊，及雍乃复。

十二月，晋国举行完冬祭之后，赵武前往南阳，将要祭祀赵氏的先祖赵衰（字子余）。初一日，在温地举行了赵氏的冬祭。初七日，赵武便去世了。

郑简公得到消息，亲自前往晋国吊唁，到达雍地后又回来了。后人推测，这是赵家人劝他回去的。毕竟，以诸侯之尊去吊唁晋国的大臣，未免太过殷勤，赵家也当不起这样的大礼。

鲁昭公二年

公元前540年，鲁昭公二年。

二年春，晋侯使韩宣子来聘，且告为政，而来见，礼也。观书于大史氏，见《易》《象》与《鲁春秋》，曰："周礼尽在鲁矣。吾乃今知周公之德与周之所以王也。"公享之。季武子赋《绵》之卒章。韩子赋《角弓》。季武子拜,曰:"敢拜子之弥缝敝邑,寡君有望矣。"武子赋《节》之卒章。既享,宴于季氏。有嘉树焉,宣子誉之。武子曰:"宿敢不封殖此树,以无忘《角弓》。"遂赋《甘棠》。宣子曰:"起不堪也,无以及召公。"

赵武死后,韩起出任晋国的中军元帅。

二年春,晋平公派韩起访问鲁国,一来祝贺鲁昭公即位,二来告诉鲁国人,他已经成为晋国的首席执政官,并以此身份来访问。这当然是合于礼的。

韩起此行,还拜访了鲁国的太史,在他那里看到了《周易》《象》《春秋》等古文献。值得一提的是,该《春秋》和《左传》所对应的《春秋》有很大区别。严格地说,后者是"今春秋",记载的是自鲁隐公至鲁哀公年间的历史;前者是"古春秋",记载的是从周公旦年代开始的历史。看过这些文献资料之后,韩起由衷地感慨:"周礼全部都在鲁国了,我现在才知道周公的德行和周朝之所以能够成就王业的原因。"

鲁昭公设享礼招待韩起。季孙宿率先赋了《诗经·大雅·绵》一诗的最后一章:"予曰有疏附,予曰有先后,予曰有奔奏,予曰有御侮。"意思是:我有贤臣率下亲上,有智士前后参谋,有良才奔走宣告,有武将纵横折冲。这是将晋平公比作周文王,将韩起比作周文王手下的贤能之士,主要是拍韩起的马屁。

韩起回赠《诗经·小雅·角弓》,其中有"骍骍角弓,翩其反矣。兄弟婚姻,无胥远矣"之句,意思是:晋国和鲁国本是兄弟之国,理当和睦相处。

季孙宿便下拜,说:"感谢您关照鲁国,寡君有希望了!"便又赋了《诗经·小雅·节南山》的最后一章:"家父作诵,以究王讻。式讹尔心,以畜万邦。"言下之意,晋国领袖群伦,其德行可以包容天下。

享礼之后,又在季氏家中举行宴会。季府有一棵大树,树干挺直,枝繁叶茂,韩起看了大为赞赏。季孙宿马上说:"我岂敢不好好栽培这棵树，看到它就会想起《角弓》的美意！"当场又赋了《甘棠》一诗。这首诗前面已经介绍过，说的是周朝初年召公奭勤于政务，曾在甘棠树下休息，人们感念召伯的恩德，爱屋及乌，对树也有了感情。季孙宿借题发挥，将韩起比作召公奭，韩起自然明白，说："不敢当，我没有赶得上召公的地方。"

宣子遂如齐纳币。见子雅。子雅召子旗，使见宣子。宣子曰："非保家之主也，不臣。"见子尾。子尾见强，宣子谓之如子旗。大夫多笑之，唯晏子信之，曰："夫子，君子也。君子有信，其有以知之矣。"

结束了在鲁国的访问，韩起继续前进，来到齐国。他到齐国的目的是"纳币"，也就是为晋平公迎娶齐国公主而下聘礼。

鲁襄公二十八年，齐国诛灭庆氏，公孙虿（字子尾）和公孙灶（字子雅）上台执政，成为齐国的权臣。会见的时候，公孙灶命嗣子栾施（字子旗），公孙虿命嗣子高强出来拜见韩起。韩起对这两位继承人的评价都是一样的："不是保家之主，有不臣之心。"齐国的大夫们大都在笑，认为韩起在胡说，唯有晏婴表示相信，说："他是君子，君子有诚信，说什么都是有根据的。"

自齐聘于卫。卫侯享之，北宫文子赋《淇奥》。宣子赋《木瓜》。

韩起自齐国返回，途中访问卫国。卫襄公亦设享礼招待他，北宫佗（谥文）为之赋《淇奥》之诗：

"瞻彼淇奥，绿竹猗猗。有匪君子，如切如磋，如琢如磨。瑟兮僩兮，赫兮咺兮。有匪君子，终不可谖兮。瞻彼淇奥，绿竹青青。有匪君子，充耳琇莹，会弁如星。瑟兮僩兮，赫兮咺兮。有匪君子，终不可谖兮。瞻彼淇奥，绿竹如箦。有匪君子，如金如锡，如圭如璧。宽兮绰兮，猗重较兮。善戏谑兮，不为虐兮。"

该诗收录于《诗经·卫风》，是为赞美卫武公而作。北宫佗以为韩起有卫武公之美德，韩起则回赠另一首卫国的诗歌《木瓜》：

"投我以木瓜，报之以琼琚。匪报也，永以为好也！投我以木桃，报之以琼瑶。匪报也，永以为好也！投我以木李，报之以琼玖。匪报也，永以为好也！"

这首诗描写男女之间互赠礼物表明爱意，韩起想表达的意思大概是，只要卫国死心塌地跟着晋国干，晋国自然不会亏待卫国。

夏四月，韩须如齐逆女。齐陈无宇送女，致少姜。少姜有宠于晋侯，晋侯谓之少齐。谓陈无宇非卿，执诸中都。少姜为之请曰："送从逆班，畏大国也，犹有所易，是以乱作。"

四月，晋国派公族大夫韩须到齐国迎接公主少姜。齐国派上大夫陈无宇送亲，将少姜护送到晋国。

前面说过，晋平公好色，且因纵欲过度而身患疾病。这个时候迎娶侧室，多少让人难以理解，莫非是为了"冲喜"？更令人大跌眼镜的是，晋平公见一个爱一个，对少姜相当宠爱。按照当时的规矩，女人出嫁之后，应称娘家之姓。《左传》的记载中，齐国公主嫁到异国他乡，已有宣姜、文姜、哀姜等先例。晋平公对少姜的爱可谓非同寻常，因其母国之名，称为"少齐"，以示特别恩宠。

爱到过了头，人便会发狂。晋平公突然找碴儿，以为陈无宇不过是一介大夫，非卿，没有资格为少姜送亲，下令将陈无宇逮捕，羁押在中都城。确实，按照周礼，但凡公主出嫁，如果是嫁到大国或地位相等的国家，必须派卿一级的官员相送。可那是针对正室夫人而言的啊！晋平公如果是迎娶正室，齐国敢不派上卿出马？总不能因为少姜受宠，就将她视为正室而责怪齐国无礼吧？

少姜为陈无宇说情，话说得很巧妙："送亲的规格跟从迎亲的规格

（晋国派公族大夫迎亲，齐国理当派公族大夫送亲），因为畏惧晋国，齐国还做了一些变通（派高于公族大夫的上大夫送亲），所以才把事情搞乱。"这是非常高明的装傻，说明少姜是个聪明的女子，确实有其可爱之处。无奈，晋平公听不进去。

叔弓聘于晋，报宣子也。晋侯使郊劳。辞曰："寡君使弓来继旧好，固曰女无敢为宾！彻命于执事，敝邑弘矣。敢辱郊使？请辞。"致馆。辞曰："寡君命下臣来继旧好，好合使成，臣之禄也。敢辱大馆？"叔向曰："子叔子知礼哉！吾闻之曰：'忠信，礼之器也。卑让，礼之宗也。'辞不忘国，忠信也。先国后己，卑让也。《诗》曰：'敬慎威仪，以近有德。'夫子近德矣。"

作为韩起访问鲁国的回报，鲁国派大夫叔弓访问晋国。晋平公派人在绛都城郊迎接慰劳叔弓，叔弓辞谢："寡君命我来延续旧好，特别强调说'你不可接受迎宾之礼'。只要将好意上达于贵国的办事人员，敝国就很有面子了，岂敢劳烦君侯派您来郊外慰问？"晋国人请叔弓住进宾馆，他又辞谢："寡君命下臣来延续旧好，完成任务，达成使命，这就是下臣的福禄所在了，岂敢有辱这么宏大的宾馆？"

羊舌肸评价："叔弓知礼啊！我听说忠信是礼之容器，卑让是礼之根本。叔弓言辞之间不敢忘记国家，这是忠信；先说国家再说自己，这是卑让。《诗》说：'要慎重恭敬地使用威仪，以此亲近有德之人。'他老人家已经相当接近贤德了。"

秋，郑公孙黑将作乱，欲去游氏而代其位，伤疾作而不果。驷氏与诸大夫欲杀之。子产在鄙，闻之，惧弗及，乘遽而至。使吏数之，曰："伯有之乱，以大国之事，而未尔讨也。尔有乱心无厌，国不女堪。专伐伯有，而罪一也。昆弟争室，而罪二也。薰隧之盟，女矫君位，而罪三也。有死罪三，何以堪之？不速死，大刑将至。"再拜稽首，辞曰："死在朝夕，无助天为虐。"子产曰："人谁不死？凶人不终，命也。作凶事，为凶人。不助天，其助凶人乎？"请以印为褚师。子产曰："印也若才，君将任之。不才，将朝夕从女。女罪之不恤，而又何请焉？不速死，司寇将至。"七月壬寅，缢。尸诸周氏之衢，加木焉。

去年公孙黑和公孙楚争夺妻子，公孙黑获胜，公孙楚被迫逃亡国外。但是，公孙黑仍然不满足，还想将公孙楚背后的游氏家族彻底消灭，取游吉而代之，只不过因为当时被公孙楚刺伤的旧疾发作，才未能付诸实施。

公孙黑胆大妄为，不但引起了众怒，甚至也引发了他自己的宗族——驷氏家族的反感。任他这样乱搞下去的话，整个驷氏家族都会成为众矢之的，后果不堪设想！于是，驷氏家族的宗主驷带与朝中诸位卿大夫商量，提出要大义灭亲，杀掉公孙黑。子产当时在边境办事，听到这个消息立即返回，因为害怕赶不及，就乘坐传车（每到一个驿站就换马，接力相传，所以叫作传车，是当时最快的陆上交通工具）到达。为什么？郑国不能再经历一次内乱了，他必须亲手来解决这个祸害。

子产回到新郑，派官吏前去数落公孙黑的三条罪过：

鲁襄公三十年的良霄之乱，是因为公孙黑引起。当时因为忙于应付大国，所以没有追究他的责任。公孙黑怀有作乱之心而且欲壑难填，国人都难以容忍。专横任性，讨伐良霄，这便是公孙黑的第一条罪过。

鲁昭公元年，公孙黑与公孙楚为了徐吾犯的妹妹而兄弟相争，这是第二条罪过。

鲁昭公元年的薰隧之盟，公孙黑不是卿，本来没有资格参加，却强行加入进来，矫夺国君赐予的卿位，这是第三条罪过。

"以上三条皆为死罪，又怎么能够容忍？你如果不赶紧自寻了断，那就只能大刑伺候了。"子产如此威胁公孙黑。从当时的情况来看，公孙黑如果能够自杀，一了百了，对郑国是最有利的。公孙黑知罪，却不肯就范，再拜磕头，拒绝了子产的建议："我旧伤复发，死是迟早的事，您又何必帮助老天来虐待我？"子产说："谁没有一死？恶人不得善终，这就是天命。你干了坏事，做了恶人，我不帮助老天，难道还帮助恶人吗？"

公孙黑知道自己完蛋了，连驷氏家族都不能容他，他还能怎么蹦跶呢？于是向子产提出临终的请求，想让他的儿子驷印担任褚师，也就是管理市场的官员。这个要求并不高。子产回答："驷印如果有贤才，国君自然会用他；如果没有贤才，迟早会跟着你去。你对自己的罪都不操心，为什么还要为儿子请命？不赶紧去死的话，司寇就要来行使他的职权了。"

所谓人之将死，其言也善。公孙黑临终托子产照顾自己的儿子，子产却是这种态度，可见他对公孙黑有多厌恶。七月初一日，公孙黑自缢，暴尸于新郑的周氏之衢（地名），尸体上放着罗列其罪状的木头。

晋少姜卒。公如晋，及河。晋侯使士文伯来辞，曰："非伉俪也。请君无辱！"

公还，季孙宿遂致服焉。叔向言陈无宇于晋侯曰："彼何罪？君使公族逆之，齐使上大夫送之，犹曰不共，君求以贪。国则不共，而执其使。君刑已颇，何以为盟主？且少姜有辞。"冬十月，陈无宇归。

十一月，郑印段如晋吊。

少姜四月嫁到晋国，受到晋平公宠爱。许是天妒红颜，许是这种宠爱着实难以消受，她在晋国只生活了半年就去世了。鲁昭公得到消息，立即前往晋国吊唁。拍马屁也要有个度，用力过猛就不好了。依周礼，即便是诸侯的正室夫人去世，其他诸侯也断无亲临吊唁的道理，何况少姜只是晋平公的小妾，连晋国人对这一套都有点吃不消，没等鲁昭公渡过黄河，晋平公便派士匄前来辞谢，说："少姜不是正室，不能与寡君匹配,请君侯不要屈尊前来了。"鲁昭公这才一步三回头地返回曲阜,改派季孙宿代表鲁国前往晋国敬送奠仪。

通过这件事,羊舌肸看出晋平公已经恢复了一些理智,于是为陈无宇求情:"这个人有什么罪呢?您派公族大夫去迎亲,齐国派上大夫送亲,还说他们不够恭敬,您的要求实在太过分了。明明是我们不够重视,反而逮捕了他们的使者,您的刑罚太过偏颇,这样又拿什么去当盟主呢?而且,少姜也向您求过情的。"

十月,陈无宇获释回国。

十一月,郑简公派印段前往晋国吊唁少姜。

鲁昭公三年

公元前 539 年,鲁昭公三年。

三年春,王正月,郑游吉如晋,送少姜之葬。梁丙与张趯见之。梁丙曰:"甚矣哉!子之为此来也。"子大叔曰:"将得已乎?昔文、襄之霸也,其务不烦诸侯。令诸侯三岁而聘,五岁而朝,有事而会,不协而盟。君薨,大夫吊,卿共葬事。夫人,士吊,大夫送葬。足以昭礼命事谋阙而已,无加命矣。今嬖宠之丧,不敢择位,而数于守适,唯惧获戾,岂敢惮烦?少姜有宠而死,齐必继室。今兹吾又将来贺,不唯此行也。"张趯曰:"善哉!吾得闻此数也。然自今子其无事矣。譬如火焉,火中,寒暑乃退。此其极也,能无退乎?晋将失诸侯,诸侯求烦不获。"二大夫退。子大叔

告人曰:"张趯有知,其犹在君子之后乎!"

少姜之死牵动天下人的心。与鲁国人的恬不知耻相比,郑国人的殷勤备至也颇令人惊讶。去年十一月,郑简公派印段前往晋国吊唁;今年正月,游吉又来到晋国为少姜送葬。晋国大夫梁丙和张趯看到游吉,梁丙直言道:"这也太过分了,还要您老人家为这件事而来。"

游吉苦笑:"难道我愿意吗?当年晋文公、晋襄公称霸天下,生怕劳烦诸侯。现在诸侯三年要拜访一次,五年要朝觐一次,有事就开会,有问题就结盟,没个停歇。按照周礼,国君去世,邻国派大夫吊唁,卿送葬;夫人去世,邻国派士吊唁,大夫送葬。这样做足以昭示礼仪,宣布命令,弥补缺陷,那就够啦!除此之外,不给诸侯增加任何负担。而今晋侯的宠妾去世,诸侯都不敢按照礼节派合适的人参加丧礼,而是一个劲儿地提高规格,甚至超过了夫人的待遇,这样做还怕受到批评,哪里敢怕什么麻烦啊?少姜死了,齐国必然还要派一位公主来再续前缘,到那时,我还得来祝贺,岂止是跑这一趟!"

正常的社会,有礼有节,行事有度。不正常的社会,有礼无节,层层加码,你山呼万岁,我便山呼万万岁,效果一丁点儿没有,嗓门却是"内卷"了。当时张趯听到游吉这番话,便说:"好啊,我能够听到这样的朝会吊丧礼数!不过从今之后应该不用劳烦您了。这就好比天上的大火星,当它来到天空之中的时候,就意味着寒暑消退,季节转换了。事物到了极点,能够不衰退吗?晋国将要失去诸侯的拥护,诸侯想要麻烦还得不到呢!"

大火星即心宿二,也就是天蝎座的 α 星。夏末的黄昏,该星出现在天顶,预示着暑气渐消;冬末的凌晨,该星出现在天顶,预示着寒气已尽。古人通过观察天象,得出了凡事盛极必衰的朴素道理。在张趯看来,晋国死个小妾都惊天动地,确实是强盛到了极点。但是物极必反,接下来就要走下坡路了。

梁丙和张趯退出后,游吉对旁人说:"张趯有智慧,还算是个君子。"

丁未,滕子原卒。同盟,故书名。

正月初九日,滕成公(名原)去世。因为是同盟的国家,所以《春秋》记载了他的名字。

齐侯使晏婴请继室于晋,曰:"寡君使婴曰:'寡人愿事君,朝夕不倦,将奉质币以无失时,则国家多难,是以不获。不腆先君之适以备内官,焜燿寡人之望,则又无禄,早世陨命,寡人失望。君若不忘先君之好,惠顾齐国,辱收寡人,微福于大公、丁公,照临敝邑,镇抚其社稷,则犹有先君之适及遗姑姊妹若而人。君若不弃敝邑,而辱使董振择之,以备嫔嫱,寡人之望也。'"韩宣子使叔向对曰:"寡君之愿也。寡君不能独任其社稷之事,未有伉俪。在缞绖之中,是以未敢请。君有辱命,惠莫大焉。若惠顾敝邑,抚有晋国,赐之内主,岂唯寡君,举群臣实受其贶。其自唐叔以下,实宠嘉之。"

被游吉言中,少姜去世后,齐景公便急不可耐地派晏婴出访晋国,请求再派一个女子接替少姜之位。晏婴向晋国人转达了齐景公的致意:"寡人愿意侍奉君侯,早晚都不倦怠;足额奉献财礼,不敢推迟延后。只是由于国家多难,因此不能亲自前来。先君那不漂亮也不贤惠的嫡女(少姜为齐庄公的嫡妻之女)在您的内宫中聊以充数,照亮了寡人的希望。可惜她的福气太薄,过早地去世,使得寡人又陷入失望。君侯如果没有忘记两国的传统友谊,加恩顾念齐国,惠及寡人,祈福于先祖太公、丁公,光辉照耀齐国,安抚我们的社稷,那么我们还有先君的嫡女和非嫡女若干人。您如果不嫌弃齐国,屈尊派使者前来慎重选择,以充妻妾之数,这就是寡人的愿望!"

虽说礼多人不怪，齐景公这话也未免说得太卑微、太委婉、太拗口了。韩起派羊舌肸接受齐景公的好意，话说得同样别扭，也许是当时的风气使然："您所说的，正是寡君的愿望。寡君不能孤身独任社稷之事，也缺一位正式的配偶，现在又在哀悼期间，因此不敢向贵国提出请求。现在君侯屈尊这样说，真是没有比这更大的恩惠了。如果您顾念晋国，赐给内宫之主，岂止是寡君一人，晋国上下都将感受到您的恩惠，自唐叔以下的列祖列宗都感激您！"如此说来，晋平公原本也是没有正室的。少姜死后，齐国人不遗余力地推销公主，再加上少姜给晋平公留下了美好的回忆，使得他决心要正儿八经地娶一个齐国女人为正室夫人了。

既成昏，晏子受礼。叔向从之宴，相与语。叔向曰："齐其何如？"晏子曰："此季世也，吾弗知。齐其为陈氏矣！公弃其民，而归于陈氏。齐旧四量，豆、区、釜、钟。四升为豆，各自其四，以登于釜。釜十则钟。陈氏三量皆登一焉，钟乃大矣。以家量贷，而以公量收之。山木如市，弗加于山。鱼盐蜃蛤，弗加于海。民参其力，二入于公，而衣食其一。公聚朽蠹，而三老冻馁。国之诸市，屦贱踊贵。民人痛疾，而或燠休之，其爱之如父母，而归之如流水，欲无获民，将焉辟之？箕伯、直柄、虞遂、伯戏，其相胡公、大姬，已在齐矣。"叔向曰："然。虽吾公室，今亦季世也。戎马不驾，卿无军行，公乘无人，卒列无长。庶民罢敝，而宫室滋侈。道殣相望，而女富溢尤。民闻公命，如逃寇仇。栾、郤、胥、原、狐、续、庆、伯，降在皂隶。政在家门，民无所依。君日不悛，以乐慆忧。公室之卑，其何日之有？《谗鼎之铭》曰：'昧旦丕显，后世犹怠。'况日不悛，其能久乎？"晏子曰："子将若何？"叔向曰："晋之公族尽矣。肸闻之，公室将卑，其宗族枝叶先落，则公室从之。肸之宗十一族，唯羊舌氏在而已。肸又无子。公室无度，幸而得死，岂其获祀？"

一个愿嫁，一个愿娶，交易很快达成。完成订婚手续后，晏婴接受享礼，羊舌肸与之宴饮，两个人互相交谈。羊舌肸问起齐国的情况，晏婴回答："已经是末世了，我不敢说齐国会不会落到陈氏手里。国君不爱护他的子民，任由他们归附陈氏。"

陈氏是怎么收买人心的呢？齐国原本有四种量器，分别是豆、区、釜、钟。四升为豆，四豆为区，四区为釜，十釜为钟。陈氏家族标新立异，三种量器都加大一份，也就是以五升为豆，五豆为区，五区为釜。这样一来，他们家的钟就大了。陈氏用自己的大量器借出粮食，收回的时候却用公家的小量器。把山上的木料运到市场上，价格不高于山上；鱼、盐、蜃、蛤等海产品也一样，市价不高于海边。说白了，就是让利于民。

陈氏让利于民，公家又是怎么做的呢？齐国的老百姓，三分之二的时间和精力在为公家服务，三分之一留给自己为衣食奔忙。公家的积聚多到腐朽生虫，而民间的老人在忍饥挨饿。首都临淄的各大市场，鞋子不值钱而假肢昂贵，为什么？因为缴不起税而被砍了腿的人太多了！

"老百姓生活在艰难困苦中，陈氏就厚加安抚。他爱护百姓如同父母，百姓归附他有如流水。就算他想不得到百姓的拥护，又哪里躲得开？箕伯、直柄、虞遂、伯戏，他们跟随着胡公和太姬，已经在齐国扎根了。"晏婴如此总结道。

前面说过，齐国的陈氏，乃是陈国公子完的后人，而陈国公室又是舜的后人，箕伯、直柄、虞遂、伯戏均为其先祖，胡公则是周朝初年始封的陈国之祖，太姬是周王室的女儿，嫁给胡公为妻。晏婴之意，陈国的列祖列宗，已经在齐国享受祭祀，接下来就要反客为主、鸠占鹊巢了。

羊舌肸听了晏婴的话，大概是很有感触，说："事情是这样的。即使是我们晋国的公室，现在也是末世了。国君的戎车没有战马，卿大夫不率领公室的军队，公家的战车没有武士，步兵的行列没有长官。百姓生活困乏，而贵族的生活却越来越奢侈。路上的死人一个接一个，而宠姬的家里财富多得装不下。人们只要一听到国君的命令，就好像见到土匪和仇人一般逃避。栾、郤、胥、原、狐、续、庆、伯这八家的后人已经沦为低贱的小吏，政权全部被韩、赵、荀、士诸家掌握，老百姓则无所依靠。国君丝毫没有悔改之意，用夜以继日的淫乐来打发忧虑。公室的衰落卑微，难道不也是指日可待吗？"

羊舌肸引用谗鼎（据说是鲁国的大鼎）上的铭文"昧旦丕显，后世犹怠"来形容晋国公室的衰落。铭文的意思是，黎明即起追求显赫，子孙后代却懈怠无为。"况且每天都不担心、不悔改，这样还能长久吗？"

两个人说到这里，情绪难免低落。晏婴问："那您打算怎么办呢？"

羊舌肸说："晋国的公族完了。我听说，公室将要衰落，公族像枝叶一般先衰落，公室也就跟着凋零了。我的祖先有十一个分支，现在只有羊舌氏还存在。我又没有儿子，公室这样荒淫无度下去的话，能够得到善终已算万幸，难道还敢奢望有后人祭祀我？"

初，景公欲更晏子之宅，曰："子之宅近市，湫隘嚣尘，不可以居，请更诸爽垲者。"辞曰："君之先臣容焉，臣不足以嗣之，于臣侈矣。且小人近市，朝夕得所求，小人之利也。敢烦里旅？"公笑曰："子近市，识贵贱乎？"对曰："既利之，敢不识乎？"公曰："何贵？何贱？"于是景公繁于刑，有鬻踊者。故对曰："踊贵屦贱。"既已告于君，故与叔向语而称之。景公为是省于刑。

君子曰："仁人之言，其利博哉。晏子一言，而齐侯省刑。《诗》曰'君子如祉，乱庶遄已'，其是之谓乎！"

及晏子如晋，公更其宅，反，则成矣。既拜，乃毁之，而为里室，皆如其旧。则使宅人反之，曰："谚曰：'非宅是卜，唯邻是卜。'二三子先卜邻矣，违卜不祥。君子不犯非礼，小人不犯不祥，古之制也。吾敢违诸乎？"卒复其旧宅。

公弗许，因陈桓子以请，乃许之。

当初，齐景公想给晏婴换一座房子，说："您的宅子靠近市场，又小又潮湿，噪声大，灰尘多，不利于居住，请搬到明亮干燥一点的地方去。"晏婴辞谢说："我们家世世代代都居住在这里，我的才能有辱先人，这宅子对我来说已经很可以了。而且我住在市场旁边，早晚都能买到想要的东西，这是我的便利，岂敢劳烦里旅？"所谓里旅，又称司里或里人，是管理卿大夫家宅的官员。齐景公听他这么说，笑道："您靠近市场，对货物的贵贱了解不？"晏婴说："既然以近市为利，岂敢不知道物价？"齐景公问："什么贵？什么贱？"晏婴回答："假肢贵，鞋子贱。"——这是典型的晏氏说话风格，牵着对方的鼻子，兜一个大圈，把对方带到挖好的坑里。齐景公不是傻瓜，当然听明白了晏婴的意思，于是下令慎用刑罚。

　　老左特别强调，晏婴既然已经将"踊贵履贱"告诉了齐景公，所以和羊舌肸谈话的时候才说到了这个。为什么要强调？国君有错，臣下不指出来，却去跟外人说，这叫"当面不说，背后乱说"，是很不好的。当面说过了，听不听在于国君，再跟外人说也就没什么问题了。当然，当面批评国君是一件危险的事，不是每一个人都有晏婴这样的智慧，也不是每一个人都有晏婴这样的勇气，更重要的是没有几位国君有当面接受批评的雅量。所以，很多时候，人们还是选择背后乱说，这也是人之常情吧。

　　君子对此评价："仁人的话，能给世界带来多少好处啊！晏子一句话，齐侯就减刑。《诗》上说'君子如果喜悦，祸乱就很快可以停歇了'，说的就是晏子吧。"

　　等到晏婴出使晋国，齐景公还是改建了他的房屋，为此而拆毁了周边的不少民房。晏婴从晋国回来，新房子已经建好了。晏婴拜谢了齐景公，回到家便将新房子拆掉，重建邻居的房子，让邻居们都搬回来住，说："俗话说得好，住什么房子不用占卜，只有选择要好好占卜一下。你们几位当年都占卜过了，违背占卜的结果而将你们赶走是不祥的。君子不去碰不合理的事情，小人不去碰不吉祥的事情，这是自古以来的规矩，我怎么敢违背？"

　　最终，晏婴还是恢复了旧宅的模样。齐景公不允许，晏婴便托了陈无宇去说情，齐景公也就答应了。

夏四月，郑伯如晋，公孙段相，甚敬而卑，礼无违者。晋侯嘉焉，授之以策，曰："子丰有劳于晋国，余闻而弗忘。赐女州田，以胙乃旧勋。"伯石再拜稽首，受策以出。

君子曰："礼，其人之急也乎！伯石之汰也，一为礼于晋，犹荷其禄，况以礼终始乎？《诗》曰：'人而无礼，胡不遄死？'其是之谓乎！"

四月，郑简公来到晋国，公孙段（字伯石）担任他的相礼大臣，表现十分恭敬而谦卑，所有礼节都没有违背。晋平公很高兴，授予公孙段策书，说："子丰曾经为晋国奔波劳碌，我听说而不敢忘记。现赏赐给你州地，以报答你们家的功劳。"公孙段再拜叩首，接受了策书出去。

子丰是公孙段的父亲公子平的字，其后人即以丰为氏。鲁襄公三年，公子平曾经陪同刚刚即位的郑僖公访问晋国，是以晋平公有此一说。前面也说过，公孙段这个人，品行是不怎么样的。鲁襄公三十年，良霄死后，子产任命公孙段为卿，公孙段伪辞三次，引起子产不满。这一次，公孙段在晋国表现优秀，获得赏赐，君子是这样议论的："礼，真是人所急需的！像伯石这样骄纵的人，一日在晋国遵守了礼仪，尚且承受了他的福禄，何况是自始至终守礼的人？《诗》说：'人如果不守礼，为什么不早点死？'说的就是这个吧！"

初，州县，栾豹之邑也。及栾氏亡，范宣子、赵文子、韩宣子皆欲之。文子曰："温，吾县也。"二宣子曰："自郤称以别，三传矣。晋之别县不唯州，谁获治之？"文子病之，乃舍之。二宣子曰："吾不可以正议而自与也。"皆舍之。及文子为政，赵获曰："可以取州矣。"文子曰："退！二子之言，义也。违义，祸也。余不能治余县，又焉用州，其以徼祸也？君子曰：

'弗知实难。'知而弗从，祸莫大焉。有言州必死。"

丰氏故主韩氏，伯石之获州也，韩宣子为之请之，为其复取之之故。

晋平公将州地赏赐给公孙段，是有原因的。

当初，州县是栾豹的封邑。鲁襄公二十三年栾氏灭亡，士匄、赵武和韩起都想将州县据为己有。赵武说："温，是我们家的领地。"历史上，州县原本是温地的一部分，因此州县理所当然要封给赵家，这是尊重历史。士匄和韩起则认为，自郤称以来，州县就从温地划出来，封给了郤家，后来又归还给赵家，再后来又封给栾家，都转了三次手了。类似的情况在晋国有很多，有谁能够追溯历史就获得土地吗？赵武脸皮薄，被这二人说得很不好意思，主动退出竞争。士匄和韩起一看赵武的风格那么高，也闹了个大红脸，说："我们不可以冠冕堂皇地发表意见而让自己占便宜。"都放弃了。——这是赵武执政之前的事，等到赵武当上中军元帅，他的儿子赵获建议："现在可以拿下州县了。"赵武说："退下！他们两位的话，是合乎道义的。违背道义，祸难就来了。我不能治理我的封地，又哪里用得着州地？难道是为了自取其祸吗？君子说，无知即灾难。有知而不照着做，没有比这更大的祸了。谁再说州县的事必死！"

这样一来，州县就成了无主之地，闲置了很多年。但是，表面上的谦让并不代表心里真的已经放下。自公子平以来，丰氏访问晋国，总是受到韩氏的照顾。原文中的"丰氏故主韩氏"，并非韩氏为丰氏的故主，而是"丰氏历来借住在韩氏家里"的意思。公孙段得到州县，其实就是韩起为他请求的。韩起的如意算盘是：反正我现在也得不到，不如做个人情，把它送给公孙段吧，以后若是还回来，那还不是落到我手里？

说白了，都是套路。

五月，叔弓如滕，葬滕成公，子服椒为介。及郊，遇懿伯之忌，敬子不入。惠伯曰："公事有公利，无私忌，椒请先入。"乃先受馆。敬子从之。

五月，鲁国大夫叔弓（谥敬，又称敬子）前往滕国，为滕成公送葬。孟椒担任叔弓的副手。前面说过，孟椒是孟氏族人。其父孟它，是仲孙蔑的儿子。孟氏的这一分支以"子服"为氏，孟它即子服它，因其谥，又称子服懿伯；孟椒即子服椒，因其谥，又写作子服惠伯。

使团到达滕国郊外，适逢孟它的忌日。依周礼，但凡父母的忌日，儿子不能奏乐，不能大吃大喝，也不能做其他事。当时滕国已经派人来迎接，叔弓体谅孟椒的难处，所以"不入"，也就是不到宾馆接受慰劳。孟椒说："公事只考虑公家的利益，没有私人的忌讳。我请求先入。"于是先进宾馆。叔弓这才跟着他进去。

孟椒父亲的忌日，叔弓不接受慰劳，体现的是处处替别人着想的缱绻之情；孟椒接受慰劳，体现的是公私分明、不以私废公的敬业精神。孟椒先进宾馆，叔弓跟随其后，前者有义，后者有情，都值得表扬。

晋韩起如齐逆女。公孙虿为少姜之有宠也，以其子更公女，而嫁公子。人谓宣子："子尾欺晋，晋胡受之？"宣子曰："我欲得齐，而远其宠，宠将来乎？"

晋平公果然又娶了一位齐国公主，并派韩起到齐国迎亲。想当初晋平公迎娶少姜，派的是公族大夫韩须，地位不及上大夫；而这一次派的是中军元帅，位居晋国六卿之首，从规格上讲，可以说是高得不能再高了。晋国人满怀诚意而来，齐国人却出了幺蛾子——公孙虿看到少姜如此得宠，竟然偷梁换柱，用自己的女儿取代公主，而将公主嫁给了别人。这真是胆大妄为！而且，这种事情想隐瞒是很难的。当时就有人问韩起：公孙虿欺骗晋国，晋国为什么要接受那个假货？韩起回答："我们的目的是和齐国搞好关系，公孙虿是齐国的宠臣，拆穿他对我们有什么好处？"

这可真是成大礼者不拘小节，既然公孙虿在齐国掌权，晋平公表面上娶了齐国公主,实际上娶了他的女儿,又有何不可呢?

秋七月,郑罕虎如晋,贺夫人,且告曰:"楚人日征敝邑以不朝立王之故。敝邑之往,则畏执事其谓寡君而固有外心。其不往,则宋之盟云。进退,罪也。寡君使虎布之。"宣子使叔向对曰:"君若辱有寡君,在楚何害?修宋盟也。君苟思盟,寡君乃知免于戾矣。君若不有寡君,虽朝夕辱于敝邑,寡君猜焉。君实有心,何辱命焉?君其往也! 苟有寡君,在楚犹在晋也。"

张趯使谓大叔曰:"自子之归也,小人粪除先人之敝庐,曰:'子其将来。'今子皮实来,小人失望。"大叔曰:"吉贱,不获来,畏大国,尊夫人也。且孟曰'而将无事',吉庶几焉。"

七月,郑国的当国罕虎来到晋国,祝贺晋平公娶到了一位新夫人,同时报告:"楚国每天都派人来质问寡君为什么不去朝贺他们新立的国君。如果敝国派人去了,就害怕贵国说寡君心向外人;如果不去,又违反了当年在宋国弭兵会盟的盟约。进退都是罪,寡君特派我前来报告。"

韩起的答复很有禅意:"君侯如果心里面装着寡君,就算去楚国朝贺,又有什么问题呢? 不过是延续宋之盟的友好罢了。君侯只要心里想着盟约,寡君就知道可以免于罪过了。反过来说,君侯如果心里没有寡君,就算早晚都屈尊来到晋国,寡君也会猜疑的。君侯确实心向晋国,又何必派人来说这些? 去吧,只要心里有晋国,在楚国也就像在晋国一样。"

半年前晋国给少姜办丧事的时候,游吉代表郑国前来送葬,与张趯、梁丙相谈甚欢。游吉预测,齐国还会派一位公主来续前缘,他还得来晋国祝贺。游吉猜对了开头,却没猜到结尾——晋平公确实又娶了一位齐国公主,但是郑国没有派他而是派罕虎前来祝贺。张趯失望之余,致信游吉:"自您回国,小人清扫先人的破房子,说:'您还会再来。'而今却是子皮(罕虎字子皮)来了,小人失望之至。"游吉回信:"在下地位卑贱,没有获得机会前来,这是因为畏惧大国,尊重夫人。而且您当时说,从今之后应该不用劳烦在下了。在下应该确实没事了吧。"

游吉说得没错,晋国既然派中军元帅韩起迎娶齐国公主,郑国派众卿中排名第一的当国罕虎前来祝贺,也是理所当然的。整件事情的"槽点"在于:晋国对于这位冒牌公主太重视啦!

小邾穆公来朝,季武子欲卑之,穆叔曰:"不可。曹、滕、二邾,实不忘我好,敬以逆之,犹惧其贰,又卑一睦,焉逆群好也?其如旧而加敬焉!《志》曰:'能敬无灾。'又曰:'敬逆来者,天所福也。'"季孙从之。

小邾国的国君小邾穆公前来鲁国朝见。季孙宿看不起他,不想以诸侯之礼相待。叔孙豹以为不可:"曹国、滕国、邾国和小邾国不忘与我国交好,我们恭恭敬敬地迎接他们,还害怕他们三心二意。现在反而轻视一个睦邻,又怎么去面对诸多友好国家呢?还是像过去一样礼遇有加吧!《志》说:'能够恭敬就没有灾祸。'又说,恭敬地迎接前来朝见的人,是上天赐福的原因。"季孙宿听从了叔孙豹的建议。

八月,大雩,旱也。

八月,鲁国举行盛大雩祭,是因为久旱不雨。

齐侯田于莒,卢蒲嫳见,泣且请曰:"余发如此种种,余奚能为?"公曰:"诺。吾告二子。"归而告之。子尾欲复之,子雅不可,曰:"彼其发短而心甚长,其或寝处我矣。"九月,子雅放卢蒲嫳于北燕。

鲁襄公二十八年,齐国平定庆封之乱,庆封的余党卢蒲嫳被流放到齐国北部边境。鲁昭公三年秋天,齐景公到莒地狩猎,卢蒲嫳请求觐见,哭着向齐景公请示:"我的头发已经这么稀少了,我还能干什么坏事呢?"齐景公说:"好,我和他们两位商量一下。"回来就告诉了公孙虿和公孙灶。这两位老先生当年诛杀庆封有功,成为齐国的权臣,所以齐景公必须和他们商量。公孙虿想让卢蒲嫳回来,公孙灶不同意,说:"他的头发稀少,心计却很多,让他回来的话,他也许就睡在我们的皮上了。"

公孙灶这句话,乍一听有点莫名其妙,要对照鲁襄公二十八年的记载才明白——当时,公孙虿、公孙灶对朝廷的伙食不满,指责庆封管理不善。庆封将这件事告诉了卢蒲嫳。卢蒲嫳不以为然,说:"譬之如禽兽,吾寝处之矣。"意思是:拿禽兽打比方,我睡在他们的皮上了。现在,公孙灶拿卢蒲嫳这句话说事,公孙虿想必是心有余悸吧。九月,公孙灶将卢蒲嫳流放到燕国(原文写作"北燕",以区别于地处河南的南燕国)。

燕简公多嬖宠,欲去诸大夫而立其宠人。冬,燕大夫比以杀公之外嬖。公惧,奔齐。书曰:"北燕伯款出奔齐。"罪之也。

《春秋》及《左传》的记载中,燕国出现的次数很少。同样,在《史记》中,关于春秋时期燕国的记载也是寥寥无几,而且与《左传》的记载出入颇大。我们只能这样猜测,燕国孤悬北方,甚少参与中原事务,在春秋时期是个存在感不强的国家。但是,燕国毕竟与齐国接壤,两国多少会有一些交流。

燕简公名款,宠爱多名嬖人,想除掉诸位大夫而让他的嬖人上位。这一年冬天,大夫们联合起来,杀掉了燕简公的宠臣。燕简公害怕了,逃奔齐国。《春秋》记载:"北燕伯款出奔齐。"说明责任在燕简公。

十月,郑伯如楚,子产相。楚子享之,赋《吉日》。既享,子产乃具田

备,王以田江南之梦。

既然韩起说"在楚犹在晋",郑简公便真的去朝见楚灵王了。十月,郑简公来到楚国,子产担任相礼大臣。楚灵王设宴招待郑简公,席间赋《吉日》之诗:

"吉日维戊,既伯既祷。田车既好,四牡孔阜。升彼大阜,从其群丑。吉日庚午,既差我马。兽之所同,麀鹿麌麌。漆沮之从,天子之所。瞻彼中原,其祁孔有。儦儦俟俟,或群或友。悉率左右,以燕天子。既张我弓,既挟我矢。发彼小豝,殪此大兕。以御宾客,且以酌醴。"

此诗收录于《诗经·小雅》,是描写周宣王狩猎的诗。子产闻弦歌而知雅意,宴会结束后,就命人做好打猎的准备。果然,楚灵王带着郑简公前往江南的云梦泽狩猎去了。

齐公孙灶卒。司马灶见晏子,曰:"又丧子雅矣。"晏子曰:"惜也!子旗不免,殆哉!姜族弱矣,而妫将始昌。二惠竞爽犹可,又弱一个焉,姜其危哉!"

齐国的权臣公孙灶去世。大夫司马灶见到晏婴,说:"又失去子雅了。"晏婴说:"太可惜了!子旗不能免于祸难,危险了!姜姓一族衰落了,而妫姓将开始兴旺。惠公的两位子孙精明强干,还可以勉强维系姜姓,现在又失去一个了,姜姓真是危险了!"

关于这段对话,有必要做一个说明:

其一,公孙灶字子雅,公孙虿字子尾,都是齐惠公的孙子,所以称为"二惠"。公孙灶的父亲叫公子栾,其族遂以"栾"为氏;公孙虿的父亲叫公子高,其族遂以"高"为氏,史上又称为惠高氏,以区别于齐国的世袭上卿高氏。

其二,公孙灶的儿子栾施,字子旗。鲁昭公二年,韩起访问齐国,公孙灶让栾施出来拜见韩起，韩起以为栾施"不是保家之主，有不臣之心"。晏婴与韩起所见略同，所以说"子旗不免"。

其三，妫是陈国公室的姓。齐桓公年间，陈国的公子完流亡到齐国，受到重用。陈氏一族，从此在齐国落地生根，发展壮大。齐国的妫姓，就是指陈氏一族。前面说过，妫姓取代姜姓而占有齐国，是早有预言的事，后来事实上也正是如此。

鲁昭公四年

公元前538年，鲁昭公四年。

四年春，王正月，许男如楚，楚子止之，遂止郑伯，复田江南，许男与焉。使椒举如晋求诸侯，二君待之。椒举致命曰："寡君使举曰：'日君有惠，赐盟于宋，曰：晋、楚之从交相见也。'以岁之不易，寡人愿结驩于二三君，使举请间。君若苟无四方之虞，则愿假宠以请于诸侯。"

晋侯欲勿许。司马侯曰："不可。楚王方侈，天或者欲逞其心，以厚其毒，而降之罚，未可知也。其使能终，亦未可知也。晋、楚唯天所相，不可与争。君其许之，而修德以待其归。若归于德，吾犹将事之，况诸侯乎？若适淫虐，楚将弃之，吾又谁与争？"公曰："晋有三不殆，其何敌之有？国险而多马，齐、楚多难。有是三者，何乡而不济？"对曰："恃险与马，而虞邻国之难，是三殆也。四岳、三涂、阳城、大室、荆山、中南，九州之险也，是不一姓。冀之北土，马之所生，无兴国焉。恃险与马，不可以为固也，从古以然。是以先王务修德音以亨神、人，不闻其务险与马也。邻国之难，不可虞也。或多难以固其国，启其疆土；或无难以丧其国，失其守宇。若何虞难？齐有仲孙之难，而获桓公，至今赖之。晋有里、丕之难而获文公，是以为盟主。卫、邢无难，敌亦丧之。故人之难，不可虞也。恃此三者，而不修政德，亡于不暇，又何能济？君其许之！纣作淫虐，文王惠和，殷是以陨，周是以兴，夫岂争诸侯？"乃许楚使。使叔向对曰："寡君有社稷之事，是以不获春秋时见。诸侯，君实有之，何辱命焉？"椒举遂请昏，晋侯许之。

鲁昭公三年十月，郑简公在子产的陪同下来到楚国，与楚灵王会猎于江南的云梦泽。云梦泽地处江汉平原，以物产丰富而闻名于世。郑简公在云梦泽打猎的情况如何，史料已无记载，只知道他在楚国逗留时间很长。到了鲁昭公四年正月，郑国君臣还未回国，适逢许悼公到郢都给楚灵王拜年，楚灵王又将许悼公留下，和郑简公一道，再度到江南狩猎。郑简公想必很不乐意，但是没办法，谁敢拂了楚灵王的好意呢？

楚灵王将郑简公留下，显然不只为了打猎。他是个有野心的人，说得好听一点就是个有抱负的人。自从弭兵会盟以来，晋国和楚国分庭抗礼，相安无事。现在，楚灵王要打破这种平衡，实现他独霸天下的梦想。所以，他以打猎为名，将郑、许二君扣留在楚国，同时派伍举前往晋国"讲数"。

伍氏世封椒地，所以在原文中，伍举又写作"椒举"。伍举到晋国，传达楚灵王的命令，说："当初承蒙君侯赐予恩惠，诸侯在宋国结盟，约定晋国和楚国的属国交相朝见。现在因为时世艰难，多灾多难，寡君愿意讨取几位国君的欢心，派伍举前来，请您在得闲的时候听听寡君的请求——君侯如果没有四方边境的忧患，那么寡君想借您的光来向各位诸侯请求会盟。"

伍举的话说得漂亮,刨去那些看似谦卑的修饰,意思很明白:楚国要领袖群伦,独霸天下。晋平公当然不答应,想一口回绝,大夫女齐以为不可:楚灵王正在膨胀,上天也许故意满足他的心愿,以加重人们对他的怨恨,然后再降罪于他,这是未可预料的事。或者让他得个善终,这也是未可预料的。天下诸侯,唯有晋国和楚国得上天之助,我们不可与之争锋。您还是答应他吧,同时修明德行,静观其变。如果他能够归向美德,连我们都要侍奉他,何况是诸侯?如果他坚持荒淫暴虐,楚国的百姓都会抛弃他,我们又跟谁去竞争?

晋平公不服气:"晋国有三条不败的理由,谁能与我们匹敌?地势险要,多产良马,齐、楚两国多灾难。有这三条,干什么事情不能成功?"

司马侯反驳:"仗着地势险要和良马众多,对别的国家幸灾乐祸,这是三大危险。四岳、三涂、阳城、大室、荆山、中南,都是天下之险,但它们的主人换来换去,非止一姓;冀州的北部也是出产良马的地方,但是从来没有看到那里有哪个国家兴起。所以说,地势险要和盛产良马,并非一个国家坚固不可侵犯的理由,自古以来都是这样。所以先王致力于修明德行来祭祀神明,安抚人民,没有听说依仗地势险要和盛产良马的。至于别的国家的灾难,就更不是让自己高兴的理由。既有多灾多难而巩固国家、开疆拓土的,也有无灾无难而丧失政权、丢掉国土的。当年齐国发生公孙无知之乱,而得到齐桓公,齐国现在还仰仗着他的余荫。晋国有里克、丕郑之乱,却得到了晋文公,从此成为天下的盟主。卫国和邢国没有天灾人祸,照样被敌人灭亡。所以别国发生灾难,没什么好高兴的。如果您仗着那三条理由而不修德政,自己都忙于救亡而无暇他顾,又哪里能够成大事?您还是答应他们吧!商纣王因为残暴淫虐而亡国,周文王因为仁慈惠和而得天下,难道只是在于争夺诸侯那么简单?"

晋平公被说服了,于是答应楚国的要求,派羊舌肸对伍举说:"寡君因为有国家大事,不能前往楚国朝见。至于诸侯去不去,君侯本来就已经得到了他们,何必再来征求我们的同意呢?"

伍举又为楚灵王向晋国求婚,晋平公也答应了。

楚子问于子产曰:"晋其许我诸侯乎?"对曰:"许君。晋君少安,不在诸侯。其大夫多求,莫匡其君。在宋之盟又曰如一,若不许君,将焉用之?"王曰:"诸侯其来乎?"对曰:"必来。从宋之盟,承君之欢,不畏大国,何故不来?不来者,其鲁、卫、曹、邾乎?曹畏宋,邾畏鲁,鲁、卫逼于齐而亲于晋,唯是不来。其余,君之所及也,谁敢不至?"王曰:"然则吾所求者,无不可乎?"对曰:"求逞于人,不可;与人同欲,尽济。"

　　这个时候,远在郢都的楚灵王其实也在忐忑不安,为什么?他这一把玩得有点大了,怕晋平公不答应,甚至引发两国之间的战争。于是他问子产:"晋侯会答应我的要求吗?"子产给了他一个肯定的答复:"会的。晋侯安于现状,志不在诸侯。晋国的卿大夫们各有所图,不能匡扶国君。当年在宋国结盟,说好晋楚两国有如一家,如果他不答应您,还要那盟约做什么?"楚灵王还是不放心:"那诸侯会来吗?"子产说:"一定会来。服从之前在宋国的盟约,获得大王您的欢心,又不用担心晋国,为什么不来?要说不来的国家,想必是鲁、卫、曹、邾这几个吧。曹国害怕宋国,邾国害怕鲁国,鲁国和卫国又为齐国所逼迫,都不得不亲近晋国,因此不会来。其余的国家,都在您的掌控之中,谁敢不来?"

　　听到子产这样说,楚灵王有点得意:"这么说来,只要是我要求的就没有不行的?"

　　子产回答:"如果您是在别人身上寻找快感,恐怕不行;如果您的愿望和大家一样,都能成功。"

　　子产这番话,倒也不完全是糊弄楚灵王,只是不知道楚灵王听明白了没有。

大雨雹。季武子问于申丰曰:"雹可御乎?"对曰:"圣人在上,无雹,虽有,不为灾。古者,日在北陆而藏冰;西陆,朝觌而出之。其藏冰也,深山穷谷,固阴沍寒,于是乎取之。其出之也,朝之禄位,宾食丧祭,于是乎用之。其藏之也,黑牲、秬黍,以享司寒。其出之也,桃弧、棘矢,以除其灾。其出入也时。食肉之禄,冰皆与焉。大夫命妇丧浴用冰。祭寒而藏之,献羔而启之,公始用之。火出而毕赋。自命夫命妇至于老疾,无不受冰。山人取之,县人传之,舆人纳之,隶人藏之。夫冰以风壮,而以风出。其藏之也周,其用之也遍,则冬无愆阳,夏无伏阴,春无凄风,秋无苦雨,雷不出震,无灾霜雹,疠疾不降,民不夭札。今藏川池之冰弃而不用。风不越而杀,雷不发而震。雹之为灾,谁能御之?《七月》之卒章,藏冰之道也。”

这一年,天降大冰雹。季孙宿问家臣申丰:“冰雹是可以防止的吗?”

申丰的回答高深莫测:假如有圣人在上,就没有冰雹。就算有,也不会造成灾难。古代,太阳出现在北陆(指二十八宿中的虚宿和危宿)的时候,正值隆冬,人们就采冰收藏;到了四五月间,西陆(昂宿和毕宿)在早晨出现的时候,就把冰拿出来使用。采冰收藏,要在深山穷谷,寒气凝固之地。朝廷上的卿大夫,迎宾、用膳、办丧事、祭祀,就把冰拿出来使用。收藏的时候,用黑色的公羊和黑色的黍子祭祀玄冥之神;拿出来用的时候,用桃木弓和荆棘箭来消除不祥。冰的收藏和使用都有一定的时节。但凡能够吃肉的贵族,都可以使用冰。大夫和命妇死后擦洗身体要用冰。祭祀玄冥之神然后藏冰,进献羔羊然后用冰,国君最早使用,大火星出现在黄昏的时候分配完毕,自大夫、命妇以至于老弱的生病的,没有人分不到冰。山人凿取,县人传递,舆人交付,隶人收纳。冰因寒风而坚固,因暖风而取用。它的收藏周密,它的使用广泛,则冬天没有过度温暖,夏天没有寒冷,春天没有凄风,秋天没有苦雨,雷不伤人,霜雹无灾,瘟疫不作,民不夭折。现在收藏着山川池塘的冰却弃而不用,风不散而草木凋零,雷不鸣而人畜伤亡,冰雹成灾,谁能够防止它?

《诗经·豳风·七月》的最后一章,写的就是藏冰之道:

"二之日凿冰冲冲,三之日纳于凌阴。四之日其蚤,献羔祭韭。九月肃霜,十月涤场。朋酒斯飨,曰杀羔羊。跻彼公堂,称彼兕觥,万寿无疆。"

所谓二之日,是周历的二月,于夏历则为十二月。三之日、四之日以此类推。二月去采冰,"冲冲"是凿冰的声音;三月将冰收到冰室,也就是地窖里;四月祭祖要用到冰,献上韭菜和羔羊。如此看来,古代虽然科技不发达,盛夏喝上一碗冰镇的酸梅汤,也不是不可能的事。当然,前提是生在富贵人家。

夏,诸侯如楚,鲁、卫、曹、邾不会。曹、邾辞以难,公辞以时祭,卫侯辞以疾。郑伯先待于申。六月丙午,楚子合诸侯于申。椒举言于楚子曰:"臣闻诸侯无归,礼以为归。今君始得诸侯,其慎礼矣。霸之济否,在此会也。夏启有钧台之享,商汤有景亳之命,周武有孟津之誓,成有岐阳之蒐,康有酆宫之朝,穆有涂山之会,齐桓有召陵之师,晋文有践土之盟。君其何用?宋向戌、郑公孙侨在,诸侯之良也,君其选焉。"王曰:"吾用齐桓。"王使问礼于左师与子产。左师曰:"小国习之,大国用之,敢不荐闻?"献公合诸侯之礼六。子产曰:"小国共职,敢不荐守?"献伯子男会公之礼六。君子谓合左师善守先代,子产善相小国。

夏天,由楚灵王组织的诸侯大会召开了。果如子产所言,各路诸侯来到楚国,鲁、卫、曹、邾四国没有参加。不参加也要有个说法,曹国、邾国的借口是国家不安定,鲁昭公要祭祀祖先,卫襄公说他生病了。

前来参加这次会盟的诸侯究竟有哪些呢?《春秋》有记载:"夏,楚子、蔡侯、陈侯、郑伯、许男、徐子、滕子、顿子、胡子、沈子、小邾子、宋世子佐、淮夷会于申。"郑简公本来就在楚国,所以先在申地等候,说白了,就是给楚灵王当了一回咨客。

六月十六日,楚灵王在申地大会诸侯。伍举建议:"下臣听说,诸侯不归附于谁,只归附于有礼之人。现在您刚刚得到诸侯的拥护,一定要慎于礼仪。霸业成功与否,就在于这一次大会了。"

伍举给楚灵王列举了历史上诸位明君会合诸侯的经典案例:"夏启有钧台的晚宴,商汤有景亳的政令,周武王有孟津的盟誓,周成王有岐阳的阅兵,周康王有酆宫的朝会,周穆王有涂山的会盟,齐桓公有召陵的会师,晋文公有践土的盟约。您打算采取哪一种模式?宋国的向戌、郑国的子产在这里,他们都是诸侯大夫中的佼佼者,您可以听听他们的意见。"

楚灵王说:"我选用齐桓公的。"

所谓"齐桓有召陵之师",是指鲁僖公四年齐桓公带领诸侯联军讨伐楚国,在召陵与楚成王不战而盟。楚灵王的意思,大概是要向齐桓公学习,慎用刀兵,多讲武德吧。

根据伍举的建议,楚灵王还真派人去问向戌和子产关于礼仪的问题。向戌说:"小国学习礼仪,大国使用礼仪,岂敢不进献?"将公爵会晤诸侯的礼仪六条进献给楚灵王。子产说:"小国听从大国的调遣,岂敢不知无不言?"将伯爵、子爵、男爵会见公侯的礼仪进献给楚灵王,也是整整六条。

君子以为,向戌善于保持前代的礼仪,子产善于辅佐小国。

王使椒举侍于后以规过。卒事不规。王问其故,对曰:"礼,吾所未见者有六焉,又何以规?"

宋大子佐后至,王田于武城,久而弗见。椒举请辞焉。王使往,曰:"属有宗祧之事于武城,寡君将堕币焉,敢谢后见。"

楚灵王还不放心，怕失礼于诸侯，命伍举侍立于身后，好随时提醒自己纠正错误。结果整个过程下来，伍举没有提出任何意见。楚灵王问他原因，伍举回答："您所行之礼，我从来没有见过的有六项，怎么去纠正？"

伍举当然不是孤陋寡闻，而是巧妙地拍了个马屁，表扬楚灵王知礼。事实上，无论何种礼仪，最基本的原则是诚敬。楚灵王以齐桓公为榜样，虚心向子产和向戌请教礼仪，而且要伍举时刻纠正自己，应该说是够有诚意的了。另外还有一件事情也让人感动：

申地会盟，宋平公没有前来，而是派世子佐代表宋国与会。世子佐又来晚了，等他赶到申地时，诸侯已经休会，楚灵王跑到武城打猎去了。自知理亏的世子佐老老实实待在申地等候发落，一直没有等到楚灵王接见。这种情况下，不接见是对的，但也不能总让他在一边凉快，伍举请求辞谢世子佐，也就是要他回宋国去。楚灵王于是派使者对世子佐说：寡君正好在武城有宗庙之事，要将打到的猎物敬献于列祖列宗，谨此辞谢，请以后再见。这真是有礼有节，甚至可以说是过于客气了。可是，事情很快发生了变化。

徐子，吴出也，以为贰焉，故执诸申。

楚子示诸侯侈，椒举曰："夫六王、二公之事，皆所以示诸侯礼也，诸侯所由用命也。夏桀为仍之会，有缗叛之。商纣为黎之蒐，东夷叛之。周幽为大室之盟，戎狄叛之。皆所以示诸侯侈也，诸侯所由弃命也。今君以侈，无乃不济乎？"王弗听。

子产见左师曰："吾不患楚矣，侈而愎谏，不过十年。"左师曰："然。不十年侈，其恶不远，远恶而后弃。善亦如之，德远而后兴。"

与会的诸侯之一徐子，其母亲为吴国公主。吴国和楚国世代为仇，楚灵王以为徐子有二心，所以在申地将他扣留。

就这么一件事，楚灵王多疑、骄纵的本性就暴露出来了，前功尽弃。

伍举赶紧劝谏："六王(夏启、商汤、周武王、周成王、周康王、周穆王)、二公(齐桓公、晋文公)之所以成大事,是因为能够以礼对待诸侯,因此诸侯也愿意为他们卖命。夏桀举行仍之会,有缗氏叛变;商纣举行黎之蒐,东夷背叛;周幽王举行大室之盟,戎狄部落反水,这都是因为对诸侯展现了骄纵任性,所以诸侯废弃了他们的命令。现在您这样任性地对待诸侯,恐怕不会成功吧?"楚灵王不听。子产见到向戌便说:"我不再担心楚国了。这个人蛮横无理而且刚愎自用,听不进好话,横行不会超过十年。"向戌以为然,而且说:"不乱搞十年,他的罪恶就不会远播。老天总是让一个人恶贯满盈然后再抛弃他。反过来说,善良也一样,德行远播然后兴旺。"

西方人说,上帝让谁亡,先让谁疯狂,说的也就是这个意思吧。

秋七月,楚子以诸侯伐吴。宋大子、郑伯先归。宋华费遂、郑大夫从。使屈申围朱方,八月甲申,克之。执齐庆封而尽灭其族。将戮庆封。椒举曰:"臣闻无瑕者可以戮人。庆封唯逆命,是以在此,其肯从于戮乎?播于诸侯,焉用之?"王弗听,负之斧钺,以徇于诸侯,使言曰:"无或如齐庆封弑其君,弱其孤,以盟其大夫。"庆封曰:"无或如楚共王之庶子围弑其君——兄之子麇——而代之,以盟诸侯。"王使速杀之。

楚灵王想在诸侯面前耍威风,拘留徐子只是前菜,主菜还在后面。

七月,楚灵王带着诸侯联军讨伐吴国。宋国的世子佐和郑简公先行回国,宋国的华费遂和郑国的大夫们追随楚灵王。军事行动进展顺利。楚将屈申攻朱方,八月攻克,俘虏了逃亡在此的齐国叛臣庆封,并诛灭其九族。

楚灵王认为这是一个树立正面形象的极好题材,命令在诸侯面前公开处死庆封。伍举再次劝谏:"下臣听说,自己没有缺点才可以诛戮别人。庆封就是因为违抗君命,所以才流落到这里。他怎么可能乖乖就范？假如他不听话，反而在诸侯中间造成不好的影响，为什么要那么做呢？"

楚灵王不听劝告，命庆封扛上一柄八斤重的大斧头，在诸侯营中巡游示众，要他说："不要像齐国的庆封那样杀死他的国君，欺负国君的孤儿，来和大夫结盟！"原文所谓"弑其君"，是指崔杼谋杀齐庄公，庆封当了帮凶；所谓"弱其孤"，是说庆封以齐景公弱小而轻视他；所谓"盟其大夫"，则是指鲁襄公二十五年，崔杼和庆封在齐景公的即位仪式上，要求大家对他们表忠心。

庆封是什么人？庆封是出了名的"硬茬子"，怎么会任由楚灵王拿捏？他扛着八斤重的大斧头，在诸侯营中边走边喊："不要像楚共王的庶子熊围那样把自己的国君——哥哥的儿子熊麇——杀死，取而代之，还来和诸侯会盟！"

楚灵王听到，赶紧派人把庆封拉下去杀了。

遂以诸侯灭赖。赖子面缚衔璧，士袒，舆榇从之，造于中军。王问诸椒举，对曰："成王克许，许僖公如是，王亲释其缚，受其璧，焚其榇。"王从之。迁赖于鄢。

楚子欲迁许于赖，使斗韦龟与公子弃疾城之而还。申无宇曰："楚祸之首，将在此矣。召诸侯而来，伐国而克，城，竟莫校。王心不违，民其居乎？民之不处，其谁堪之？不堪王命，乃祸乱也。"

楚灵王要借庆封的人头立威，反而被庆封摆了一道，可谓偷鸡不成蚀把米。郁闷之下，他又带着诸侯消灭了赖国。赖子双手反绑，口衔玉璧；国中士人光着上身，抬着棺材跟在后面，来到了楚军大营。楚灵王是个大老粗，搞不懂这是怎么回事，向伍举请教。伍举说："先君楚成王攻克许国，许僖公就是这样做的。大王可以给他松绑，接受玉璧，烧掉棺材。"楚灵王照做，接受了赖子的投降。

许僖公投降楚成王，是鲁僖公六年的事。到了鲁成公十五年，也就是楚共王年代，许灵公因为受不了郑国的欺压，请求将许国迁到楚国境内。现在，楚灵王又决定将许国迁到原来赖国的领地上，派斗韦龟与公子弃疾在那里筑城，然后班师回国。大夫申无宇对此评论："楚国的灾难就从这里开始了。将诸侯召集到这里来，讨伐赖国然后攻克它，在边境筑城也没有谁反对，大王可以说是称心如意了，可老百姓能够安居吗？老百姓不能安居，谁能够受得了？不能忍受王命，祸乱就来了。"

作为统治者，如果做什么事情都称心如意，老百姓就要受苦了。申无宇这句"王心不违，民其居乎？"值得所有老百姓细细体会。

九月，取鄫，言易也。莒乱，著丘公立而不抚鄫，鄫叛而来，故曰取。凡克邑，不用师徒曰取。

九月，鲁国发了一笔洋财，不费吹灰之力取得了鄫地。

鄫国姒姓，于鲁襄公六年被莒国消灭，其领地遂为莒国所有。鲁昭公元年，莒国发生内乱，公子去疾在齐国人的帮助下登上君位，是为著丘公。当时鲁国就趁火打劫，派大夫叔弓将郓地纳入鲁国的版图。现在，由于著丘公上台后不安抚鄫国的遗民，鄫人又背叛莒国，投靠了鲁国。《春秋》对这件事的记载就两个字："取鄫。"但凡攻克城池，没有使用武力就叫作"取"。

郑子产作丘赋。国人谤之，曰："其父死于路，己为虿尾。以令于国，国将若之何？"子宽以告。子产曰："何害？苟利社稷，死生以之。且吾闻为善者不改其度，故能有济也。民不可逞，度不可改。《诗》曰：'礼义不愆，何恤于人言。'吾不迁矣。"浑罕曰："国氏其先亡乎！君子作法于凉，其敝犹贪。作法于贪，敝将若之何？姬在列者，蔡及曹、滕其先亡乎！逼而无礼。郑先卫亡,逼而无法。政不率法,而制于心。民各有心,何上之有?"

这一年,郑国的执政子产颁布了"作丘赋"的政令。

前面说过,丘是春秋时期的行政单位,一丘有壮丁一百余人。鲁成公元年,鲁国开始"作丘甲",也就是每丘派出一定数量的成年男子,自备武具服兵役,成为职业军人,丘中其余男子分摊他们的耕种任务。子产的作丘赋,可以视为作丘甲的升级版,即按丘提取军赋,卿大夫的私田也纳入征收范围,以增加国家财政收入,并保证有充足的兵源。不难想象,公室对这一政策是支持的,卿大夫阶层则很有意见。有人在新郑公开发表侮辱子产的言论,说:"这个人的父亲死在路上,他本人又做蝎子尾巴来害人。颁布这样的命令,国家将会怎么样?"

子产的父亲公子发死于鲁襄公十年的尉止之乱,不得善终,所以说"死于路"。拿这件事来骂子产,相当恶毒。大夫浑罕(字子宽)将这件事告诉子产,子产却没有生气,只是说:"这有什么妨害?"又说了一句流传千古的名言:"苟利社稷,死生以之。"意思是,只要对国家有利的事,生死都由得它去,何况是这些辱骂?后来,民族英雄林则徐在被清廷发配新疆途中,给家人写下离别诗,其中一句"苟利国家生死以,岂因祸福避趋之",便借用了子产的这句话。子产还说:"我听说为善政者,不改变他的法度,所以能够成功。百姓不可以纵容,法度不可以更改。《诗》上说:'在礼义上没有错失,为什么要担心人家说闲话?'我是不会改变的。"

浑罕退下来后对别人说:"国氏恐怕会是'七穆'中第一个灭亡的。君子不顾情面来制定法令,必定导致贪婪;出于贪婪而制定法令,后果就更不堪设想。"这里要说明一下,子产为国家蓄财,损私而肥公,被认为是一种贪婪的行为。这个"贪"不是说子产个人贪婪,而是他的为政之道势必导致国家贪婪。今人看《左传》,既要用历史的眼光去理解,也要用现代的眼光去批判,不要以今非古,也不要食古不化。

冬,吴伐楚,入棘、栎、麻,以报朱方之役。楚沈尹射奔命于夏汭,咸尹宜咎城钟离,薳启强城巢,然丹城州来。东国水,不可以城。彭生罢赖之师。

冬天,吴国讨伐楚国。吴军攻入棘、栎、麻三地,以报复楚国秋天入侵吴国、攻取朱方。楚国全面戒备,沈尹射(沈县的县长,名射)奔赴夏汭,咸尹宜咎(咸县的县长,名宜咎)在钟离筑城,太宰薳启强在巢地筑城,右尹郑丹在州来筑城。然而天公不作美,虽然是冬季,楚国东部却大雨连绵,导致筑城工作难以进行。此前楚灵王派斗韦龟在赖地筑城,现在大夫彭生将这支部队也撤回来了。

初,穆子去叔孙氏,及庚宗,遇妇人,使私为食而宿焉。问其行,告之故,哭而送之。适齐,娶于国氏,生孟丙、仲壬。梦天压己,弗胜。顾而见人,黑而上偻,深目而豭喙。号之曰:"牛!助余!"乃胜之。旦而皆召其徒,无之。且曰:"志之。"及宣伯奔齐,馈之。宣伯曰:"鲁以先子之故,将存吾宗,必召女。召女,何如?"对曰:"愿之久矣。"

鲁人召之,不告而归。既立,所宿庚宗之妇人献以雉。问其姓,对曰:"余子长矣,能奉雉而从我矣。"召而见之,则所梦也。未问其名,号之曰:"牛!"曰:"唯。"皆召其徒使视之,遂使为竖。有宠,长使为政。公孙明知叔孙于齐,归,未逆国姜,子明取之。故怒,其子长而后使逆之。

第十一章 鲁昭公(上)

接下来"八卦"一下鲁国权臣叔孙豹的家事。

前面说到，鲁成公年间，叔孙侨如与国母穆姜私通，企图消灭季氏与孟氏，独霸鲁国，事败后逃亡齐国。叔孙侨如胆大妄为，天怒人怨。叔孙豹作为侨如的亲弟弟，大概是早就预料到侨如会败亡吧，不等事发就离开了他，避居齐国。经过一个名叫庚宗的地方，叔孙豹偶遇一位妇人，要她偷偷地为自己弄了点东西吃，然后就……把她给睡了。世间种种露水姻缘，总是相见欢，别时苦。第二天醒来，妇人问叔孙豹要去哪里，叔孙豹将实话告诉了她。妇人本来以为自己找到了个可以依靠的男人，没想到是位逃亡的贵族老爷。以两个人身份的差别，这一夜的欢愉肯定是春梦了无痕。妇人只能哭着送别了叔孙豹。

叔孙豹到了齐国，娶了国氏家的一个女儿做老婆，称为国姜。国姜为他生了孟丙、仲壬两个儿子。有一天晚上，叔孙豹做了一个奇怪的梦，梦见天塌下来，压住了自己，眼看就要把自己压垮了，回头看见一人，长相十分奇特：黑皮肤，肩膀向前弯曲，眼睛深陷，猪嘴巴。叔孙豹大声叫那人："牛，快来帮我！"那人果然来帮他，用肩膀扛住天，奋力向上一顶，将天又顶回去了！第二天一早，叔孙豹将家臣和仆役们都召集起来，一个一个辨认，却没有发现谁和梦中那人长得相像，只好把那人的长相告诉他们，说："给我记住了。"

鲁成公十六年，叔孙侨如也逃到了齐国。叔孙豹在家里招待他。侨如说："鲁国因为顾念我们先人的情义，还是会保存叔孙氏，必定会召你回去。如果是那样，你打算怎么办？"叔孙豹说："我早就盼着这一天了。"

后来，鲁国果然召叔孙豹回国。那时候，叔孙侨如在齐国又和声孟子私通，企图借这个老女人之力而与国、高二氏分庭抗礼，成了齐国的公敌。叔孙豹甚至没和侨如打招呼，就回到了鲁国。也许他对这位恬不知耻的兄长已经绝望到底了吧。

叔孙豹继承了祖上的家业和官位，当年在庚宗睡过的女人不知从哪里听到消息，找上门来，手里捧着一只野鸡献给他。当时的礼仪，士人面见贵人，"执雉"为礼。叔孙豹心知肚明，女人这是在告诉他，那天晚上并非春梦了无痕,她给他生了一个儿子。于是问她儿子的情况,女人回答:"我儿子已经长大了,可以捧着野鸡跟在我后面啦。"女人的意思很明白:私生子是没有地位的,不敢期盼这孩子能够享受叔氏子弟的待遇,但是当一个普通的士人总是可以的吧!

叔孙豹于是召见自己的私生子。说来神奇,这孩子竟然与他在梦中所见到的"牛"一模一样。叔孙豹一时激动,也不问他的名字,直呼:"牛!"那边就回答:"唯。"

中国有个成语叫"唯唯诺诺"。古人应承上级或长辈,一般说"诺"。儿子对父亲更要特别尊重,不能说"诺",而要说"唯"。"牛"这么一回答,叔孙豹更加感动,把家臣们召集起来,让大伙都来看看他,并当场任命他为"竖",也就是家中的小臣。按照当时的习惯,这孩子便被称为"竖牛"了。叔孙豹对竖牛宠爱有加,等他长大之后,又委以管理家政的重任。

另一方面,叔孙豹在齐国的时候,与大夫公孙明(字子明)是知己。叔孙豹回到鲁国,不知道出于什么原因,一直没有将国姜母子接过来。公孙明大概是见这个女人可怜吧,便娶了她。叔孙豹为此而恼怒,等到孟丙和仲壬两兄弟长大才将他们接回来。换句话说,叔孙豹在感情上亲近竖牛这个私生子,反倒将两个嫡子冷落了。在等级森严的春秋时期,这便是一个家族动乱的根源了。

田于丘莸,遂遇疾焉。竖牛欲乱其室而有之,强与孟盟,不可。叔孙为孟钟,曰:"尔未际,飨大夫以落之。"既具,使竖牛请日。入,弗谒。出,命之日。及宾至,闻钟声。牛曰:"孟有北妇人之客。"怒,将往,牛止之。宾出,使拘而杀诸外,牛又强与仲盟,不可。仲与公御莱书观于公,公与之环。使牛入示之。入,不示。出,命佩之。牛谓叔孙:"见仲而何?"叔孙曰:"何为?"曰:"不见,既自见矣。公与之环而佩之矣。"遂逐之,奔齐。疾急,命召仲,牛许而不召。杜泄见,告之饥渴,授之戈。对曰:"求之而至，又何去焉？"竖牛曰："夫子疾病，不欲见人。"使置馈于个而退。牛弗进，则置虚命彻。十二月癸丑，叔孙不食。乙卯，卒。牛立昭子而相之。

这一年冬天，叔孙豹到丘莸狩猎，在那里得了病。叔孙豹卧床期间，竖牛想扰乱他的家室，进而占有这个显赫的家族。他非常强势地提出要和孟丙盟誓。孟丙当然不答应，他是家中的嫡长子，而竖牛连庶子都不算，两个人身份完全不对等，盟什么誓？而且，竖牛提出的盟约，也就是要孟丙屈从于他的控制，孟丙怎么可能就范？

站在叔孙豹的角度，他虽然宠爱竖牛，但是从来没有想过让竖牛成为家族的继承人，这是完全不现实的。事实上，他已经为孟丙铸好了一口大钟，说："你还没有正式与人交际，我想借这钟的落成典礼宴请各位大夫。"言下之意，便是要借此机会宣告孟丙是叔孙氏的继承人。宴会的准备工作做好了，孟丙派竖牛去向叔孙豹请示日期。竖牛进了叔孙豹的房间，却不请示；出来之后，便假传叔孙豹的命令，定下了日子。

到了那天，宾客们都来了。既然是大钟落成典礼，自然要敲钟。叔孙豹完全蒙在鼓里，在病床上听到钟声就很奇怪，问竖牛是怎么回事。竖牛说："孟丙有北方妇人的客人。"

齐国在鲁国之北。所谓北方妇人，自然是指叔孙豹的前妻国姜。国姜的客人，那就是公孙明了。叔孙豹最恨的就是这两个人，而且他也知道，孟丙和仲壬是在公孙明的照顾下长大的，对公孙明有感情。如果是公孙明来了，孟丙为了招待他而敲钟，这件事情合乎逻辑。叔孙豹大怒，想出去看，被竖牛制止。等到宾客都走了，叔孙豹便派人将孟丙拘禁起来，拉到宅外杀掉。

根据嫡长子继承制，嫡长子死了，嫡次子便成为第一继承人。竖牛又强迫仲壬和他结盟，也遭到拒绝。也许是年少无知吧，家里发生了这么大的事，仲壬却没有任何警惕，他还有心情偷偷跑出去和鲁昭公的车夫莱书在公宫游玩，并且得到了鲁昭公赐予的一个玉环。

仲壬大为兴奋,他的第一个念头是将玉环拿给父亲看。但就算是这等小事,也只能通过竖牛来办理,可见竖牛已经牢牢掌握了叔孙豹的起居,可以"挟宗主以令家臣"了。竖牛故技重施,将玉环拿进去,却没有给叔孙豹看;出来,就假借叔孙豹的命令,要仲壬佩戴这个玉环。

然后,竖牛假惺惺地问叔孙豹:"让仲壬去拜见国君如何?"这便是要确立仲壬的嗣子地位了。叔孙豹压根没想这件事,说:"为什么?"有点怪竖牛多事的意思。竖牛说:"您不派他去见,他已经自己去见了。国君还赐给他一个玉环,他都佩戴上了。"叔孙豹一听,这还得了!下令驱逐仲壬。仲壬逃奔齐国,投靠他老娘和继父去了。

过了不久,叔孙豹病情加重,又下令召回仲壬。竖牛一面答应,一面又将命令压下。这个时候,叔孙豹大概是回光返照吧,总算看清楚了竖牛的真面目。家老杜泄来看叔孙豹,叔孙豹告诉杜泄,自己又饥又渴,并且给了他一柄寝戈(睡觉时的防身武器),要他去杀了竖牛。这真是异想天开,竖牛已经完全控制了局面,杜泄又怎么杀得了他,只能说:"您把他找回来的,为什么又要杀掉他呢?"话没说完,竖牛进来了,说:"老人家病得很厉害,不想见人。"要杜泄将带来的食物放在厢房里就赶紧走。这些食物,竖牛当然是不会给叔孙豹吃的,倒掉之后,命人将空盘子端出来,表示叔孙豹已经吃了。

十二月二十六,叔孙豹开始断食。二十八日,叔孙豹去世。竖牛主持家政,立叔孙豹的庶子·叔孙婼(谥昭)为宗主。

公使杜泄葬叔孙。竖牛赂叔仲昭子与南遗,使恶杜泄于季孙而去之。杜泄将以路葬,且尽卿礼。南遗谓季孙曰:"叔孙未乘路,葬焉用之?且冢卿无路,介卿以葬,不亦左乎?"季孙曰:"然。"使杜泄舍路。不可,曰:"夫子受命于朝而聘于王。王思旧勋而赐之路。复命而致之君,君不敢逆王命而复赐之,使三官书之。吾子为司徒,实书名。夫子为司马,与工正书服。孟孙为司空以书勋。今死而弗以,是弃君命也。书在公府而弗以，是废三官也。若命服，生弗敢服，死又不以，将焉用之?"乃使以葬。

季孙谋去中军。竖牛曰："夫子固欲去之。"

竖牛控制了叔孙氏，但是在鲁昭公看来，叔氏的家臣之长仍然是杜泄，下令由杜泄主办叔孙豹的葬礼。竖牛则贿赂大夫叔仲带和季氏家臣南遗，要他们在季孙宿面前说杜泄的坏话，想把杜泄除掉。

回想鲁襄公二十四年，叔孙豹代表鲁国访问雒邑，周灵王嘉许其有礼，赏赐给他大路车。大路车即大辂车，本是天子和诸侯专享的座驾，平时叔孙豹不敢坐，现在杜泄想以天子赏赐的大路车为叔孙豹陪葬，同时完全按照卿的礼节来举行葬礼。南遗对季孙宿说："叔孙豹从来没有乘坐过大路车，葬礼上哪里用得着? 而且，正卿没有大路车，次卿却拿着大路车陪葬，这不是搞歪了吗?"季孙宿说："是啊!"便要杜泄不要用大路车陪葬。杜泄不肯，说："他老人家在朝堂上接受命令去拜访天子，天子思念先人的功劳而赏赐给他大路车。他回来复命就将大路车送给国君，国君不敢违逆王命又赏赐给了他，命令三公都签名见证这件事。您是司徒，记载姓名;他老人家是司马，让工正记载车服;孟孙氏是司空，记载功勋。而今他老人家去世而不以大路车陪葬，这是抛弃君命啊! 记录在公府的文书上而不以大路车陪葬，这是废除三公啊! 如果天子赏赐的车服，在生的时候不敢用，死了又不可以陪葬，那还要它做什么?"一通话说得季孙宿哑口无言，只好让他用大路车陪葬。

季孙宿不愿意在这件事上过多纠缠，也许与他心里正在考虑的一项重大改革有关。

这项改革就是"去中军"，也称作"舍中军"。

何谓舍中军? 接下来很快要讲到，这里只是点个题。可以肯定的是，这项改革势必给季氏带来诸多好处。季孙宿早就想这么干了，只不过碍于叔孙豹的权威，不敢贸然行事。现在叔孙豹死了，他觉得时机已到，便将这件事提上了议事日程。竖牛对此的态度是举双手赞同，而且替死去的叔孙豹表态，说："他老人家早就想这么干了！"

鲁昭公五年

公元前 537 年，鲁昭公五年。

五年春，王正月，舍中军，卑公室也。毁中军于施氏，成诸臧氏。初，作中军，三分公室，而各有其一。季氏尽征之，叔孙氏臣其子弟，孟氏取其半焉。及其舍之也，四分公室，季氏择二，二子各一。皆尽征之，而贡于公。

　　回想鲁襄公十一年，季孙宿主持鲁国的军政改革，史称"作三军"。从那时候开始，三桓各领一军，公室不再直接掌握武装。但是，公室仍然掌握一定的田地和赋税，在经济上保持了独立。三桓的军赋政策又各不相同：季孙氏"尽征之"，也就是编入"季军"的人员，如果其原本承担的赋税交给季孙氏，则不征其口赋；如果不交给季孙氏，则加倍征缴。叔孙氏"臣其子弟"，也就是编入"叔军"的人员，其赋税全部交给叔孙氏。孟孙氏"取其半"，也就是编入"孟军"的人员，取其一半赋税交给孟孙氏——如果是儿子的赋税交给孟孙氏，则父亲的赋税仍交给公室；如果是弟弟的赋税交给孟孙氏，则哥哥的赋税仍然交给公室，算是给公室留了点口粮。

　　现在，季孙宿想进一步削弱公室，同时壮大自己的力量，所以又在大夫施氏家中谋划，在司寇臧氏家中形成方案，提出了"舍中军"的改革方案。也就是将三军中的中军解散,只保留左、右二军;同时将公室的田地分为四份,叔孙氏和孟孙氏各取其一,季孙氏取其二,各自全额征收赋税,三家象征性地向公室纳贡。这样一来,鲁国的政治、军事、经济大权就彻底转到三桓手中,而季孙氏又一支独大,成了鲁国的实际控制人。

以书使杜泄告于殡,曰:"子固欲毁中军,既毁之矣,故告。"杜泄曰:"夫子唯不欲毁也,故盟诸僖闳,诅诸五父之衢。"受其书而投之,帅士而哭之。

叔仲子谓季孙曰:"带受命于子叔孙曰:'葬鲜者自西门。'"季孙命杜泄。杜泄曰:"卿丧自朝,鲁礼也。吾子为国政,未改礼而又迁之。群臣惧死,不敢自也。"既葬而行。

季孙宿得了便宜还卖乖,将"舍中军"的事写在策书上,让杜泄在叔孙豹的灵柩前祭告,策书写着:"您一直想废除中军,现在已经废除了,特此报告。"杜泄说:"他老人家正是不想废除中军,所以当年才在先君僖公的宗庙大门前盟誓,在五父之衢诅咒。"接过策书,扔在地上,带领手下的士人大哭。

前面说到,叔仲带和南遗接受了竖牛的贿赂,一直想把杜泄除掉。看到杜泄在叔孙豹灵前公然给季孙宿难堪,叔仲带便对季孙宿说:"我在子叔孙那里接受命令,说:'安葬不得善终者从西门出去。'"

有必要说明一下,原文中的"子叔孙",其实就是指叔孙豹,"叔孙"前面加个"子"字,表示特别尊重。至于"鲜者",就是不得善终。据推测,叔孙豹死的时候已经年近古稀,从寿命上讲也不短了,但是他死于饥渴,所以说是"鲜者"。另外,曲阜的西门不是正门,让叔孙豹从西门出去,是极大的侮辱。叔仲带称叔孙豹为子叔孙,看似尊重,实则冷嘲热讽,用心险恶。

季孙宿听从了叔仲带的建议,命令杜泄自西门出殡。杜泄据理力争:"卿之葬礼,从朝门(曲阜南门)出殡,这是鲁国的礼仪。您掌管国政,没有修改礼仪却又随意改变做法,下臣们怕死,不敢苟同。"叔孙豹下葬之后,杜泄就离开了鲁国。

仲至自齐,季孙欲立之。南遗曰:"叔孙氏厚则季氏薄。彼实家乱,子勿与知,不亦可乎?"南遗使国人助竖牛以攻诸大库之庭。司宫射之,中目而死。竖牛取东鄙三十邑以与南遗。

昭子即位,朝其家众,曰:"竖牛祸叔孙氏,使乱大从,杀适立庶,又披其邑,将以赦罪,罪莫大焉。必速杀之。"竖牛惧,奔齐。孟、仲之子杀诸塞关之外,投其首于宁风之棘上。

仲尼曰:"叔孙昭子之不劳,不可能也。周任有言曰:'为政者不赏私劳,不罚私怨。'《诗》云:'有觉德行,四国顺之。'"

得知叔孙豹去世的消息,仲壬从齐国回来奔丧。季孙宿想立仲壬为叔氏宗主,取代竖牛立的叔孙婼。这是竖牛最害怕的事情。南遗对季孙宿说:"叔孙氏雄厚,则季孙氏单薄。他们家发生内乱,您装作不知道,不也是可以的吗?"不仅如此,南遗还发动曲阜的居民帮助竖牛在大库之庭(地名)进攻仲壬,季氏的司宫(家族中的阉臣)一箭射中仲壬的眼睛,将仲壬射死了。作为报酬,竖牛将家族在东部边境的三十个城邑给了南遗。

叔孙豹去世,孟丙和仲壬也死了,作为庶子的叔孙婼便正式继承了家业。他即位的第一件事,是将家臣们召集起来宣布:"竖牛祸害叔孙氏,扰乱家族伦常,杀嫡立庶,又分裂家族的土地来逃避罪责,没有比这更大的罪了,必须立刻杀掉他!"竖牛听到,大为恐惧,逃奔齐国。这真是天堂有路他不走,地狱无门闯进来,竖牛也不想想,孟丙和仲壬是在齐国长大的啊!这两个人都在齐国娶妻生子。竖牛刚入境,就被孟、仲二人的儿子带人逮住,杀死在塞关之外,又将他的首级挂在宁风的荆棘上。

孔子评论:"叔孙婼不感谢竖牛立自己为宗主反而杀了他,这是一般人做不到的。周任说:'管理政权者不因为私人恩怨赏赐或惩罚别人。'《诗》说:'有正直的德行,四方各国都会来归顺。'"

换句话说,治国也罢,治家也罢,一定要公私分明。

初,穆子之生也,庄叔以《周易》筮之,遇《明夷》☷☲之《谦》☷☶,以示卜楚丘。楚丘曰:"是将行,而归为子祀。以谗人入,其名曰牛,卒以馁死。《明夷》,日也。日之数十,故有十时,亦当十位。自王已下,其二为公,其三为卿。日上其中,食日为二,旦日为三。《明夷》之《谦》,明而未融,其当旦乎,故曰'为子祀'。日之《谦》,当鸟,故曰'明夷于飞'。明而未融,故曰'垂其翼'。象日之动,故曰'君子于行'。当三在旦,故曰'三日不食'。《离》,火也。《艮》,山也。《离》为火,火焚山,山败。于人为言,败言为谗,故曰'有攸往,主人有言',言必谗也。纯《离》为牛,世乱谗胜,胜将适《离》,故曰'其名曰牛'。谦不足,飞不翔,垂不峻,翼不广,故曰'其为子后乎'。吾子,亚卿也,抑少不终。"

关于叔孙家的事,还有一段补充。

当初,叔孙豹出生的时候,他的父亲叔孙得臣用周易来卜筮,结果是"遇明夷之谦"。《明夷》卦的上卦为坤,下卦为离;《谦》卦的上卦为坤,下卦为艮。明夷卦变为谦卦,是初爻由阳变阴,其爻辞为:"明夷于飞,垂其翼。君子于行,三日不食。有攸往,主人有言。"将这个结果拿去给卜楚丘解卦,卜楚丘说:"这是将要出奔,而又回国主持您的祭祀。领着邪恶的人回来,其名为牛,最终因饥饿而死。"

卜楚丘进一步解释:《明夷》卦,是日。日的数目是十,所以一日有十时(春秋时期尚未以十二地支计时,而是以十天干计时),相当于十个位次。自王以下,第二位是公,第三位是卿。日从地下升起,以升到中间(日中)为尊,露出头(食日)排第二,刚刚升起(旦日)为第三。《明夷》卦变为《谦》卦,天空已经明亮,日却尚未升高,也就是正当旦日,居卿位,所以说他要主持祭祀。《离》卦为日,为鸟。《离》卦改变而为《谦》卦,日光减损,所以说"明夷于飞",也就是《明夷》卦在飞。天空已经明亮,日却尚未升高,所以说"垂其翼",也就是鸟将翅膀下垂。《明夷》卦象征日的运行,所以说"君子于行",也就是君子在路上。位列第三,正当旦日,所以说"三日不食"。离,代表火;艮,代表山。离为火,火烧山,山就毁坏。艮就人事来说,是言语。说坏话就是谗言,所以说"有攸往,主人有言",也就是有地方去,主人有话说,这话一定是谗言。《明夷》卦上《坤》下《离》,配合《离》的是牛,世道昏乱,谗言胜出,胜出将要归向离,所以说"其名为牛"。《谦》卦就是不足,飞也不能远翔,下垂就是不高,有翅膀而不能飞远,所以说,"大概就是您的继承人吧?"您家世代是鲁国的亚卿,但是他也许不得善终吧。

古人对于爻辞的解释,因为年代久远,文字的含义也发生了变化,后人委实难以理解。让人不解的是,既然卜楚丘都算出"牛"这个人了,叔孙豹怎么就对他没有丝毫警惕呢?

楚子以屈申为贰于吴,乃杀之。以屈生为莫敖,使与令尹子荡如晋逆女。过郑,郑伯劳子荡于汜,劳屈生于菟氏。晋侯送女于邢丘。子产相郑伯,会晋侯于邢丘。

去年七月,楚灵王派屈申讨伐吴国,攻取朱方,俘虏庆封。现在他又认为屈申与吴国私下来往,于是杀了屈申。

楚灵王又任命屈建的儿子屈生为莫敖,派他与令尹薳罢(字子荡)一道前往晋国迎亲。经过郑国的时候,郑简公在汜地慰劳薳罢,在菟氏慰劳屈生。依周礼,诸侯的使臣过境,只需派大夫一级的官员慰劳。郑简公不但亲自出马，而且分两次在不同的地方慰劳楚国使臣，可以说是相当恭敬了。晋国方面，晋平公亲自送亲，并且一直送出国境，送到了郑国的邢丘。依周礼，各国嫁女，诸侯皆不亲送；普通的士人结婚，女方父母送女儿也不下堂。晋平公这样做，不只是因为特别宠爱公主，也为了表示对楚国的尊重。

子产陪同郑简公到邢丘会见了晋平公。

公如晋，自郊劳至于赠贿，无失礼。晋侯谓女叔齐曰："鲁侯不亦善于礼乎？"对曰："鲁侯焉知礼！"公曰："何为？自郊劳至于赠贿，礼无违者，何故不知？"对曰："是仪也，不可谓礼。礼所以守其国，行其政令，无失其民者也。今政令在家，不能取也。有子家羁，弗能用也。奸大国之盟，陵虐小国。利人之难，不知其私。公室四分，民食于他。思莫在公，不图其终。为国君，难将及身，不恤其所。礼之本末将于此乎在，而屑屑焉习仪以亟。言善于礼，不亦远乎？"君子谓叔侯于是乎知礼。

周礼，诸侯到他国访问，东道主到国都郊外迎候，并以束锦相赠，称为"郊劳"。访问完毕，东道主送至郊外，并以礼物相赠，称为"赠贿"。

鲁昭公访问晋国，从"郊劳"到"赠贿"，每一个环节都完成得很好，没有任何失礼之处。晋平公颇为赞赏，对大夫女叔齐说："鲁侯不也精通礼吗？"女叔齐回答："鲁侯哪里知道礼？"晋平公就奇怪了："为何这么说？从郊劳到赠贿，没有违反礼节，为什么说他不知礼？"女叔齐于是教育了晋平公一番：

"这是仪，不是礼。礼，是用来守护国家、推行政令、不失去百姓的支持的。现在的鲁国，政令出自卿家，国君不能收回；有子家羁（字驹，谥懿，又称为子家驹或懿伯）这样的贤臣，朝廷不能重用；触犯大国的盟约，凌辱周边的小国，以人家的危难为利，却不知道自己也危机重重。公室的土地被分为四份，百姓依赖卿大夫而生活。民心没有在国君身上，国君也不想想将来该怎么办。身为国君,大难临头了,却不忧虑自己的处境。礼的'本末'就在这里了,却细细碎碎地急于学习什么仪式,说他精通礼,不也扯远了吗?"

君子从这件事看出女叔齐是知礼的。现代人对礼的理解,主要也是礼仪、礼貌、礼节。但是对于先秦儒家来说,礼更主要是一种社会规范、一种政治标准、一种处世原则。甚至可以这样说,礼是世界观、人生观和价值观的总成。儒家强调"本末",主张固本强基,反对舍本逐末。对于国君而言,礼的根本就是守国、行政、不失其民。把根本问题解决好了,一切都好说;根本问题解决不了,却在细枝末节的仪式上表现优秀,只能让人笑话。

晋韩宣子如楚送女,叔向为介。郑子皮、子大叔劳诸索氏。大叔谓叔向曰:"楚王汰侈已甚,子其戒之。"叔向曰:"汰侈已甚,身之灾也,焉能及人?若奉吾币帛,慎吾威仪,守之以信,行之以礼,敬始而思终,终无不复,从而不失仪,敬而不失威,道之以训辞,奉之以旧法,考之以先王,度之以二国,虽汰侈,若我何?"

及楚,楚子朝其大夫,曰:"晋,吾仇敌也。苟得志焉,无恤其他。今其来者,上卿、上大夫也。若吾以韩起为阍,以羊舌肸为司宫,足以辱晋,吾亦得志矣。可乎?"大夫莫对。蒍启强曰:"可。苟有其备,何故不可?耻匹夫不可以无备,况耻国乎?是以圣王务行礼,不求耻人,朝聘有珪,享《颊》有璋。小有述职,大有巡功。设机而不倚,爵盈而不饮;宴有好货,飧有陪鼎,入有郊劳,出有赠贿,礼之至也。国家之败,失之道也,则祸乱兴。城濮之役,晋无楚备,以败于邲。邲之役,楚无晋备,以败于鄢。自鄢以来,晋不失备,而加之以礼,重之以睦,是以楚弗能报,而求亲焉。既获姻亲,又欲耻之,以召寇仇,备之若何?谁其重此?若有其人,耻之可也。若其未有，君亦图之。晋之事君，臣曰可矣：求诸侯而麇至；求昏而荐女，君亲送之，上卿及上大夫致之。犹欲耻之，君其亦有备矣。不然，奈何？韩起之下，赵成、中行吴、魏舒、范鞅、知盈；羊舌肸之下，祁午、张趯、籍谈、女齐、梁丙、张骼、辅跞、苗贲皇，皆诸侯之选也。韩襄为公族大夫，韩须受命而使矣。箕襄、邢带、叔禽、叔椒、子羽，皆大家也。韩赋七邑，皆成县也。羊舌四族，皆强家也。晋人若丧韩起、杨肸，五卿、八大夫辅韩须、杨石，因其十家九县，长毂九百，其余四十县，遗守四千，奋其武怒，以报其大耻。伯华谋之，中行伯、魏舒帅之，其蔑不济矣。君将以亲易怨，实无礼以速寇，而未有其备，使群臣往遗之禽，以逞君心，何不可之有？"王曰："不谷之过也，大夫无辱。"厚为韩子礼。王欲敖叔向以其所不知，而不能，亦厚其礼。

韩起反，郑伯劳诸圉。辞不敢见，礼也。

晋国对与楚国的婚事，可谓极度重视。晋平公送亲至邢丘，再由中军元帅韩起送到楚国，羊舌肸担任韩起的副手。郑国的罕虎、游吉在索氏慰劳送亲使团，游吉提醒羊舌肸："楚王骄纵太甚，您一定要小心！"羊舌肸回答："骄纵太甚，是他自己的灾难，岂能祸及别人？奉献我们的财礼，谨慎地保持我们的威仪，坚守信用，依礼行事，恭敬地开始而慎重地结束，没有什么事情是不可以践行的。顺从而不失分寸，恭敬而不失威仪。用古圣先贤的话来引导，奉行传统的做法，权衡两国利益得失。楚王虽然骄纵，又能把我们怎么样？"

羊舌肸的这段话，可以与前面女叔齐的那段话对照来看。鲁昭公到访晋国，行礼如仪，女叔齐认为他不知礼。韩起和羊舌肸出使楚国，游吉担心楚灵王对他们无礼，羊舌肸却认为只要他们自己不失礼仪，沉着应对，就不会有麻烦。说到底还是"本末"二字，里子是本，面子是末，没有强大的内心，就不会有面子。

事实上,游吉的担心绝非多余。晋国的送亲使团到了楚国,楚灵王召集群臣开会,说:"晋国是我们的仇敌。只要能够痛快,就不必顾虑其他的事。现在他们派来的人,一个是上卿,一个是上大夫。如果我们把韩起刖了当看门人,把羊舌肸阉了当宦官,足以羞辱晋国,我也就痛快了。你们说说,这样做行不行?"

群臣面面相觑,没有一个人敢接话。这算哪门子事啊?如果是在战场上抓到韩起和羊舌肸,这样处理至少还有那么一丁点道理;现在人家是来送亲的,你这样侮辱他们算什么?如果这都算"得志"的话,天下人岂不把楚国都看成懦夫?正当楚灵王左顾右盼,想要发火的时候,太宰薳启强站出来说:"这样做也是可以的。"

薳启强说:任何事情,只要做好相应的防备,又有什么不可以的?羞辱一介匹夫不可以不防备他报复,何况羞辱一个国家?所以圣明的君主注重笃行礼仪,不求羞辱别人。朝见聘问,手执玉圭;宴享进见,则有玉璋。小国到大国述职,大国到小国巡视。接待外宾的时候,虽然设置了靠几(古人席地而坐,身旁置一靠几,可以放手)而不倚靠,爵中盛满美酒而不豪饮,举行宴会还要准备礼品,吃饭的时候特别增加菜肴,贵宾入境要派人到郊外慰劳,离开的时候赠送财礼,这都是礼仪的最高形式。一个国家败亡,就是因为失去了这种常道,祸乱由此产生。当年晋国在城濮之战中获胜,从此不将楚国放在眼里,因此在邲地吃了败仗;楚国在邲之战中获胜,没有防备晋国,因此又在鄢陵被晋国打败。鄢陵之战后,晋国就再也没有失去防备了,而且对我们礼遇有加,以和睦为重,所以我们找不到机会来报鄢陵之仇,只好通过联姻来增强两国的友谊。现在两国已经成为姻亲了,又想羞辱他们,以招来报复,又怎么防备?谁来承担这个责任?如果有人愿意承担,那就羞辱他们吧。如果没有,还是请大王再考虑一下。晋侯对待大王,在下臣看来是够可以的了。您要领袖群伦,他就带着诸侯一起来。您要求婚,他就将女儿嫁过来,还派上卿和上大夫送亲。这样的情况下,您还要羞辱晋国,那就必须有所防备。不然的话,可怎么办呢?

蒍启强讲完这番大道理,再陈述利害关系:把韩起留在这里,他们还有赵成、荀吴、魏舒、士鞅、荀盈五卿;羊舌肸不回去,还有祁午、张趯、籍谈、女叔齐、梁丙、张骼、辅跞、苗贲皇八大夫。这些人都是诸侯急于选用的贤能之士。韩氏家族在晋国根深蒂固,韩襄担任公族大夫,韩须年纪轻轻已经受命出使办外交,箕襄、邢带、叔禽、叔椒、子羽等分支都是实力雄厚的大家族。韩氏的封地七邑,皆为大县。羊舌氏四族,也都是强大的家族。晋国如果丧失韩起、羊舌肸,五卿、八大夫辅佐韩须(韩起之子)、羊舌石(羊舌肸之子),凭借韩氏和羊舌氏的十家九县,即可出动兵车九百乘。其余各大家族的封邑四十县,留守的战车还有四千乘。他们奋起武勇之力来报复奇耻大辱,伯华(羊舌肸的哥哥)为他们出谋划策,荀吴和魏舒率领他们,没有什么事情是办不成的。大王将要化亲善为怨恨,以无礼而招致敌人,却又无所防备,让群臣们去做晋国的俘虏,以此来满足自己的心愿,有什么不可以的呢?

蒍启强说完这番话,楚灵王已经清醒了,说:"这是不穀的过错,大夫不要再说了。"于是对韩起厚加礼遇。前面说过,"不穀"乃君主的谦称,比"寡人"更谦逊,一般是在犯了错误的情况下才这么说。由此可见,楚灵王虽然蛮横,但也并非不可理喻,跟他讲道理他还是听得进去的。但是楚灵王还是不甘心,企图拿一些羊舌肸不知道的事物来贬低他,碰了一鼻子灰之后,转而对羊舌肸也礼遇有加。

韩起等人返回晋国,郑简公在圉地慰劳他们。韩起辞谢,不敢接受,这是合于礼的。确实,晋国使团经过郑国的领地,郑国派卿一级的官员加以慰劳,已经相当殷勤了。韩起虽然位极人臣,终归不是诸侯,是当不起郑简公的慰劳的。

郑罕虎如齐,娶于子尾氏。晏子骤见之,陈桓子问其故,对曰:"能用善人,民之主也。"

郑国的当国罕虎前往齐国,迎娶了公孙虿家的女儿。晏子几次会见罕虎,陈无宇问他原因,回答是:"此人能用善人,是百姓之主。"

所谓"能用善人",当然是指罕虎能够信任和重用子产,放心地将政事交给子产去处理。

夏,莒牟夷以牟娄及防、兹来奔。牟夷非卿而书,尊地也。

莒人诉于晋。晋侯欲止公,范献子曰:"不可。人朝而执之,诱也。讨不以师,而诱以成之,惰也。为盟主而犯此二者,无乃不可乎?请归之,间而以师讨焉。"乃归公。秋七月,公至自晋。

莒人来讨,不设备。戊辰,叔弓败诸蚡泉,莒未陈也。

夏天,莒国大夫牟夷叛逃鲁国,将原本属于莒国的牟娄、防、兹三地献给鲁国。《春秋》记载:"莒牟夷以牟娄及防、兹来奔。"牟夷不是卿却记载了他的名字,是因为看重他带来的这些土地。

莒国就此事向晋国提起诉讼,希望晋国主持公道。当时鲁昭公还在晋国,晋平公便想扣留鲁昭公,以迫使鲁国归还莒国的土地。士鞅以为不可,说:"人家前来朝见,却遭到逮捕,这就相当于诱捕了。讨伐罪人却不动用武力,而是通过诱捕来达成目的,这就是懒惰了。身为盟主而触犯这两条,恐怕不可以这样吧?请让他回去,等有空了再派军队去讨伐他。"士鞅说得对,大国外交,有规有矩,切不可怎么方便怎么来,为了图一时轻松而失去威信。晋平公听从了士鞅的意见。

七月,鲁昭公自晋国返回鲁国。

晋国不主持公道,莒国便派兵来讨伐鲁国了。为了维护领土完整而诉诸武力,当然没有错。可是莒国人大意了,面对鲁国这样的强敌,竟然不设防。十四日,鲁国大夫叔弓在蚡泉打败尚未列阵的莒军。

冬十月,楚子以诸侯及东夷伐吴,以报棘、栎、麻之役。薳射以繁扬之师会于夏汭。越大夫常寿过帅师会楚子于琐。闻吴师出，薳启强帅师从之，遽不设备，吴人败诸鹊岸。楚子以驲至于罗汭。

吴子使其弟蹶由犒师，楚人执之，将以衅鼓。王使问焉，曰："女卜来吉乎？"对曰："吉。寡君闻君将治兵于敝邑，卜之以守龟，曰：'余亟使人犒师，请行以观王怒之疾徐，而为之备，尚克知之。'龟兆告吉，曰：'克可知也。'君若欢焉，好逆使臣，滋敝邑休怠，而忘其死，亡无日矣。今君奋焉，震电冯怒，虐执使臣，将以衅鼓，则吴知所备矣。敝邑虽羸，若早修完，其可以息师。难易有备，可谓吉矣。且吴社稷是卜，岂为一人？使臣获衅军鼓，而敝邑知备，以御不虞，其为吉孰大焉？国之守龟，其何事不卜？一臧一否，其谁能常之？城濮之兆，其报在邲。今此行也，其庸有报志？"乃弗杀。

楚师济于罗汭，沈尹赤会楚子，次于莱山。薳射帅繁扬之师，先入南怀，楚师从之。及汝清，吴不可入。楚子遂观兵于坻箕之山。

是行也，吴早设备，楚无功而还，以蹶由归。楚子惧吴，使沈尹射待命于巢，薳启强待命于雩娄，礼也。

去年冬天，吴国讨伐楚国，攻入棘、栎、麻三地，以报复楚国秋天入侵吴国。今年十月，楚灵王带着诸侯和东夷部落的联军讨伐吴国，以报去年之仇。薳射带领繁扬的地方部队和楚灵王会师于夏水，越国大夫常寿过带兵和楚灵王会师于琐地。听到吴军出动的消息，薳启强率部迎战，匆忙之中疏于防备，在鹊岸被吴军击败。楚灵王乘坐传车到达罗水之滨。

交战双方处于胶着状态。吴王馀眛决定伸出橄榄枝，派他的弟弟蹶由前去犒劳楚军，楚国人却将蹶由抓起来，准备杀了他去祭祀新鼓。楚灵王还派人去问蹶由："你来的时候占卜是吉吗？"言下之意，你胆敢来到楚国军中，就没想到会被砍头吗？不料蹶由回答："吉。"

蹶由说："寡君听说君王要在敝国用兵，就用守龟（天子或诸侯占卜用的大乌龟）来占卜，说：'我赶紧派人去犒劳楚军，请前去观察楚王的怒火有多大，以此确定该做什么样的防备，请神明示！'占卜的结果是吉，说：'那是可以获知的。'君王如果高高兴兴地欢迎我，增加敝国的懈怠而使其忘记死期将近，那么敝国很快就要灭亡了。现在君王奋起雷霆之怒，虐待逮捕使臣，准备用我去祭鼓，那么整个吴国都知道要加强防备了。敝国虽然弱小，如果早早做好准备，恐怕还是可以阻止贵军的。无论危难还是平安都有所准备，可谓大吉。而且，吴国占卜的是社稷安危，岂是为我一个人占卜？如果我被用来祭鼓，而换来敝国加强戒备、严阵以待，还有比这更吉利的事吗？国家的守龟，何事不能卜？有凶有吉，谁能肯定落在哪件事上？城濮之战前，楚国占卜为吉，应验却在邲之战上。现在我来这里，占卜的结果难道也有所应验？"

蹶由的意思是，吴国占卜为吉，而使臣被杀，则吉兆很有可能应验在战场上。楚灵王听了，便不杀蹶由。

双方继续周旋。楚军渡过罗水后，沈尹赤率军与楚灵王会师，驻扎在莱山。薳射带领的繁扬地方部队率先攻入南怀，楚军主力紧随其后，抵达汝清。但是，楚军的战果也就到此为止，不能再深入吴国境内了。楚灵王于是在坻箕之山举行阅兵仪式，聊以自慰。

这一战，吴国早有防备，楚军无功而返，带着蹶由返回楚国。楚灵王对吴国产生了戒惧之心，命沈尹射在巢地待命，薳启强在卷娄待命，这是合于礼的。由此亦可见，"礼"在老左的笔下，是一个相当宽泛的概念，办事周全，一丝不苟，也可以说是"礼也"。

秦后子复归于秦，景公卒故也。

秦国的公子鍼于鲁昭公元年流亡晋国，现在又回到了秦国，那是因为他的哥哥秦景公去世了。

鲁昭公六年

公元前 536 年，鲁昭公六年。

六年春王正月，杞文公卒，吊如同盟，礼也。
大夫如秦，葬景公，礼也。

鲁国人忙着参加葬礼。

正月，杞文公去世。杞国是个小国，因为晋平公的母亲是杞国公主，所以杞国受到晋国的特别照顾。包括鲁国在内，很多诸侯曾被晋国安排去给杞国修城。鲁襄公二十九年，迫于晋国的压力，鲁国还归还了一部分原先占领的杞国领土。鲁杞之间，颇多龃龉。现在杞文公去世了，鲁国还是"吊如同盟"，派人前去隆重吊唁，当然是"礼也"。可是，这种表面上的"礼"，有多少成分是出自内心，有多少成分是做戏给晋国人看，只有鲁国人心知肚明。

去年冬天秦景公去世，今年春天鲁国派大夫前往秦国送葬，这也是合于礼的。顺便说一下，秦景公去世后，太子即位，是为秦哀公。

三月，郑人铸刑书。叔向使诒子产书，曰：

"始吾有虞于子，今则已矣。昔先王议事以制，不为刑辟，惧民之有争心也。犹不可禁御，是故闲之以义，纠之以政，行之以礼，守之以信，奉之以仁，制为禄位以劝其从，严断刑罚以威其淫。惧其未也，故诲之以忠,耸之以行,教之以务,使之以和,临之以敬,莅之以强,断之以刚。犹求圣哲之上,明察之官,忠信之长,慈惠之师,民于是乎可任使也,而不生祸乱。民知有辟,则不忌于上,并有争心,以征于书,而徼幸以成之,弗可为矣。夏有乱政而作《禹刑》,商有乱政而作《汤刑》,周有乱政而作《九刑》,三辟之兴,皆叔世也。今吾子相郑国,作封洫,立谤政,制参辟,铸刑书,将以靖民,不亦难乎?《诗》曰:'仪式刑文王之德,日靖四方。'又曰:'仪刑文王,万邦作孚。'如是,何辟之有?民知争端矣,将弃礼而征于书。锥刀之末,将尽争之。乱狱滋丰,贿赂并行,终子之世,郑其败乎!肸闻之,'国将亡,必多制',其此之谓乎!"

复书曰:"若吾子之言,侨不才,不能及子孙,吾以救世也。既不承命,敢忘大惠?"

士文伯曰:"火见,郑其火乎?火未出而作火以铸刑器,藏争辟焉。火如象之,不火何为?"

三月,郑国"铸刑书",也就是将刑法条文铸在大鼎之上,向全社会公布,供全体士民学习遵守。在今天看来,这是一件稀松平常的事,但在当时却是惊世骇俗的。

晋国的老学究羊舌肸听说这件事,特别给子产写了一封长信。信上说:

"原先我一直对您寄予厚望,现在没有了。先王根据事情的轻重来断判案件,而不制定刑法,是因为害怕民众有互相争夺之心。即便如此,仍然不能禁止有人干坏事,因此又用道义来教育,用政令来约束,用礼仪来引导,用信用来维持,用仁爱来奉养。设立官职俸禄,是为了奖励那些服从领导的人;严厉地判刑,是为了警告那些胆大妄为的人。这样犹恐不能奏效,所以用忠诚之道来训诫他们,根据行为来奖惩他们,用专业知识来教育他们,和颜悦色地驱使他们,庄重严肃地对待他们,态度坚决地审判他们,还要寻求贤能的执政大臣、明察秋毫的官吏、忠厚老实的乡长、循循善诱的老师。这样才可以放心地使用民众,而不担心发生祸乱。百姓如果知道法律,自己知道依法办事,就不会敬畏上级了。是人皆有相争之心,各自引征刑法条文来争取自己的利益,只要有一两次侥幸获得成功,这个国家便没有办法统治了。"

羊舌胖的意思很明白:法律这东西,是老百姓对抗统治者最有效的工具,一旦大伙知道了法律,按照法律来办事,统治者就没有存在的理由了——凡事自有法律说了算,谁还会敬畏天子、诸侯和卿大夫呢?或许换句话来说,凡事都讲法律的话,谁来当国君又有什么区别呢?

羊舌胖接着阐述:"夏朝有人违反政令,所以作了'禹刑';商朝有人违反政令,所以作了'汤刑';周朝有人违反政令,所以作了'九刑'。三部刑法的诞生,都在德衰之世。现在您执郑国之政,上台就作封洫(鲁襄公三十年,郑国划定田地的边界),立谤政(鲁昭公四年,郑国推行丘赋,引发贵族反对),制参辟(参即三,三辟即刑法的泛称),铸刑书,打算以此安定百姓,不也是很难吗?《诗》说:'效法文王的德行,每天安定四方。'又说:'效法文王,万国依赖。'像那样的话,哪里用得着刑法?百姓如果知道法律了,就会抛弃礼义道德而求助于法律,一字一句地弄个明白。触犯法律的事情只会增多,为了打官司而行贿的情况也会越来越多。在您活着的时候,郑国恐怕就要衰败了。我听说,国家要灭亡,必然多订法律,说的就是这种情况吧!"

子产回复羊舌胖:"正如您所言,我是个没本事的人,不能考虑到子孙后代,我的政策只是用来挽救当代的。虽然不能接受您的建议,但还是感谢您的提醒。"

羊舌胖和子产的分歧,说到底就是"人治"和"法治"的分歧,再深究下去则是"人性本善"还是"人性本恶"的问题。客观地说,人治并非一无是处,其温情脉脉的一面甚至相当令人迷恋。但是,人治的前提是生产力低下,社会财富极其有限,贫穷限制了人们的想象力,因而安于现状。当生产力不断提高,社会财富得到积累,人的欲望之门被打开,所谓仁义道德就很难再约束人们的思想和行为,法治也就势在必行了。子产不与羊舌肸争论,是因为他知道两个人的出发点完全不一样:羊舌肸沉浸在过去的世界里,而子产已经看清了现实,同时也看到了未来。有意思的是,晋国的士文伯听到这件事,却是另一番解读:

"大火星出现的时候,郑国将会有火灾吧!现在大火星还没出现,而生火来铸造刑器,将争端包藏于其中。大火星如果象征这个,不引发火灾还能怎样?"

大火星即二十八宿中的心宿。心宿出现于黄昏的天空,当为周历五月。郑国铸刑书是在周历三月,此时大火星还没有出现。古人观天象而预知人事,又因人事而反观天象,所谓天人合一,大概就是这个意思吧。

夏,季孙宿如晋,拜莒田也。晋侯享之,有加笾。武子退,使行人告曰:"小国之事大国也,苟免于讨,不敢求贶。得贶不过三献。今豆有加,下臣弗堪,无乃戾也。"韩宣子曰:"寡君以为欢也。"对曰:"寡君犹未敢,况下臣,君之隶也,敢闻加贶?"固请彻加,而后卒事。晋人以为知礼,重其好货。

去年,鲁国接受了莒国大夫牟夷进献的牟娄、防、兹三地。莒国人告到晋国,晋平公本来想扣留鲁昭公以要求鲁国归还这些土地,后来又听从士鞅的劝谏,放鲁昭公回国。所以今年夏天,季孙宿主动前往晋国拜谢。晋平公有理不打笑面人,不但设宴招待季孙宿,而且有意提高接待的规格,给他加了菜。季孙宿赶紧退出来,派行人报告说:"小国侍奉大国,如果免于被讨伐就很满足了,不敢请求赏赐。得到赏赐也不超过三献。今天菜肴有加,下臣担当不起,这恐怕是一种罪过吧?"韩起代表晋平公回答:"那是寡君希望您开心。"季孙宿说:"寡君尚且不敢当,何况下臣不过是君侯的奴隶,岂敢听到有额外的赏赐?"坚决要求撤掉加的菜才了事。晋国人认为季孙宿知礼,又加重了宴会上的礼物。

宋寺人柳有宠，大子佐恶之。华合比曰："我杀之。"柳闻之，乃坎、用牲、埋书，而告公曰："合比将纳亡人之族，既盟于北郭矣。"公使视之，有焉，遂逐华合比，合比奔卫。于是华亥欲代右师，乃与寺人柳比，从为之征，曰："闻之久矣。"公使代之，见于左师，左师曰："女夫也必亡！女丧而宗室，于人何有？人亦于女何有？《诗》曰：'宗子维城，毋俾城坏，毋独斯畏。'女其畏哉！"

宋国的寺人柳受到宋平公的宠信，世子佐很讨厌他。右师华合比主动请缨，对世子佐说："我去杀了他。"这件事不知道怎么让寺人柳知道了。寺人柳于是挖了一个坑，杀了牲口放到坑里，再伪造一份盟书放在牲口上，掩埋起来，跑去向宋平公告状，说："华合比准备迎接那些流亡之徒回来，已经在城北举行了盟誓。"

所谓流亡之徒，是指鲁襄公十七年流亡在外的华臣一族。宋平公派人去搜查，果然挖到了盟书。罪证摆在那里，但是不能排除华合比遭人栽赃的可能性。这时候有人刷新了无耻的下限，他就是华合比的弟弟华亥。华亥觊觎右师的职务已久，为了达到自己的目的，不惜与寺人柳狼狈为奸。寺人柳构陷在前，华亥紧跟着跳出来，指证华合比确实与华臣有勾结，说："我听说这件事很久了。"于是罪证变成了铁证，华合比被驱逐出境，流亡卫国。

华亥心满意足地当上了宋国的右师，却没有受到相应的尊重。左师向戌见到他，当面便说："你这个人必定会逃亡。你背弃了你的宗主（指华合比），对别人来说意味着什么？别人又会如何看你？《诗》说：'宗主就是城池，不要让城毁坏，不要让自己因孤独而害怕。'你现在应该感到害怕了吧？"

六月丙戌，郑灾。

如士匄所料，六月初七日，郑国发生了火灾。

楚公子弃疾如晋，报韩子也。过郑，郑罕虎、公孙侨、游吉从郑伯以劳诸柤。辞不敢见，固请见之，见如见王，以其乘马八匹私面。见子皮如上卿，以马六匹。见子产以马四匹。见子大叔以马二匹。禁刍牧采樵，不入田，不樵树，不采刈，不抽屋，不强丐。誓曰："有犯命者，君子废，小人降。"舍不为暴，主不愿宾。往来如是。郑三卿皆知其将为王也。

作为韩起去年前往楚国送亲的回报，楚灵王的弟弟公子弃疾前往晋国访问。经过郑国的时候，郑简公带着罕虎、子产、游吉在柤地慰劳他，弃疾辞谢，不敢相见。郑国人再三要求，弃疾才勉强答应。会见的时候，弃疾谦恭有礼，见郑简公如见楚灵王。弃疾以为，他以楚国使臣的身份，既不够资格，也没有理由会见郑简公，只能以私人身份对郑简公的热情表示感谢，赠送给郑简公乘马八匹。又根据郑国三卿的地位等级，见罕虎如见楚国的上卿，赠送马六匹；见子产，赠送马四匹；见游吉，赠送马两匹。楚国使团所到之处，禁止割草、牧马、采摘、砍柴，不进农田，不砍树木，不摘蔬果，不拆房屋，不强行取用财物。弃疾还宣布："如有违令者，君子撤职，小人降级！"自楚入晋，自晋回楚，楚国人一改山大王的作风，秋毫无犯。东道主也不再像原来那样处处戒备。宾主融洽，郑国三卿看到这番景象，都知道弃疾终将会成为楚国的主人，因为他已经具备了王者之气。

韩宣子之适楚也，楚人弗逆。公子弃疾及晋竟，晋侯将亦弗逆。叔向曰："楚辟，我衷，若何效辟？《诗》曰：'尔之教矣，民胥效矣。'从我而已，焉用效人之辟？《书》曰：'圣作则。'无宁以善人为则，而则人之辟乎？

匹夫为善，民犹则之，况国君乎?" 晋侯说，乃逆之。

> 韩起到楚国送亲的时候，楚国人没有按惯例到城郊欢迎。现在公子弃疾来到绛都城郊，晋平公也不打算派人去迎接。羊舌肸劝道："楚国走歪门邪道，我们走正道，为什么要学走歪门邪道呢?《诗》说:'君侯的教导，百姓都听从。'走我们的正道就是了，何必去学别人走偏门?《书》说:'圣人制定准则。'咱们应该是以善人为准则，还是以别人的不善作为准则呢? 一个普通人做了好事，百姓还会以他为准则，何况是一国之君?"晋平公听从了羊舌肸的建议，于是派人去迎接公子弃疾。

秋九月，大雩，旱也。

> 九月，鲁国举行大规模的雩祭，是因为发生了旱灾。

徐仪楚聘于楚。楚子执之，逃归。惧其叛也，使薳泄伐徐。吴人救之。令尹子荡帅师伐吴，师于豫章，而次于乾溪。吴人败其师于房钟，获宫厩尹弃疾。子荡归罪于薳泄而杀之。

冬，叔弓如楚聘，且吊败也。

> 徐仪楚是徐国世子，受命出使楚国，不知为何被楚灵王扣留，后来又逃回了徐国。楚灵王担心徐国背叛楚国，派大夫薳泄讨伐徐国。吴国派兵救援徐国。小战变成了大战，楚国令尹薳罢率军讨伐吴国，大军在豫章集结，驻扎在乾溪。吴军在房钟打败楚军，俘虏了楚国的宫厩尹弃疾。薳罢将罪责推到薳泄身上，杀了他。

> 鲁国人很"识做"，派大夫叔弓出访楚国，同时对楚国的战败表示慰问。

十一月,齐侯如晋,请伐北燕也。士匄相士鞅逆诸河,礼也。晋侯许之。

十二月,齐侯遂伐北燕,将纳简公。晏子曰:"不入。燕有君矣,民不贰。吾君贿,左右谄谀,作大事不以信,未尝可也。"

鲁昭公三年,北燕国君燕简公受到臣下的威胁,出逃齐国。鲁昭公十年十一月,齐景公来到晋国,请求晋国允许齐国讨伐燕国。晋国派士匄辅佐士鞅到黄河边上迎接,这是合于礼的。晋平公答应了齐景公的请求。于是这一年十二月,齐景公出兵讨伐燕国,企图将燕简公送回去。晏婴以为这件事情办不成,理由是燕国已经有国君了,百姓没有三心二意;而齐景公贪财好货,左右阿谀奉承,办大事不讲信用,所以还不可以。

有必要说明一下,《左传》中关于燕国的记载甚少,《史记》对于燕国在春秋时期的这一段历史也是语焉不详,二者之间又有颇多出入。司马迁笔下,燕简公被记载为燕惠公:"惠公多宠姬,公欲去诸大夫而立宠姬宋,大夫共诛姬宋。惠公惧,奔齐。"而燕简公(或燕惠公)奔齐之后,燕国人立了谁为国君,没有任何记录可查。

鲁昭公七年

公元前535年,鲁昭公七年。

七年春王正月,暨齐平,齐求之也。癸巳,齐侯次于虢。燕人行成,曰:"敝邑知罪,敢不听命? 先君之敝器请以谢罪。"公孙皙曰:"受服而退，俟衅而动，可也。"二月戊午，盟于濡上。燕人归燕姬，赂以瑶瓮、玉椟、斝耳，不克而还。

接着去年的事——

鲁昭公七年正月，燕国与齐国讲和，这是出自齐国的提议。十八日，齐景公住在燕国的虢地。燕国派人前来和谈，说："敝国知罪了，岂敢不听从您的命令？请求用先君留下的破旧器物来谢罪。"齐国大夫公孙晳说："接受臣服而退兵，等待机会再行动，是可以的。"二月十四日，双方在濡上结盟。作为和谈条件，燕国将公主燕姬嫁到了齐国，同时奉送玉瓮、玉柜、玉杯（均为玉器）。齐景公兴师动众要送回燕简公，就这样无功而返。

然后，就没有然后了。

倒是《史记》有交代："惠公至燕而死，燕立悼公。"我们可以这样推测：燕简公（或燕惠公）在齐军的护送下，刚刚回到燕国就死了。齐景公手里没了这张牌，师出无名，只好同意和谈。燕国人也不想打仗，于是双方都借坡下驴，大事化小，小事化无。

楚子之为令尹也，为王旌以田。芋尹无宇断之，曰："一国两君，其谁堪之？"及即位，为章华之宫，纳亡人以实之。无宇之阍入焉。无宇执之，有司弗与，曰："执人于王宫，其罪大矣。"执而谒诸王。王将饮酒，无宇辞曰："天子经略，诸侯正封，古之制也。封略之内，何非君土？食土之毛，谁非君臣？故《诗》曰：'普天之下，莫非王土。率土之滨，莫非王臣。'天有十日，人有十等，下所以事上，上所以共神也。故王臣公，公臣大夫，大夫臣士，士臣皂，皂臣舆，舆臣隶，隶臣僚，僚臣仆，仆臣台。马有圉，牛有牧，以待百事。今有司曰：'女胡执人于王宫？'将焉执之？周文王之法曰'有亡，荒阅'，所以得天下也。吾先君文王，作仆区之法，曰'盗所隐器，与盗同罪'，所以封汝也。若从有司，是无所执逃臣也。逃而舍之，是无陪台也。王事无乃阙乎？昔武王数纣之罪以告诸侯曰：'纣为天下逋逃主，萃渊薮'，故夫致死焉。君王始求诸侯而则纣，无乃不可乎？若以二文之法取之，盗有所在矣。"王曰："取而臣以往，盗有宠，未可得也。"遂赦之。

　　楚灵王还在当令尹的时候，便使用了楚王的旌旗去打猎。这当然是大逆不道的举动，大伙都敢怒不敢言，只有芋尹（官名）无宇挺身而出，挥剑斩断了旌旗的飘带，说："一个国家两位国君，谁受得了？"等到楚灵王篡位为王，为自己修筑了章华宫，接纳有罪逃亡之人以充实宫中奴仆，无宇家的看门人也在其中。无宇前去抓他，章华宫的管理人员拒不交人，说："跑到王宫里抓人，这个罪名可大了。"还把无宇抓去见楚灵王。无宇运气好，楚灵王喝酒喝得正高兴，给了无宇一个申诉的机会。无宇便说了这样一番话：

　　天子统治天下，诸侯治理国家，这是古代的制度。楚国疆域之内，哪里不是您的土地？吃着土地上的产物，谁又不是您的臣下？所以《诗》上说："普天之下，没有不是天子所有的土地；这些土地上的芸芸众生，无人不是天子的臣下。"天有十日之数，人有十等之分，这便是下级要侍奉上级、上级要供奉神灵的原因。所以王统治公，公统治大夫，大夫统治士，士统治皂，皂统治舆，舆统治隶，隶统治僚，僚统治仆，仆统治台，养马的叫圉人，放牛的叫牧人，各有职分。而今有关部门说："你为什么要到王宫来抓人？"人在宫中，我不到宫里来要人，又去哪里抓他？周文王制定的法令说："奴隶有逃亡者，大搜捕。"因此而得天下。我们的先君楚文王作"仆区"之法，说："替盗贼窝赃者，与盗贼同罪。"因此能够开疆拓土，北临汝水。如果按有关部门的说法，那就没有办法抓捕逃亡的奴仆了。逃亡的人不去管他，那就没有所谓的陪台（犯罪为奴，逃亡后又被抓住，称为陪台）了。当年周武王在诸侯面前声讨商纣王的罪恶，说："纣是天下逃亡者的窝主、聚集的渊薮。"所以大伙都想置其于死地。大王才开始霸业就效仿商纣王,这样恐怕不可以吧? 如果按周文王和楚文王的法令来抓捕盗贼,大王便也是盗贼了。

楚灵王听了便说:"带了你的人快走吧,你说的那个盗贼正受上天恩宠,还逮不到呢。"于是放了无宇。

在中国历史上,楚灵王以蛮横而著称,然而从最近发生的几件事来看,他至少还是讲道理的,甚至还颇有容人的雅量。尤其是当无宇直指他为盗贼的时候,他非但不恼怒,反而顺着无宇的话,以盗贼自居,可以说是相当宽厚了。

楚子成章华之台,愿与诸侯落之。大宰薳启强曰:"臣能得鲁侯。"薳启强来召公,辞曰:"昔先君成公命我先大夫婴齐曰:'吾不忘先君之好,将使衡父照临楚国,镇抚其社稷,以辑宁尔民。'婴齐受命于蜀,奉承以来,弗敢失陨,而致诸宗祧。日我先君共王引领北望,日月以冀。传序相授,于今四王矣。嘉惠未至,唯襄公之辱临我丧。孤与其二三臣,悼心失图,社稷之不皇,况能怀思君德? 今君若步玉趾,辱见寡君,宠灵楚国,以信蜀之役,致君之嘉惠,是寡君既受贶矣,何蜀之敢望? 其先君鬼神实嘉赖之,岂唯寡君? 君若不来,使臣请问行期,寡君将承质币而见于蜀,以请先君之贶。"

公将往,梦襄公祖。梓慎曰:"君不果行。襄公之适楚也,梦周公祖而行。今襄公实祖,君其不行。"子服惠伯曰:"行。先君未尝适楚,故周公祖以道之。襄公适楚矣,而祖以道君,不行,何之?"

三月,公如楚,郑伯劳于师之梁。孟僖子为介,不能相仪。及楚,不能答郊劳。

据史料记载，楚灵王修建的章华宫，占地方圆四十里，内有三千多座亭台楼榭，种植了上千种奇花异草，是春秋时期最为奢华的宫殿群。楚灵王有个特殊的癖好，喜欢细腰美人。宫中美女为了取悦他，都拼了命去减肥，有的甚至饿死，或因营养不良而夭折，是以章华宫又被世人称为"细腰宫"。宫殿群中最令人惊叹的建筑是章华台，楼高十丈，为当时第一高楼。细腰宫女为了爬上顶层，中间需要休息三次，所以此台又被世人称为"三休台"。

乡下人盖个新房子，尚且要请同村的人来庆祝；楚灵王修建了如此雄伟的章华台，自然也想在诸侯面前炫耀一番。太宰薳启强主动表示，他可以把鲁昭公请来。于是薳启强来到鲁国邀请鲁昭公，说："从前贵国的先君鲁成公命令我们的先大夫公子婴齐，说他不忘记先君的友好，将要派衡父光临楚国，镇抚楚国的社稷，安定楚国的百姓。公子婴齐在蜀地接受了命令，回国之后不敢马虎，郑重其事地祭告祖先。从那个时候开始，我先君楚共王翘首北望，日夜期盼，代代相传，至今已经四代了。说好的恩赐没有到来，只有鲁襄公为了先君楚康王的丧事而光临。康王的遗孤（指郏敖）和诸位大臣当时六神无主，拿不定主意，连治国都没心思，哪里能够怀恋鲁国的恩德？而今君侯如果移动玉足，屈尊来见寡君，赐福楚国，以落实蜀地说好的那件事，送来君侯的恩惠，那么寡君就已经心满意足，也不敢期望再像蜀地那次一样。敝国的先君鬼神都会嘉许和依赖它，岂独寡君一人？如果君侯不来，使臣敢问鲁国打算何时发兵，寡君将要带着会见的财礼到蜀地去见君侯，问问先君的恩惠究竟算怎么回事。"

薳启强这番话说得很别扭，梳理一下其中的逻辑，大概是这么回事：鲁成公二年，楚军进攻鲁国，驻扎在蜀地。鲁国请求媾和，条件是鲁成公的弟弟公衡（即衡父）到楚国当人质，楚国人答应了。没想到公衡半路逃了回来。这已经是半个世纪以前的事了，薳启强旧事重提，就是拐弯抹角地指责鲁国曾经失信于楚国，这笔账一直记着。现在，鲁昭公如果肯去楚国，那么当年的事就一笔勾销，楚国也不会再提出要鲁国派人质；如果不肯去,那么楚国就会追究当年的事,请鲁国做好战争的准备吧!

楚国人如此威胁,鲁昭公不得不从,于是打点行装,准备前往楚国。临行之际,梦到鲁襄公为他"祖",也就是为他的出行祭祀路神。大夫梓慎说:"看来国君这一次是去不成了。当年襄公去到楚国,梦见周公祭祀路神然后出行。现在梦到襄公祭祀路神,国君还是不去为好。"孟椒子服惠伯则认为应该去:"当年先君从来没有去过楚国,所以周公祭祀路神以引导他;后来襄公去过楚国了,因此祭祀路神以引导国君。不去的话,怎么办?"

三月,鲁昭公出发前往楚国。途经郑国的时候,郑简公在新郑的师之梁慰劳他,孟氏宗主仲孙貜(谥僖,史称孟僖子)担任鲁昭公的相礼大臣,表现令人失望。一行人抵达楚国后,楚灵王派人到郊外迎接,仲孙貜又不能应答。关于这位一路给鲁国丢脸的人物,杜预以为是仲孙蔑的儿子、仲孙速的弟弟。仲孙速没有嫡子,便让仲孙貜当了自己的继承人。仲孙速死的时候,仲孙貜年幼,于是由仲孙速的庶子仲孙羯摄宗主位。鲁襄公三十一年,仲孙羯去世,仲孙貜才正式即位。当然,也有人认为仲孙貜就是仲孙羯的儿子,父死子替,成为孟氏宗主。

夏四月甲辰朔,日有食之。晋侯问于士文伯曰:"谁将当日食?"对曰:"鲁、卫恶之,卫大,鲁小。"公曰:"何故?"对曰:"去卫地如鲁地。于是有灾,鲁实受之。其大咎其卫君乎? 鲁将上卿。"公曰:"《诗》所谓'彼日而食,于何不臧'者,何也?"对曰:"不善政之谓也。国无政,不用善,则自取谪于日月之灾,故政不可不慎也。务三而已:一曰择人,二曰因民,三曰从时。"

四月初一日,发生了日食。古人以为,日食意味着上天不满,将有祸事发生。晋平公便问士匄:"谁将承当这次日食?"也就是问谁会倒霉。士匄回答:"鲁国和卫国。相比之下,卫国遭受的灾祸大,鲁国遭受的灾祸小。"晋平公问为什么,士匄说:"日食的时候,太阳离开卫国到了鲁国,这时候产生灾祸,那就是鲁国承受了。这次大灾恐怕会落在卫侯头上吧,鲁国则由上卿来承担。"

天下共一日,太阳正照在谁头上,还真不好说。后人以为,士匄是按照分野的理论,以为日食起于娵訾(对应卫国),终于降娄(对应鲁国),是以有此一说。晋平公又问:"《诗》上说:'彼日而食,于何不臧?'这又是什么意思?"

诗句出自《诗经·小雅·十月之交》,意思是:那个太阳被吞食了,究竟是哪里不好?士匄回答:"这就是说不善于理政了。国无善政,不用善人,那就会自取其祸于日月之灾,所以说为政不可以不慎重。这件事说起来也简单,就是三点:一是选择对的人,二是听从百姓的喜好,三是顺应时令。"

晋人来治杞田,季孙将以成与之。谢息为孟孙守,不可。曰:"人有言曰:'虽有挈瓶之知,守不假器,礼也。'夫子从君,而守臣丧邑,虽吾子亦有猜焉。"季孙曰:"君之在楚,于晋罪也。又不听晋,鲁罪重矣。晋师必至,吾无以待之,不如与之,间晋而取诸杞。吾与子桃,成反,谁敢有之?是得二成也。鲁无忧而孟孙益邑,子何病焉?"辞以无山,与之莱、柞,乃迁于桃。晋人为杞取成。

鲁国和杞国之间的土地纷争,前面已经提到:鲁国侵占了杞国的土地,杞国倚靠晋国向鲁国施压,鲁国归还了一部分;晋国则点到即止,也没有太过强求。而今鲁昭公听从楚国的召唤去参加章华台的落成典礼,晋国不爽,于是派人来"治杞田",也就是要求鲁国归还杞国的土地。季孙宿打算将成地交给杞国。成地原本是杞国领土,物归原主倒也没什么,问题是这块地方已经是孟氏的封邑,由季孙宿做主处理,多少有点慷他人之慨的嫌疑。孟氏派到成地的行政长官谢息便明确表态:"听人家说，虽然只有小智小慧，守着器物不能出借，这就是礼。现今我家主人随同国君在楚，而守臣丢掉了城邑，就算是您也会怀疑我不忠的。"

瓶是当时打水的汲器，挈瓶就是将瓶垂放到井里打水。所谓"挈瓶之知"，可以理解为雕虫小技。正如有人拿着瓶去打水，不会将瓶借给人家，谢息作为成地的长官，自然也不同意将成地让出。何况孟氏宗主仲孙貜现在不在家，谢息更加不能自作主张。季孙宿也想到了这一层，说："国君去了楚国，那就是得罪晋国了。如果又不听晋国的安排，鲁国双重获罪。晋国必定会派兵来讨伐，我们没有什么可以抵抗他们，不如给他们算了。我将桃地给您作为补偿，等到晋国有机可乘再将成地从杞国夺回来。成地回来了，除了孟孙，谁敢占有它？那就是得到两个成地了。鲁国没有强敌入侵之忧，而孟氏又增加了封邑，您有什么为难的？"

季孙宿这笔账算得清清楚楚，不由谢息不服。但是谢息显然更精于算计，算准了季孙宿急于满足晋国的要求而不会斤斤计较，又提出："可是桃地没有山啊！"季孙宿大笔一挥，又将莱山和柞山划给了孟氏。谢息于是迁到了桃地，晋国人顺利地为杞国要回了成地。

顺带说一句，成地后来果然又回到了鲁国，再度成为孟氏的封邑。乱世之中，杞国这种弱小的国家，或许可以凭借亲戚关系暂时维护一下自己的权益，但那绝非长久之计。毕竟，亲戚这种关系，能够维系一两代人就不错了。早个几百年，鲁国和晋国的先祖还是兄弟呢！

楚子享公于新台，使长鬣者相，好以大屈。既而悔之。蘧启强闻之，见公。公语之，拜贺。公曰："何贺？"对曰："齐与晋、越欲此久矣。寡君无适与也，而传诸君，君其备御三邻。慎守宝矣，敢不贺乎？"公惧，乃反之。

楚灵王在新落成的章华台设宴招待鲁昭公，派了一位美髯公担任相礼大臣，席间赠给鲁昭公大屈（弓名），可以说是给足了面子。这也难怪，天下诸侯只有鲁昭公来参加章华台的落成典礼，单凭这份孝心也必须给予大大的优待啊！可是事后，楚灵王又后悔了，还是舍不得那把大屈之弓。薳启强知道了，便去拜会鲁昭公。鲁昭公跟他说起，薳启强便下拜祝贺。鲁昭公感到很奇怪，说，不就是一张弓嘛，有什么好祝贺的？薳启强回答："齐国、晋国、越国想得到这张弓很久了，寡君压根没考虑过给他们，现在却送给了君侯。您防备抵御三个邻国，谨慎地保存好这件宝贝，我岂敢不祝贺？"

鲁昭公一听，这哪里是祝贺，分明是威胁。惊惧之下，赶紧将大屈之弓送了回去。

从这件小事可以看出，楚灵王的格局也就那么大了。

郑子产聘于晋。晋侯有疾，韩宣子逆客，私焉，曰："寡君寝疾，于今三月矣，并走群望，有加而无瘳。今梦黄熊入于寝门，其何厉鬼也？"对曰："以君之明，子为大政，其何厉之有？昔尧殛鲧于羽山，其神化为黄熊，以入于羽渊，实为夏郊，三代祀之。晋为盟主，其或者未之祀也乎？"韩子祀夏郊，晋侯有间，赐子产莒之二方鼎。

郑国的子产访问晋国。晋平公正好生病，韩起代为迎客，私下和子产聊天，说："寡君卧病已经三个月了，向所有的山川祭祀祷告，病情却越来越重。现在又梦到黄熊进入寝宫之门，这是什么恶鬼？"子产回答："以君侯的英明，加上您执掌政事，哪里会有厉鬼。从前尧在羽山诛杀鲧，鲧的魂魄化为黄熊，进入羽渊，成为夏朝郊祭之神，三代都祭祀他。晋国当了盟主，是不是没有祭祀他？"

鲧是禹的父亲。尧命鲧治水，久而无功，所以在羽山诛杀他，其魂化为黄熊。禹的儿子启建立夏朝，郊祭的时候以其配天。商、周两代，顾念鲧治水的功劳，也将他当作神来祭祀。现在周朝衰落，晋国为霸主，当然也应该祭祀他。

韩起大悟,马上安排祭祀鲧。晋平公的病果然慢慢好了,为了感谢子产,赐给他莒国的两个方鼎。

该说啥呢?知识渊博就是好。

子产为丰施归州田于韩宣子,曰:"日君以夫公孙段为能任其事,而赐之州田,今无禄早世,不获久享君德。其子弗敢有,不敢以闻于君,私致诸子。"宣子辞。子产曰:"古人有言曰:'其父析薪,其子弗克负荷。'施将惧不能任其先人之禄,其况能任大国之赐?纵吾子为政而可,后之人若属有疆场之言,敝邑获戾,而丰氏受其大讨。吾子取州,是免敝邑于戾,而建置丰氏也。敢以为请。"宣子受之,以告晋侯。晋侯以与宣子。宣子为初言,病有之,以易原县于乐大心。

鲁昭公三年,公孙段陪同郑简公出访晋国,晋平公将州地赏赐给他。鲁昭公七年正月,公孙段去世,其子丰施(字子旗)继承家业。子产借这次访问的机会,为丰施将州地归还给韩起,说:"过去君侯认为公孙段能够胜任其事,因此赐给他州地。现在他不幸过早过世,不能长久地享有君侯的赏赐。他的儿子也不敢享有,又不敢直接向君侯汇报,只能私下送给您。"

前面提到,州地原本是栾氏的产业。栾氏灭亡后,赵、士、韩三家都想据为己有,而且为此扯过皮。扯过皮之后又觉得不好意思,都表示不要了。公孙段和韩起关系好,韩起便做了个顺水人情,请求晋平公将州地赏给公孙段。他的如意算盘是:如果以后这块土地还回来,还不是花落韩家?现在子产提出要归还州地,正合韩起之意。但他还是要推辞一下,子产便说:"古人有言:'父亲砍柴,儿子扛不起。'丰施会害怕不能承受先人的俸禄,更何况享受来自大国的赏赐?就算您当政的时候可以免于罪责,后来的人如果刚好有关于边界的闲话,敝国有罪,那么丰氏也会受到严重的追责。您拿走州地,那是让敝国免于罪责,而且扶持了丰氏。

谨此请求！"话说到这个份儿上，再不答应就是对不住郑国，更对不住丰氏了。韩起只得接受，而且将情况报告了晋平公。晋平公也识趣，便将州地赏给了韩起。韩起又扭捏起来，当年和赵家、士家争这块地，可是表现出很高姿态的哦！现在将其据为己有，世人会怎么看他呢？于是又使了个一叶障目的招数，拿州地跟宋国大夫乐大心交换了原县，这才觉得落袋平安，心安理得。

郑人相惊以伯有，曰"伯有至矣"，则皆走，不知所往。铸刑书之岁二月，或梦伯有介而行，曰："壬子，余将杀带也。明年壬寅，余又将杀段也。"及壬子，驷带卒，国人益惧。齐、燕平之月，壬寅，公孙段卒。国人愈惧。其明月，子产立公孙泄及良止以抚之，乃止。子大叔问其故，子产曰："鬼有所归，乃不为厉，吾为之归也。"大叔曰："公孙泄何为？"子产曰："说也。为身无义而图说，从政有所反之，以取媚也。不媚，不信。不信，民不从也。"

及子产适晋，赵景子问焉，曰："伯有犹能为鬼乎？"子产曰："能。人生始化曰魄，既生魄，阳曰魂。用物精多，则魂魄强。是以有精爽至于神明。匹夫匹妇强死，其魂魄犹能冯依于人，以为淫厉，况良霄，我先君穆公之胄，子良之孙，子耳之子，敝邑之卿，从政三世矣。郑虽无腆，抑谚曰'蕞尔国'，而三世执其政柄，其用物也弘矣，其取精也多矣，其族又大，所冯厚矣。而强死，能为鬼，不亦宜乎！"

接下来讲个鬼故事，这一类故事老左还真写了不少。

鲁襄公三十年，郑国的良霄（字伯有）发动政变，事败身亡。时隔多年，郑国人却因为良霄的鬼魂而惊恐不已。新郑的大街上有人声称："伯有来了！"整街的人都往四面八方乱跑。鲁昭公六年二月，有人梦到良霄穿着铠甲在路上行走，说："三月二日，我将杀驷带。明年正月二十七，我又将杀公孙段。"三月二日，驷带果然去世，郑国人更加害怕。到了今年正月二十七，公孙段又去世了，郑国人陷入了更深的恐惧中。"相惊伯有"作为一个成语，现在用来形容无缘无故的互相惊扰，当时却是新郑城中恐怖气氛的真实写照。

公孙段过世的次月，子产立公孙泄[公子嘉(子孔)之子]和良止(良霄之子)为大夫，以延续其家族的祭祀，安抚他们的鬼魂。游吉问他为什么这样做，子产回答："鬼有所归宿，就不会作恶了，我这是让他们有归宿。"游吉还是不明白："那立公孙泄是为了什么呢?"言下之意，良霄显灵作恶，立良止就可以了，为什么要立公孙泄呢? 子产回答："那是为了让百姓高兴。"他解释：公子嘉和良霄都为人不义，良霄作祟而获得满意的结果，我作为执政大臣还不得不放弃原则来迎合他，这都是为了安抚国人，取悦大众啊! 既然立了良霄的后人，干脆把公子嘉的后人也立了。不取悦大众，则大众不信执政，也就不会听从命令，国家就难以治理了。

子产相不相信有鬼? 以当时的认识水平，应该是相信的。他认为应不应该为良霄立后? 当然不应该。一个人犯了叛国之罪，变成鬼了还不放弃搞乱，凭什么给他立后? 可是，百姓害怕啊! 百姓很多时候是不那么理性的，恐惧的时候是听不进大道理的。子产作为执政大臣，首要任务是维护国家的稳定，为此而放弃一些原则，那也是没办法的事。

等子产到了晋国，晋国的中军副帅赵成(谥景)问他这件事，说："伯有还能做鬼吗?"言下之意，颇为不信。子产肯定地回答："能。人刚死的时候叫作魄，已经变成了魄，阳气就叫作魂。在生的时候衣食精美丰富，则魂魄强壮，所以有精气汇成神明。普通男女不得善终，其魂魄尚且能够依附在别人身上，大肆作恶为乱，何况良霄是我先君郑穆公的后裔，子良(公子去疾)之孙，子耳(公孙辄)之子，敝国之卿，三代从政。郑国虽然不够强大，或许就是俗话说的蕞尔小国，但是三代人执掌政权，他使用的物品也很多了，他汲取的精华也很多了，再加上他的家族又大，所能凭借的势力雄厚，却不得好死，他能够成为鬼，不也是应该的吗?"

子皮之族饮酒无度,故马师氏与子皮氏有恶。齐师还自燕之月,罕朔杀罕魋。罕朔奔晋。韩宣子问其位于子产。子产曰:"君之羁臣,苟得容以逃死,何位之敢择? 卿违,从大夫之位,罪人以其罪降,古之制也。朔于敝邑,亚大夫也,其官,马师也。获戾而逃,唯执政所置之。得免其死,为惠大矣,又敢求位?"宣子为子产之敏也,使从嬖大夫。

罕虎字子皮,子皮之族即罕虎的家族。

鲁襄公三十年,罕虎任命公孙鉏当了马师(官名),这一家人便以官为氏,称为马师氏。

公孙鉏是公子喜(字子罕)的儿子,与罕虎的父亲公孙舍之是兄弟。因此,子皮氏和马师氏同为罕氏大家族的成员,本来是一家人不说两家话,但是因为子皮氏酗酒无度,很有可能在某些场合对马师氏无礼,导致亲族内部闹掰。齐军讨伐燕国回来那个月(即当年二月),公孙鉏的儿子罕朔杀了罕虎的兄弟罕魋,逃奔晋国。

等到子产访问晋国,韩起便问子产,该给罕朔安排什么样的官位。子产回答:"国君的羁旅之臣,只要能够得到收留以逃避死罪,哪里还敢选择官位? 卿离开本国,跟随大夫的官位;如果是获罪之臣,根据其罪行的轻重降低官位,这是古代的制度。罕朔在敝国,爵为亚大夫,官为马师,获罪而逃,就听您安排了。能够免他一死,所给予的恩惠就很大了,又岂敢要求官位?"子产说话总是很有水平,拐个弯儿把意思表达出来,丝毫不强人所难。韩起认为子产说得很恰当,给罕朔安排了一个"嬖大夫"的官位。嬖大夫仅次于亚大夫,换句话说,韩起并没把罕朔当作罪臣来对待。

秋八月,卫襄公卒。晋大夫言于范献子曰:"卫事晋为睦,晋不礼焉,庇其贼人而取其地,故诸侯贰。《诗》曰:'鹡鸰在原,兄弟急难。'又曰:

'死丧之威，兄弟孔怀。'兄弟之不睦，于是乎不吊，况远人，谁敢归之？今又不礼于卫之嗣，卫必叛我，是绝诸侯也。"献子以告韩宣子。宣子说，使献子如卫吊，且反戚田。

被士匄言中，这一年八月，卫襄公去世了。晋国有位不知名的大夫对士鞅说："卫国侍奉晋国可以说是够顺从的了，晋国却没有对卫国以礼相待，包庇卫国的叛贼而获取它的土地，所以诸侯会三心二意。《诗》说：'鹡鸰在原，兄弟急难。'又说：'死丧之威，兄弟孔怀。'兄弟不和睦，所以不互相亲善，何况远方之人，有谁敢来归顺？而今又失礼于卫国的嗣君的话，卫国必定背叛我们，那就会失去诸侯的拥护。"

这番话中引用的诗句，均见于《诗经·小雅·棠棣》。鹡鸰是一种水鸟，到了平原上则互相救助，兄弟之间也当如此扶危救难。又言人皆畏死，如若兄弟之间有丧事，更要互相关怀慰问。晋国和卫国都是王室的近亲，本是兄弟之国，但是这些年来，晋国给卫国的叛臣孙林父提供庇护，而且为其夺取土地，已经大大伤害了兄弟之情。现在卫襄公去世，嗣君即位，如果晋国不派人去吊唁的话，兄弟之情就要断绝了。

士鞅将这番话转告韩起。韩起以为有理，便派士鞅前往卫国吊唁，并且将戚地归还卫国。

卫齐恶告丧于周，且请命。王使郕简公如卫吊，且追命襄公曰："叔父陟恪，在我先王之左右，以佐事上帝。余敢忘高圉、亚圉？"

卫国大夫齐恶向王室报告卫襄公的死讯，同时请求赐命。周景王派郕简公前往卫国吊唁，而且追命卫襄公说："叔父升天，在我先王左右，以辅佐侍奉天帝，我岂敢忘记高圉、亚圉？"

前面说过，赐命即天子册封诸侯，承认诸侯的地位。卫襄公在世的时候未获天子赐命，死了却请求补办，所以称为追命，也可以说是追认

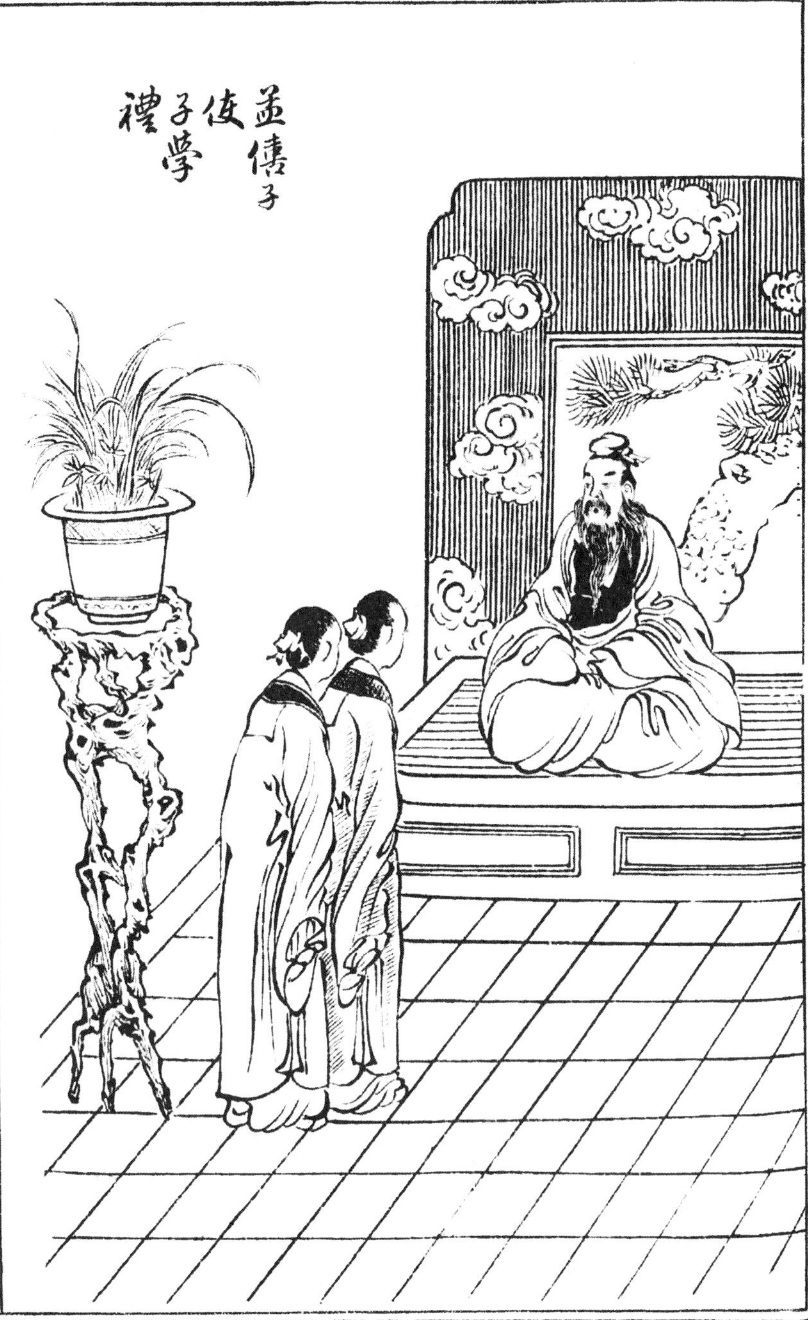
孟僖子使子學禮

吧。而高圉、亚圉是周人的先祖，周景王不忘高圉、亚圉，意思是不会忘记同宗之情。

九月，公至自楚。孟僖子病不能相礼，乃讲学之，苟能礼者从之。及其将死也，召其大夫，曰：“礼，人之干也。无礼，无以立。吾闻将有达者曰孔丘，圣人之后也，而灭于宋。其祖弗父何以有宋而授厉公。及正考父，佐戴、武、宣，三命兹益共。故其鼎铭云：‘一命而偻，再命而伛，三命而俯。循墙而走，亦莫余敢侮。饘于是，鬻于是，以糊余口。’其共也如是。臧孙纥有言曰：‘圣人有明德者，若不当世，其后必有达人。’今其将在孔丘乎？我若获没，必属说与何忌于夫子，使事之，而学礼焉，以定其位。”故孟懿子与南宫敬叔师事仲尼。仲尼曰：“能补过者，君子也。《诗》曰‘君子是则是效’，孟僖子可则效已矣。”

九月，鲁昭公从楚国回来。鲁昭公此行平安无事，在楚国也颇受优待，唯一的不足是相礼大臣孟僖子不懂相礼，闹了笑话。孟僖子以此为耻，于是抓紧学习礼仪，只要有精通礼仪的人就跟随他学习。他还真不是头脑发热，一时兴起。十多年后，当他将要去世的时候，还把自己的家臣召集起来说：“礼是人的躯干，无礼的话，人就站不起来。我听说有位知书达礼的人名叫孔丘，乃圣人之后，而他的家族却在宋国灭亡了。他的祖先弗父何本来应该拥有宋国却让给了宋厉公。到了正考父这一代，辅佐宋戴公、武公、宣公，当了三命的上卿却更加谦恭，所以他的大鼎上铭文写着：‘一命低头，二命躬身，三命弯腰，沿着墙根快步走，也没有人敢欺负我。稠粥在里面煮，稀粥也在里面煮，用来糊口而已。’他的谦恭到了这个地步。臧孙纥有话说：‘圣人具有明德，如果不能南面为君，他的后代必有达人。’而今就应在孔丘身上吧！我如果得以善终，一定把说与何忌两个孩子托付给孔丘，让他们跟着他学礼，以稳定他们的地位。”

关于孔子的身世，前面已经讲过，这里不再赘述。需要说明的是，孔子的先祖弗父何，原是宋湣公的世子。宋湣公去世，其弟宋炀公即位。弗父何的庶弟鲋祀发动政变，杀死宋炀公，提出要立弗父何为君，被弗父何拒绝。于是鲋祀即位，是为宋厉公。孟僖子所谓"弗父何以有宋而授厉公"，说的便是这件事。

孟僖子有两个儿子：长子何忌，后来继承家业，谥懿，又称为孟懿子；幼子说，又名阅，即南宫敬叔。兄弟俩后来都师事孔子。孔子评价孟僖子，说："能够补救过错的，就是君子。《诗》上说'要效法君子'，孟僖子可以说是做到了。"

单献公弃亲用羁。冬十月辛酉，襄、顷之族杀献公而立成公。

单氏一族，长期担任王室卿士，单襄公、单顷公、单靖公、单献公代代相传。单献公抛弃自己的亲族而重用寄居在家里的客臣，引发家族内部矛盾。十月二十日，单襄公、单顷公的后人杀死单献公，立其弟单成公为宗主。

十一月，季武子卒。晋侯谓伯瑕曰："吾所问日食，从矣。可常乎？"对曰："不可。六物不同，民心不壹，事序不类，官职不则，同始异终，胡可常也？《诗》曰'或燕燕居息，或憔悴事国'，其异终也如是。"公曰："何谓六物？"对曰："岁、时、日、月、星、辰，是谓也。"公曰："多语寡人辰而莫同。何谓辰？"对曰："日月之会是谓辰，故以配日。"

又被士匄言中，这一年十一月，鲁国的权臣季孙宿去世了。晋平公钦佩之余，难免问士匄："我所询问的关于日食的事情，都被你说中了，以后可以经常这样预测吗？"士匄明确回答："不可以。六物各不相同，百姓心志不一，事情规律各异，官职高低不等，开始相同而结果相异，怎么可以经常这样做呢？《诗》上说，'有人舒舒服服安居休养，有人精疲力竭为国操劳'，结果相异便是如此。"简而言之，同人不同命，同出不同归，猜到了开始并不一定能够猜到结局，一次算准不等于次次算准。晋平公不理解："什么叫作六物？"士匄回答："六物就是岁、时、日、月、星、辰。"晋平公说："很多人跟寡人说过辰，但是没有相同的。什么是辰？"士匄说："日月相会叫作辰，用来和日相配。"

　　士匄的这一解释，让后人摸不着头脑，大概意思是，辰就是十二地支，与十天干相配，可以用来记日吧。

　　卫襄公夫人姜氏无子，嬖人婤姶生孟絷。孔成子梦康叔谓己："立元，余使羁之孙圉与史苟相之。"史朝亦梦康叔谓己："余将命而子苟与孔烝鉏之曾孙圉相元。"史朝见成子，告之梦，梦协。晋韩宣子为政，聘于诸侯之岁，婤姶生子，名之曰元。孟絷之足不良能行。孔成子以《周易》筮之，曰："元尚享卫国，主其社稷。"遇《屯》。又曰："余尚立絷，尚克嘉之。"遇《屯》☷☳之比☷☵。以示史朝。史朝曰："'元亨'，又何疑焉？"成子曰："非长之谓乎？"对曰："康叔名之，可谓长矣。孟非人也，将不列于宗，不可谓长。且其繇曰：'利建侯。'嗣吉，何建？建非嗣也。二卦皆云，子其建之。康叔命之，二卦告之，筮袭于梦，武王所用也，弗从何为？弱足者居，侯主社稷，临祭祀，奉民人，事鬼神，从会朝，又焉得居？各以所利，不亦可乎？"故孔成子立灵公。

　　十二月癸亥，葬卫襄公。

　　接下来老左记载的这件事有点颠三倒四，有必要梳理一下。

　　孔成子即孔烝鉏，是卫国的卿，曾经侍奉过卫定公、卫献公、卫殇公。有一天，孔烝鉏梦见卫国的先祖康叔对他说："立元为君，我派孔羁之孙孔圉与史苟辅佐他。"孔羁是孔烝鉏的儿子，孔圉则是孔烝鉏的曾孙，谥文，又称为仲叔圉或孔文子，也就是《论语》里面那位"敏而好学，不耻下问"的孔文子。史苟则是大夫史朝的儿子，又写作史狗。有意思的是，当天晚上，史朝也梦到康叔对自己说："我将命你的儿子史苟和孔烝鉏的曾孙孔圉辅佐元。"第二天孔烝鉏和史朝相见，相互把梦一说，竟然都对上了。只不过"元"究竟是谁，孔烝鉏和史朝都不知道。

卫献公去世后，卫襄公即位。卫襄公的夫人姜氏没有生儿子，但是有位受宠的奴婢婤姶生了个儿子，取名孟絷。晋国的韩起执掌政权、访问诸侯那年（即鲁昭公二年），婤姶又生了个儿子，取名为元。孟絷患有腿疾，不能行走。孔烝鉏用周易占筮，祝祷说："公子元希望享有卫国，主持社稷。"得到一个《屯》卦。又祝祷说："我还想立公子孟絷，希望神灵能够允许。"得到《屯》卦变成《比》卦。将结果告诉史朝，史朝说："'元亨'，这还有什么疑义吗？"

《屯》卦的上卦为《坎》☵，下卦为《震》☳，即所谓的"水雷屯"。卦辞为："元、亨、利、贞。勿用有攸往，利建侯。"《周易》中，元、亨、利、贞四字组合，在多个卦的卦辞中都有出现。"遇屯之比"，即《屯》卦的初爻由阳变阴，其爻辞为："磐桓，利居贞，利建侯。"一般认为，元代表开始，亨代表亨通。史朝则将元解释为公子元，以为"公子元将要亨通发达"，这是不用怀疑的。

孔烝鉏却有疑问，说："元难道不是为首的意思吗？"元既然代表开始，确实也有年长的意思。以此解释，则孟絷当为嗣君。对此，史朝回答："康叔为他取名，可以说是为首的。孟絷却不是那个人，他将不能立于宗庙中，不可以说是'长'。而且卦辞上说'利建侯'，如果是孟絷以嫡子的身份即位，那就是顺利嗣位，怎么能说是建立诸侯呢？建立不就是嗣位。两次卦象（《屯》卦的卦辞以及第一爻的爻辞）都说'利建侯'，请您务必顺应天意，建其为侯。康叔有令，两次卦象告知，卦与梦合，这种情况周武王也经历过，为什么不听从？腿脚有毛病只能待在家里。国君主持社稷，亲临祭祀，奉养百姓，侍奉鬼神，参加朝会，又怎么能够在家里待着不出门？兄弟俩一个居家，一个建侯，各得其利，不也是可以的吗？"

孔烝鉏听从了史朝的建议,立公子元为君,是为卫灵公。大事确定后,十二月二十三日,为卫襄公举行了葬礼。

鲁昭公八年

公元前 534 年,鲁昭公八年。

八年春,石言于晋魏榆。晋侯问于师旷曰:"石何故言?"对曰:"石不能言,或冯焉。不然,民听滥也。抑臣又闻之曰:'作事不时,怨讟动于民,则有非言之物而言。'今宫室崇侈,民力凋尽,怨讟并作,莫保其性。石言,不亦宜乎?"于是晋侯方筑虒祁之宫。叔向曰:"子野之言君子哉!君子之言,信而有征,故怨远于其身。小人之言,僭而无征,故怨咎及之。《诗》曰'哀哉不能言,匪舌是出,唯躬是瘁。哿矣能言,巧言如流,俾躬处休',其是之谓乎!是宫也成,诸侯必叛,君必有咎,夫子知之矣。"

　　八年春,晋国发生咄咄怪事,魏榆地方有一块石头居然说话了!晋平公听到这个消息,便问盲人师旷(字子野):"石头为什么说话?"师旷回答:"石头不能说话,想必是有什么奇怪的东西附在它身上才能发声吧。否则的话,就是老百姓听错了。话又说回来,下臣听说,做事情不合时令,怨恨的情绪就会在老百姓当中传播,也有可能导致不能说话的东西说话。现在您的宫殿高大奢侈,民间的财力被用尽,怨恨和诽谤接踵而来,没有人能够保证自己的生活。石头说话,不也是应该的吗?"

　　这也是先秦儒家的观点,世上所谓诡异之事,都与百姓的喜怒哀乐和政权的兴衰存亡有关。当时,晋平公大概是想把楚灵王的章华宫比下去吧,正在大兴土木建造虒祁之宫,民间怨言颇多,卿大夫也很有意见。听到师旷这样说,羊舌肸便感叹道:"子野说这样的话真是君子啊!君子说话,诚实而有依据,所以怨恨远离他;小人说话,虚伪而没有根据,所以招致祸患。《诗》上说,'不会说话多么可悲,话从他的舌头出来,只能给他的身体带来劳累。会说话是多么好的事,巧妙的话如行云流水,使他自己安居休息'。说的就是这个吧。这座宫殿的落成之日,就是诸侯背叛晋国之时,国君因此而将受到惩罚,师旷这位老先生心里是很明白的啊!"

陈哀公元妃郑姬生悼大子偃师,二妃生公子留,下妃生公子胜。二妃嬖,留有宠,属诸司徒招与公子过。哀公有废疾。三月甲申,公子招、公子过杀悼大子偃师而立公子留。

夏四月辛亥,哀公缢。干征师赴于楚,且告有立君。公子胜诉之于楚,楚人执而杀之。公子留奔郑。

书曰"陈侯之弟招杀陈世子偃师",罪在招也;"楚人执陈行人干征师杀之",罪不在行人也。

陈哀公有三位夫人,元妃郑姬生了世子偃师(谥悼),二妃生了公子留,下妃生了公子胜。三位夫人中,二妃最受宠爱,连带公子留也受到宠爱,被托付给司徒招与公子过教导。陈哀公患有久治不愈之症,是年三月十六日,公子招(即司徒招)、公子过杀掉世子偃师,改立公子留为世子。

四月十三日,陈哀公上吊身亡,至于是被逼还是自杀就很难说了。对于公子留一伙来说,最重要的是得到楚国的承认,于是派行人干征师到楚国报丧,同时报告已经立了新君。公子胜也跑到楚国,起诉公子留一伙谋杀世子偃师并取而代之。楚国人主持公道,逮捕干征师并杀了他。公子留得到消息，赶紧逃奔郑国。

《春秋》记载"陈侯之弟招杀陈世子偃师"，说明罪在公子招；"楚人执陈行人干征师杀之"，说明干征师作为专门办外交的行人，是没有罪的。

叔弓如晋，贺虒祁也。游吉相郑伯以如晋，亦贺虒祁也。史赵见子大叔，曰："甚哉其相蒙也！可吊也，而又贺之！"子大叔曰："若何吊也？其非唯我贺，将天下实贺。"

鲁国的大夫叔弓前往晋国祝贺虒祁之宫落成。郑国游吉陪同郑简公前往晋国，也是祝贺虒祁之宫落成。晋国大夫史赵见到游吉，说："大家互相蒙骗也太过分了！明明应该吊唁的事不吊唁，反而都来祝贺。"游吉当然知道史赵是什么意思，但又不能正面回应，只能装傻："说什么吊唁啊？非但我国来祝贺，天下诸侯都来祝贺呢！"

秋，大蒐于红，自根牟至于商、卫，革车千乘。

秋天，鲁国在红地大规模检阅部队，自根牟至宋、卫边境线上，全国动员，累计出动革车千乘。

七月甲戌，齐子尾卒，子旗欲治其室。丁丑，杀梁婴。八月庚戌，逐子成、子工、子车，皆来奔，而立子良氏之宰。其臣曰："孺子长矣，而相吾室，欲兼我也。"授甲，将攻之。陈桓子善于子尾，亦授甲，将助之。或告子旗，子旗不信。则数人告。将往，又数人告于道，遂如陈氏。桓子将出矣，闻之而还，游服而逆之，请命。对曰："闻强氏授甲将攻子，子闻诸？"曰："弗闻。""子盍亦授甲？无宇请从。"子旗曰："子胡然？彼，孺子也，吾诲之，犹惧其不济，吾又宠秩之——其若先人何？子盍谓之？《周书》

曰'惠不惠,茂不茂',康叔所以服弘大也。"桓子稽颡曰:"顷、灵福子,吾犹有望。"遂和之如初。

鲁襄公二十九年,齐国平定庆封之乱后,公孙虿(子尾)和公孙灶(字子雅)便成为齐国的权臣。二人同出一门,都是齐惠公的孙子,世称"二惠"。鲁昭公四年,公孙灶去世,其子栾施(字子旗)继承家业。鲁昭公八年七月八日,公孙虿去世,栾施却想要"治其室",也就是料理公孙虿的家政,将其置于自己的控制之下。十一日,栾施杀死公孙虿的家宰梁婴。八月十四日,又驱逐公孙虿的亲信公子固(字子成)、公子铸(字子工)、公孙捷(字子车),三个人都逃到了鲁国。

栾施还要为公孙虿的儿子高强(字子良)立家宰,引发了高强家臣们的反抗,他们聚在一起说:"少主已经长大了,他却要派人来管我们的家事,这是想要兼并我们。"于是分发衣甲兵器,准备进攻栾施。陈无宇和公孙虿私交甚好,也下令武装族兵,准备助高强一臂之力。有人将这个情报告诉了栾施,栾施不相信。接着又有几个人前来报信,栾施将信将疑,决定亲自到高强家看看。走到半路,又有好几个人来报告,栾施这才惊觉事态严重。再去高强家的话,等于送死,于是他改变方向,前往陈无宇家打探。

陈无宇已经装束齐全,准备带着族兵杀出去了。听到栾施到访,陈无宇立刻回头,脱去盔甲,换上平常穿的衣服去迎接。栾施也不拐弯抹角,直接问陈无宇:"您有什么想法?"陈无宇却是这世上第一会装傻的人,反过来问:"听说高强家分发衣甲准备进攻您,您没听说吗?"栾施的反应也很快,说:"没听说。"陈无宇说:"那您何不也分发衣甲,我请求跟随您。"栾施装作很吃惊的样子:"您为什么这样说啊? 他(指高强)就是个小孩子,我教导他,还恐怕他不能理解,所以我又特别关照他。如果我攻打他,怎么对得起祖先? 您何不把我的心意告诉他?《周书》上说,'惠不惠,茂不茂',这就是卫康叔能够宽厚行事的原因啊!"

栾施所引《周书》，即《尚书·康诰》。当年周成王封康叔为卫侯，作书告诫他要勤于政事，团结万民，治理好国家，其中提到："惠不惠，茂不茂。"意思是对那些不知感恩的人，也要施与恩惠；对那些不愿受教的人，也要谆谆教导。又说："汝惟小子，乃服惟弘。"意思是康叔虽然年轻，做事也要宽大为怀。栾施以此表达：高强虽然不惠不茂，我还是要惠之茂之。并请陈无宇代为斡旋。陈无宇听了，不觉惭愧起来，叩着头说："顷公、灵公保佑您，我还希望您能惠及我呢！"

古人行礼，以稽首最为隆重，整个人拜下去，以头叩地，并停留片刻，以示极其尊重。稽颡则是所谓的凶礼，不但要叩首，而且要叩出声音，也就是现在人说的"叩响头"。陈无宇以此表示内心极其愧疚，于是穿针引线，让栾、高二氏和好如初。

陈公子招归罪于公子过而杀之。九月，楚公子弃疾帅师奉孙吴围陈，宋戴恶会之。冬十一月壬午，灭陈。舆嬖袁克杀马毁玉以葬。楚人将杀之，请置之。既又请私，私于幄，加绖于颡而逃。

使穿封戍为陈公，曰："城麇之役不诹。"侍饮酒于王，王曰："城麇之役，女知寡人之及此，女其辟寡人乎？"对曰："若知君之及此，臣必致死礼以息楚。"

再说陈国的事。几个月前，公子招和公子过联手谋害世子偃师，立公子留为世子。没想到公子胜到楚国告状，楚国人要主持公道，公子留仓皇出逃。公子招情急之下，将责任全部推到公子过身上，杀了公子过。但是这并不能避免楚国对陈国的干涉。九月，楚国的公子弃疾以护送公孙吴（偃师的儿子）回国为名，率军讨伐陈国。宋国大夫戴恶也带兵参加了这次行动。十一月，楚军消灭了陈国。

"舆嬖"就是掌管国君车马的嬖大夫。陈国的舆嬖袁克杀了马，毁了玉为陈哀公殉葬。楚国人准备杀了他。袁克向楚国人请求放他一马，后来又请求让他小便。楚国人同意了,他便在帐幕里小便,将为陈哀公服丧的麻带缠在额头上,逃跑了——老左的这一段描述,看起来竟然有些喜剧效果。

楚灵王既然灭了陈国,便按照老规矩,将陈国变成了楚国的一个县,任命穿封戌为县公,说:"他在城麇之战中表现得不谄媚。"

鲁襄公二十六年,楚康王入侵郑国。在城麇之战中,穿封戌俘虏了郑国大夫皇颉。当时的楚灵王还是公子围,与穿封戌争功,非要说皇颉是他俘虏的。后来请伯州犁裁判,伯州犁上下其手,诱使皇颉承认自己是被公子围俘虏的。穿封戌气不过,拿着长戈追杀公子围,幸亏没有追上,否则便没有楚灵王的事了。现在楚灵王旧事重提,却不是报复穿封戌,而是表扬他能够坚持原则,可以说是相当宽宏大量了。当穿封戌陪同楚灵王喝酒的时候,楚灵王还开玩笑似的问道:"城麇之战中,你如果知道寡人有今天,你会避让寡人吗?"穿封戌回答:"如果知道您有今天,下臣一定会冒死来安定楚国。"

穿封戌的意思是,如果知道公子围会弑君上位,那他宁死也要杀了这个人,以避免楚国后来的动荡。

楚灵王竟然没有给穿封戌任何惩罚。

晋侯问于史赵曰:"陈其遂亡乎?"对曰:"未也。"公曰:"何故?"对曰:"陈,颛顼之族也。岁在鹑火,是以卒灭,陈将如之。今在析木之津,犹将复由。且陈氏得政于齐而后陈卒亡。自幕至于瞽瞍无违命。舜重之以明德,置德于遂,遂世守之。及胡公不淫,故周赐之姓,使祀虞帝。臣闻盛德必百世祀,虞之世数未也。继守将在齐,其兆既存矣。"

晋平公问史赵,陈国就这样灭亡了?这恐怕也是天下诸侯都关心的一个问题。在周朝的诸侯中,陈国还算是一个比较重要的国家,就这样被楚国灭掉的话,带来的心理冲击是巨大的。对此,史赵回答:"还没到时候。"晋平公问他为什么,史赵说了一番很玄的话——

陈国是颛顼之后(陈国以虞舜为祖先,虞舜又是颛顼的后人),颛顼驾崩之年,岁星在鹑火,陈国也将是这样。现在岁星在箕宿、斗宿之间的银河,陈国还是能够复生的。而且,要等齐国的陈氏夺取政权了,陈国才会最终灭亡。陈国的先祖,从幕(颛顼之子)到瞽瞍(舜之父)都没有违背天命。舜又增添了明德,德行一直落到虞遂身上。虞遂的后人世代保持,到了胡公不淫的时代,周王室给他赐姓,让他祭祀虞舜,由此建立陈国。下臣听说,盛大的德行必定享受百世祭祀,虞舜的世代还不满一百,将会在齐国继续保持下去,它的预兆已经显现了。

一个人的德行延及后人,其实也是上天在回报他的功劳,让他多享受几年祭祀——先秦儒家的命数理论,大概就是这样吧。

鲁昭公九年

公元前 533 年,鲁昭公九年。

九年春,叔弓、宋华亥、郑游吉、卫赵黡会楚子于陈。

二月庚申,楚公子弃疾迁许于夷,实城父,取州来淮北之田以益之。伍举授许男田。然丹迁城父人于陈,以夷濮西田益之。迁方城外人于许。

九年春,鲁国的叔弓、宋国的华亥、郑国的游吉、卫国的赵黡在陈县与楚灵王相会。相会的目的是见证楚灵王的"公道"——

早在鲁成公十五年,许灵公为了逃避郑国的压迫,将许国的社稷迁到楚国境内的叶县。现在,楚国的公子弃疾又将许国迁到夷地,也就是原来陈国的城父。又用州来在淮北的土地来增加许国的面积,由伍举正式将土地授予许悼公。楚灵王这一手,颇有"兴灭国,继绝世"之意,倒也做得不错。问题是,将许国迁到城父后,城父的陈国遗民怎么办?不要急,楚灵王早有安排,又派郑丹将城父的居民迁到原来的陈国,也就是现在的淮阳,再用濮地、夷地西部的土地补偿给城父人。许国从叶县迁走后,再将方城山外的居民迁进来充实叶县。

该怎么说呢? 人活着,就是为了折腾啊!

周甘人与晋阎嘉争阎田。晋梁丙、张趯率阴戎伐颖。王使詹桓伯辞于晋,曰:"我自夏以后稷、魏、骀、芮、岐、毕,吾西土也。及武王克商,蒲姑、商奄,吾东土也;巴、濮、楚、邓,吾南土也;肃慎、燕、亳,吾北土也。吾何迩封之有? 文、武、成、康之建母弟,以蕃屏周,亦其废队是为,岂如弁髦,而因以敝之。先王居梼杌于四裔,以御螭魅,故允姓之奸居于瓜州,伯父惠公归自秦,而诱以来,使逼我诸姬,入我郊甸,则戎焉取之。戎有中国,谁之咎也? 后稷封殖天下,今戎制之,不亦难乎? 伯父图之! 我在伯父,犹衣服之有冠冕,木水之有本原,民人之有谋主也。伯父若裂冠毁冕,拔本塞原,专弃谋主,虽戎狄,其何有余一人?"叔向谓宣子曰:"文之伯也,岂能改物? 翼戴天子,而加之以共。自文以来,世有衰德而暴蔑宗周,以宣示其侈,诸侯之贰,不亦宜乎? 且王辞直,子其图之。"宣子说。

王有姻丧,使赵成如周吊,且致阎田与襚,反颍俘。王亦使宾滑执甘大夫襄以说于晋,晋人礼而归之。

王室的甘地大夫(名襄)与晋国的阎地大夫(名嘉)为了争夺阎地的土地发生冲突。晋国的梁丙和张趯带领陆浑戎的一支——阴戎进攻王畿内的颍地。周景王命詹桓伯到晋国，责备说："我大周自夏朝因祖先后稷之功，领有魏、骀、芮、岐、毕五国，以为西土之长。等到武王克灭商朝，得到商、蒲姑、商奄，作为我们的东土；巴、濮、楚、邓，是我们的南土；肃慎、燕、亳，是我们的北土。我们有什么近处的封国？文王、武王、成王、康王分封土地，让同胞兄弟建立国家，将它们作为护卫周朝的屏障，也是为了防止王室颓废堕落，难道只是像弁髦一般，事情完了就丢弃？"

所谓弁，是古代男子行冠礼时用的帽子，冠礼既成则弃之不用；髦则是童子眉际垂发。周朝分封建国，不论远近，都是为了护卫王室，当然不是如同弁髦的一时之计。周景王特别提到"文、武、成、康之建母弟"，更是提醒晋国人，晋国的先祖康叔乃周成王的同胞兄弟，他的后人怎么能够忘记初心，放弃职责，转而与王室作对呢？

詹桓伯接着传达："先王将梼杌等凶徒迁往四方边远之地，让他们去抵御山中的野人精怪，所以允姓中的坏人（指阴戎的祖先）住在瓜州。伯父晋惠公自秦国回到晋国，引诱他们迁居伊川，让他们威逼我们姬姓国家，进入我们的郊外，于是就占领了这些地方。戎人占有中原，这是谁的责任？后稷缔造周室，现在为戎人所挟制，这不是让人很难接受吗？"

前面说过，鲁僖公二十二年，秦穆公和晋惠公将原本居住在今天甘肃一带的陆浑之戎迁到河南的伊川，原本是想"以戎制戎"，结果却是引狼入室，使得戎人堂而皇之地进入中原腹地，并繁衍生息，对王室及各诸侯国造成严重威胁。再多说一句，纵观中国历史乃至世界历史，但凡想引进野蛮人为自己服务的政权，无一例外不被野蛮人反噬，造成灭顶之灾。周景王将戎人威逼中原归罪于晋惠公，晋国人无话可说。

周景王最后呼吁："伯父考虑一下，我们对于伯父来说，犹如衣服有冠冕，树木有根，流水有源，百姓有主心骨。伯父如果撕毁冠冕，拔起树木，堵塞水源，专横地抛弃主心骨，那么戎狄哪里还会将我放在眼里？"

羊舌肸听了这番话便对韩起说："当年晋文公领袖群伦，也不能改变旧制，拥戴辅佐天子，而且要恭恭敬敬。自晋文公以来，德行一代不如一代，损害和轻视王室，让世人觉得专横霸道。诸侯有三心二意，不也是很正常的吗? 而且天子说得有道理,您好好考虑一下吧。"

韩起也认为羊舌肸说得对。正好周景王的姻亲有丧事——这种事情本来不值一提,没有诸侯会在意——晋国马上派赵成前往雒邑吊唁,赠送入殓的衣服,让出阎地有纠纷的土地,遣返在颍地抓到的俘虏。周景王也派大夫宾滑将甘地大夫逮捕送到晋国,晋国人对其以礼相待并放了他回去。

夏四月,陈灾。郑裨灶曰:"五年,陈将复封。封五十二年而遂亡。"子产问其故,对曰:"陈,水属也;火,水妃也,而楚所相也。今火出而火陈,逐楚而建陈也。妃以五成,故曰五年。岁五及鹑火,而后陈卒亡,楚克有之,天之道也,故曰五十二年。"

四月,楚国的陈县发生火灾。郑国第一算命先生裨灶预测:五年后陈国将重建,重建以后五十二年灭亡。子产问他为什么,裨灶回答:陈国属水(陈国乃颛顼之后,按照"五德始终"的理论,颛顼是水德),楚国属火(楚国的先祖祝融主管火烛事务,为火神),火与水匹配(按照后天八卦的理论,坎为水,为中女;离为火,为中男,正好搭配),现在大火心出现而陈国着火,这是要驱逐楚人而重建陈国。阴阳以五行来配对,所以说是五年。岁星五次经过鹑火,而后陈国最终灭亡,楚国终于占有它,这是上天之道,所以说是五十二年。

晋荀盈如齐逆女,还,六月,卒于戏阳。殡于绛,未葬。晋侯饮酒,乐。膳宰屠蒯趋入,请佐公使尊,许之。而遂酬以饮工,曰:"女为君耳,将司聪也。辰在子卯,谓之疾日。君彻宴乐,学人舍业,为疾故也。君之卿佐,是谓股肱。股肱或亏,何痛如之? 女弗闻而乐,是不聪也。"又饮外嬖嬖叔,曰:"女为君目,将司明也。服以旌礼,礼以行事,事有其物,物有其容。今君之容，非其物也，而女不见，是不明也。"亦自饮也，曰："味以行气，气以实志，志以定言，言以出令。臣实司味，二御失官，而君弗命，臣之罪也。"公说，彻酒。

初，公欲废知氏而立其外嬖，为是悛而止。秋八月，使荀跞佐下军以说焉。

晋国的荀盈前往齐国迎娶新娘，在回来的路上，六月，死于戏阳。尸体运回绛都，停棺接受吊唁，尚未下葬。荀盈作为晋国六卿之一，丧事理应受到重视。可是，就在这个哀悼时期，晋平公却在宫中举行酒宴，而且奏乐助兴。宫里的膳宰（庖人之长，也就是屠夫头子）屠蒯快步近前，请求帮助晋平公酌酒。晋平公同意了。屠蒯于是给乐师倒酒，说："你是国君的耳朵，职责是让它灵敏。甲子（商朝灭亡之日）、乙卯（夏朝灭亡之日），叫作忌日，国君撤掉音乐，学徒停止演练，是因为有所禁忌。国君之卿，叫作股肱，股肱有所折损，还有什么痛比得上？你没有听到这么重要的事，还在这里奏乐，那就是不聪敏了。"又给晋平公的宠臣嬖叔倒酒，说："你是国君的眼睛，职责是让它明亮。服饰是为了表明礼仪，礼仪用来推行事物，事物各有类别，不同类别有不同的外貌。现在国君的容貌，不像是国家有重臣去世，而你没看到，那就是眼不明了。"再给自己倒酒，说："美味使气血流通，气血用来充实意志，意志决定说出什么样的语言，语言用来发布命令。下臣的职责是调和味道，两个侍候国君的人严重失职，而国君没有下令给他们治罪，这是下臣的罪过。"

晋平公知道自己确实做得很过分，下令撤除酒宴。膳宰都明白的道理，晋平公难道不懂吗？当然不是。一直以来，晋平公对于国内那几大长期霸占卿位的家族就颇为不满，早就有废除知氏（即荀盈家族）而让嬖叔取而代之的想法。荀盈死了，他难免高兴；饮酒作乐，也是试探一下各大家族的反应，没想到被一介膳宰破了功：连膳宰都看不过眼，各大家族会怎么看待这件事呢？晋平公由此意识到，自己没法改变晋国的政局，只能改变自己的想法,于这一年八月封荀盈的儿子荀跞为下军副帅,算是给了自己一个台阶下。

孟僖子如齐殷聘,礼也。

殷聘就是隆重的访问。鲁国的仲孙貜前往齐国进行隆重的访问,这是合于礼的。

冬,筑郎囿,书,时也。季平子欲其速成也,叔孙昭子曰:"《诗》曰:'经始勿亟,庶民子来。'焉用速成?其以剿民也?无囿犹可,无民,其可乎?"

季平子即季孙意如。鲁襄公二十三年,季孙宿立幼子季纥为嗣子。季纥却无福消受,先其父而死。因此,前年季孙宿去世,继承"季孙"这个名号的是季纥之子意如。叔孙昭子即叔孙婼,再加上孟僖子(仲孙貜),构成了那个年代鲁国政坛的三驾马车。

九年冬天,鲁国在郎地修建园子。《春秋》加以记载,是因为合于时令。季孙意如想要快点完成,叔孙婼引用《诗经·大雅·灵台》的诗句:"经始勿亟,庶民子来。"表示不必急于求成。《灵台》是讲当年周文王营造用于游玩的灵台时,说"工程已经开始,不必急于求成",百姓却如同儿子为父亲干活一般踊跃而来,很快就修建完成了。现在鲁国修建郎囿,哪里用得着赶工使百姓受累呢?没有园子是可以的,失去了百姓的拥护可就不好办了。

鲁昭公十年

公元前 532 年,鲁昭公十年。

十年春王正月,有星出于婺女。郑裨灶言于子产曰:"七月戊子,晋君将死。今兹岁在颛顼之虚,姜氏、任氏实守其地。居其维首,而有妖星焉,告邑姜也。邑姜,晋之姚也。天以七纪。戊子,逢公以登,星斯于是乎出。吾是以讥之。"

十年正月,有一颗来历不明的客星出现在婺女宿。郑国的裨灶对子产说:"七月戊子日,晋侯将死。今年岁在颛顼之虚(即玄枵),姜氏、任氏世守玄枵分野,婺女宿正当玄枵之首,现在却有了来历不明的妖星,这就预示着邑姜的后人将有灾祸。邑姜是晋国的先姚,上天用七来记数,戊子是逢公的忌日,所以妖星在这个时候出来,我因此而知道晋侯的死期。"

邑姜是姜太公的女儿、晋国先祖唐叔虞的母亲。妖星出现在玄枵分野,本当祸害齐国,而婺女为已经出嫁的女儿,所以裨灶认为邑姜的后人,也就是晋国将承受灾祸。

齐惠栾、高氏皆耆酒,信内多怨,强于陈、鲍氏而恶之。

夏,有告陈桓子曰:"子旗、子良将攻陈、鲍。"亦告鲍氏。桓子授甲而如鲍氏,遭子良醉而骋,遂见文子,则亦授甲矣。使视二子,则皆从饮酒。

桓子曰:"彼虽不信,闻我授甲,则必逐我。及其饮酒也,先伐诸?"陈、鲍方睦,遂伐栾、高氏。子良曰:"先得公,陈、鲍焉往?"遂伐虎门。

晏平仲端委立于虎门之外,四族召之,无所往。其徒曰:"助陈、鲍乎?"曰:"何善焉?""助栾、高乎?"曰:"庸愈乎?""然则归乎?"曰:"君伐,焉归?"公召之而后入。公卜使王黑以灵姑銔率,吉,请断三尺焉而用之。

五月庚辰,战于稷,栾、高败,又败诸庄。国人追之,又败诸鹿门。栾施、高强来奔。陈、鲍分其室。

齐国"二惠"——栾施和高强都嗜酒,听信妇人之言,招致诸多怨恨,势力超过陈氏、鲍氏而且讨厌他们。

这一年夏天,有人告诉陈无宇:栾施和高强将要进攻陈氏、鲍氏。这个消息也被告诉了鲍氏的宗主鲍国(谥文)。陈无宇一面武装族兵,一面亲自去鲍氏家中商量对策。路上恰好遇到高强喝醉了,在那里撒酒疯。陈无宇躲了过去,一路疾驰到鲍家,见到鲍国的时候,鲍氏已经将衣甲分发下去,做好战斗准备了。再派人去打探栾施、高强的消息,却获悉他们两个都在准备喝酒,完全没有动武的迹象。按理说,这个时候陈无宇和鲍国应该偃旗息鼓,当作什么都没发生。可是陈无宇却说:"传言虽然不可信,他们知道我们分发衣甲,必定会流放我们。要不等到他们开始喝酒,我们就乘机进攻?"当时,陈氏和鲍氏关系密切,两人一拍即合,于是联合起来发动进攻。高强的脑洞也是够大,遭到陈、鲍二氏的突袭,第一个念头竟然是:"先把国君抓到自己手上,陈无宇和鲍国还能怎么样?"于是带兵闯入宫中,猛攻虎门(齐侯寝宫的南门)。

纷纷乱乱中,那个著名的小个子出现了。只见晏婴穿上整齐的朝服,站在虎门之外。他的手下问:"您这是打算帮助陈、鲍吗?"晏婴回答:"他们有什么好的?"手下说:"那就是打算帮助栾、高啰?"晏婴说:"难道他们比陈、鲍强吗?"手下又问:"既然这样,那咱们回去吧?"晏婴说:"国君遭到进攻,我怎么能够回去?"一直等到齐景公派人来宣召,他才进入寝宫。

　　齐景公命大夫王黑迎敌,将当年齐桓公用过的战旗"灵姑銔"授予他去带兵,并为此而占卜,得到一个"吉"。王黑请求将"灵姑銔"削去三尺,以示自己不敢用齐侯之旗。五月,双方在临淄的稷门和庄地开战,栾施和高强两战两败。临淄的军民展开追击,又在鹿门打败他们。栾、高二人逃奔鲁国,他们的家业则被陈、鲍二氏瓜分。

　　回想起来,鲁襄公二十八年齐国平定庆封之乱,栾、高、陈、鲍四氏联手起了关键作用。十多年后,他们却刀兵相向,拼了个你死我活。而半个世纪之后鲍氏也被陈氏干掉。看来,家族与家族之间,也没有永恒的朋友,有的只是永恒的利益啊!

　　晏子谓桓子:"必致诸公。让,德之主也,让之谓懿德。凡有血气,皆有争心,故利不可强,思义为愈。义,利之本也,蕴利生孽。姑使无蕴乎!可以滋长。"桓子尽致诸公,而请老于莒。

　　桓子召子山,私具幄幕、器用、从者之衣屦,而反棘焉。子商亦如之,而反其邑。子周亦如之,而与之夫于。反子城、子公、公孙捷,而皆益其禄。凡公子、公孙之无禄者,私分之邑。国之贫约孤寡者,私与之粟。曰:"《诗》云'陈锡载周',能施也,桓公是以霸。"公与桓子莒之旁邑,辞。穆孟姬为之请高唐,陈氏始大。

　　陈无宇分到了栾、高二氏的庞大家产,晏婴却劝他将这些财富都上交给公室,说:"礼让,是最主要的德行,将好处让给别人叫作美德。凡有血气者,都有争斗心,所以利益不可强取,多想想道义才能皆大欢喜。道义是利益之本,聚敛财富只会产生妖孽,姑且不要这么做吧!可以让它细水长流,慢慢生长。"聪明人一点即透,陈无宇正是聪明人,于是将瓜分到的财富尽数上交国库,并向齐景公请求在莒地退休养老。

鲁襄公三十一年，公孙虿铲除政敌，驱逐群公子。鲁昭公八年，栾施想要控制高氏家族，又将公子固等人驱逐出境。现在陈无宇拨乱反正，将他们都召回齐国，给子山私下准备了帷幕、生活用品、仆从的衣服鞋子，将棘地还给他；对子商也是这样，退还他的土地；对子周也是这样，给了他夫于之地。子公、子城、公孙捷三人都增加了俸禄。但凡公子、公孙没有收入的，他都将自己的土地私分给他们。城中贫困孤寡的人，都私下赠予粮食。陈无宇以周文王将受到的赏赐全部分给别人而建立周朝的故事勉励自己，又认为齐桓公就是因为大方而建立了霸业，因此从来不吝于施舍。齐景公将莒地旁边的城邑赏赐给他，他辞谢了。后来齐景公的母亲穆姜姬又为他请求高唐，从这个时候开始，陈氏一族在齐国便变得举足轻重了。

秋七月，平子伐莒，取郠，献俘，始用人于亳社。臧武仲在齐，闻之，曰："周公其不飨鲁祭乎！周公飨义，鲁无义。《诗》曰：'德音孔昭，视民不佻。'佻之谓甚矣，而壹用之，将谁福哉？"

七月，季孙意如讨伐莒国，攻取郠城，回来向宗庙进献俘虏，在亳社开始用活人祭祀。这当然是要严厉谴责的。先秦儒家，极其重视以人为本，所谓"始作俑者，其无后乎？"连用人形陶俑殉葬都被认为是断子绝孙的坏事，何况是用活人祭祀？臧孙纥在齐国听到这件事（臧孙纥于鲁襄公二十三年出逃齐国），说："周公恐怕是不会再享用鲁国的祭祀了吧！周公只享受义人的祭祀，鲁国已经没有道义可言了。"他引用《诗经·小雅·鹿鸣》之句："德音孔昭，视民不佻。"意思是先王的美德教化如此光大，天下万民都不敢有所轻浮。而今鲁国以人祭祀，可以说是相当轻浮于礼了，而且还是故意这么做，谁还会赐福给它呢？

戊子，晋平公卒。郑伯如晋，及河，晋人辞之。游吉遂如晋。九月，叔孙婼、齐国弱、宋华定、卫北宫喜、郑罕虎、许人、曹人、莒人、邾人、滕人、薛人、杞人、小邾人如晋,葬平公也。

又被裨灶说中,七月三日,晋平公去世了。郑简公得知凶讯,立即动身前往晋国吊唁,在黄河边上被晋国人辞谢。按照周礼,诸侯之间不相吊唁,郑简公用力过猛了。当然,这也许只是一种姿态:来不来是我的事,接不接受是你的事,反正我的孝心已经送到了。郑简公依依不舍地回了新郑,游吉则代表郑国继续前往绛都。九月,鲁国叔孙婼、齐国国弱、宋国华定、卫国北宫喜、郑国罕虎以及许、曹、莒、邾、滕、薛、杞、小邾各国大夫来到晋国,会葬晋平公。

郑子皮将以币行。子产曰:"丧焉用币? 用币必百两,百两必千人,千人至,将不行。不行,必尽用之。几千人而国不亡?"子皮固请以行。

既葬,诸侯之大夫欲因见新君。叔孙昭子曰:"非礼也。"弗听。叔向辞之,曰:"大夫之事毕矣。而又命孤,孤斩焉在衰绖之中。其以嘉服见,则丧礼未毕。其以丧服见,是重受吊也。大夫将若之何?"皆无辞以见。

子皮尽用其币,归,谓子羽曰:"非知之实难,将在行之。夫子知之矣,我则不足。《书》曰:'欲败度,纵败礼。'我之谓矣。夫子知度与礼矣,我实纵欲而不能自克也。"

郑国的罕虎带上财礼前往晋国,以作为觐见新君的礼物。子产说:"办丧事哪里用得着财礼? 用财礼一定要一百辆车,一百辆车就要一千个人。一千个人到了晋国,一时回不来。不回来,财礼就会用尽。这种事情搞几次的话,国家岂能不破产?"罕虎不听,坚持要带上财礼前往。

葬礼过后,各路诸侯的使臣想借此机会拜见晋国的新君晋昭公。叔孙婼以为非礼,但是大伙都不听。果然,晋昭公派羊舌肸婉言拒绝,说:

"大夫们的使命已经完成了，而又令孤相见。孤满怀悲痛地处于服丧期间，假如穿上吉服来见，则丧礼还没完成；假如穿着丧服来见，那就是再度接受吊唁了，大夫们打算怎么办？"大伙都哑口无言。

正如子产预料的，罕虎没有见到晋昭公，却把财礼都花光了。回来之后，便对公孙挥说："并非难于懂得道理，难在实践。他老人家是明白事理的，而我连道理都不懂。《书》说：'欲望败坏法度，放纵败坏礼节。'说的就是我这种人了。他老人家知道法度与礼节，我却放纵欲望而不能自我克制。"

罕虎的检讨很到位，然而一百车财礼的损失，只能由国家来负担。所以说，身为一把手，做什么事情都要谨慎，多听听长者、高人的意见，切不可任性而为。

昭子至自晋，大夫皆见。高强见而退。昭子语诸大夫曰："为人子不可不慎也哉！昔庆封亡，子尾多受邑而稍致诸君，君以为忠而甚宠之。将死，疾于公宫，辇而归，君亲推之。其子不能任，是以在此。忠为令德，其子弗能任，罪犹及之，难不慎也？丧夫人之力，弃德旷宗，以及其身，不亦害乎？《诗》曰：'不自我先，不自我后。'其是之谓乎！"

叔孙婼从晋国回来，鲁国的卿大夫们都来相见，从齐国逃亡而来的高强只见了一面就退出去。叔孙婼说："作为人家的儿子不可以不谨慎啊！当年庆封败亡，子尾（高强的父亲公孙虿）得到很多城邑，将其中一部分献给齐侯，齐侯认为他忠心，因此特别宠信他。临死的时候，在公宫中发病，乘坐辇车回家，齐侯亲自推车。他的儿子不能继承，所以来到这里。忠诚是美德，他的儿子不能继承，罪责尚且降临，怎么能够不谨慎呢？丧失了子尾的功劳，丢掉了他的美德，使得宗庙空置而无人祭祀，祸及其身，不也是祸害吗？《诗》说：'忧患不在我前面，也不在我后头。'说的就是这个吧！"

冬十二月,宋平公卒。初,元公恶寺人柳,欲杀之。及丧,柳炽炭于位,将至,则去之。比葬,又有宠。

十二月,宋平公去世。当初,宋平公的世子佐(即宋元公)讨厌寺人柳,想杀掉他。给宋平公办丧事的时候,寺人柳在宋元公守孝的位置烧炭,将地板烧得暖暖的。宋元公快到了,就赶紧将炭火撤掉。等到葬礼之后,寺人柳又得到了宋元公的宠信。

知冷知热,服务到家,而且做得不动声色,擦鞋于无形,正是古往今来形形色色的奴才获取主子欢心的不二法门。

鲁昭公十一年

公元前531年,鲁昭公十一年。

十一年春王二月,叔弓如宋,葬平公也。

十一年二月,鲁国大夫叔弓前往宋国参加宋平公的葬礼。

景王问于苌弘曰:"今兹诸侯何实吉?何实凶?"对曰:"蔡凶。此蔡侯般弑其君之岁也,岁在豕韦,弗过此矣。楚将有之,然壅也。岁及大梁,蔡复,楚凶,天之道也。"

楚子在申,召蔡灵侯。灵侯将往,蔡大夫曰:"王贪而无信,唯蔡于感,今币重而言甘,诱我也,不如无往。"蔡侯不可。三月丙申,楚子伏甲而飨蔡侯于申,醉而执之。夏四月丁巳,杀之,刑其士七十人。公子弃疾帅师围蔡。

韩宣子问于叔向曰:"楚其克乎?"对曰:"克哉!蔡侯获罪于其君,而不能其民,天将假手于楚以毙之,何故不克?然肸闻之,不信以幸,不可再也。楚王奉孙吴以讨于陈,曰:'将定而国。'陈人听命,而遂县之。今又诱蔡而杀其君,以围其国,虽幸而克,必受其咎,弗能久矣。桀克有缗,以丧其国,纣克东夷而陨其身。楚小位下,而亟暴于二王,能无咎乎?天之假助不善,非祚之也,厚其凶恶而降之罚也。且譬之如天其有五材,而将用之,力尽而敝之,是以无拯,不可没振。"

周景王问大夫苌弘,现今诸侯谁凶谁吉?

苌弘回答,蔡侯般将有凶事。

蔡侯般即蔡灵公,又写作蔡灵侯。鲁襄公三十年,蔡灵侯还是世子般,其父蔡景公与世子妃私通。世子般不堪其辱,弑父自立。那一年,岁在豕韦,也就是二十八宿中的室宿。十二年过去,岁星又在豕韦,蔡灵公逃不脱惩罚了。楚国将占有蔡国,却又难以消化。等到岁星转到大梁,蔡国将复国,楚灵王将有凶事(鲁昭公元年,楚灵王弑君自立,岁在大梁)。此乃天道,报应不爽。

楚灵王在申县召蔡灵公相见。蔡灵公将要前往,蔡国的大夫们劝道:"楚王贪婪而不讲信义,特别怨恨蔡国。现在他们的财礼厚重,语言甜美,这是在引诱我们,不如不去。"蔡灵公不听,执意要去。三月十五日,楚灵王在申县宴请蔡灵公,暗中埋伏甲士,等到他喝醉就逮捕了他。四月初七日,又将他杀掉,并杀害跟随他前来的士人七十名。与此同时,公子弃疾带兵包围了蔡国首都。

楚国的行动当然引起了晋国的关注。韩起问羊舌肸:"楚国能够成功吗?"羊舌肸回答:"能够。蔡侯获罪于他的君父,而又能得到百姓的拥护,上天将假借楚国之手来处死他,为什么不能成功? 不过我也听说,不讲信义而获利的事情,只有一次没有第二次。楚王带着公孙吴去讨伐陈国,说:'要来安定你们这个国家。'结果将陈国变成了楚国的县。现在又引诱蔡国而杀了他们的国君,围攻他们的首都,虽然侥幸成功,必定遭受天谴,不能长久。当年夏桀战胜有缗,却丧失了国家;商纣战胜东夷,却丢掉了性命。楚国比夏朝、商朝小,楚灵王比夏桀、商纣的地位低,但是屡次施暴甚于二王,能够不受惩罚吗? 上天假手于恶人,不是为了赐福于他,而是要加重他的罪恶好惩罚他。而且,如同上天有金、木、水、火、土五种材料而交给人加以使用,用完了也就丢弃了,楚王也没法拯救了,不可能再重振旗鼓了。"

五月,齐归薨。大蒐于比蒲,非礼也。

五月,鲁昭公的母亲齐归(姓归,谥齐)去世。国君的母亲去世,理应举国哀悼,鲁国却在比蒲举行大规模的阅兵,这当然是非礼的。由此可知,"三桓"已经完全不把国君放在眼里,甚至连一点表面上的尊重都不需要了。

孟僖子会邾庄公,盟于祲祥,修好,礼也。

仲孙貜会见邾庄公,在祲祥结盟,延修旧好,这是合于礼的。

泉丘人有女,梦以其帷幕孟氏之庙,遂奔僖子,其僚从之。盟于清丘之社,曰:"有子,无相弃也。"僖子使助薳氏之簿。反自祲祥,宿于薳氏,生懿子及南宫敬叔于泉丘人。其僚无子,使字敬叔。

泉丘地方有一个姑娘,梦见自己的帷幕覆盖了孟氏的宗庙,于是私奔到孟僖子那里,她的闺蜜也跟着去了……孟僖子来者不拒,欣然笑纳,三个人还在清丘的土地神庙发誓,说:"假如有了儿子,可不要始乱终弃。"孟僖子让她们住在薳氏,当了他的簉室(即侧室,小妾)。当他从裖祥回来,在薳氏小住几天,泉丘女人就怀孕了,生了仲孙何忌和南宫敬叔这对双胞胎。泉丘女人的闺蜜没有怀孕,就让南宫敬叔当了她的养子。说句题外话,这真是中国好闺蜜,绝不是什么塑料姐妹花。

楚师在蔡,晋荀吴谓韩宣子曰:"不能救陈,又不能救蔡,物以无亲,晋之不能,亦可知也已!为盟主而不恤亡国,将焉用之?"

秋,会于厥慭,谋救蔡也。郑子皮将行,子产曰:"行不远。不能救蔡也。蔡小而不顺,楚大而不德,天将弃蔡以壅楚,盈而罚之。蔡必亡矣,且丧君而能守者鲜矣。三年,王其有咎乎!美恶周必复,王恶周矣。"

晋人使狐父请蔡于楚,弗许。

楚军驻扎在蔡国,晋国的荀吴对韩起说:"我们不能救陈国,又不能救蔡国,诸侯们就不会来亲附了。天下人也就知道晋国无能了。身为盟主而不体恤被亡的国家,还要这个盟主做什么?"

确实,自从弭兵会盟以来,晋国和楚国同为盟主,双方没有发生正面冲突。近年来楚国却咄咄逼人,肆意扩张,晋国再不出手的话,局面就不可控制了。于是这一年秋天,晋国韩起、齐国国弱、宋国华亥、鲁国季孙意如、卫国北宫陀、郑国罕虎以及曹国、杞国的大夫在厥慭相会,商量营救蔡国的事。

罕虎将要出发的时候,子产对他说:"走不远的,不能挽救蔡国。蔡国小而不顺服,楚国大而不仁义,上天将要抛弃蔡国来使楚国膨胀,等到楚国恶贯满盈再惩罚它。蔡国必定会灭亡的。而且,丧失了国君而能够坚守国家的很少。不过三年,楚王也将大难临头吧!善也罢,恶也罢,岁星运行一周必有报应,楚王的罪恶也快到报应的时候了。"

子产说对了,晋国召集诸侯谋救蔡国,最终想出的办法却是派大夫狐父去和楚国交涉,请求楚国放过蔡国。这真是与虎谋皮,理所当然地遭到了拒绝。

单子会韩宣子于戚,视下,言徐。叔向曰:"单子其将死乎!朝有著定,会有表,衣有襘,带有结。会朝之言必闻于表著之位,所以昭事序也。视不过结、襘之中,所以道容貌也。言以命之,容貌以明之,失则有阙。今单子为王官伯,而命事于会,视不登带,言不过步,貌不道容,而言不昭矣。不道,不共;不昭,不从。无守气矣。"

王室卿士单成公在戚地与韩起会面。这位老先生大概是奉天子之命到厥憖来给诸侯们站台的吧,可是没等他赶到,大伙已经散了,所以只能在戚地会见回国途中的韩起。两个人交谈的时候,单成公眼睛看着地上,说话慢慢吞吞。羊舌肸在一旁看到,私下对人说:"单子快要死了吧!朝见或会见,各人都有规定的位置;衣襟交叉和衣带纽结,也各有分寸。朝见和会见时说话,必须让在座者都能听到,这样才能表达清晰,条理分明;目光不落在衣襟交叉和衣带纽结之外,这是为了端正仪表容貌。用语言来发布命令,用仪容来表明心志,做得不好就会产生错误。现在单子身为天子的百官之首而在诸侯盟会上宣告王命,目光不高于衣带,说话在一步之外都听不清,神情不能端正仪容,语言就更不知所谓了。不端正,别人就不恭敬;不明白,别人就不服从,他已经不能保守精气了。"

九月,葬齐归,公不戚。晋士之送葬者,归以语史赵。史赵曰:"必为鲁郊。"侍者曰:"何故?"曰:"归,姓也,不思亲,祖不归也。"

叔向曰:"鲁公室其卑乎?君有大丧,国不废蒐。有三年之丧,而无一日之慼。国不恤丧,不忌君也。君无慼容,不顾亲也。国不忌君,君不顾亲,能无卑乎? 殆其失国。"

九月,鲁国为齐归举行葬礼,鲁昭公表现得不悲伤。晋国派去送葬的士人回来将情况告诉史赵,史赵说:"鲁侯必定会寄居于郊野。"手下人问:"何出此言?"史赵说:"他是归氏所生,母亲去世却不难过,祖先不保佑他。"

羊舌肸说:"鲁国的公室地位怕是要下降了吧! 国君有这么大的丧事,却不停止阅兵;要守三年之丧,却没有一天的悲哀。国民不为丧事而悲哀,这是对国君没有敬畏;国君没有悲伤,这是不顾念亲情。国民不敬畏国君,国君不顾念亲情,地位能不下降吗? 恐怕会丧失他的国家。"

冬十一月,楚子灭蔡,用隐大子于冈山。申无宇曰:"不祥。五牲不相为用,况用诸侯乎? 王必悔之。"

十一月,楚灵王消灭蔡国,在冈山杀了蔡灵公的世子有用于祭祀。申无宇以为不祥。古人用牛、羊、猪、鸡、狗五种牲口祭祀,各有各的用途,不能搞乱。用人来祭祀已经是匪夷所思,用诸侯祭祀就更不敢想象。楚灵王这样做,一定会后悔的。

十二月,单成公卒。

十二月,单成公如约而亡。

楚子城陈、蔡、不羹。使弃疾为蔡公。王问于申无宇曰:"弃疾在蔡何如?"对曰:"择子莫如父,择臣莫如君。郑庄公城栎而置子元焉,使昭公不立。齐桓公城谷而置管仲焉，至于今赖之。臣闻五大不在边，五细不在庭。亲不在外，羁不在内，今弃疾在外，郑丹在内。君其少戒。"王曰："国有大城，何如？"对曰："郑京、栎实杀曼伯，宋萧、亳实杀子游，齐渠丘实杀无知，卫蒲、戚实出献公，若由是观之，则害于国。末大必折，尾大不掉，君所知也。"

楚灵王在陈县、蔡县和不羹筑城，命公子弃疾为蔡县县公，又问申无宇，弃疾在蔡县怎么样？申无宇回答："选择儿子没有比父亲更合适的，选择臣下没有比国君更合适的。当年郑庄公修建栎城，将公子突安置在那里，使得郑昭公不能安安稳稳地当国君；齐桓公修建小谷城给管仲居住，到现在齐国还得到利益。臣听说五种大人物不应该安置在边境，五种小人物不应该安置在朝廷。近亲不在外，客臣不在内。而今弃疾在外，郑丹（即郑国的子革，于鲁襄公十九年逃奔楚国，官居右尹）在内，国君还是要稍加戒备！"

申无宇所言，绝非夸大其词。公子弃疾身为王弟，地位尊贵，功勋卓著，一直是楚灵王身边最具威胁的人物。如果将蔡县这么重要的地区交给他管理，山高皇帝远，又与中原诸侯相近，正好培植自己的势力，对于楚灵王来说绝非好事。可是楚灵王偏偏在这件事情上犯了傻，满不在乎地说："楚国有的是大城，怎么样？"意思是区区一个蔡县，不足以发动叛乱。就算是叛乱，也危及不了楚国本土。

申无宇便以史实说话："郑国的京城、栎城，就是造成郑昭公败亡的原因；宋国的萧地、亳地，就是造成公子游败亡的原因；齐国的葵丘，就是造成公孙无知败亡的原因；卫国的蒲地、戚地，就是造成卫献公流亡的原因。"申无宇所列举的例子，前面均有记载，在此不赘。需要说明的是，原文中的"实杀"，字面上可以理解为"实际杀死"，但是未免机械。比如郑昭公之死，乃是高渠弥所为，但是正因为公子突割据栎城，构成威胁，郑昭公的政权才一直不稳固，高渠弥才胆大妄为。城不能杀人，城被敌人占据才是真正的危险。由此来看，封弃疾为蔡公，对国家是不利的。

　　"末大必折、尾大不掉的道理，想必大王也是知道的吧。"申无宇把话说得如此透彻，楚灵王却无动于衷。如前所述，他有残暴的一面，也有宽厚的一面，甚至还有天真的一面。

鲁昭公十二年

公元前530年，鲁昭公十二年。

十二年春，齐高偃纳北燕伯款于唐，因其众也。

　　北燕伯款就是燕简公。鲁昭公三年，燕简公流亡齐国。十二年春天，齐国大夫高偃带兵护送燕简公回到燕国的唐地，那是因为唐地的百姓欢迎他。

　　三月，郑简公卒，将为葬除。及游氏之庙，将毁焉。子大叔使其除徒执用以立，而无庸毁，曰："子产过女，而问何故不毁，乃曰：'不忍庙也！诺，将毁矣！'"既如是，子产乃使辟之。司墓之室有当道者，毁之，则朝而塴；弗毁，则日中而塴。子大叔请毁之，曰："无若诸侯之宾何！"子产曰："诸侯之宾能来会吾丧，岂惮日中？无损于宾，而民不害，何故不为？"遂弗毁，日中而葬。

　　君子谓子产于是乎知礼。礼，无毁人以自成也。

三月,在位长达三十六年的郑简公去世了。为了让他的灵车通过,必须拆掉新郑城中的一些建筑,其中游氏的宗庙,要全部拆除。

这可不是闹着玩的,游氏的宗主游吉为此很苦恼,他可不想背上一个宗庙失守的千古骂名,但是又知道个人利益要服从国家利益,这件事情绝对不能讨价还价。为了给郑简公的灵车让道,游氏宗庙必须拆,而且要自己主动拆。于是游吉命令族人拿着工具站在宗庙外边,摆出一副要拆的样子,但就是不动手,说:"等下子产过来,问你们为什么不动手,你们就说:'不忍心毁掉宗庙啊……是,马上就拆了。'"

后来子产过来视察,听到游家的人这样说,就让绕个弯避开游氏宗庙。

司墓(国家公墓管理员)的房子,也有挡住道路的。如果拆掉,郑简公早上就可以下葬;如果不拆,则郑简公的灵车还要绕行更远,只能中午下葬。游吉这个时候就不太厚道了,请求将它们拆掉,说:"不拆,把各国的来宾怎么办?"意思是,让各国的来宾等太久,恐怕不好。子产说:"各国的宾客能够不远千里来参加葬礼,难道会怕等到中午?对宾客没有损害,对百姓也没有伤害,何乐而不为?"于是不拆,等到中午才下葬。

君子以此认为子产是知礼的。所谓的礼,就是不损害别人的利益而成全自己的事。单从这件事看,后人称子产为"春秋第一人",是没错的。"无毁人以自成"这句话,值得每一位大权在握的人细细品味。

夏,宋华定来聘,通嗣君也。享之,为赋《蓼萧》,弗知,又不答赋。昭子曰:"必亡。宴语之不怀,宠光之不宣,令德之不知,同福之不受,将何以在?"

夏季,宋国大夫华定访问鲁国,是为新君宋元公表示通好之意。鲁国设宴招待华定,席间为他赋《诗经·小雅》中的《蓼萧》:

"蓼彼萧斯,零露湑兮。既见君子,我心写兮。燕笑语兮,是以有誉处兮。蓼彼萧斯,零露瀼瀼。既见君子,为龙为光。其德不爽,寿考不忘。蓼彼萧斯,零露泥泥。既见君子,孔燕岂弟。宜兄宜弟,令德寿岂。蓼彼萧斯,零露浓浓。既见君子,鞗革忡忡。和鸾雍雍,万福攸同。"

这是一首诸侯在宴会上歌颂天子的诗歌,鲁国人借此表达对来使的感激之情。华定却不知所云,也不赋诗作答。叔孙婼说:"此人必定会流亡。宴会上的笑语(燕笑语兮)他不思念,宠信的荣耀(为龙为光)他不宣扬,美好的品德(令德寿岂)他不知道,共同的福禄(万福攸同)他不接受,他将如何终享其位?"

齐侯、卫侯、郑伯如晋,朝嗣君也。公如晋,至河,乃复。取郠之役,莒人诉于晋,晋有平公之丧,未之治也,故辞公。公子慭遂如晋。

齐景公、卫灵公以及郑国的新君郑定公前往晋国朝见刚刚即位的晋昭公。鲁昭公也去了,但是在黄河边上被劝回。那是因为两年前,季孙意如讨伐莒国,攻取郠城,莒国人向晋国投诉,适逢晋平公去世,晋国无暇处理,但是又厌恶鲁国总是添乱,所以拒绝鲁昭公入境。鲁国只好派大夫公子慭为代表前往晋国。

晋侯享诸侯,子产相郑伯,辞于享,请免丧而后听命。晋人许之,礼也。

晋昭公设享礼招待诸侯,子产辅佐郑定公,辞谢享礼,请求等郑国为郑简公服丧期满后再听取命令。晋国人答应了,这是合于礼的。

晋侯以齐侯宴,中行穆子相。投壶,晋侯先,穆子曰:"有酒如淮,有肉如坻。寡君中此,为诸侯师。"中之。齐侯举矢,曰:"有酒如渑,有肉如陵。寡人中此,与君代兴。"亦中之。伯瑕谓穆子曰:"子失辞。吾固师诸侯矣,壶何为焉,其以中俊也? 齐君弱吾君,归弗来矣!"穆子曰:"吾军帅强御,卒、乘竞劝,今犹古也,齐将何事?"公孙傁趋进曰:"日旰君勤,可以出矣!"以齐侯出。

晋昭公和齐景公宴饮,荀吴为相礼大臣。席间以箭投壶为乐,晋昭公先投,荀吴祝祷说:"有酒如淮水,有肉如高丘。寡君投中,领袖诸侯。"果然投中。齐景公举起箭,说:"有酒如渑池,有肉如山陵,寡人投中,代君兴盛。"也投中了。士匄对荀吴说:"您说得不恰当。我们本来就是诸侯的领袖了,壶有什么用,投中了又有什么了不起? 齐侯看不起我们国君,回去以后就不会再来了。"荀吴说:"我们的军队统帅强而有力,步兵和战车奋勇争先,现在就像从前一样,齐国能够怎么样?"

士匄说得对,一个国家真正强大而有自信的时候,是不会在一些细枝末节的事情上处处争强好胜的。晋国历来就是霸主,跟晋昭公投不投中没有任何关系。荀吴这样说,反倒是暴露了内心的不自信。而齐景公作为客人,听到这样的话必然不舒服,所以针锋相对,毕竟齐国也是大国,他也不是吓大的。好好的一场宴会,气氛由此变得紧张。齐国大夫公孙傁快步走进来,说:"天色已晚,国君疲劳,可以出去了。"陪着齐景公出去。

楚子谓成虎,若敖之余也,遂杀之。或谮成虎于楚子,成虎知之,而不能行。书曰"楚杀其大夫成虎"。怀宠也。

成虎是成得臣的孙子。楚灵王认为成虎是若敖一族的余孽,于是杀了他。这当然是欲加之罪,何患无辞。楚庄王年间,斗椒作乱,若敖一族确实犯下了叛国之罪。可那已经是多年前的事,而且楚庄王顾念令尹子文的功勋,当时就网开一面,没有将若敖氏一网打尽。现在楚灵王找的这个借口,实在是不怎么高明。事实上是早有人在楚灵王面前说成虎的坏话,成虎也知道,但是不能果断离开以躲避灾祸。《春秋》记载"楚杀其大夫成虎"是说成虎留恋国君的宠信而不知道避祸。

六月,葬郑简公。

六月,郑国安葬郑简公。

晋荀吴伪会齐师者,假道于鲜虞,遂入昔阳。秋八月壬午,灭肥,以肥子绵皋归。

鲜虞是白狄的一支。肥也是狄人建立的国家。晋国的荀吴装作与齐军会师,向鲜虞人借道,顺势攻取昔阳。八月十日,灭亡肥国,将肥子绵皋俘虏回国。

鲜虞人不学历史,不知道有假道伐虢这回事⋯⋯

周原伯绞虐,其舆臣使曹逃。冬十月壬申朔,原舆人逐绞,而立公子跪寻,绞奔郊。

王室大夫原伯绞为人暴虐,他的手下人成群结队逃跑。十月初一日,原地人驱逐原伯绞而立他的弟弟公子跪寻,原伯绞逃奔郊地。

甘简公无子,立其弟过。过将去成、景之族,成、景之族赂刘献公。丙申,杀甘悼公,而立成公之孙鳍。丁酉,杀献大子之傅庾皮之子过,杀瑕辛于市,及宫嬖绰、王孙没、刘州鸠、阴忌、老阳子。

王室卿士甘简公没有儿子,立他的弟弟过为继承人,是为甘悼公。

甘悼公想赶走成、景之族（其先祖甘成公、甘景公的后代）。成、景之族贿赂另一位卿士刘献公。十月二十五日，杀死甘悼公，立甘成公的孙子鰌为宗主，即甘平公。二十六日，杀死"献大子"的老师庾皮的儿子庾过，在雒邑的街市上杀瑕辛，又杀了宫嬖绰、王孙没、刘州鸠、阴忌、老阳子。

"献大子"是谁？史上没有定论。杜预以为是刘献公的世子，逻辑上说不过去。总之庙小妖风大，池浅王八多，在王畿那么小的一块地盘上，为了些许蝇头小利，竟然掀起了腥风血雨，究竟是图个啥呢？

季平子立，而不礼于南蒯。南蒯谓子仲："吾出季氏，而归其室于公。子更其位。我以费为公臣。"子仲许之。南蒯语叔仲穆子，且告之故。

季悼子之卒也，叔孙昭子以再命为卿。及平子伐莒克之，更受三命。叔仲子欲构二家，谓平子曰："三命逾父兄，非礼也。"平子曰："然。"故使昭子。昭子曰："叔孙氏有家祸，杀适立庶，故婼也及此。若因祸以毙之，则闻命矣。若不废君命，则固有著矣。"昭子朝，而命吏曰："婼将与季氏讼，书辞无颇。"季孙惧，而归罪于叔仲子。故叔仲小、南蒯、公子慭谋季氏。慭告公，而遂从公如晋。南蒯惧不克，以费叛如齐。子仲还，及卫，闻乱，逃介而先。及郊，闻费叛，遂奔齐。

　　南蒯是南遗的儿子，季氏的家臣，季氏封邑费地的行政长官。季孙意如继承家业后，对南蒯无礼。南蒯对公子慭（字子仲）说："我赶走季氏，将他的家产献给公室，您取代他为卿，我当公室的费宰。"公子慭答应了。南蒯又把这件事告诉了叔仲小（叔仲带之子，谥穆），而且告诉他自己为什么要背叛季氏。

　　前面说过，季孙意如的父亲季纥（谥悼）天不假年，先于其父季孙宿而死。季纥去世的时候，叔孙婼被鲁昭公以二命册封为卿。鲁昭公十年，季孙意如等人带兵讨伐莒国获胜，叔孙婼改受三命。叔仲小想离间季孙意如与叔孙婼，对季孙意如说："三命超过了父兄，这是不合礼的。"季孙意如说："是这样的。"于是派人要求叔孙婼主动辞谢，不接受三命的待遇。叔孙婼当然不干，说："叔孙氏家有灾祸，杀嫡立庶，所以我才有今天。如果是因为这件事来问罪，那我听到了。如果不废除国君的命令，那我本来就应该有那样的地位。"

叔孙婼气不过，上朝的时候命令官吏："我将与季氏打官司，写诉讼状的时候不要偏颇。"叔孙婼强硬起来，季孙意如倒是害怕了，将责任推到叔仲小身上。叔仲小就更害怕了，他为了自保，干脆与南蒯、公子慭联合起来谋害季孙意如。公子慭将这件事告诉了鲁昭公，然后就跟随鲁昭公前往晋国朝见晋昭公——这是夏天发生的事。鲁昭公当然是支持公子慭的。如果能够搞掉季孙意如，将季氏的家产充公，他又何乐而不为？君臣二人前往晋国，大概是想获得晋国的支持吧。但是没想到，鲁昭公在黄河边上被劝退了，公子慭只能孤身前往晋国。对于南蒯来说，这可不是一个好消息。他害怕公子慭不能成事（这种担心绝非多余），转而独自行动，以费邑为见面礼，叛逃齐国。公孙慭从晋国返回，经过卫国的时候，听到国内动乱的消息，丢下副使先行回国。抵达曲阜郊外，听说费邑已经叛变，于是又逃奔齐国。

南蒯之将叛也，其乡人或知之，过之而叹，且言曰："恤恤乎，湫乎，攸乎！深思而浅谋，迩身而远志，家臣而君图，有人矣哉！"南蒯枚筮之，遇《坤》☷之《比》☵，曰："黄裳元吉。"以为大吉也，示子服惠伯，曰："即欲有事，何如？"惠伯曰："吾尝学此矣，忠信之事则可，不然必败。外强内温，忠也。和以率贞，信也。故曰'黄裳元吉'。黄，中之色也。裳，下之饰也。元，善之长也。中不忠，不得其色。下不共，不得其饰。事不善，不得其极。外内倡和为忠，率事以信为共，供养三德为善，非此三者弗当。且夫《易》，不可以占险，将何事也？且可饰乎？中美能黄，上美为元，下美则裳，参成可筮。犹有阙也，筮虽吉，未也。"

将适费，饮乡人酒。乡人或歌之曰："我有圃，生之杞乎！从我者子乎，去我者鄙乎，倍其邻者耻乎！已乎已乎，非吾党之士乎！"

　　南蒯将要叛乱的时候，家乡有人知道了，经过他的家门时就叹息，而且说："忧愁啊，忧啊，愁啊！处心积虑却缺少计谋，身在季氏却心在外头，身为家臣却为国君图谋，世上竟然有这样的人啊！"南蒯听到了，大概是心烦意乱吧，于是"枚筮之"，也就是用周易算卦却不算具体的事，得到一个"遇坤之比"。

　　《坤》卦☷☷的上卦、下卦均为《坤》；《比》卦☵☷的上卦为《坎》，下卦为《坤》。《坤》卦变为《比》卦，是九五爻（从下往上数第五）发生了变化，其爻辞为："黄裳元吉。"从字面上看，这是一个大吉的预兆。南蒯拿着这个结果去请教孟椒："假如要办一件大事，会怎么样？"孟椒说："我也曾经学过易，你如果要办忠信之事，那就可以；不然的话，必败无疑。"孟椒为什么这么说？且听他解释——

　　外表坚强而内心温顺，叫作忠（从卦象上看，《比》卦上为坎，代表艰险、坚强；下为《坤》，代表温和、平顺。上卦又叫作外卦，下卦又叫作内卦）；以平和的心态来行占筮之事，叫作信（坎为水，坤为土，水土相合，谓之平和），所以说"黄裳元吉"。黄是中间的颜色（古人以五行配五色，土居中央，为黄色），裳是下身的服饰，元是善的开始。内心不忠，不能匹配黄色；处下不恭，不能说是下裳；事情不善，不能适用元的含义。内外和谐就是忠，办事守信就是恭，崇尚黄、裳、元三种美德就是善，没有这三种美德就当不起这个卦象。

　　"《易》不能用来预测冒险的事，你到底是想干什么？而且你能不能在下位而谨守恭敬呢？中间美为黄，上头美为元，下面美为裳，三美皆备才可以占筮。如果有所缺失，占筮虽吉，也不可信。"孟椒这样告诫南蒯。

　　南蒯将要去费地，请乡里人饮酒。有人唱道："我有菜地，却生长了枸杞啊！跟从我的人是君子啊,不跟从我的人不是东西啊,背叛邻居的人实在是可耻啊！罢了,罢了,他压根不是我们一伙的！"

　　但是对于南蒯来说,所有的这些明示暗示都没用了。叛逃之事已经是箭在弦上,不得不发了。

平子欲使昭子逐叔仲小。小闻之,不敢朝。昭子命吏谓小待政于朝,曰:"吾不为怨府。"

　　　　事情发展到这个地步,季孙意如也知道自己上了叔仲小的当。他恨叔仲小,但是又不让大伙知道事情的内幕,因为那是一件丢人的事,于是唆使叔孙婼去驱逐叔仲小。叔仲小得知消息,不敢上朝。叔孙婼命令官吏去叫叔仲小在朝堂上待命,说:"我可不充当招人恨的角色。"

　　　　说穿了,谁都不是傻子,可偏偏有人自作聪明,把别人都当傻子。

楚子狩于州来,次于颍尾,使荡侯、潘子、司马督、嚚尹午、陵尹喜帅师围徐以惧吴。楚子次于乾溪,以为之援。雨雪,王皮冠,秦复陶,翠被,豹舄,执鞭以出,仆析父从。右尹子革夕,王见之,去冠、被,舍鞭,与之语,曰:"昔我先王熊绎,与吕伋、王孙牟、燮父、禽父,并事康王,四国皆有分,我独无有。今吾使人于周,求鼎以为分,王其与我乎?"对曰:"与君王哉！昔我先王熊绎,辟在荆山,筚路蓝缕,以处草莽,跋涉山林,以事天子,唯是桃弧、棘矢以共御王事。齐,王舅也。晋及鲁、卫,王母弟也。楚是以无分,而彼皆有。今周与四国服事君王,将唯命是从,岂其爱鼎?"王曰:"昔我皇祖伯父昆吾,旧许是宅。今郑人贪赖其田,而不我与。我若求之,其与我乎?"对曰:"与君王哉！周不爱鼎,郑敢爱田?"王曰:"昔诸侯远我而畏晋,今我大城陈、蔡、不羹,赋皆千乘,子与有劳焉。诸侯其畏我乎?"对曰:"畏君王哉！是四国者,专足畏也,又加之以楚,敢不畏君王

哉!"工尹路请曰:"君王命剥圭以为铖柲,敢请命。"王入视之。析父谓子革:"吾子,楚国之望也! 今与王言如响,国其若之何?"子革曰:"摩厉以须,王出,吾刃将斩矣。"王出,复语。左史倚相趋过。王曰:"是良史也,子善视之。是能读《三坟》《五典》《八索》《九丘》。"对曰:"臣尝问焉。昔穆王欲肆其心,周行天下,将皆必有车辙马迹焉。祭公谋父作《祈招》之诗以止王心,王是以获没于祗宫。臣问其诗而不知也。若问远焉,其焉能知之?"王曰:"子能乎?"对曰:"能。其诗曰:'祈招之愔愔,式昭德音。思我王度,式如玉,式如金。形民之力,而无醉饱之心。'"王揖而入,馈不食,寝不寐,数日,不能自克,以及于难。

仲尼曰:"古也有志:'克己复礼,仁也。'信善哉! 楚灵王若能如是,岂其辱于乾溪?"

楚灵王到州来狩猎,暂住在颍尾,派荡侯、潘子、司马督、嚣尹午、陵尹喜五位大夫带兵围攻徐国。徐国是吴国的属国,围徐之意,在于震慑吴国。楚灵王则屯兵乾溪,作为五大夫的后援。时值冬季,雨雪纷飞,楚灵王头戴皮帽,身穿秦国赠送的羽衣,披着翠羽披肩,脚蹬豹皮鞋,手里拿着皮鞭走出来,太仆析父跟随着他。右尹郑丹(字子革)晚上请求晋见,楚灵王见到他,脱掉帽子、披风和他聊天,说:"从前我先王熊绎与吕伋(姜太公之子丁公)、王孙牟(卫康叔之子康伯)、燮父(晋唐叔之子)、禽父(即周公旦之子伯禽)一起侍奉周康王,他们四国都分到了珍贵的礼器,唯独我国没有。现在我派人去京师,请求将九鼎分给我们,天子会同意吗?"

楚灵王将熊绎和齐、鲁、晋、卫四侯并论,显然是妄自尊大了。周朝初年,王室大封诸侯,以齐、鲁、晋、卫、宋、燕六国最为重要。熊绎拿着桃木弓箭侍奉天子,扮演的不过是一个远道而来的山里巫师的角色,勉强被授予子爵已经偷笑了,岂能跟那些大国享受同等待遇? 而九鼎象征着王室统治天下的权力,当年楚庄王问九鼎的轻重都被驳回,王室岂能答应授人?对此,郑丹回答:"当然会给大王啊!从前我们的先王熊绎居住在偏远的荆山,筚路蓝缕开辟草莽,跋山涉水去侍奉天子,拿着桃木弓箭尽忠王事。齐侯吕伋,是周成王的舅舅;晋国、鲁国、卫国的先祖,都是天子胞弟,所以他们都有颁赏,唯独楚国没有得到。现在是周朝与四国都服侍大王了,将唯命是从,难道还会舍不得九鼎?"

楚灵王又说:"从前我的皇祖伯父昆吾居住在旧许,而今郑国人贪恋旧许的土地而不给楚国。我如果去要,他们会给吗?"

据《史记》记载,祝融的儿子陆终生了六个儿子,老大叫昆吾,老幺叫季连。楚国是季连的后裔,所以楚灵王称昆吾为"皇祖伯父"。昆吾居住的地方,即原来的许国,所以又称为旧许。多年前许国为郑国所逼,迁入楚国,旧许已经成为郑国的领土。楚灵王以昆吾的名义向郑国要求交还旧许,就好比现在有一个人拿着族谱要求政府给他一片土地,理由是"两千年前我的爷爷的爷爷的爷爷……的哥哥就住在这座山上"。而且,楚灵王跟郑丹说这个事也不合适,因为郑丹是郑国人,虽然现在已经在楚国做官,在这种事关郑国利益的大事上恐怕也很难表态吧!可是郑丹却说:"他们当然会给您啊!王室不爱惜九鼎,郑国岂敢爱惜土地?"

楚灵王如果聪明一点,应该听出郑丹话里有话,可他偏偏不是个聪明人,又得意扬扬地问道:"从前诸侯以为楚国遥远而敬畏晋国,现在我在陈、蔡、不羹修筑了大大的城池,每个地方都能提供战车千乘,您是有功劳的,诸侯应该都害怕我了吧?"

郑丹说:"当然怕!光是这四座城池(不羹有二,分别为东不羹和西不羹),已经足够让人害怕了,再加上楚国本土的兵力,谁敢不害怕您呢?"

这时候工尹路请求说:"大王命令破开圭玉来装饰斧柄,请下指示。"楚灵王于是进去察看。析父乘机对郑丹说:"您在楚国也是很有名望的人了,今天和大王说话就像是他的回声,他说什么你都说没问题,有没有考虑过国家怎么办?"郑丹说:"我刚刚磨好刀,等大王出来,我的刀刃就

郊丹以詩諫

砍下去了。"

楚灵王出来,谈兴未尽,又和郑丹说话。正好左史倚相快步经过,楚灵王便指着他说:"这是个好史官,你要好好看待他!他能够读懂《三坟》《五典》《八索》《九丘》。"

《三坟》《五典》《八索》《九丘》是什么?史上有多种说法。有人以为《三坟》《五典》即三皇五帝之书,有人以为《八索》即为八卦之书,有人以为《九丘》即天下九州的方物志,总之都是上古时期的资料,而且没有只字片语流传于世。所以,各种解释都只能是推测。

郑丹接过楚灵王的话题,说:"下臣曾经问过他,从前周穆王想要放飞自我,周游天下,让各地都有他的车马去过的痕迹。祭公谋父作了《祈招》之诗来约束他的私欲,周穆王因此得以善终于祗宫。下臣问他这首诗,他都不知道。如果问更古老的事,他岂能知道?"

楚灵王大概感觉到不太舒服——此人刚刚还像个应声虫啊,怎么突然就不会说话了?本能地反问:"那你知道吗?"

郑丹说:"知道。这首诗是这么说的,祈招安详和顺,展现有德之音。想起我王的法度,如玉又如金。爱惜百姓的力量,自己没有醉饱之心。"

楚灵王再颟顸,也听得出郑丹这是在批评自己穷奢极欲、不惜民力了。他竟然没有生气,向郑丹作揖,走进去,端上来的食物不吃,躺下来又睡不着,一连几日都是这样,魂不守舍,不能自制,直到遇上祸事。

孔子就此评论:"古人说,克己复礼就是仁,真是说得好啊!楚灵王如果能够这样,岂会有乾溪之辱?"克己,就是克制自己的私欲;复礼,就是做事情不违背原则。楚灵王最大的问题就是好大喜功,有太多不切实际的幻想。身为一国之君,尤其是大国之君,最重要的不是争当天下第一,而是要忍住争当天下第一的欲望,将心思放到国计民生这些"小事"上来。这样的道理,楚灵王不懂。

晋伐鲜虞,因肥之役也。

晋国人故技重施,消灭肥国回来,顺势进攻鲜虞。

鲁昭公十三年

公元前 529 年,鲁昭公十三年。

十三年春,叔弓围费,弗克,败焉。平子怒,令见费人执之,以为因俘。冶区夫曰:"非也。若见费人,寒者衣之,饥者食之,为之令主,而共其乏困。费来如归,南氏亡矣,民将叛之,谁与居邑?若惮之以威,惧之以怒,民疾而叛,为之聚也。若诸侯皆然,费人无归,不亲南氏,将焉入矣?"平子从之,费人叛南氏。

> 十三年春,鲁国派叔弓围攻费邑,不能攻克,反被击败。季孙意如大怒,命令部队只要见到费地人就抓起来作为囚犯。冶区夫说:"不是这样搞的。如果见到费地人,挨冻的就给他衣服,挨饿的就给他食物,当他们的好主人,供应他们所缺乏的东西。费地人来了,如同回家,那么南氏就完蛋了。老百姓将要背叛他们,谁还愿意跟着他们坚守城池?如果用威严来使他们害怕,用愤怒来使他们畏惧,等于为南氏聚众。如果诸侯也都这样,费地人无所归依,他们不亲附南氏,又能够去哪儿?"季孙意如听从了冶区夫的建议,费地人果然背叛了南蒯。

楚子之为令尹也,杀大司马薳掩而取其室。及即位,夺薳居田;迁许而质许围。蔡洧有宠于王,王之灭蔡也,其父死焉,王使与于守而行。申之会,越大夫戮焉。王夺斗韦龟中犫,又夺成然邑而使为郊尹。蔓成然故事蔡公,故薳氏之族及薳居、许围、蔡洧、蔓成然,皆王所不礼也。因群丧职之族,启越大夫常寿过作乱,围固城,克息舟,城而居之。

接下来算算楚灵王的账,看看他这些年来积聚了多少怨恨——

鲁襄公三十年,时任令尹的楚灵王杀死大司马薳掩,侵吞了他的家产。即位为君后,又侵夺大夫薳居的土地。薳氏家族恨之入骨。

许国原本寄居叶县,楚灵王将其迁至城父,并扣押许国大夫许围为人质。

蔡国人蔡洧受到楚灵王宠爱,蔡国灭亡的时候,蔡洧的父亲却被楚军杀死。去年楚灵王巡狩州来,又命蔡洧居守郢都。

鲁昭公四年在申地会盟,楚灵王侮辱了越国大夫常寿过。

斗韦龟是令尹子文的后人,其子成然,字子旗,受封于蔓,又称蔓成然。楚灵王也不管人家根正苗红,从斗韦龟手里抢走了中犫;又没收了成然的封地,封他当了个不入流的"郊尹",也就是郢都郊区的地方官。因为这些事,斗韦龟便要成然投靠蔡公,也就是公子弃疾。

所以,薳氏一族和许围、蔡洧、蔓成然,都是楚灵王没有以礼相待的人,他们联合起来,联络那些被楚成王削职夺爵的人,唆使越国大夫常寿过作乱,围攻固城,占领息舟,在那里筑城而居。

观起之死也,其子从在蔡,事朝吴,曰:"今不封蔡,蔡不封矣。我请试之。"以蔡公之命召子干、子晳,及郊,而告之情,强与之盟,入袭蔡。蔡公将食,见之而逃。观从使子干食,坎,用牲,加书,而速行。已徇于蔡,曰:"蔡公召二子,将纳之,与之盟而遣之矣,将师而从之。"蔡人聚,将执之。辞曰:"失贼成军,而杀余,何益?"乃释之。朝吴曰:"二三子若能死亡,则如违之,以待所济。若求安定,则如与之,以济所欲。且违上,何适而可?"众曰:"与之。"乃奉蔡公,召二子而盟于邓,依陈、蔡人以国。楚公子比、公子黑肱、公子弃疾、蔓成然、蔡朝吴帅陈、蔡、不羹、许、叶之师,因四族之徒,以入楚。及郊,陈、蔡欲为名,故请为武军。蔡公知之,曰:"欲速。且役病矣,请藩而已。"乃藩为军。蔡公使须务牟与史猈先入,因正仆人杀大子禄及公子罢敌。公子比为王,公子黑肱为令尹,次于鱼陂。公子弃疾为司马,先除王宫。使观从从师于乾溪,而遂告之,且曰:"先归复所,后者劓。"师及訾梁而溃。

　　一位无权无势的小人物,在扳倒楚灵王的运动中起了关键作用。他叫观从,字子玉,是观起的儿子。观起是个庶人,在楚康王年间受到令尹公子追舒的宠信,"未益禄,而有马数十乘",遭人忌恨。鲁襄公二十二年,楚康王诛杀公子追舒,观起被处以车裂之刑。观从逃到蔡国,侍奉大夫朝吴。听到楚国发生动乱的消息,观从便对朝吴说:"如果现在不重建蔡国,那就再也没有机会了,请让我试试。"

　　朝吴答应了。

　　就像庖丁解牛一样,办大事一定要找准切入点。观从找到的切入点是楚灵王的弟弟公子比(字子干)和公子黑肱(字子晳)。鲁昭公元年,楚灵王弑君自立,时任右尹的公子比出逃晋国,时任宫厩尹的公子黑肱出逃郑国。现在,观从以蔡公弃疾的名义,写信请他们到蔡县共商大事。这两位公子深信不疑,来到蔡县郊外,迎接他们的不是兄弟弃疾而是观从。观从把事情的真相告诉他们,强迫他们跟自己结盟,然后带他们进城发动突然袭击。

　　弃疾正准备吃饭,突然看到公子比和公子黑肱带着一群人冲进来,马上明白这不是兄弟相会而是发生了政变,二话不说,拔腿就跑。他跑得比兔子还快,大大超出观从的想象。在观从的计划中,公子比和公子黑肱是切入点,关键的棋子却是公子弃疾。在楚国,只有弃疾才有能力号召大家推翻楚灵王的暴政,但是弃疾过于沉稳,缺乏振臂一呼的勇气。

而且，楚灵王待弃疾不薄，他似乎也没有反叛的理由。观从将公子比和公子黑肱找回来，就是为了要他们说服弃疾。没想到弃疾根本没给他们说话的机会就跑了。观从急中生智，要公子比坐到蔡公的位置上，将弃疾的食物吃掉；又派人在院子里挖坑，杀了牲口放到坑里，再伪造一份盟书放在牲口上，掩埋起来，摆出一副蔡公和他们结盟的样子。做完这些，就让公子比和公子黑肱赶紧离开。

观从跑到大街上，到处跟人说："蔡公请两位公子来，将要送他们回到楚国，已经和他们结盟并送他们走了，蔡公将带着部队跟随他们。"蔡县人也够意思，聚集起来听观从演讲，听明白是怎么回事就打算抓住观从去见官——他们只想做楚国的顺民，才不想去惹这么大的麻烦。观从一看架势不对，阻止他们说："现在贼人（指公子比和公子黑肱）已经跑了，蔡公也整顿军队将要出发，就算你们杀了我，又有什么用处？"大伙一听，事情已经没法挽救，蔡县注定要被卷入这场内斗之中，确实没有必要杀掉观从，就放了他。朝吴趁机给大伙洗脑："诸位如果能够为楚王送命逃亡，那就可以违抗蔡公的命令，坐观成败。如果是为了求个平安，那就应该追随蔡公，满足他的愿望。而且，你们违抗上级的命令，势必遭人唾弃，还能够去哪儿？"

朝吴的祖父公子朝曾任蔡国太师，父亲公孙归生也是举足轻重的人物，朝氏家族在蔡地相当有名望。听到朝吴这么说，大伙都嚷嚷起来："我们支持蔡公！"弃疾不知躲在什么地方，听到这惊天动地的欢呼声，或者是自己主动走出去，或者是被人找出来——总之，他得到了蔡县人拥护，将公子比和公子黑肱召回来，在邓地正儿八经地结了盟，以复国为许诺来发动陈县人和蔡县人。于是，公子比、公子黑肱、弃疾、蔓成然、朝吴带领陈、蔡、不羹、许、叶五地的军队，依靠遠氏、许围、蔡洧、斗氏四族之众，浩浩荡荡地杀向郢都。

到了郢都郊外，陈县人和蔡县人想堂堂正正地打出复国旗号，请求修筑壁垒，树起两国旗帜。这也可以理解，名不正则言不顺，言不顺则事不成，谁知道楚国人会不会说话不算数，仅仅是拿他们当枪使呢？营垒筑起来，旗号打出来，楚国人不便反悔，陈人和蔡人心里也就踏实了。问题是，两国军旗一竖，意味着这两个国家打到了郢都，楚国人就有意见了，不但郢都的守军会斗志昂扬，叛军中的楚军也会军心不稳。公子弃疾知道这件事，对他们说："兵贵神速，而且役夫们已经很疲劳了，筑个篱笆就行了！"于是筑起篱笆，算是给陈、蔡两国扎了营，解决了内部矛盾。

弃疾说得也没错，造反这种事，速度最重要。他派须务牟与史猈先行进入郢都，在正仆人（太子的侍从长）的帮助下，杀死楚灵王的太子禄和公子罢敌。兄弟三人按长幼排序，公子比当了楚王，公子黑肱当了令尹，驻扎在鱼陂；公子弃疾则当了司马，入城之后，先清扫王宫，除旧布新，控制首都的局面。派观从到乾溪和楚灵王的部队接触，告诉他们郢都已经易主，而且说："先回来的官复原职，后面的人处以劓刑。"

楚灵王知道大事不妙，带着部队往回赶，走到訾梁就全军溃散了。

王闻群公子之死也，自投于车下，曰："人之爱其子也，亦如余乎？"侍者曰："甚焉。小人老而无子，知挤于沟壑矣。"王曰："余杀人子多矣，能无及此乎？"右尹子革曰："请待于郊，以听国人。"王曰："众怒不可犯也。"曰："若入于大都，而乞师于诸侯。"王曰："皆叛矣。"曰："若亡于诸侯，以听大国之图君也。"王曰："大福不再，只取辱焉。"然丹乃归于楚。王沿夏，将欲入鄢。芋尹无宇之子申亥曰："吾父再奸王命，王弗诛，惠孰大焉？君不可忍，惠不可弃，吾其从王。"乃求王，遇诸棘围以归。夏五月癸亥，王缢于芋尹申亥氏。申亥以其二女殉而葬之。

这个时候，楚灵王已经得知自己的儿子们都被杀死了，巨大的悲伤使得他从车上摔下来，说："别人爱儿子，也会像我这样吗？"侍从说："有过之无不及。小人年老了却没有儿子，知道总有一天会被人推到山沟里去的。"意思是，死后无人埋葬，只会被人扔到山沟里。对于中国人来说，死无葬身之地可以说是最悲伤的事了。楚灵王幡然醒悟："我杀人家的儿子也够多了，能够避免今天这个下场吗？"

右尹子革建议楚灵王："请您回到郢都郊外，等待国人选择吧。"言下之意，不到最后一刻，还不知道胜负，说不定国人会拥护您呢。楚灵王倒是清醒了，说："众怒不可犯。"意思是，你别蒙我了，我得罪了那么多人，谁会拥护我啊！子革说："那就找个大城去投靠，再向诸侯请求支援。"楚灵王说："大城都叛变了。"子革说："那就逃到别的国家去，听从有实力的国家来为您拿主意。"楚灵王说："大势已去，徒取其辱。"子革便不再说话，他给楚灵王提的三个建议，只不过是聊尽为臣之义，并非真的为楚灵王着想。楚灵王既然都不听，他也就心安理得地离开楚灵王，自己跑回郢都投靠新主去了。

楚灵王失魂落魄，沿着汉水（别名夏水）南下，想进入鄢地。芋尹无宇的儿子申亥说："家父两次触犯王命，大王都没有杀他，还有比这更大的恩惠吗？对君王不可狠心，恩惠不能忘记，我去跟随他吧！"芋尹无宇两次得罪楚灵王，一次是楚灵王当令尹的时候盗用王旗去打猎，被无宇斩断飘带；另一次是无宇的家仆逃到章华宫，无宇据理力争，硬是把人给带走。楚灵王却没有给无宇任何惩罚，可以说是相当宽容。事实上，楚灵王对很多人颇为大度，对正确的意见也基本上能听进去，这是他的优点。

申亥出发去找楚灵王，在棘门找到了，将他带回来。《国语》记载此事，插入了一个戏剧性的情节：楚灵王一个人在山野间逃亡，走了三天三夜，又饿又乏，遇到涓人畴（宫中内侍，其名为畴）。楚灵王告诉他："我已经三天没吃东西了。"可是涓人畴也没有食物，只能让楚灵王将头枕在自己的大腿上休息。等到楚灵王醒来，却发现涓人畴已经不在了，头下枕着的是一块石头。所谓众叛亲离，大概就是这样吧。楚灵王饿得奄奄一息，匍匐前进，最终遇到了申亥。五月二十五日，楚灵王在申亥家上吊自杀。申亥用自己的两个女儿为楚灵王殉葬。

申亥为了报答楚灵王对其父的不杀之恩，收留了他并为他送终也就罢了,搭上两个女儿的性命究竟是为哪般?难道是为了搭上一门显赫的阴亲,自抬身价吗?

　　观从谓子干曰:"不杀弃疾,虽得国,犹受祸也。"子干曰:"余不忍也。"子玉曰:"人将忍子,吾不忍俟也。"乃行。国每夜骇曰:"王入矣!"乙卯夜,弃疾使周走而呼曰:"王至矣!"国人大惊。使蔓成然走告子干、子皙曰:"王至矣! 国人杀君司马,将来矣! 君若早自图也,可以无辱。众怒如水火焉,不可为谋。"又有呼而走至者曰:"众至矣!"二子皆自杀。丙辰,弃疾即位,名曰熊居。葬子干于訾,实訾敖。杀囚,衣之王服而流诸汉,乃取而葬之,以靖国人。使子旗为令尹。

　　　　楚灵王下台了,轮到公子比、公子黑肱、公子弃疾三兄弟争权夺位,自相残杀。权力的游戏自有其规则,狗血的剧情早已经写好。表面上看,公子比已经当上楚王,胜者非他莫属。但是,无论从实力还是名望来看,公子弃疾都远胜于他。观从明确告诉公子比:"如果不杀掉弃疾,就算得到了国家,也还是会遭受灾祸。"建议他先下手为强。公子比却是个优柔寡断的人,说:"我不忍心啊!"观从说:"人家会对您忍心的,我不忍心看下去。"于是就离开了。

　　　　观从说得对,公子弃疾已经对两位兄长动了杀心。当时楚灵王生死未卜,郢都人因为害怕他杀回来而惴惴不安。每天夜里都有人咋呼:"大王回来啦!"引发骚乱。弃疾巧妙地利用了这种惶恐的心理。十七日夜,他派人在城内到处游走呼喊:"大王回来啦!"整个郢都都骚动起来,全城惊恐不已。弃疾又派蔓成然跑去告诉公子比和公子黑肱:"大王回来了,国人杀了司马(指弃疾),马上就要杀过来了。您如果早点自己打主意,可以不受侮辱。众怒势如水火,已经没有办法平息了。"接着又有人在外面奔走相告:"好多人杀过来啦!"公子比和公子黑肱吓得魂飞魄散,双双自杀。说句题外话,两位仁兄就这点胆量,当初又何必回来蹚这浑水?

第二天,弃疾就即位为君,是为楚平王。他给自己改了个名字,叫作熊居。楚平王将公子比安葬在訾地,称为訾敖。同时为了安定民心,又杀了一个囚犯,给他穿上楚灵王的衣服,让尸体顺着汉水漂下,再捞起来安葬。操控人心是统治者必修的技能,楚平王已经深谙此道,手到擒来。

蔓成然被封为令尹。

楚师还自徐,吴人败诸豫章,获其五帅。

楚国国内发生巨变,自然影响到在外出征的军队。楚军从徐国撤回,在豫章遭到吴军袭击,惨败。荡侯、潘子、司马督、嚣尹午、陵尹喜五大夫被吴国人俘虏。

平王封陈、蔡,复迁邑,致群赂,施舍、宽民,宥罪、举职。召观从,王曰:"唯尔所欲。"对曰:"臣之先,佐开卜。"乃使为卜尹。使枝如子躬聘于郑,且致犨、栎之田。事毕弗致。郑人请曰:"闻诸道路,将命寡君以犨、栎,敢请命。"对曰:"臣未闻命。"既复,王问犨、栎。降服而对,曰:"臣过失命,未之致也。"王执其手,曰:"子毋勤。姑归,不穀有事,其告子也。"

楚平王即位之后兑现承诺,允许陈、蔡复国,让迁出去的人回到故土,赏赐有功之臣,向国民施舍钱粮,放宽各项政策,赦免有罪之人,选任贤才担任官吏。通过种种措施,迅速安定了人心,稳定了局势。

当然,还有一个人是楚平王一直惦记的,那就是观从。

楚平王将观从召来,不但不算旧账,反而提出:你想做什么官,我都答应你。观从的回答很委婉:"臣的先祖曾经担任卜师的助手。"楚平王于是封观从为卜尹。

楚平王一改楚灵王时代蛮横无理的作风,还派大夫枝如(复姓)子躬出使郑国,归还楚国强占的犨、栎两地。枝如子躬领命而去,到了郑国却没有执行楚平王的命令。郑国人问他："有传闻说大王要归还寡君犨、栎两地，请问有这么回事吗？"枝如子躬很干脆地回答："我没听到这样的命令。"回到郢都，楚平王问他事情办得怎么样了，枝如子躬把帽子取下来，脱掉上衣，说："下臣有罪，违抗了大王的命令，没把这两个地方交给郑国。"楚平王拉着他的手说："您不要这样说，暂且回去休息吧！下次不穀有重要的事情，再告诉您。"

枝如子躬使命未达，当受处罚；然而犨、栎两地均为楚国北部重镇，不该拱手让人，子躬爱国之心可嘉！楚平王让他回家去歇着，实际上是赞扬子躬会办事——天下人都知道楚平王要将土地还给郑国，这份心意已经到了；至于事实上没有还，那是枝如子躬的责任。主子画饼，下属背锅，这样的下属，谁不喜欢？再有大事，还叫他去办！

他年，芋尹申亥以王枢告，乃改葬之。

数年后，芋尹申亥才向楚平王报告楚灵王的灵枢所在，于是将其改葬。

初，灵王卜，曰："余尚得天下。"不吉，投龟，诟天而呼曰："是区区者而不余畀，余必自取之。"民患王之无厌也，故从乱如归。

初，共王无冢适，有宠子五人，无適立焉。乃大有事于群望，而祈曰："请神择于五人者，使主社稷。"乃遍以璧见于群望，曰："当璧而拜者，神所立也，谁敢违之？"既，乃与巴姬密埋璧于大室之庭，使五人齐，而长入拜。康王跨之，灵王肘加焉，子干、子晳皆远之。平王弱，抱而入，再拜，皆厌纽。斗韦龟属成然焉，且曰："弃礼违命，楚其危哉！"

当初，楚灵王占卜，说："我应该可以得到天下吧！"结果却是不吉。

于是将占卜用的龟甲扔到地上,指天大骂:"区区天下都不给我,那我就自己来拿了!"说句实话,这位老先生还是蛮有性格的。但是,国君太有性格,国民往往遭殃。楚国的老百姓都害怕楚灵王的贪得无厌,所以"从乱如归",参加叛乱如同回到自己家里——这是楚灵王败亡的主要原因。

再向前追溯,当年楚共王没有嫡子,庶子中有五人受到宠爱,不知道立谁为继承人。楚共王遍祭楚国境内的名山大川,祈祷说:"请神从这五子中选择一个来主持社稷。"于是将玉璧展示给山川之神,说:"正对着玉璧下拜的,就是神明所立,谁敢不答应?"祭祀完毕,楚共王与宠姬巴姬亲自动手,将玉璧埋在宗庙的院子里,然后叫公子们斋戒,按照长幼顺序进来拜祭。结果楚康王两脚跨在了玉璧上,楚灵王的胳膊放在了玉璧上,公子比和公子黑肱都离得很远。只有楚平王当时还小,被人抱进来,两次下拜都正好压在玉璧上。"当璧"之名,由此而得。因此,楚灵王即位后,斗韦龟便要自己的儿子蔓成然追随楚平王,且说,抛弃礼仪,违抗天命,楚国危险了!

子干归,韩宣子问于叔向曰:"子干其济乎?"对曰:"难。"宣子曰:"同恶相求,如市贾焉,何难?"对曰:"无与同好,谁与同恶? 取国有五难:有宠而无人,一也;有人而无主,二也;有主而无谋,三也;有谋而无民,四也;有民而无德,五也。子干在晋十三年矣,晋、楚之从,不闻达者,可谓无人。族尽亲叛,可谓无主。无衅而动,可谓无谋。为羁终世,可谓无民。亡无爱征,可谓无德。王虐而不忌,楚君子干,涉五难以弑旧君,谁能济之? 有楚国者,其弃疾乎! 君陈、蔡,城外属焉。苛慝不作,盗贼伏隐,私欲不违,民无怨心。先神命之。国民信之,芈姓有乱,必季实立,楚之常也。获神,一也;有民,二也;令德,三也;宠贵,四也;居常,五也。有五利以去五难,谁能害之? 子干之官,则右尹也。数其贵宠,则庶子也。以神所命,则又远之。其贵亡矣,其宠弃矣,民无怀焉,国无与焉,将何以立?"宣子曰:"齐桓、晋文,不亦是乎?"对曰:"齐桓,卫姬之子也,有宠于僖。有鲍叔牙、宾须无、隰朋以为辅佐,有莒、卫以为外主,有国、高以为内主。从善如流,下善齐肃,不藏贿,不从欲,施舍不倦,求善不厌,是以有国,不亦宜乎?我先君文公,狐季姬之子也,有宠于献。好学而不贰,生十七年,有士五人。有先大夫子余、子犯以为腹心,有魏犫、贾佗以为股肱,有齐、宋、秦、楚以为外主,有栾、郤、狐、先以为内主。亡十九年,守志弥笃。惠、怀弃民,民从而与之。献无异亲,民无异望,天方相晋,将何以代文?此二君者,异于子干。共有宠子,国有奥主。无施于民,无援于外,去晋而不送,归楚而不逆,何以冀国?"

再来说说公子比。此君已经坐上王位,却被人活活吓死,他的失败又是出于什么原因呢?

且说公子比受观从引诱,从晋国前往蔡县的时候,韩起问了羊舌肸一个问题:"你认为子干能够成功吗?"羊舌肸只回答了一个字:"难。"韩起不解:"同恶相求,如同商人追逐利益,怎么会难呢?"意思是楚灵王得罪的人太多,大伙为了反抗他而团结在一起,怎么可能不成功?羊舌肸说:"没有同好,哪来的同恶?"意思是虽然大伙都讨厌楚灵王,但讨厌楚灵王不代表喜欢公子比。换句话说,如果理想信念不相同,就算是有共同的敌人,也不可能真正地团结在一起。

羊舌肸分析:若想争夺一个国家的政权,有五种情况将导致很难实现。第一种是身份显贵而无贤人相助,第二种是有贤人相助而无强势的内应,第三种是有内应而无谋略,第四种是有谋略而不得民心,第五种是有民心而无美好的品德。公子比来到晋国已经有十三年,跟随他的那些人,无论是楚国的还是晋国的,没有一个知名人士,这是无贤人相助;楚国的亲族都背叛了他,这是没有内应;楚国没有明显的机会,就匆匆回国,这是无谋;出国十三年,人们早就将他忘得差不多了,这是没有民心;

被迫逃亡在外，却没有人同情他，这说明他人品实在不怎么样。相比之下，楚灵王虽然暴虐，但还是颇有容人之心，并非忌刻之徒。楚国以公子比为君，上述五种情况都存在，而想杀死楚灵王，有谁能够让他成功？

羊舌肸还分析：最终获得楚国的，必定是公子弃疾，因为弃疾君临陈、蔡，方城山外都属于他，治下没有发生邪恶之事，盗贼不敢出来作乱，虽有私欲而不违背原则，老百姓对他没有怨言，而且神明授命，国民信赖。从楚国的历史看，王室有乱，必定是幼者胜出，这是常事。弃疾一则有神助，二则有民心，三则有美德，四则受到先王宠爱，五则符合幼者胜出的常例。以此五利对比公子比的五种不利，谁能够阻碍他？再说公子比原来的官职不过是右尹，论其地位不过是庶子，按照神明所示，则又远离玉璧。他的尊贵已经不存在了，他受的宠信丢失了。老百姓不依恋他，国人不帮助他，拿什么当国君？

韩起反驳："当年齐桓公、晋文公不也是那样吗？"

羊舌肸说："齐桓公是卫姬的儿子，受到齐僖公的宠爱，有鲍叔牙、宾须无、隰朋辅佐，有莒国、卫国作为后盾，还有国、高二氏为内应。他本人从善如流，行为庄重，不贪财，不纵欲，好善乐施，所以能够当上国君，不是理所当然的吗？先君晋文公是狐姬之子，受宠于晋献公，自幼好学不倦，十七岁的时候身边就有名士五人。流亡在外的时候，有狐偃、赵衰为心腹，有魏犨、贾佗为手足，有齐、宋、秦、楚等大国为后盾，还有栾枝、郤谷、狐突、先轸为内应。流亡了十九年，坚守自己的志愿更加专一。晋惠公、晋怀公抛弃百姓，大家都去追随晋文公。晋献公也没有留下其他的公子，老百姓也没有其他的希望。老天要让晋国兴盛，不选择他又选择谁呢？子干跟这两位没法相比。楚共王有更加宠爱的儿子（即弃疾），国内还有深藏不露的君主（还是指弃疾），子干对百姓没有施舍，在外没有援助，离开晋国无人相送，回到楚国也没人迎接，凭什么希望得到楚国？"

晋成虒祁，诸侯朝而归者皆有贰心。为取郓故，晋将以诸侯来讨。叔向曰："诸侯不可以不示威。"乃并征会,告于吴。秋,晋侯会吴子于良。水道不可,吴子辞,乃还。

晋国的虒祁宫建成,诸侯纷纷朝贺,回来之后就都产生了二心。为什么? 他们从虒祁宫的奢靡看到了晋国衰落的迹象。晋国要想挽回诸侯的心,必须有所行动,于是旧事重提,追究鲁国攻取莒国郓城的责任,准备动员诸侯讨伐鲁国。羊舌肸以为,对于诸侯不可以不示威,也就是要秀肌肉,让诸侯都畏惧晋国。于是广发英雄帖,要求诸侯都来参加这次行动,而且告诉了吴国。秋天,晋昭公不远千里,前往良地(在今天的江苏境内)会晤吴王馀昧。对于晋国来说,吴国是唯一能够牵制楚国的盟友。为了讨好吴国,晋昭公劳累一点也是心甘情愿的。但是,晋国人再一次热脸贴上冷屁股,馀昧以水路不通为由,推辞了这次会面。兴致勃勃的晋昭公只得半路返回。

七月丙寅,治兵于邾南,甲车四千乘,羊舌鲋摄司马,遂合诸侯于平丘。子产、子大叔相郑伯以会。子产以幄、幕九张行。子大叔以四十,既而悔之,每舍,损焉。及会,亦如之。

七月二十九日,联军在邾国南部接受检阅,共计甲车四千乘。这架势,怕是要把鲁国灭了。羊舌肸的弟弟羊舌鲋代理行军司马。晋昭公于是在平丘会合诸侯,郑国的子产和游吉陪同郑定公参加会议。子产带了帷幕各九张出发,游吉则各带了四十张。游吉不久就后悔,在路上每住一次,就减少一些,到达会见的地方,也只剩下九张了。

帷幕是私人物品,带得越多,排场越大。在某些外交场合,讲讲排场也是应该的,毕竟世人嫌贫爱富,个人的脸面也代表了国家的脸面。可是,子产对这次诸侯大会持审慎态度,所以低调出席。游吉一开始没有领悟到子产的意思,等到他醒悟过来,便赶紧改正,也可以说是相当精明了。从后来发生的事情看，子产还真是有先见之明。

次于卫地，叔鲋求货于卫，淫刍荛者。卫人使屠伯馈叔向羹与一箧锦，曰："诸侯事晋，未敢携贰，况卫在君之宇下，而敢有异志？刍荛者异于他日，敢请之。"叔向受羹反锦，曰："晋有羊舌鲋者，渎货无厌，亦将及矣。为此役也，子若以君命赐之，其已。"客从之，未退而禁之。

        联军在卫国境内驻扎，羊舌鲋向卫国索取财物，放任士兵乱砍滥伐，收集柴草。卫国也不知道该拜哪尊神，只能派大夫屠伯给羊舌肸送去一碗肉羹和一箱子锦缎，说："诸侯侍奉晋国，不敢三心二意。何况卫国在晋国的屋檐下，岂敢有别的想法？现在贵军派出来的砍柴人和过去不太一样，斗胆请您关注一下。"

        羊舌肸一听就知道是怎么回事，收下肉羹，退还锦缎，说："晋国有个叫羊舌鲋的人，贪得无厌，也快受到惩罚了。这次的事情，您如果以卫侯的名义将这箱锦缎赏赐给他，问题就解决了。"屠伯听从建议，带着锦缎前去拜访羊舌鲋。人还没退出来，禁止乱砍滥伐的命令就已经下达了。这还真是拿钱办事，一点也不含糊！

        这件事情也说明，晋国已经乱了。有羊舌鲋这样的人当行军司马，岂能不对诸侯上下其手？游吉如果带四十张帷幕前去，摆出一副阔绰子弟的架势，羊舌鲋又岂能不盯上他，大打秋风？

晋人将寻盟，齐人不可。晋侯使叔向告刘献公曰："抑齐人不盟，若之何？"对曰："盟以厎信。君苟有信，诸侯不贰，何患焉？告之以文辞，董之以武师，虽齐不许，君庸多矣。天子之老请帅王赋，'元戎十乘，以先启行'，迟速唯君。"叔向告于齐，曰："诸侯求盟，已在此矣。今君弗利，寡君以为请。"对曰："诸侯讨贰，则有寻盟。若皆用命，何盟之寻？"叔向曰：

"国家之败，有事而无业，事则不经；有业而无礼，经则不序；有礼而无威，序则不共；有威而不昭，共则不明。不明弃共，百事不终，所由倾覆也。是故明王之制，使诸侯岁聘以志业，间朝以讲礼，再朝而会以示威，再会而盟以显昭明。志业于好，讲礼于等。示威于众，昭明于神。自古以来，未之或失也。存亡之道，恒由是兴。晋礼主盟，惧有不治。奉承齐牺，而布诸君，求终事也。君曰'余必废之'，何齐之有？唯君图之，寡君闻命矣！"齐人惧，对曰："小国言之，大国制之，敢不听从？既闻命矣，敬共以往，迟速唯君。"叔向曰："诸侯有间矣，不可以不示众。"八月辛未，治兵，建而不旆。壬申，复旆之。诸侯畏之。

据《春秋》记载，当时聚集到平丘的有晋、宋、鲁、卫、郑、曹、邾、滕、薛、杞、小邾十一国诸侯，王室也派卿士刘献公到会表示支持。会盟的目的，是重温过去的誓言，巩固中原国家的团结。然而，齐国认为没有必要，所以齐景公没有参加。去年齐景公到晋国祝贺晋昭公即位，对晋国那一套处处逞强的做派就表示了不满；现在不来参加会盟，更是将这种不满公之于众。晋昭公感到很难堪，派羊舌肸对刘献公说："齐国不来会盟，怎么办？"言下之意，当然是想刘献公以王室的名义来协调这件事。刘献公说："结盟是为了表达信任，君侯如果有信义，诸侯不三心二意，有什么好担心的？用文辞告知他，用武力督促他，就算齐国不同意，君侯也有话说。天子的卿士请求带领王军，'大车十乘，在前开路'。随时听候君侯调遣。"

刘献公明确表示支持，羊舌肸就跑到齐国去交涉："诸侯请求结盟，都已经在那里了。可现在君侯却不来参加，寡君特此请求。"齐国人回答："诸侯讨伐有二心的人，那就要重温旧盟。如果都能够出力效劳，又哪里用得着？"羊舌肸说："国家之所以衰败，是因为有大事要办，却没有贡赋作为支撑，所以事情不能有始有终，正常推行；有贡赋而无礼节，就算正常也会失去上下秩序；有礼节而无威严，虽有秩序也不能恭敬；有威严而不能宣扬，就算恭敬也不能昭告神明；不能昭告神明也就失去了恭敬，百事没有结果，国家因此而倾覆。所以圣明的先王确立制度，让诸侯每年聘问以记住自己的职责，三年一次朝见以讲习礼仪，六年一次会面以宣示威严，十二年一次结盟以对神明表明心迹。在友好交往中牢记职责，用等级次序来讲习礼仪，向百姓表现威严，向神明显示信义。自古以来，从来没有丢弃过这些做法。天下兴亡之道，由此而产生。晋国按照旧礼来主持会盟，唯恐办得不好，准备好祭祀的牺牲，展现于君侯之前，以求善始善终。君侯却说，'我一定要废除'。哪里还用得着结盟？请君侯三思。寡君已经听到命令了。"羊舌肸义正词严，齐国人难免害怕，回答道："小国说话，大国定夺，岂敢不听从？已经听到命令了，我们会恭敬地前往，随时听从君侯的命令。"

话虽如此，羊舌肸却很明白，诸侯与晋国之间已经有了裂痕。为了修复这种关系，不能不向诸侯示威。于是八月四日检阅部队，建立旌旗而不加飘带。到了五日，又加上飘带，这就意味着要打仗了。诸侯们看到这副架势，内心产生了恐惧。四千乘兵车，毕竟不是闹着玩的。

邾人、莒人诉于晋曰："鲁朝夕伐我，几亡矣。我之不共，鲁故之以。"晋侯不见公，使叔向来辞曰："诸侯将以甲戌盟，寡君知不得事君矣，请君无勤。"子服惠伯对曰："君信蛮夷之诉，以绝兄弟之国，弃周公之后，亦唯君。寡君闻命矣。"叔向曰："寡君有甲车四千乘在，虽以无道行之，必可畏也，况其率道，其何敌之有？牛虽瘠，偾于豚上，其畏不死？南蒯、子仲之忧，其庸可弃乎？若奉晋之众，用诸侯之师，因邾、莒、杞、鄫之怒，以讨鲁罪，间其二忧，何求而弗克？"鲁人惧，听命。

晋国出动四千乘兵车，发动天下诸侯来相会，目的是巩固霸主地位，手段却是问责鲁国。在这种背景下，邾国人、莒国人站出来投诉："鲁国不时攻打我国,几乎要灭亡我国。我们不能按职进贡,都是因为鲁国的缘故。"明眼人一看就知道是晋国人早就安排好的戏码。晋昭公以此为由,拒不接见鲁昭公,派羊舌肸前去推辞说:"诸侯将于初七盟誓,寡君知道不能侍奉君侯了,就不劳君侯大驾了。"鲁国派孟椒回应,一开始态度还相当强硬:"君侯听信蛮夷的控诉,断绝兄弟之情,抛弃周公的后代,那也只能听您的了。寡君听到命令了。"羊舌肸说:"寡君带来了甲车四千乘,就算是不按道义办事,也是相当可怕了。何况是按照道义,试问谁能抵挡?牛虽然瘦弱,扑在小猪身上,小猪难道就不怕死?南蒯和公子憖的麻烦,难道你们就忘记了吗?如果以晋国的大军,加上诸侯的部队,借用邾国、莒国、杞国、鄫国的愤怒,来追究鲁国的罪责,利用你们的两大忧患,有什么事情是办不到的?"

羊舌肸的意思很明白,不管晋国有没有理,凭借强大的实力,随时可以把鲁国打趴下,你就不要跟我嚼舌根,尽整那些没用的了。鲁国人听了很害怕,于是乖乖地听从命令,也就是不要求让鲁昭公参加会盟了。

甲戌,同盟于平丘,齐服也。令诸侯日中造于除。癸酉,退朝。子产命外仆速张于除,子大叔止之,使待明日。及夕,子产闻其未张也,使速往,乃无所张矣。

及盟,子产争承,曰:"昔天子班贡,轻重以列,列尊贡重,周之制也。卑而贡重者,甸服也。郑伯,男也,而使从公侯之贡,惧弗给也,敢以为请。诸侯靖兵,好以为事。行理之命无月不至,贡之无艺,小国有阙,所以得罪也。诸侯修盟,存小国也。贡献无极,亡可待也。存亡之制,将在今矣。"自日中以争,至于昏,晋人许之。既盟,子大叔咎之曰:"诸侯若讨,其可渎乎?"子产曰:"晋政多门,贰偷之不暇,何暇讨?国不竞亦陵,何国之为?"

初七日,诸侯在平丘盟誓,这是因为齐国顺服了。此前一天,诸侯朝见晋昭公,作为盟誓前的非正式会晤。散会之后,子产就命令外仆(官名,负责国君起居事务)到盟誓的地点搭起帐篷。游吉却认为没有必要那么紧张,拉住仆人,让他们等到第二天再搭。到了晚上,子产听说帐篷还没搭起来,命令仆人们赶紧去。跑过去一看,满地都是其他国家的帐篷,已经找不到空位了。从这个细节不难看出,子产对于任何事情都有很强的预见性,远非游吉所能及。

到了初七日那天,除了对天盟誓,还有一件重要的事情,也可以说是平丘之会最具实质性的内容,就是讨论各国向晋国纳贡的顺序和轻重。对于诸侯来说,宣誓效忠不是问题,交多少保护费才是关键。子产在会上据理力争,说:"从前天子确定诸侯进贡的班次,贡赋的轻重是根据地位来决定的。爵位尊贵,贡赋就重,这是周朝的制度。也有地位低下而贡赋重的,那是因为在甸服之内。郑伯,只是男服,却要承担和公侯一样的贡赋,恐怕是给不了的,谨此请求减少。诸侯息兵罢战,是为了和平友好。可晋国派来追收贡赋的使者无月不至,索取无度,小国应付不过来,所以常常得罪。诸侯重修旧盟,就是为了使小国也能够得以生存。贡献没有止境的话,小国很快就灭亡了。郑国是存是亡,就取决于今天了!"

有必要解释一下:"服"即为天子服务。周朝的制度,王畿之内称为甸服,甸服外五百里内称为侯服,侯服外五百里内称为宾服,再远称为要服,更远的地区称为荒服。畿内诸侯,是天子的家臣,不论贵贱,缴纳的贡赋都很重。事实上,郑伯原本也是畿内诸侯,郑武公占领了虢、郐之地,才成为畿外诸侯。至于原文中的"郑伯,男也",并不是说郑伯是男爵,而是根据当时的习惯,公、侯并称,伯、子、男并称,可以理解为前者是高级诸侯,后者是低级诸侯。

子产这番话,晋国人当然不认同,于是发生争执。从中午争到黄昏,晋国人顶不住了,只得同意。会盟之后,游吉责备子产:"诸侯如果拿这件事来讨伐我们,岂可救赎?"子产却是一点也不担心,说:"晋国政出多门,往往因为意见不一致而和稀泥,得过且过,他们连这个问题都解决不

了,哪里有精力来讨伐我们？如果为了国家大事不据理力争,同样会遭
到欺凌,那还成个什么国家?"

公不与盟。晋人执季孙意如,以幕蒙之,使狄人守之。司铎射怀锦,
奉壶饮冰,以蒲伏焉。守者御之,乃与之锦而入。晋人以平子归,子服湫
从。

子产说得对,在国家大事上不据理力争,只能任由别人摆布。鲁昭
公在平丘乖乖地坐冷板凳,没有参加诸侯会盟,已经是相当丢脸了。更
丢脸的是,晋国人还逮捕了季孙意如,用幕布围了一个囚室,派狄人看守
他。时值盛夏,季氏家臣司铎射将锦缎藏在怀里,捧着装了冰的铜壶,匍
匐着潜入囚室。守卫拦住他,就用锦缎收买守卫,这才进去给季孙意如
喝上一点冰水。会后,晋国人将季孙意如带回晋国,孟椒陪同。

子产归,未至,闻子皮卒,哭,且曰:"吾已,无为为善矣,唯夫子知
我。"
仲尼谓子产:"于是行也,足以为国基矣。《诗》曰:'乐只君子,邦家
之基。'子产,君子之求乐者也。"且曰:"合诸侯,艺贡事,礼也。"

子产回国,还没到新郑,听到了罕虎去世的消息。子产大哭,而且
说:"我完了！没有人帮助我去做善事了,只有他老人家理解我啊!"罕虎
以当国之尊,对子产的所有政策和决定都全力支持,是子产能够顺利执
政的重要原因。人生难得一知己,罕虎死了,子产的悲伤可想而知。
孔子认为子产凭这次平丘之会中的表现,足以成为国家的柱石。
"乐只君子,邦家之基"引自《诗经·小雅·南山有台》,意思是君子之所
以快乐,是因为能够成为国家的根基。孔子以为,子产就是君子中追求
这种欢乐的人。又说:"会合诸侯,制定贡赋,这就是礼。"

鲜虞人闻晋师之悉起也，而不警边，且不修备。晋荀吴自著雍以上军侵鲜虞，及中人，驱冲竞，大获而归。

> 鲜虞人听说晋国全军出动，以为可以高枕无忧，于是不警备边境，而且不整治武备。晋国的荀吴带领上军从著雍（地名，晋邑）入侵鲜虞，到达中人（地名，今河北唐县西化），驱使冲车和鲜虞人争逐，全胜而归。

楚之灭蔡也，灵王迁许、胡、沈、道、房、申于荆焉。平王即位，既封陈、蔡，而皆复之，礼也。隐大子之子庐归于蔡，礼也。悼大子之子吴归于陈，礼也。

冬十月，葬蔡灵公，礼也。

> 当年，楚灵王消灭蔡国，将许、胡、沈、道、房、申等地的人民都迁到楚国境内。楚平王即位后，重建陈国和蔡国，让这些人都回到原来的土地上，这是合于礼的。蔡国世子有的儿子公孙庐回到了蔡国，是为蔡平公，这是合于礼的。陈国世子偃师的儿子公孙吴回到了陈国，是为陈惠公，这是合于礼的。
>
> 十月，安葬蔡灵公，这也是合于礼的。

公如晋。荀吴谓韩宣子曰："诸侯相朝，讲旧好也，执其卿而朝其君，有不好焉，不如辞之。"乃使士景伯辞公于河。

> 鲁昭公再次来到晋国，亲自请罪。荀吴对韩起说："诸侯互相访问，是为了加深感情。现在我们逮捕了鲁国的卿，而又接受鲁君的朝见，这样恐怕不好，不如不见他。"于是又派士弥牟（士匄之子，谥景）将鲁昭公

挡在了黄河边。

吴灭州来。令尹子期请伐吴，王弗许，曰："吾未抚民人，未事鬼神，未修守备，未定国家，而用民力，败不可悔。州来在吴，犹在楚也。子姑待之。"

> 吴国消灭州来。对于楚国来说，吴国的威胁越来越大，令尹蔓成然请求讨伐吴国，楚平王不答应，说："我还没有安抚人民，没有侍奉鬼神，没有整治武备，没有安定国家，这种情况下使用百姓去打仗，失败了追悔莫及。州来在吴国，就像在楚国一样。您等着瞧吧。"

季孙犹在晋，子服惠伯私于中行穆子曰："鲁事晋，何以不如夷之小国？鲁，兄弟也，土地犹大，所命能具。若为夷弃之，使事齐、楚，其何瘳于晋？亲亲，与大，赏共、罚否，所以为盟主也。子其图之。谚曰：'臣一主二。'吾岂无大国？"穆子告韩宣子，且曰："楚灭陈、蔡，不能救，而为夷执亲，将焉用之？"乃归季孙。惠伯曰："寡君未知其罪，合诸侯而执其老。若犹有罪，死命可也。若曰无罪而惠免之，诸侯不闻，是逃命也，何免之？为请从君惠于会。"宣子患之，谓叔向曰："子能归季孙乎？"对曰："不能。鲋也能。"乃使叔鱼。叔鱼见季孙曰："昔鲋也得罪于晋君，自归于鲁君。微武子之赐，不至于今。虽获归骨于晋，犹子则肉之，敢不尽情？归子而不归，鲋也闻诸吏，将为子除馆于西河，其若之何？"且泣。平子惧，先归。惠伯待礼。

> 季孙意如被扣押在晋国，孟椒私下对荀吴说："为什么你们认为鲁国侍奉晋国不如夷人的小国？鲁国是晋国的兄弟，而且土地广阔，物产丰

富,晋国要什么我们都能满足。如果为了夷人而放弃鲁国,使它不得不投靠齐国或楚国,对晋国有什么好处呢?亲近兄弟,支持土地广阔的国家,赏赐能够进贡的国家,疏远那些又穷又小的国家,这就是当盟主之道,请您认真考虑!常言说得好,一个臣子要有两个主人,晋国一定要抛弃鲁国的话,您怕鲁国找不到下家吗?"

孟椒的话说到了点子上。鲁国侵略莒国、邾国不假,可鲁国一直在向晋国进贡,一直是晋国的忠实盟友啊!相比之下,莒国、邾国又能为晋国提供什么呢?只有麻烦。如果晋国执意要维护正义,替那些小国家强出头,鲁国很有可能用脚投票,改投齐国甚至楚国门下了。荀吴觉得问题严重,将孟椒的话转告给了韩起,并且说:"楚国消灭陈、蔡等国,我们不能相救,却在这里为了夷人而逮捕亲人,究竟是干什么呢?"

晋国于是决定赦免季孙意如,将他放回去。没想到孟椒不同意,说:"寡君不知道犯了什么过错,你们就会合诸侯逮捕了他的卿。如果寡君确实有罪,就算是处死季孙也可以。如果无罪而加恩赦免他,诸侯都不知道,那就是负罪潜逃了,那叫什么赦免呢?请求跟随君侯在盟会上赐予恩惠。"

韩起搞明白了,原来请神容易送神难,一声不吭地放走季孙意如还不行,必须是晋昭公同意会见鲁昭公,在举行会盟的时候公开释放。可这不是当着天下诸侯打晋国的脸吗?韩起当然不能答应。回过头来一想,这件事拖下去也不是个办法,只能问羊舌肸:"您有什么办法让这个季孙氏回国吗?"

羊舌肸说:"不能。但是羊舌鲋(字叔鱼)可以。"

前面说过,羊舌鲋是个贪财好货的人,羊舌肸为什么认为他可以担此重任呢?原来,当年晋国的栾盈之乱,羊舌氏一族受到牵连,羊舌肸被逮捕,羊舌虎被砍头,羊舌鲋则出逃到鲁国,并受到季孙意如的祖父季孙宿的照顾,两家人因此结缘。

羊舌鲋受命去见季孙意如,说:"当年我得罪国君,跑到鲁国去避难,如果没有令祖武子的恩赐,就没有今天了。即使这把老骨头虽然已经回到晋国,等于您再次给了生命,岂敢不为了您的事而尽心尽力？我听到官吏们在议论,说国君要您回国您却不肯,所以打算在西河地方建造房子,建好了就将您安置在那里。那可如何是好?"说着,眼泪就不住地掉。

羊舌鲋的演技一流。季孙意如被他这么一吓,立马打点行装,一个人先回鲁国去了,留下孟椒在晋国交涉,继续跟晋国人讨要一个明确的说法。

(2020年10月9日,第三卷初稿)

(2020年10月15日,第三卷第一次修订)

(2021年2月20日,第三卷定稿)